Womo & weg

# Deutschland

Die schönsten Touren zwischen Meer und Mittelgebirge

## STELLPLATZSYMBOLE

- Stromanschluss
- Wasserversorgung
- Grauwasser-Entsorgung
- Chemie-WC-Entsorgung
- WLAN
- Haustiere erlaubt

## PREISKATEGORIEN DER STELLPLÄTZE

Die angegebenen Preise beziehen sich auf eine Übernachtung mit Wohnmobil inkl. zwei Personen. Strom, Wasser, eventuelle Hundegebühren oder Kurtaxe sind nicht immer in den Preisen enthalten.

| | |
|---|---|
| **€** | bis 10 € |
| **€€** | 10 bis 20 € |
| **€€€** | 20 bis 30 € |
| **€€€€** | ab 30 € |

# Inhalt

# Hinweise zur Benutzung

### Auswahl der Stell- und Campingplätze

In diesem Buch wird eine breite Auswahl der in den Regionen verfügbaren Stell- und Campingplätze beschrieben. Darüber hinaus listen einschlägige Apps und Stellplatzführer weitere Übernachtungsstellen auf. Die Nichterwähnung in unserem Buch sagt nichts über die Existenz oder Qualität eines Stellplatzes aus.

### Schreibweise der GPS-Koordinaten

Alle GPS-Daten sind als geografische Koordinaten (Breite/Länge; Lat./Lon.) in Dezimalgrad (hddd.dddd) angegeben, also z. B. 54.678843, 13.4341. Die erste Angabe ist der Wert für die nördliche Breite (°N), der zweite der für die östliche Länge (°E). Kartendatum ist WGS84.

### Umrechnung von GPS-Koordinaten

Wenn Sie die GPS-Angaben von Dezimalgrad in Dezimalminuten (dd°mm,mmm') umrechnen müssen, empfehlen wir einen Datenkonverter wie z. B. www.geoplaner.de.

### Koordinaten zum Download

Die GPS-Koordinaten der Stell- und Campingplätze können auf der Verlags-Homepage www.reise-know-how.de von der Artikelseite dieses Buches unter der Rubrik Datenservice als Waypoint-Liste heruntergeladen werden. Benötigt Ihr Gerät ein anderes Datenformat als kml oder gpx, kann die Umrechnung beispielsweise unter www.routeconverter.de oder www.gpsvisualizer.com erfolgen.

### Service für Mobilgeräte

Durch Einscannen des QR-Codes auf dem Umschlag bzw. über die Webadresse **www.reise-know-how.de/wohnmobil-tourguide/deutschland21** wird ein für den mobilen Einsatz optimierter Internetdienst aufgerufen. Damit kann die Lage der Camping- und Stellplätze auf einer Karte und die Route dorthin angezeigt werden. Außerdem können darüber Updates nach Redaktionsschluss aufgerufen werden. Voraussetzung ist eine Datenverbindung über das Mobilfunknetz oder WLAN.

**LIEBE LESERINNEN UND LESER,**

die Inhalte dieses Buches wurden detailliert recherchiert und gewissenhaft kontrolliert. Allerdings bringt die Corona-Pandemie Unwägbarkeiten mit sich. Da bis zum Redaktionsschluss noch nicht im Detail absehbar war, wie sich diese Krise auf das wirtschaftliche, kulturelle und soziale Leben in den beschriebenen Regionen auswirken wird, kann es u. U. passieren, dass einzelne im Buch aufgeführte Angebote nur eingeschränkt oder gar nicht mehr existieren. Trotz dieser Unwägbarkeiten soll dieser Wohnmobil-Guide stets auf dem aktuellsten Stand sein. Deshalb bitten wir Sie, den Verlag über mögliche Veränderungen zu informieren, damit wir sie über die Update-Funktion zum Buch auf der Website **www.reise-know-how.de/wohnmobil-tourguide/deutschland21** allen Nutzern bereitstellen können.
Vielen Dank!

Hartmut Engel

# Flensburger Förde

## TOUREN-ÜBERBLICK

**Routenempfehlung:** Maasholm – Pommerby – Geltinger Birk – Gelting – Unewatt – Langballigau – Halbinsel Holnis – Glücksburg – Flensburg
**Länge gesamt:** ca. 80 km
**Dauer:** ca. 5 – 8 Tage
**Reisezeit:** ganzjährig

Die Flensburger Förde ist eine ausgedehnte Bucht der Ostsee, die sich ca. 40 km von der Geltinger Birk im Osten bis nach Flensburg im Westen erstreckt. Die Halbinsel Holnis teilt das Gewässer in die südwestliche, kleinere Innenförde und die östliche Außenförde. Die schmale Innenförde wirkt fast wie ein großer Binnensee, sie ist geprägt durch ruhiges Wasser und windgeschützte Strände. Die ins offene Meer mündende Außenförde ist dagegen etwas rauer und windanfälliger.

Die Bucht ist eines der besten Segelreviere der Ostsee, bietet aber auch anderen Wassersportlern wie Paddlern, Surfern oder Kitern ideale Bedingungen.

Entlang der Förde finden sich zahlreiche erstklassige Sandstrände mit vielfältigen Möglichkeiten für Bade- und Strandfans. Und anders als in vielen der weiter südlich liegenden Ostseebäder prägt der Massentourismus hier noch nicht das Bild.

Wanderer und Radfahrer können die Landschaft auf zahlreichen Routen erkunden und dem Naturliebhaber stehen mehrere Naturschutzgebiete zur Erkundung zur Verfügung. Freunde historischer Schlösser kommen mit dem weit über die Region hinaus bekannten Wasserschloss Glücksburg auf ihre Kosten

*Blick auf den Jachthafen von Maasholm*

und wer es städtisch mag, findet mit Flensburg eine sympathische Stadt, die dank ihrer Mischung aus deutschen und dänischen Einflüssen einmalig ist.

## Maasholm

Der alte Fischerort Maasholm hat heute noch einen bedeutenden **Fischereihafen** sowie einen beliebten **Jachthafen.** Während der Saison zieht er Segler in großer Zahl an und ist oft bis auf den letzten Platz belegt. Das gilt auch für den schönen Wohnmobilstellplatz neben dem Jachthafen in unmittelbarer Strandnähe.

Maasholm liegt etwa 2,5 km westlich der Schleimündung an der Spitze einer Landzunge, die ursprünglich eine Insel im Mündungstrichter der Schlei war. 1798 wurde sie durch den Bau eines Damms mit dem Festland verbunden. Wer heute durch den knapp 600 Einwohner zählenden Ort bummelt, wird von dessen maritimer Vergangenheit eingefangen. Dazu tragen auch die strohgedeckten, weiß getünchten **Fischerkaten** bei, die vor allem in der Haupt- und Westerstraße zu sehen sind.

In der Westerstraße direkt am Ufer der Schlei steht die kleine **Petrikirche.** Das 1952 erbaute Gotteshaus wurde dem Fischer und Apostel Petrus gewidmet. Im Innern der Kirche findet sich ein Modell der Mayflower. Das Votivschiff weist – ebenso wie ein Holzrelief mit dem Titel „Petri Fischzug“ – auf die Verbundenheit der Gemeinde mit Seefahrt und Fischerei hin, die bis heute anhält. Parallel zur Westerstraße verläuft ein Weg entlang des Schleiufers. Hier finden sich in langer Reihe zahlreiche geschützte Anlegestellen für kleinere Boote, sogenannte Kahnstellen. Aus alten Ruderbooten hergestellte Bänke laden zum Verweilen ein.

**TIPP SCHIFFSAUSFLÜGE**

Fahrten auf der Schlei, mit Stopps u. a. in Kappeln und Schleswig, bieten zwei Reedereien an. Informationen und Fahrpläne unter www.schleiraddampfer.de und www.schlei-ausflugsfahrten.de.

### 1 Stellplatz Jachthafen Maasholm

GPS 54.68304, 9.99466

Der ebene, schattenlose Stellplatz liegt neben dem Parkplatz (für Wohnmobile gesperrt) nur wenige Meter vom Strand der Ostsee entfernt. Plätze in der ersten Reihe mit schönem Blick auf die Ostsee. **Lage/Anfahrt:** Durch Maasholm bis zum Südende des Ortes fahren, dort vor dem Parkplatz des Jachthafens links.; **Platzanzahl:** 40; **Untergrund:** Schotter, Wiese; fest; **Service:** Strom, Trinkwasser, Abwasser, Chemie-WC, WLAN; **Preiskat.:** €€; **Geöffnet:** ganzjährig; **Kontakt:** Uleweg 31, 24404 Maasholm, Tel. 04642 965068

Der Fischereihafen liegt direkt neben dem Jachthafen an der Südspitze der Landzunge. Dort hat auch das Seenotrettungsboot Hellmuth Manthey seinen festen Liegeplatz.

Was wäre ein Fischerdorf ohne Fischverkauf, Räucherei und Fischrestaurant? Besonders beliebt ist der Verkauf **fangfrischer Fische** direkt von den Kuttern Anna Maria und Kobold der Fischerfamilie Detlefsen. Ihre Boote liegen, wenn sie nicht gerade auf See sind, im Fischereihafen.

Etwas außerhalb liegt das **Naturerlebniszentrum Maasholm** (Exhöft-Seeberg 1, www.naturerlebniszentrum.de), wo man viel Interessantes und Wissenswertes aus Geschichte, Natur und Kultur der Region erfährt und im Freigelände u. a. einen Jahreszeiten-Garten, eine Obstwiese, einen Findlingsgarten und ein Baumhoroskop findet. Das Zentrum kann auf einem schönen Spazierweg (etwa 2,5 km) entlang der Schlei vom Wohnmobilstellplatz aus erreicht werden.

Die südöstlich angrenzende Halbinsel, die bis zur Schleimündung reicht, steht unter Naturschutz (**Naturschutzgebiet Schleimündung**) und darf nur im Rahmen einer Führung in

Begleitung eines Vogelwarts betreten werden. Ausgangspunkt ist die Vogelwärterhütte (www.jordsand.eu/schutzgebiete/schleimündung) südöstlich des Naturerlebniszentrums.

Die Fischerfamilie Detlefsen verkauft frisch gefangenen Fisch, vor allem Dorsch und Butt, **direkt vom Kutter** im Fischereihafen (www.fischvomkutter.de/maasholm.html).

## Pommerby

Pommerby ist, wie viele Gemeinden in der Region, landwirtschaftlich geprägt und ohne eigentliches Zentrum. Die nur etwa 150 Einwohner, die verstreut in mehreren Dörfern und Weilern wohnen, leben im Wesentlichen von Landwirtschaft und Tourismus. Dementsprechend findet man in dem staatlich anerkannten Erholungsort zahlreiche Ferienwohnungen und Gästezimmer sowie zwei große Campingplätze.

Wahrzeichen des Orts ist der weithin sichtbare, rot-weiß gebänderte **Leuchtturm Falshöft** (www.leuchtturm-falshoeft.de) im gleichnamigen Ortsteil. Das 1910 in Betrieb genommene Seezeichen diente ursprünglich als Quermarkenfeuer der Navigation bei der Einfahrt in die Flensburger Förde. 2002 wurde das Leuchtfeuer außer Dienst gestellt. In Zeiten der Navigation mit GPS hat er seine Bedeutung für die Schifffahrt verloren.

Heute dient der 25 m hohe Turm touristischen Zwecken. Er kann bestiegen werden und wird darüber hinaus als Trauzimmer genutzt. Von seiner Aussichtsplattform hat man einen fantastischen Blick auf die Umgebung und weit über die Ostsee bis zu den dänischen Inseln Ærø und Als. Inzwischen leuchtet der Turm auch wieder und strahlt nachts ein gedämpftes weißes Dauerlicht ab.

Der Leuchtturm Falshöft kann bestiegen werden

Das Restaurant **Möwe Jonathan,** das im 200 Jahre alten Dorfkrug untergebracht ist und ein gemütliches, ländliches Ambiente hat, bietet – etwas ungewöhnlich für die Region – typisch schwäbische Gerichte zu fairen Preisen. Darüber hinaus gibt es auch für Vegetarier eine große Auswahl (Geltinger Straße 8, https://moewe-jonathan.com).

## ❷ Campingplatz Ostseesonne

GPS 54.76333, 9.97109

Der Platz liegt in einer Sackgasse direkt am Strand. Wer mag, stellt sein Wohnmobil auf den Deich mit Aussicht auf die Ostsee. Etwas ruhigere Plätze findet man im rückwärtigen Teil. Vor der Schranke gibt es noch zwei Stellplätze ohne Nutzung der Serviceanlagen. **Lage/Anfahrt:** Von Pommerby auf der K58 (Niebyer Straße) Richtung Nieby, dann rechts abzweigen (Hinweis) auf den Gammeldamm, nach 1,5 km auf den Deich fahren und rechts weiter etwa 200 m bis zur Einfahrt; **Platzanzahl:** 170; **Untergrund:** Wiese; **Service:** Strom, Trinkwasser, Abwasser, Chemie-WC, WLAN; **Preiskat.:** €€€; **Geöffnet:** Ende März–Ende Okt.; **Kontakt:** Gammeldamm 6, 24395 Pommerby, Tel. 04643 2223, www.campingostseesonne.de

Die Mühle Charlotte ist das Wahrzeichen der Geltinger Birk

## Geltinger Birk

Die Halbinsel **Geltinger Birk** ist ein Naturschutzgebiet von herausragender Bedeutung mit vielfältigen Wander- und Radfahrmöglichkeiten. Ein optimaler Ort für Naturfreunde, die hier Ruhe und Entspannung finden. In der **Integrierten Station Geltinger Birk** (Falshöft 11, www.geltinger-birk.de) auf der Ostseite der Halbinsel kann man sich ausführlich über die Natur und Landschaft informieren. In Beveroe auf der Westseite steht die sehenswerte **Mühle Charlotte,** die allerdings nur von außen zu bewundern ist. Die 1824 errichtete Schöpfmühle ist das Wahrzeichen der Birk. Sie diente der Entwässerung des Noors.

In dem kleinen **Bioladen der Integrierten Station** werden verschiedene Bioprodukte angeboten. Liebhaber von Süßem sollten den Honig oder die seltene Kretenmarmelade probieren, eine Konfitüre aus der Frucht einer nahen Verwandten der Schlehe. Für Fleischliebhaber gibt es u. a. Produkte von den Galloways der Geltinger Birk.

## TIPP NATURSCHUTZGEBIET GELTINGER BIRK

Das Naturschutzgebiet Geltinger Birk liegt auf einer Halbinsel am östlichen Ende der Flensburger Förde. Besondere Bedeutung hat das schon seit 1934 bestehende Naturschutzgebiet für die Vogelwelt. Die Chance, einen der majestätischen Seeadler zu sehen, ist hier besonders groß. Mehr als 200 Vogelarten kommen hier vor, darunter 90 Brutvogelarten, z. B. Rotschenkel, Zwergseeschwalbe, Tüpfelralle, Mittelsäger, Blau-, Schwarz- und Braunkehlchen. Für Zugvögel ist es ein wichtiger Rastplatz, einige überwintern sogar hier. Aber auch Botaniker kommen auf ihre Kosten. Fast 400 Pflanzenarten wurden für das Gebiet nachgewiesen, darunter so seltene und gefährdete Arten wie der Echte Meerkohl, der von den Küstenbewohnern früher als Nahrung und Viehfutter genutzt wurde, oder die Natternzunge, ein ungewöhnliches Farngewächs. Wer über die Birk wandert, kann auch Galloway-Rinder und Konik-Pferde entdecken. Diese Arten sind hier zwar nicht heimisch, haben aber eine wichtige Aufgabe in der Landschaftspflege. Sie beweiden schonend verschiedene Grünflächen, bewahren sie damit vor der Verbuschung und halten sie für zahlreiche Wiesenvögel frei.

*In der Kirche St. Katharinen*

## Gelting

Die mehr als 2000 Einwohner zählende Gemeinde Gelting ist der einzige Kneippkurort an der schleswig-holsteinischen Ostseeküste. Der 1231 erstmals erwähnte Ort punktet vor allem mit der ihn umgebenden, sanft hügeligen Landschaft, die zu jeder Jahreszeit ihre eigenen Reize bietet. Neben der Geltinger Birk sind es vor allem die flach abfallenden Sandstrände, die die Urlauber anziehen.

Sehenswert ist die **Kirche St. Katharinen,** die um 1300 erbaut wurde. Ihr heutiges klassizistisches Aussehen erhielt sie nach einem Umbau Ende des 18. Jh. Im Innern der in blauen und weißen Tönen gestrichenen und mit goldenen Akzenten versehenen Kirche ist besonders die fünfachsige Altarwand beachtenswert. In ihrem Zentrum befindet sich eine Kreuzigungsszene mit Darstellungen von 43 Personen und acht Pferden, die von einem unbekannten Meister aus dem Umfeld des berühmten Lübecker Holzschnitzers Claus Berg (1475–ca. 1535) stammt. Prachtvoll sind auch die frühbarocke Taufe aus dem Jahre 1653 und das Triumphkreuz an der Nordwand, das aus dem Jahr 1525 stammt.

### 3 Stellplatz Jachthafen Wackerballig

GPS 54.75577, 9.87867

Kleiner, ebener Stellplatz nur wenige Schritte vom Jachthafen und der Ostsee entfernt, in der Saison etwas unruhig. **Lage/Anfahrt:** Im Ortsteil Wackerballig von Gelting; in Gelting am nördlichen Ortsausgang von der Hauptstraße Richtung Wackerballig abbiegen und der Straße etwas mehr als 1,5 km folgen; **Platzanzahl:** 14; **Untergrund:** Wiese; **Service:** Strom, Trinkwasser, Abwasser, Chemie-WC; **Preiskat.:** €€; **Geöffnet:** ganzjährig, Nov.–März keine Ver- und Entsorgung; **Kontakt:** Hafenmeister am Jachthafen im gelben Gebäude (dort bezahlen), Strandweg 1, 24395 Gelting, Tel. 04643 183221

## 4 Campingplatz Wackerballig

GPS 54.75771, 9.87870

Der Platz liegt am Ende einer Sackgasse und ist nur durch die Straße vom Strand getrennt, einige Stellplätze mit Seeblick. **Lage/Anfahrt:** Im Geltinger Ortsteil Wackerballig direkt an der Ostsee; in Gelting am nördlichen Ortsausgang von der Hauptstraße Richtung Wackerballig abbiegen und der Straße knapp 2 km bis zum Ende der Straße folgen; **Platzanzahl:** 170; **Untergrund:** Wiese; **Service:** Strom, Trinkwasser, Abwasser, Chemie-WC, WLAN, Kiosk mit Brötchenverkauf; **Preiskat.:** €€; **Geöffnet:** April–Mitte Okt.; **Kontakt:** Strandweg 2a, 24395 Gelting, Tel. 04643 1335, www.campingplatz-wackerballig.de

Der Zugang zum Jachthafen Wackerballig

## Unewatt

Das kleine Dorf Unewatt bietet mit dem **Landschaftsmuseum Angeln** (Unewatter Straße 1a, https://unewatt.kultur-schleswig-flensburg.de) ein interessantes Freilichtmuseum, das aus fünf Stationen, den sogenannten Museumsinseln, besteht. Besonders sehenswert sind das aus dem frühen 17. Jh. stammende Marxen-Bauernhaus, das direkt am Parkplatz liegt. Weitere Stationen sind eine Räucherei, eine Buttermühle und die Christesen-Scheune. Lohnend ist auch der Weg zur etwas abseits gelegenen **Windmühle Fortuna.** Die 1878 als Gallerieholländer gebaute Mühle ist heute ein funktionsfähiges technisches Denkmal.

Wer beim Rundgang durch das Museumsdorf Hunger oder Durst bekommen hat, kann diese im **Landhaus Unewatt** in der Ortsmitte des Landschaftsmuseums stillen. Das Restaurant, das in einer ehemaligen königlichen Kate untergebracht ist, bietet gute bürgerliche Küche (Unewatter Straße 8, www.landhaus-unewatt.de).

In Dollerup (an der Bundesstraße, etwa 2 km von Unewatt entfernt Richtung Kappeln) befindet sich die **nördlichste Brennerei Deutschlands,** die **Dolleruper Destille.** Sie bietet eine fast unüberschaubare Fülle verschiedener Spirituosen, insbesondere Rum, Gin und Obstbrände. Wer es lieber mit weniger Alkohol mag, findet diverse Liköre von Sanddorn über Kirsch bis zu Marzipan. Selbstverständlich kommen mit dem Urstrom Bier, das es in verschiedenen Geschmacksrichtungen gibt, auch Biertrinker auf ihre Kosten. Wer zur rechten Zeit am Ort ist, kann an einem eintägigen Brennereiseminar teilnehmen (Neukirchener Weg 8a, www.dolleruper-destille.de).

*Der Marxenhof im Landschaftsmuseum Angeln stammt aus dem frühen 17. Jh.*

Der feine Sandstrand bei Langballigau ist besonders breit

## Langballigau

Langballigau liegt an der Mündung des gleichnamigen Flusses, direkt am Sandstrand der **Flensburger Außenförde.** Der Hafen des kleinen Ortes war ursprünglich ein Fischereihafen, ist inzwischen aber vor allem als Jachthafen mit weit über 200 Liegeplätzen von Bedeutung. Dennoch werden hier je nach Saison und Wetter verschiedene Fischarten wie Plattfische und Dorsche angelandet, die man frisch vom Kutter kaufen kann. Am Hafen findet man Restaurants, Imbiss und Eisdiele. Der langgestreckte, teilweise breite **Sandstrand** ist

### 5 Stellplatz Langballigau

GPS 54.82214, 9.65866

Den schattenlosen Stellplatz neben dem Campingplatz Langballigau trennt nur eine Straße vom Strand. Wenige Schritte vom Hafen entfernt, Stellplätze in der ersten Reihe mit schönem Ostseeblick, weitere Stellmöglichkeiten auf dem Campingplatz. **Lage/Anfahrt:** Von Langballig der Hauptstraße nach Langballigau folgen, dort beschildert; **Platzanzahl:** 25; **Untergrund:** Schotter, Wiese; **Service:** Strom, Trinkwasser, Abwasser, Chemie-WC, WLAN; **Preiskat.:** €€; **Geöffnet:** ganzjährig (im Winter kein Service); **Kontakt:** Strandweg 3, 24977 Langballig OT Langballigau, Tel. 04636 308, www.campingplatz-langballigau.de

## ❻ Stellplatz am Campingplatz Fördeblick

GPS 54.81988, 9.66666

Von einer hohen Hecke umgebener Stellplatz neben dem Campingplatz, ca. 150 m zum Sandstrand, weitere Stellplätze auf dem Campingplatz. **Lage/ Anfahrt:** Von Langballig kommend auf der Hauptstraße Richtung Langballigau fahren, dort nicht links nach Langballigau abbiegen, sondern noch 800 m weiter auf der Straße, dann links; **Platzanzahl:** 25; **Untergrund:** Wiese; **Service:** Strom, Trinkwasser, Abwasser, Chemie-WC; **Preiskat.:** €; **Geöffnet:** April–Sept.; **Kontakt:** Campingplatz Fördeblick, Kummle 1, 24977 Westerholz, Tel. 04696 8385, www.campingplatz-westerholz.de

besonders bei Familien mit Kindern beliebt, die hier neben Strand und Wasser auch noch weitere Beschäftigungsmöglichkeiten finden, z. B. einen weiträumigen Spielplatz, ein Beachvolleyballfeld und eine Boulebahn.

## Halbinsel Holnis

Die Halbinsel Holnis ragt nordöstlich von Glücksburg in die Flensburger Förde. Sie teilt das Gewässer in die Innen- und die Außenförde. Besondere Bedeutung hat sie als 400 ha großes **Naturschutzgebiet,** das weitgehend naturbelassen ist. Vor allem Vögel – darunter viele geschützte und seltene Arten – finden in den verschiedenen Lebensräumen ideale Bedingungen, sei es als Brut- und Rastvogel oder als Wintergast.

Mehrere bis zu 10 km lange, gut beschilderte **Wanderwege** erschließen das Gebiet. Besonders schön ist eine Tour zur Nordostspitze mit Blick nach Dänemark. Auch Radfahrer finden hier zahlreiche Radrouten.

An der Ostseite gibt es, neben einem Abschnitt im Norden mit einer Steilküste, kilometerlange **Sandstrände.** Hier kommen Wasserratten und Wassersportler voll auf ihre Kosten.

*Blick von der Halbinsel Holnis über die Flensburger Förde nach Dänemark*

## 7 Ostseecamp Holnis

GPS 54.85725, 9.59065

Der nördlichste Campingplatz Deutschlands grenzt direkt an den Sandstrand, eigener Bereich für Wohnmobile etwas abseits der Sanitäranlagen, ideal für Familien mit Kindern. **Lage/Anfahrt:** etwa in der Mitte der Halbinsel Holnis auf ihrer Ostseite, Anfahrt beschildert; **Platzanzahl:** 125; **Untergrund:** Wiese; **Service:** Strom, Trinkwasser, Abwasser, Chemie-WC; **Preiskat.:** €€–€€€; **Geöffnet:** Ende März–Mitte Okt.; **Kontakt:** An der Promenade 1, 24960 Glücksburg-Holnis, Tel. 04631 622071, https://ostseecamp-holnis.de

Das Café und Restaurant **Fährhaus Holnis** befindet sich in einem sehenswerten, geschichtsträchtigen Gebäude kurz vor der Südostspitze der Halbinsel. Bei gutem Wetter kann man im parkähnlichen Garten sitzen und den Blick auf die Förde genießen. Die bodenständige Küche bietet sehr schmackhafte Speisen, darunter viele Fischgerichte (Holnisser Fährstraße 21, 24960 Glücksburg, https://faehrhaus-holnis.de).

## Glücksburg

Glücksburg, die nördlichste Stadt Deutschlands, ist vor allem wegen seines imposanten Wasserschlosses bekannt, das zu den schönsten Schlössern Schleswig-Holsteins gehört. Das **Renaissanceschloss** (https://schloss-gluecksburg.de), das zu den bedeutendsten seiner Art in Nordeuropa zählt, war zeitweilig Residenz der dänischen Könige. Das weiße, 1582–1587 erbaute Gebäude mit seinen sechseckigen Türmen liegt malerisch auf einer Insel im Schlossteich.

Das Schloss ist als **Museum** der Öffentlichkeit zugänglich. Neben Originalmöbeln aus der Zeit zwischen Empire und Biedermeier sowie wertvollem Porzellan und Silber beherbergt es eine bedeutende Sammlung von Wandteppichen und Ledertapeten. Besonders sehenswert ist die Kapelle mit Deckenfresken aus dem 16. Jh. und einem Schnitzaltar aus der Zeit des Dreißigjährigen Krieges.

An den Schlossteich grenzt der barockartige **Schlossgarten** mit einer klassizistischen Orangerie an, die heute für Ausstellungen und Konzerte genutzt wird. Direkt neben dem Park liegt ein 5000 m² großer **Rosengarten.** Dort werden über 500 verschiedene, vor allem englische Rosen kultiviert.

Das Schloss Glücksburg ist als Museum der Öffentlichkeit zugänglich

**Tourist-Info Glücksburg,** Schinderdamm 5 (im Rathaus), www.flensburger-foerde.de

Das **Restaurant Scheune** befindet sich in einer ehemaligen Scheune im Zentrum am Marktplatz. Zu Fuß ist es vom Schloss in wenigen Minuten durch den Schlossgarten, den man hinter der Orangerie verlässt, zu erreichen. Geboten werden neben Fisch- auch Fleischgerichte zu fairen Preisen (Schinderdamm 7, www.scheune-gluecksburg.de).

## Flensburg

Flensburg, das „Tor zum Norden", liegt am Ende der Flensburger Förde unmittelbar an der deutsch-dänischen Grenze. Mit einer Mischung aus altehrwürdiger Hafen- und weltoffener Handelsstadt sowie der traditionellen, dänisch anmutenden Beschaulichkeit gehört der um das 12. Jh. entstandene Ort zu den attraktivsten Städten des nördlichen Bundeslands. Mit ca. 90.000 Einwohnern ist die Stadt nach Kiel und Lübeck die drittgrößte in Schleswig-Holstein.

Die Hafenstadt ist eine der wenigen deutschen Städte, die im Zweiten Weltkrieg von Bombardierungen weitgehend verschont blieben. Dementsprechend gibt es eine Menge Sehenswürdigkeiten aus allen Epochen. In der historischen Altstadt, die von deutscher und dänischer Baukultur geprägt ist, wurden die alten Gassen und Häuser behutsam saniert. Heute befinden sich dort kleine Restaurants, Kneipen, Pubs, Cafés, Galerien und Boutiquen und zwischen dem Nordertor und der Roten Straße erstreckt sich über einen Kilometer eine der abwechslungsreichsten Shoppingmeilen Norddeutschlands mit mehr als 500 Ladengeschäften.

Darüber hinaus finden sich hier einige besondere Sehenswürdigkeiten wie das Science Center **Phänomenta** (Norderstraße 157–163, www.phaenomenta-flensburg.de), das sich vor allem an Kinder im Schulalter wendet, die hier an verschiedenen Stationen durch Ausprobieren spielerisch Probleme aus Naturwissenschaft und Technik begreifen können.

Ebenfalls einen Besuch wert sind die beiden großen **Kirchen St. Marien** und **St. Nikolai.** Die gotische Backsteinkirche St. Marien wurde Ende des 13. Jh. erbaut und ist die älteste Innenstadtkirche Flensburgs. Die Nikolai-Kirche am Südermarkt wurde Ende des 14. Jh. errichtet. Die gotische Kirche ist die größte der Stadt, ihr Turm mit einem Glockenspiel aus 17 Glocken ragt 90 m in den Himmel. Im Innern sind vor allem der spätbarocke Altar aus dem Jahr 1749, das Ende des 15. Jh. hergestellte bronzene Taufbecken und die reich verzierte, weltweit einmalige Doppelorgel zu bewundern. Wer gut zu Fuß ist, sollte über die 101 Stufen der **Marientreppe** zum **Aussichtspunkt Duborg** aufsteigen, von wo man einen einzigartigen Blick auf die Stadt und die Förde hat.

Ein absolutes Muss für jeden Besucher Flensburgs ist ein Gang entlang der Hafenmeile auf der Westseite der Förde mit dem **Museumshafen,** der **Museumswerft** (Schiffbrücke 43–45, www.museumswerft.de) und dem **Schifffahrtsmuseum** (Schiffbrücke 39, www.schifffahrtsmuseum-flensburg.de). Die Anlagen des Museumshafens sind Teil des historischen Flensburger Hafens. Am hölzernen Bohlwerk liegen zahlreiche Traditionssegler. Gegenüber befindet sich die 1996 gegründete Museumswerft, wo man Interessantes über den Werftalltag vor mehr als 100 Jahren erfährt und an Bootsbaukursen teilnehmen kann. Das Schifffahrtsmuseum informiert über die maritime Geschichte der Stadt. Im historischen Rum-

### INFO FLENSBURG UND SEIN RUM

Der Zuckerrohrschnaps ist seit mehreren Jahrhunderten ein überaus wichtiges Handelsgut. Im 18. Jahrhundert kam es Dank des Rumhandels zu einer wirtschaftlichen Blüte der Stadt. Zunächst wurde Zuckerrohr importiert und in der Stadt zu Rum verarbeitet, später das fertige Getränk, das dann verschnitten und nach ganz Europa exportiert wurde. Zeitweilig gab es mehr als 200 Rumhäuser in der Stadt, von denen heute nur noch wenige existieren. Das älteste noch bestehende Unternehmen ist das 1878 gegründete **Rumhaus Johannsen** (Marienstraße 8, www.johannsen-rum.de), das seit über 100 Jahren in der schmucken Marienburg untergebracht ist. Ein kleines **Rum-Manufaktur-Museum** (Rote Straße 26–28, www.braasch.sh) findet sich im Wein- und Rumhaus Braasch in den Braasch-Höfen.

*Blick auf die Innenstadt von Flensburg*

## 8 Stellplatz Am Industriehafen

GPS 54.80367, 9.44294

Der Platz liegt in einer ruhigen Sackgasse direkt an einem Hafenbecken, er strahlt etwas industrielles Flair aus, ist aber für eine Übernachtung, um Flensburg zu besuchen, gut geeignet. **Lage/Anfahrt:** vom Parkplatz Hafendamm der Straße entlang der Förde nach Norden folgen, nach 1,5 km links in die Straße Am Industriehafen abbiegen und knapp 100 m weiter wieder rechts, der Weg ist im Innenstadtbereich beschildert; **Platzanzahl:** 15; **Untergrund:** Schotter, Sand; **Service:** keiner; **Preiskat.:** kostenlos; **Geöffnet:** ganzjährig; **Kontakt:** Am Industriehafen, 24937 Flensburg

Keller kann man eine interessante Multimedia-Show zur Flensburger Rumgeschichte erleben. Am Hafen werden von mehreren Reedereien Ausflugsfahrten angeboten. Besonders beliebt ist der **Salondampfer Alexandra** (Schiffbrücke 37, www.dampfer-alexandra.de). Das 1908 gebaute schmucke Schiff ist der letzte seegehende, kohlebefeuerte Passagierdampfer Deutschlands.

Und wer kennt sie nicht, die Flasche mit dem „Plopp“? Spätestens seit der Comicfigur Werner ist die „Flasch Flens“ deutschlandweit bekannt. Wer sich für das Bierbrauen interessiert, kann hinter die Kulissen der **Flensburger Brauerei** (Munketoft 12, www.flens.de) schauen und Sudhaus, Lagerkeller und Abfüllung besichtigen.

**Tourist-Info Flensburg,** Nikolaistraße 8, www.flensburger-foerde.de

Im Restaurant **Hansens Brauerei** mit schmackhafter norddeutscher Küche und Blick auf den Hafen wird das aus eigener kleiner Brauerei hergestellte Bier – neudeutsch Craftbier – angeboten, das nach Meinung vieler Bierkenner über einen besonders guten Geschmack verfügt (Schiffbrücke 16, www.hansens brauerei.de).

LITERATURTIPP

Ausführlichere Routenvorschläge findet man im Wohnmobil-Tourguide „Ostseeküste Schleswig-Holstein“ im Reise Know-How Verlag.

Hartmut Engel

# Die Schlei

**TOUREN-ÜBERBLICK**

**Routenempfehlung:** Schleswig – Brodersby – Lindaunis – Arnis – Kappeln
**Länge gesamt:** ca. 40 km
**Dauer:** ca. 3 – 5 Tage
**Reisezeit:** ganzjährig

Etwas mehr als 40 km schlängelt sich die Schlei von der Ostsee bis nach Schleswig ins Landesinnere des nördlichsten Bundeslandes. Rechts und links des Gewässers liegen in der von der letzten Eiszeit geprägten, sanft hügeligen Landschaft kleine, malerische Dörfer. Mit 300 Einwohnern nur so groß wie ein kleines Dorf, aber dennoch mit Stadtrechten versehen, hat man in Arnis die Möglichkeit, in der kleinsten Stadt Deutschlands einen kurzen,

**INFO SCHLEI**

Die Schlei ist ein Meeresarm der Ostsee, der sich über 40 km von Schleimünde westlich bis Schleswig ins Landesinnere erstreckt. Er trennt die beiden schleswigschen Landschaften Angeln im Norden und Schwansen im Süden.

Die Schlei ist flach, durchschnittlich nur drei Meter tief. Das Wasser ist brackig und hat an der Mündung einen Salzgehalt von 1,8 %, bei Schleswig immerhin noch 0,8–0,4 %. Neben anderen Fischen wie Hering oder Aal lebt hier der seltene Schleischnäpel, eine lokale Form des Ostseeschnäpels, der zu den lachsartigen Fischen gehört und mit der Forelle verwandt ist.

Auch wenn vielfach von der Schlei als Fjord gesprochen wird, ist sie das nach Ansicht von Wissenschaftlern auf gar keinen Fall. Es ist unter Geomorphologen sogar umstritten, ob sie wie die Flensburger oder die Kieler Förde durch den Schurf einer Gletscherzunge entstanden ist oder lediglich durch Erosion von Schmelzwasser. Dann wäre sie nämlich ein Tunneltal. Sei's drum: landschaftlich schön und einen längeren Besuch wert sind Schlei und Umgebung allemal.

geruhsamen Spaziergang von einem Ende der Stadt zum anderen zu machen. Wer es größer mag, findet ganz am Ende des Ostseearms mit Schleswig eine Stadt, die allein für sich schon einen längeren Aufenthalt wert ist und mit zahlreichen, weit über die Landesgrenzen hinaus bekannten Museen als Kulturhauptstadt Schleswig-Holsteins angesehen wird. Hier liegt auch das sagenhafte Haithabu, ein ehemals bedeutender, 1000 Jahre alter Handelsplatz der Wikinger, der von der UNESCO als Weltnaturerbe anerkannt ist. In einem beeindruckenden Museum kann man sich zwischen originalgetreuen Nachbauten historischer Häuser und Hafenanlagen in das frühe Mittelalter versetzen lassen.

*Torhaus zu einem der zahlreichen Gutshöfe in der Region*

## Schleswig

Die 25.000 Einwohner zählende Wikingerstadt Schleswig liegt am Westende der Schlei. Das Siedlungsgebiet erstreckt sich vor allem auf der Nordseite der Schlei. Mit dem Sitz mehrerer Landesmuseen und dem Landesarchiv gilt die Stadt als **Kulturhauptstadt** Schleswig-Holsteins.

In den Gebäuden des imposanten **Schlosses Gottorf** (Schlossinsel 1, https://schloss-gottorf.de), dem größten Schloss Schleswig-Holsteins, sind das **Landesmuseum für Kunst- und Kulturgeschichte** sowie das **Archäologische Landesmuseum** untergebracht. Mit mehr als drei Millionen Fundstücken aus der frühen Steinzeit bis ins späte Mittelalter gehört es zu den größten und bedeutendsten archäologischen Museen Europas.

*Das Schloss Gottorf beherbergt die Landesmuseen für Kunst- und Kulturgeschichte sowie das Archäologische Landesmuseum*

Zu den bekanntesten Stücken zählen die etwa 2000 Jahre alten **Moorleichen,** die manchen Besuchern beim Betrachten einen gewaltigen Schauer über den Rücken jagen. Einmalig ist auch das **Nydam-Schiff,** das separat im ehemaligen Exerzierhaus ausgestellt ist. Das 23 m lange, hochseetaugliche Schiff wurde um 320 n. Chr. gebaut und Mitte des 19. Jh. in der Nähe des dänischen Sønderborg ausgegraben.

Etwa 700 m nördlich des Schlosses liegt der **Barockgarten,** der Teil des 15 ha großen Schlossgartens ist. Der auf verschiedenen Ebenen nach italienischem Muster angelegte Terrassengarten war der erste seiner Art nördlich der Alpen. Neben der gesamten Anlage sind vor allem die Kleine Kaskade mit ihrem Tempel, auf die man vom Schloss aus zugeht, der Spiegelteich mit der Herkulesfigur und das Globushaus bemerkenswert, das 2005 neu errichtet wurde und das schon lange zuvor abgerissene ursprüngliche Gebäude ersetzte. Es beherbergt einen Nachbau des berühmten **Gottorfer Riesenglobus,** der seinerzeit als achtes Weltwunder angesehen wurde.

Auf dem Platz vor dem Schloss wird jährlich Mitte Mai der **Gottorfer Landmarkt** abgehalten. Der Markt hat sich im Lauf der Zeit zu einer überregionalen Veranstaltung entwickelt, auf der ausschließlich Produkte und Dienstleistungen angeboten werden, die nach ökologischen und fairen Bedingungen produziert bzw. gehandelt werden. Er gilt als größter Ökomarkt Deutschlands mit Ausstellern aus den Bereichen biologische Landwirtschaft, Kunsthandwerk, Gartengestaltung, erneuerbare Energien und vielen mehr.

Schleswigs Altstadt wird von dem mächtigen, weithin sichtbaren **Dom St. Petri** (Norderdomstraße 15, https://mein-schleswiger-dom.de) dominiert, der um 1100 erbaut wurde. Die ursprünglich romanische Basilika wurde im Lauf der Jahrhunderte ständig erweitert und erhielt erst Ende des 19. Jh. seine heutige Form, als der 112 m hohe Westturm angebaut wurde. Im Innern birgt die Kirche zahlreiche

Kostbarkeiten. Da ist als Erstes der **Brüggemann-Altar** zu nennen, der Anfang des 16. Jh. von dem Holzschnitzer Hans Brüggemann in siebenjähriger Arbeit geschaffen wurde. Den fast 13 m hohen und 7 m breiten Altar zieren 392 Figuren aus der biblischen Geschichte. Die Eichenholzkanzel stammt aus der Mitte des 16. Jh., sie ist die älteste Renaissancekanzel Schleswig-Holsteins. Aus der Renaissance stammt auch das Kenotaph Friedrichs I. (ein Scheingrab, das ausschließlich der Erinnerung dient und keine sterblichen Überreste enthält), das im nördlichen Chorschiff steht. Reich verziert ist auch das bronzene Taufbecken aus dem Jahr 1480. Der Kreuzgang, der Schwahl (= kühler Gang) genannt wird, entstand Anfang des 14. Jh. Er ist jedes Jahr in der Adventszeit Schauplatz des **Schwahlmarktes,** einem großen Kunsthandwerkermarkt.

Rings um den Dom findet man noch zahlreiche, oft liebevoll restaurierte alte Häuser. Nur

### INFO GOTTORFER RIESENGLOBUS

Der Riesenglobus, der einen Durchmesser von drei Metern hat, wurde Mitte des 17. Jh. im Auftrag von Herzog Friedrich III. geschaffen. Anfang des 18. Jh. wurde er nach St. Petersburg zu Zar Peter dem Großen geschickt, ob als Kriegsbeute oder Präsent, ist umstritten.

Der Globus im Schleswiger Schlossgarten ist ein originalgetreuer Nachbau. Außen ist die Erde dargestellt. Im Innern, in das man durch eine niedrige Öffnung gelangt, befindet sich eine Art Planetarium. Hier kann man die Bewegungen von Sonne, Mond und Sternen nachverfolgen. Auch wenn dabei von einer „Fahrt im Weltraum" gesprochen wird, gerät man bei der Vorführung selbst nicht in Bewegung und kann die Bahnen der Himmelskörper bequem von seinem Platz aus verfolgen (Schlossinsel 1, https://gottorfer-globus.de).

*Im Zentrum der Fischersiedlung Holm befindet sich der Friedhof*

## 9 Stellplatz am Stadthafen Schleswig

GPS 54.51208, 9.56815

Sehr beliebter Stellplatz am Stadthafen, in der Hauptsaison oft schon am Vormittag ausgebucht, Stellplätze in der ersten Reihe direkt an der Kaimauer mit schönem Blick auf die Schlei, Innenstadt, Bäcker und Supermarkt ca. 500 m, mehrere Cafés, Bistros und Restaurants direkt am Hafen. **Lage/Anfahrt:** vom Schloss Gottorf Richtung Stadtmitte fahren, dort am markanten, weißen Hotel Alter Kreisbahnhof rechts in die Plessenstraße und weiter bis zum Hafen; **Platzanzahl:** 45; **Untergrund:** Schotter, Pflaster; **Service:** Strom, Trinkwasser, Abwasser, Chemie-WC, WLAN; **Preiskat.:** €€; **Geöffnet:** ganzjährig, Dez.–Febr. kein Service; **Kontakt:** Am Hafen 5, 24837 Schleswig, Tel. 04621 801450, https://womoplatz-schleswig.de

wenige Schritte östlich des Doms liegt der Rathausplatz, ebenfalls mit einigen alten Häusern und einem Brunnen in der Mitte. Das **Rathaus** selbst liegt 50 m weiter nordöstlich am Rathausmarkt 1. Es wurde 1794/1795 im klassizistischen Stil auf den Grundmauern einer mittelalterlichen Klosterkirche errichtet. Von dem ehemaligen Franziskanerkloster sind auf der Rückseite des Rathauses noch Gebäude erhalten, in denen heute Büros der Stadtverwaltung untergebracht sind.

Vom Rathausmarkt ist es nur ein kurzer Fußweg Richtung Schlei zur **Fischersiedlung Holm,** die bis 1933 eine Insel war und erst im vergangenen Jahrhundert mit dem Festland verbunden wurde. Mittelpunkt ist der zentrale Platz mit Friedhof und Kapelle, die aus dem Jahr 1876 stammt. Um den Platz und an den wenigen angrenzenden Straßen stehen zahlreiche liebevoll restaurierte und mit Rosen geschmückte historische Häuser, deren Bau bis in das frühe 18. Jh. zurückgeht.

Von Holm gelangt man nach wenigen Schritten zum **Stadthafen,** wo sich ein beliebter

**TIPP SCHIFFSAUSFLÜGE**

Die **MS Wappen von Schleswig** (Gottorfer Damm 1, https://schleischifffahrt.de) bietet Linienfahrten mit einem historischen Fahrgastschiff über Missunde, Ulsnis, Kappeln und Maasholm nach Schleimünde. **Hafenrundfahrten können am** Stadthafen gebucht werden (www.schleifahrten.de).

Wohnmobilstellplatz befindet. Westlich davon erstrecken sich auf einem 16 ha großen Gelände die **Königswiesen,** Schleswigs Stadtpark, der 2008 im Rahmen der Landesgartenschau neu gestaltet wurde. Hier liegt auch das **Luisenbad,** ein kostenloses Freibad an der Schlei mit schönem Sandstrand, das von Juni bis August geöffnet ist. Die Königswiesen sind Schauplatz der legendären **Wikingertage** (https://wikingertage.de), die jährlich im August stattfinden. Während des Festivals können sich auch Nichtwikinger an den Vorführungen der Gaukler und Handwerker, den spektakulären Schaukämpfen und Musikdarbietungen erfreuen.

Wer mehr über die Wikinger erfahren möchte, hat dazu auf der gegenüberliegenden Seite der Schlei im **Wikinger Museum Haithabu** (Am Haddebyer Noor 3, https://haithabu.de) Gelegenheit. Das Museum gehört zu den bedeutendsten archäologischen Museen Deutschlands und ist unbedingt einen Besuch wert. Es wurde an einem der wichtigsten Handelsplätze der Wikinger errichtet. 2018 wurde er von der UNESCO zum Welterbe ernannt. Das Museum zeigt eindrucksvoll, wie die Menschen im frühen Mittelalter gelebt haben. Im modernen Ausstellungshaus werden zahlreiche, teils einzigartige Funde präsentiert und im Außengelände kann man sieben original-

### 10 Wikinger Campingplatz Haithabu

GPS 54.50105, 9.57077

Ebenes, nicht parzelliertes Wiesengelände, das bis an die Schlei reicht, durch Büsche und Bäume aufgelockert, schöner Blick auf die Schlei und Schleswig, Spielplatz, empfehlenswertes Restaurant und Laden gegenüber der Einfahrt, Grillplätze, Badestelle mit Liegewiese, kurzer Fußweg zum Wikinger Museum Haithabu.
**Lage/Anfahrt:** von Schleswig auf der B76 Richtung Eckernförde, in Haddeby an Odins Restaurant (gegenüber der Kirche) links auf den Parkplatz, die Einfahrt zum Campingplatz ist dann rechts, beschildert; **Platzanzahl:** 100; **Untergrund:** Wiese; **Service:** Strom, Trinkwasser, Abwasser, Chemie-WC, WLAN (teilweise); **Preiskat.:** €€–€€€; **Geöffnet:** Anfang April–Mitte Okt.; **Kontakt:** Haddebyer Chaussee 15, 24866 Busdorf, Tel. 04621 32450, https://campingplatz-haithabu.de

getreu nachgebaute Häuser und eine Landebrücke bestaunen. Märkte nach historischem Vorbild und Vorführungen alter Handwerke füllen an manchen Tagen das Dorf mit Leben und lassen die Besucher in eine Zeit eintauchen, die seit über 1000 Jahren vergangen ist.

**Tourist-Info Schleswig,** Plessenstraße 7, https://ostseefjordschlei.de

Fangfrischen **Fisch direkt vom Kutter** gibt es bei Fischer Jörn Ross am Stadthafen in der Regel Mi–Fr 9–11 Uhr (www.fischerjoernross.de).

*Blick auf die Orgelempore der Kirche St. Andreas in Brodersby*

## Brodersby

Besonders sehenswert ist in Brodersby (sprich: Brodersbü) die **Felssteinkirche St. Andreas,** die noch weitgehend in ihrer ursprünglichen Form und Ausgestaltung erhalten und damit eine der ursprünglichsten Kirchen im Nordosten Schleswig-Holsteins ist. Die weiß verputzte, romanische Kirche wurde in der zweiten Hälfte des 12. Jh. erbaut. Das mächtige Taufbecken aus Granit stammt ebenfalls aus dieser Zeit. Sehenswert sind das Triumphkreuz (15. Jh.) und die barocke Kanzel aus dem Jahr 1726. Besonders interessant ist die Doppelsanduhr rechts auf der Kanzel. In dem einen Glas läuft der Sand in einer halben Stunde durch, in der anderen in einer. Beide zeigen die Mindestdauer einer Predigt an, 30 Minuten an normalen Sonntagen, eine Stunde an Feiertagen. Die kleine Orgel auf der hübsch

### TIPP SCHLEIFÄHRE MISSUNDE

Brodersby liegt an einer sehr schmalen, nur etwas mehr als 100 m breiten Stelle der Schlei. Hier verbindet seit über 50 Jahren eine **Fähre** (https://schleifaehre-missunde.de) die beiden Schleiufer. Die an einem Drahtseil über die Schlei gleitende Fähre kann bis zu 45 Personen und maximal acht Pkw befördern, bei größeren Fahrzeugen (Höchstgewicht 7,5 t) oder Gespannen entsprechend weniger. Die Überfahrt ist ein kleines Erlebnis und weder für Personen noch für Fahrzeuge teuer.
Auf der anderen Seite in **Missunde** kann man ein Großsteingrab besichtigen und findet eine sehr gute Übernachtungsmöglichkeit auf dem Campingplatz Wees.

Die Fähre Missunde setzt auch Wohnmobile über die Schlei

bemalten Empore wurde 1682 gebaut. Bemerkenswert ist auch der hölzerne Turm auf der Westseite der Kirche. Er ist niedriger als die Kirche selbst und das wohl aus Geiz (oder Sparsamkeit), denn in früheren Zeiten sollen die Steuern nach der Höhe des Kirchturms erhoben worden sein.

Im **Kuchenhaus** (Missunder Fährstraße 24, https://das-kuchenhaus.de) ist der Name Programm: Serviert werden leckere, selbstgemachte Kuchen und Torten zu fairen Preisen in gemütlicher Atmosphäre. Der **Hofladen Bluschke** (Missunder Fährstraße 8, https://hof-bluschke.de) hat Biofleisch und Wurstwaren aus artgerechter Haltung vom eigenen Bauernhof im Angebot. Im Regiomat, einem Automaten, kann man Tag und Nacht eine Auswahl der Produkte erwerben.

### 11 Campingplatz Wees

GPS 54.52285, 9.72411

Sehr ruhig gelegenes, terrassenförmiges Wiesengelände, das bis an die Schlei reicht, kleiner Laden, Spielplatz, Badestelle, Bootsliegeplätze und -slip, Kanu- und Fahrradverleih, Angelmöglichkeit und Erwerb von Angelscheinen. **Lage/ Anfahrt:** von der Fähre kommend nach etwas mehr als 100 m links in die Straße Zur Fähre, dieser 200 m folgen und dann links in die Straße An de Wees abbiegen, bis zum Ende fahren, beschildert; **Platzanzahl:** 40; **Untergrund:** Wiese; **Service:** Strom, Trinkwasser, Abwasser, Chemie-WC, WLAN (Rezeption), Brötchenservice; **Preiskat.:** €€–€€€; **Geöffnet:** Anfang April–Ende Okt.; **Kontakt:** An de Wees 16, 24354 Missunde, Tel. 04354 98430, https://camping-schlei.de

**Tourist-Info** im Markt-Treff, Schleidörfer Straße 11, https://brodersby-goltoft.de

Im nahen Goltoft betreibt die Webermeisterin Kathrin Schoppmeier eine **Handweberei.** Hergestellt werden hier hauptsächlich Gebrauchstextilien wie Schals, Wolldecken und Teppiche aus Leinen und Baumwolle in klaren, frischen Farben. Wer der Weberin über die Schulter schauen oder eine Arbeit erwerben möchte, kann dies in ihrer Ladenwerkstatt tun (Teichstraße 1, www.handweberei-goltoft.de).

## ⑫ Naturcamping Hellör

GPS 54.53652, 9.73249

Schöner Campingplatz im Ortsteil Goltoft, teils leicht geneigtes, terrassiertes Wiesengelände mit schönem Blick auf die Schlei, sehr ruhig, Badestelle mit Liegewiese, Bootssteg, Kiosk, Angelmöglichkeiten. **Lage/Anfahrt:** von Brodersby kommend am Ortsanfang rechts in die Dorfstraße, an der nächsten Kreuzung rechts, nach 1,2 km links zum Platz, beschildert; **Platzanzahl:** 55; **Untergrund:** Wiese; **Service:** Strom, Trinkwasser, Abwasser, Chemie-WC, WLAN (Rezeption), Brötchenservice; **Preiskat.:** €€€; **Geöffnet:** April–Anfang Okt.; **Kontakt:** Hellör 1, 24864 Broderby-Goltoft/OT Goltoft, Tel. 04622 533, https://camping-helloer.de

## ⑬ Camping Lindaunis

GPS 54.58661, 9.81647

Sehr schön gelegenes Wiesengelände am Ostufer der Verbindung zwischen Schlei und Lindauer Noor, Gaststätte, kleiner Laden, Spielplatz, Badestelle und Liegewiese, Bootsliegeplätze und -slip, Fahrrad-, Boots- und Kanuverleih, separater Wohnmobilhafen. **Lage/Anfahrt:** von Lindau kommend auf dem Damm über das Lindauer Noor fahren, dahinter gleich rechts, beschildert; **Platzanzahl:** 40; **Untergrund:** Wiese; **Service:** Strom, Trinkwasser, Abwasser, Chemie-WC, WLAN (kostenpflichtig); **Preiskat.:** €€–€€€; **Geöffnet:** Ende März–Mitte Okt.; **Kontakt:** Schleistraße 1, 24392 Boren/OT Lindaunis, Tel. 04641 7317, www.camping-lindaunis.de

*Die historische Rollklappbrücke in Lindaunis wird in den nächsten Jahren durch einen Neubau ersetzt*

## Lindaunis

Das Dorf Lindaunis liegt wunderbar an der Schlei und dem Lindauer Noor und verfügt über einen **Sportboothafen** mit Liegeplätzen für etwa 100 Boote. Bekannt ist der Ort aber vor allem wegen seiner 1927 erbauten **Rollklappbrücke** über die Schlei. Die schmale Brücke wird im Wechsel von Bahn- und Straßenverkehr einschließlich Fußgängern und Radfahrern genutzt. Einmal stündlich, immer 15 Minuten vor der vollen Stunde, wird sie hochgeklappt, damit der Schiffsverkehr passieren kann. Ein Schauspiel, das man sich nicht entgehen lassen sollte. Die Brücke ist inzwischen aber so reparaturanfällig, dass sie durch einen Neubau ersetzt werden soll.

Im nicht weit entfernten Nachbardorf Lindau steht das aus dem 15. Jh. stammende **Gutshaus Lindau.** In dem schönen Gebäude ist heute ein empfehlenswertes Café untergebracht. Einigen dürfte das Gutshaus aus der Fernsehserie „Der Landarzt“, die von 1986 bis 2013 zahlreiche Fans vor die TV-Geräte lockte, bekannt sein. Die berühmten Treppenszenen vor der Landarztpraxis wurden hier gedreht (Lindauhof 4, www.cafelindauhof.de).

## Arnis

Arnis, wunderschön auf einer Halbinsel in der Schlei gelegen, ist mit nur 300 Einwohnern die kleinste Stadt Deutschlands. Auch wenn die Stadt mit dieser Eigenschaft um Touristen wirbt, hat sie es eigentlich nicht nötig. Denn Arnis ist auch ohne dieses Alleinstellungsmerkmal durchaus einen Besuch wert. Mit 800 m Länge und 200 m Breite ist die malerische Stadt sehr übersichtlich. In Längsrichtung verläuft von einem Ende der Halbinsel zum anderen die **alleeartige Lange Straße,** an der schöne alte Giebelhäuser mit sehenswerten

Von Arnis führt eine Seilfähre auf die andere Seite der Schlei

Die Schifferkirche in Arnis ist das älteste Gebäude der Stadt

Eingangstüren stehen. Auch das Rathaus, in dem im Sommer Ausstellungen zu sehen sind, befindet sich in der Straße. Am Nordostende gibt es einen Aussichtspunkt, von dem man über die Schlei bis nach Kappeln sehen kann.

Am anderen Ende liegt auf einem kleinen Hügel die **Schifferkirche.** Sie wurde 1673 errichtet und ist das älteste Gebäude der Ortschaft. Die Kanzel ist um die 100 Jahre älter als die Kirche und soll, so wird im Ort erzählt, von der Nordsee aus der sagenhaften Stadt Rungholt stammen. Historiker sind da aber anderer Meinung. Sie sind sich sicher, dass sie von der Ostsee stammt. Sehenswert sind auch die schönen Votivschiffe, die unter der Decke hängen. Sie wurden von Seeleuten als Dank für eine glückliche Heimkehr gespendet.

Etwas westlich des Kirchengeländes befindet sich eine **Badestelle** mit schönem Strand und einer Liegewiese. Auf der Südseite der Halbinsel, ziemlich in der Mitte, ist der Anleger für die kleine **Seilfähre,** die Personen und Fahrzeuge für wenig Geld auf die andere Seite der Schlei bringt.

**TOUR STADTRUNDWEG**

Wer möchte, kann die komplette Stadt auf einem schönen **Wanderweg** umrunden, mit 1,8 km wohl weltweit der kürzeste Rundwanderweg um eine Stadt.

## 14 Wohnmobilstellplatz Wassersportgemeinschaft Arnis/Grödersby

GPS 54.63346, 9.92878

Separater, durch hohe Hecken abgegrenzter, hinterer Bereich des großen Parkplatzes der Marina, Restaurant, Fahrradverleih, etwa 300 m bis zum Ortsanfang. **Lage/Anfahrt:** von Grödersby kommend kurz vor dem Ortsschild Arnis links; **Platzanzahl:** 20; **Untergrund:** Schotterrasen; **Service:** Strom, Trinkwasser, Abwasser, Chemie-WC, WLAN; **Preiskat.:** €€; **Geöffnet:** April–Okt.; **Kontakt:** Friedenshöher Straße 21, 24376 Grödersby, Tel. 04642 4421, https://wsg-arnis.de

## Kappeln

Kappeln ist nach Schleswig die größte Stadt an der Schlei. Der Ort ist seit vielen Jahrhunderten Handelsplatz und Fischereihafen, verfügt auch heute noch über eine kleine Fischereiflotte und ist das wirtschaftliche Zentrum der Region.

Schön ist ein Bummel entlang der Hafenmeile, die sich auf der Westseite der Schlei zu beiden Seiten der Schleibrücke erstreckt. Gleich südlich der Brücke befindet sich der **Museumsbahnhof,** von dem die Züge der **Angelner Dampfeisenbahn** (Bahnhofsweg 9, https://angelner-dampfeisenbahn.de) nach Süderbrarup fahren.

Einige hundert Meter südlich liegt am Südhafen der **Museumshafen Kappeln.** Hier liegen zahlreiche historische Fracht- und Fischereifahrzeuge.

Nördlich der Brücke beginnt eine schöne Promenade mit zahlreichen Restaurants, Cafés und Geschäften. Hier legen die Ausflugsdampfer an und man hat einen schönen Blick auf den **historischen Heringszaun** (siehe Infokasten S.35) und die **Schleibrücke.** Genau wie die Brücke bei Lindaunis wird auch sie tagsüber stündlich für den Schiffsverkehr geöffnet.

*Blick über die Schlei auf Kappeln mit der Kirche St. Nikolai*

Die spätbarocke Kirche St. Nikolai in Kappeln

**TIPP SCHIFFSAUSFLÜGE**

Die **MS Stadt Kappeln** unternimmt Linienfahrten nach Schleswig, Maasholm und Schleimünde sowie Ausflugsfahrten (Am Hafen, https://schlei-ausflugsfahrten.de), der **Raddampfer Schlei Princess** und die **MS Nordlicht** nach Maasholm, Schleimünde, Sieseby, Lindaunis und Missunde (Am Hafen, https://schleiraddampfer.de).

Weiter nördlich legen die Fischer an, wo man frischen Fisch direkt vom Kutter kaufen kann. Das eigentliche Zentrum mit einer ausgedehnten Fußgängerzone befindet sich etwas oberhalb der Schlei rings um die Kirche **St. Nikolai.** Der spätbarocke Backsteinbau entstand zwischen 1789 und 1793. Als Fundament wurden Findlinge von 22 Großsteingräbern genutzt. Knapp 500 m westlich der Kirche steht die **Holländermühle Amanda.** In der größten Mühle Schleswig-Holsteins ist die Touristinformation untergebracht.

Kappelns Flaniermeile entlang der Schlei

*Von Kappeln kann man mit mehreren Reedereien Ausflugsfahrten auf der Schlei unternehmen*

Weithin sichtbar etwas oberhalb der Promenade am Hafen sind die drei Backsteinschornsteine der **Fischräucherei Föh** (Dehnthof 28, https://foeh.de) zu sehen, unverkennbar durch die weiße Aufschrift „AAL". Hier wird seit über 100 Jahren auf traditionelle Art und Weise in Altonaer Öfen Fisch geräuchert und anschließend im Ladengeschäft neben der Räucherei verkauft. Wer Fisch mag, ob geräuchert oder frisch, ist hier genau richtig und sollte sich das Motto des Familienbetriebs zu Herzen nehmen: „Sage Kappeln nie Adieu ohne einen

### INFO HERINGSZAUN UND KAPPELNER HERINGSTAGE

Der Heringszaun in Kappeln gilt als Wahrzeichen des Ortes. 1451 erstmals urkundlich erwähnt, war der Heringsfang mit den seewärts offenen Trichtern über viele Jahrhunderte eine gängige Fangmethode. Die Fische, die aus der Ostsee in die Schlei zum Laichen kommen, gelangen in die großen Mündungstrichter, folgen dem immer enger zulaufenden Heringszaun und landen schließlich in den Netzen am Ende des Trichters, wo sie abgefischt werden können. In der Schlei gab es zur Blütezeit um die 40 dieser Trichterreusen. Heute ist der unter Denkmalschutz stehende Kappelner Heringszaun der letzte seiner Art in Europa.

Seit 1979 werden jährlich über die Himmelfahrtstage die Kappelner Heringstage veranstaltet, die nach Angaben der Zeitung „Die Welt" zu den 100 größten und bekanntesten Festen auf der Welt zählen. Hauptattraktion ist das Abfischen der Heringe aus den Netzsäcken. Prominente Paten müssen raten, wie viel Pfund der Silberlinge gefangen wurden. Wer dem Ergebnis am nächsten kommt, wird zur Heringskönigin und zum Heringskönig bestimmt. Das Ganze wird mit einem vielfältigen kulturellen Programm ausgeschmückt. Natürlich wird auch für das leibliche Wohl gesorgt und für Augen und Ohren gibt es ein spektakuläres Höhenfeuerwerk.

## ⓯ Wohnmobilstellplatz Ancker Yachting

GPS 54.66826, 9.93670

Am Ende des Kappelner Nordhafens auf dem Gelände der Marina, sehr ruhig, einige Stellplätze mit direktem Schleiblick. **Lage/Anfahrt:** die beste Zufahrt erfolgt von der B199, auf der man im Kreisverkehr im Norden Kappelns in die Wassermühlenstraße fährt, dann die erste Straße (500 m) links abbiegen, vorbei an einem Discounter fährt man direkt ins Hafengelände, dort am Ende links, beschildert; **Platzanzahl:** 50; **Untergrund:** Schotter; **Service:** Strom, Trinkwasser, Abwasser, Chemie-WC, WLAN (am Servicehaus); **Preiskat.:** €€; **Geöffnet:** ganzjährig; **Kontakt:** Am Hafen 23b, 24376 Kappeln, Tel. 04642 1563, https://ancker-yachting.de

Fisch von Föh". Das Fischrestaurant **Alte Räucherei** (Am Hafen 16, https://alte-raeucherei-kappeln.de) mit Außengastronomie und schönem Blick auf Hafen und Schleibrücke bietet sehr schmackhafte Gerichte, die Portionen sind groß, die Preise angemessen und das Personal sehr freundlich. Dafür bürgt seit 1994 der Koch und Gastwirt Duncan Buckley, ein waschechter Ire. Von März bis Oktober wird jeden letzten Sonntag im Monat von 9 bis 17 Uhr am Hafen ein bunter **Fischmarkt** abgehalten.

**Tourist-Info Kappeln,** Schleswiger Straße 1 (in der Mühle Amanda), https://ostseefjordschlei.de

Fangfrischen **Fisch direkt vom Kutter** gibt es an der Mole von Fischer Peter Jöhnk, der mit seinem Kutter Pollux direkt vor Kappeln in der Ostsee nach Dorsch und Butt fischt (www.fischvomkutter.de/kappeln.html).

LITERATURTIPP

Ausführlichere Routenvorschläge findet man im Wohnmobil-Tourguide „Ostseeküste Schleswig-Holstein" aus dem Reise Know-How Verlag.

Hartmut Engel

# Holsteinische Schweiz

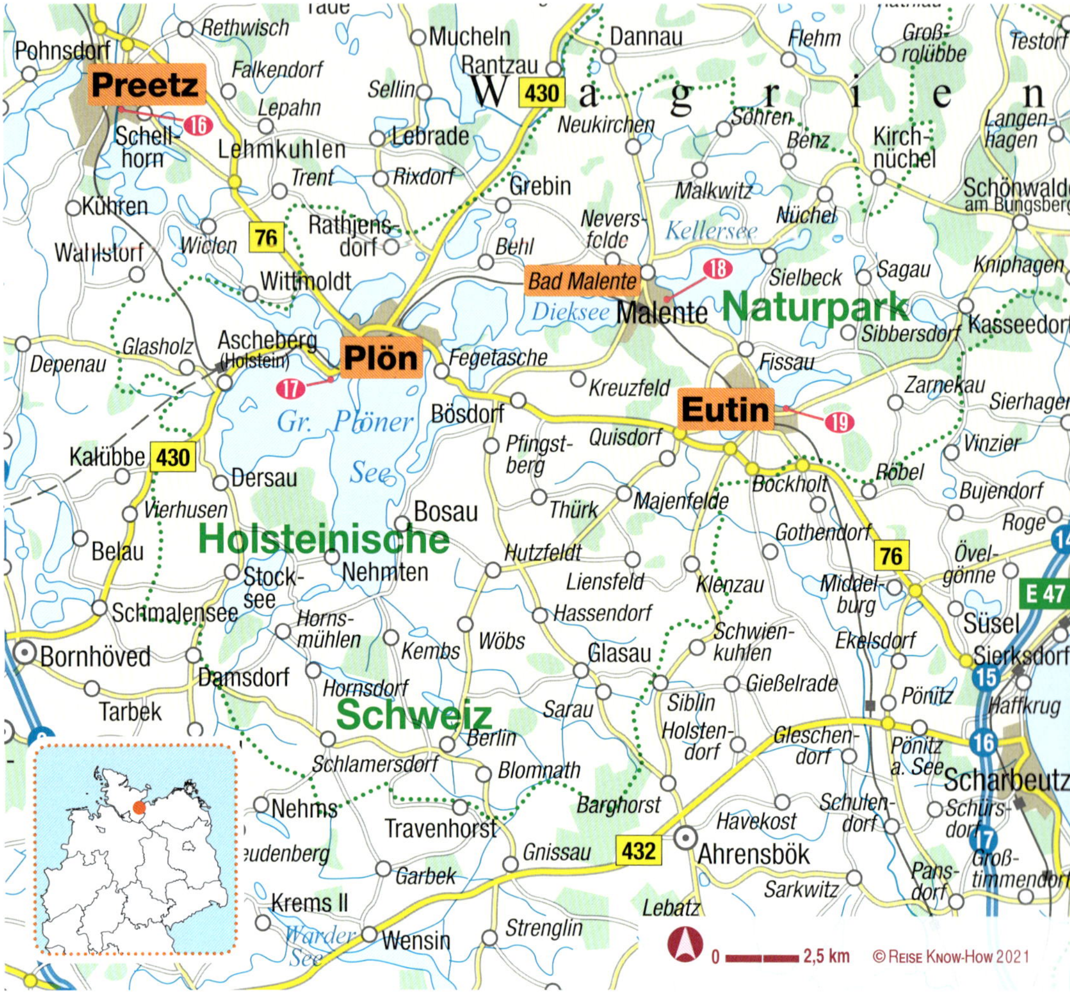


Die Kulturlandschaft Holsteinische Schweiz zwischen Lübeck und Kiel gehört zu den wichtigsten Tourismusregionen Norddeutschlands. Die sanft hügelige, von der letzten Eiszeit geformte Landschaft mit ihren mehr als 200 kleineren und größeren Seen, ihren Äckern, Wiesen und Wäldern sowie den kleinen, idyllischen Dörfern ist für einen geruhsamen und naturnahen Urlaub wie geschaffen.

Aber nicht nur Naturfreunde kommen hier auf ihre Kosten. Auch Aktivurlauber finden ein weites Betätigungsfeld. Gut ausgebaute, markierte Wander- und Radwege laden zu kleineren oder größeren Touren ein und Wassersportler haben auf den Seen und Flüssen ausreichend Möglichkeiten zum Paddeln oder Segeln. Wer baden möchte, findet zahlreiche Badestellen mit schönen Sandstränden. Sehenswert sind auch die weithin bekannten Städte Plön und Eutin, die mit ihren Schlössern viele Touristen anlocken. Das gilt auch für die Schusterstadt Preetz mit seinem mittelalterlichen Kloster.

Preetz' Reminiszenz an das Schusterhandwerk

## Preetz

Die Schusterstadt Preetz liegt am Zusammenfluss der Schwentine und der Alten Schwentine malerisch an mehreren Seen. Im Westen erstreckt sich der Postsee, durch den die Alte Schwentine fließt, im Osten sind es der Kirchsee und etwas weiter südlich der größere Lanker See. Durch beide fließt die vom Bungsberg kommende Schwentine.

**TOUREN-ÜBERBLICK**

**Routenempfehlung:** Preetz – Plön – Bad Malente – Eutin
**Länge gesamt:** ca. 40 km
**Dauer:** ca. 3–5 Tage
**Reisezeit:** ganzjährig

Seit dem 18. Jh. entwickelte sich Preetz zu einem Zentrum des **Schusterhandwerks.** Mitte des 19. Jh. werkelten in der Stadt über 150 Schuhmachermeister und mehr als 500 Gesellen und Lehrlinge. Eine Statue in der Fußgängerzone ist den Schustern gewidmet und etwas nördlich steht der wohl größte Holzschuh der Welt wohlbehütet unter einem Reetdach. Wer sich über die Geschichte des Ortes und das Preetzer Schusterhandwerk informieren möchte, findet dazu im **Heimatmuseum** (Mühlenstraße 14, https://museum-preetz.de) Gelegenheit.

Besonders sehenswert ist das unter Denkmalschutz stehende **Adlige Kloster Preetz** (Klosterhof 5, https://klosterpreetz.de). Das 1261 erbaute Kloster ist eines der bedeutendsten Kulturdenkmäler Schleswig-Holsteins. Bis zur Reformation wurde es von Benediktinerinnen verwaltet und bewirtschaftet. Seit 1542 ist es

## ⑯ Wohnmobilpark Kanucenter Preetz-Plön

GPS 54.22825, 10.28691

Parkähnliches, mit vielen Laubbäumen bestandenes, leicht geneigtes Gelände mit direktem Zugang zum Kirchsee, für Wohnmobile abgetrenntes Areal, weitere Stellplätze auf dem angrenzenden Campingplatz, Gaststube mit Café und Biergarten, Rad-, SUP-, Kanu- und Tretbootverleih, organisierte Kanutouren mit Rückholservice, knapp 1 km auf schönem Fußweg entlang der Schwentine ins Zentrum. **Lage/Anfahrt:** vom Zentrum auf der K53 (Schwentinestraße) Richtung Plön fahren, nach etwa 900 m rechts in den Kahlbrook und weiter bis zum Ende, weiträumig beschildert; **Platzanzahl:** 54; **Untergrund:** Wiese, fest; **Service:** Strom, Trinkwasser, Abwasser, Chemie-WC, WLAN; **Preiskat.:** €€–€€€; **Geöffnet:** ganzjährig; **Kontakt:** Kahlbrook 25a, 24211 Preetz, Tel. 04342 309549, https://kanucenter-ploen.de

in der Obhut der Schleswig-Holsteinischen Ritterschaft und wurde zu einem Damenstift umgewandelt, das heute noch besteht.

Ein Spaziergang durch die frei zugängliche Anlage vermittelt einen guten Eindruck von dem Ausmaß des riesigen Areals. Die mächtige Eiche im Klosterhof soll einer Legende nach aus der Gründungszeit des Klosters stammen. Auch wenn sie wohl erst um die 500 Jahre alt ist, wie Untersuchungen ergeben haben, hinterlässt sie einen ehrerbietenden Eindruck.

Die **Klosterkirche,** eine gotische Backsteinbasilika, wurde zwischen 1325 und 1340 errichtet. Das Innere mit ihrem barocken Altar aus der Mitte des 18. Jh. birgt zahlreiche wertvolle Gegenstände. Die Teilnahme an einer Führung ist sehr empfehlenswert und wer im

### TOUR WASSERSPORT AUF DER SCHWENTINE

Die Schwentine ist mit knapp 70 km einer der längsten Flüsse Schleswig-Holsteins. Sie entspringt in der Nähe des Bungsbergs und schlängelt sich durch die gesamte Holsteinische Schweiz, durch Eutin, Bad Malente, Plön und Preetz bis nach Kiel, wo sie zwischen Kaianlagen am Ostufer in die Kieler Förde mündet. Auf ihrem Weg zur Ostsee fließt sie durch 16 größere und kleinere Seen. Bis zum Großen Eutiner See ist sie nur ein schmaler Bach, von dort kann man – mit Ausnahme eines ca. 2 km langen Teilstücks in einem Naturschutzgebiet kurz vor Kiel – mit Kanus, Kajaks und SUP-Boards bis zur Mündung fahren, insgesamt mehr als 50 Flusskilometer. An vielen Orten entlang der Schwentine gibt es Einsatzstellen sowie Mietstationen für Sportboote.

Sommer vor Ort ist, kann den beliebten **Sommerkonzerten,** die der Kreis der Musikfreunde Preetz (https://musikfreunde-preetz.de) in der Kirche veranstaltet, beiwohnen.

Auch dem Naturfreund hat Preetz eine Menge zu bieten. So ist ein Teil des **Lanker Sees** als Naturschutzgebiet ausgewiesen. An der Badestelle im Nordwesten des Sees, dort, wo die Schwentine den See verlässt, unterhält der NABU eine Infohütte, die in der Regel von Mai bis September an Wochenenden geöffnet ist. Von dort hat man einen schönen Blick auf die Insel Probstenwerder, auf der zahlreiche Vögel nisten.

Etwas südlicher, am **Naturschutzgebiet Kührener Teich,** gibt es eine Beobachtungshütte, von der man gute Chancen hat, einen Seeadler vor das Fernglas zu bekommen. Im Frühjahr und Frühsommer kann man hier die beeindruckenden melancholischen Rufe der Rotbauchunkenmännchen und anderer Froschlurche hören.

ⓘ **Informationsbüro Schusterstadt Preetz,** Mühlenstraße 9, www.schusterstadt-preetz.de

## Plön

Plön gilt als Zentrum der Holsteinischen Schweiz. Von der sehenswerten, etwa 9000 Einwohner zählenden Kleinstadt erreicht man die meisten Orte in der Region schon in einer kurzen Fahrt von weniger als 30 Minuten.

Plön ist von 16 Seen umgeben, die entweder ganz zum Ort gehören oder – wie der Große Plöner See – nur zu einem Teil. Wahrzeichen der Stadt ist das auf einem Hügel thronende **Schloss Plön** (Schlossgebiet, https://fielmann-akademie.com). Das strahlend weiße Renaissanceschloss wurde zwischen 1633 und 1636 an der Stelle einer im 12. Jh. errichteten Burg gebaut. Im Lauf der Zeit wurde die Anlage mehrfach umgebaut und erweitert. Ende des 19. Jh. wurde das Schloss als preußische Kadettenanstalt genutzt. Kaiser Wilhelm II. quartierte hier seine sechs Söhne ein, ließ sie unterrichten und in preußischen Tugenden unterweisen. Während der Zeit des Nationalsozialismus wurde das Schloss als Erziehungsanstalt genutzt und nach dem Krieg als Internat. Schließlich verkaufte das Land 2001 die ganze Anlage an die Optikerfirma Fielmann,

*Wahrzeichen Plöns ist das hoch auf einem Hügel über der Stadt thronende Schloss*

## WANDERN IN DER HOLSTEINISCHEN SCHWEIZ

Insgesamt gibt es fast 30 markierte Wanderwege in der Holsteinischen Schweiz, die von einfachen, kurzen Rundwegen bis zu längeren, mehrtägigen Streckenwanderungen reichen. Bei Wanderern besonders beliebt ist der **Holsteinische Schweiz Weg,** der über Bad Malente die beiden Städte Plön und Eutin miteinander verbindet. Für die 53 km lange Route muss man mit etwa 15 Stunden reiner Gehzeit rechnen, die man bequem auf drei Tage verteilen kann. Informationen und eine Streckenkarte erhält man unter https://holsteinische schweiz.de/wandern-uebernachtungstour.

die sie aufwendig renovierte und dort eine gemeinnützige Akademie als öffentliche Bildungsstätte der Augenoptik einrichtete. Ein Teil des Schlosses, z. B. die herzoglichen Gemächer, die rekonstruierte Kapelle und der Rittersaal, können im Rahmen einer Führung besichtigt werden.

Unterhalb des Schlosses liegt der **historische Ortskern.** Er erstreckt sich von der B430 (Hamburger Straße) im Westen entlang der Fußgängerzone (Lange Straße) bis hinter die Nikolaikirche und reicht bis an den Großen Plöner See heran. Dort findet man noch eine Reihe historischer Häuser, unter ihnen das Anfang des 19. Jh. erbaute **Rathaus** mit seiner klassizistischen Fassade.

*Blick vom Schlossberg auf die Kirche St. Nikolai*

Das Zentrum der Altstadt ist die auf dem Marktplatz stehende **Nikolaikirche.** Die neuromanische Kirche mit den typischen Rundbogenfenstern wurde 1868 fertiggestellt. Der Innenraum ist schlicht. Besonders auffällig ist das mit hübschen Mosaiken bemalte Tonnengewölbe, das für die Region sehr ungewöhnlich ist. Auch die ansteigenden Emporen in den Seitenschiffen findet man im Norden nur selten. Besonderes Augenmerk verdienen die bunten Fenster, auf denen verschiedene Szenen aus dem Evangelium dargestellt werden. Sie stammen aus den 1960er-Jahren, leuchten sehr intensiv und verleihen der Kirche eine ganz besondere Stimmung.

Sehenswert ist auch die **Johanniskirche,** die gegenüber dem Westausgang der Fußgängerzone außerhalb der ehemaligen Stadtmauern steht. Die Fachwerk-Saalkirche wurde 1685 im Rahmen der Gründung der Plöner Neustadt errichtet und fällt durch ihren außergewöhnlichen Zwiebelturm auf. Auguste Viktoria, Gemahlin von Kaiser Wilhelm II., die letzte deutsche Kaiserin und Königin von Preußen, stiftete für ihre sechs Söhne, ihre Tochter und sich selbst jeweils einen Wandleuchter. Im oberen Teil der Leuchter kann man die Namen und Daten der Aufenthalte ablesen.

Etwas nördlich, nur wenige Schritte entfernt von der Johanniskirche, liegt die **Alte Apotheke.** Das Haus wurde im Rahmen der Errichtung des Schlosses Anfang des 17. Jh. neu aufgebaut. Während seiner langen Geschichte diente es unterschiedlichen Zwecken: In der Herzogszeit bis 1761 wohnten dort Hofbeamte und es wurde als Waisenhaus genutzt, später bezog die Herzogin Dorothea Christine mit ihren Töchtern das herrschaftliche Gebäude, weshalb es auch Witwenpalais oder Prinzes-

### 17 Naturcamping Spitzenort mit Wohnmobilhafen

GPS 54.14735, 10.3984

Sehr gut gelegener und schöner Campingplatz mit einem abgetrennten Wohnmobilhafen vor der Schranke auf einer Landzunge im Plöner See, fast ausschließlich Plätze für Touristen, Spielplatz, Badebuchten, Badeplattform, Bootssteg, Minigolf, Fitnessstudio, Pool, Restaurant und kleiner Laden, in unmittelbarer Nachbarschaft befindet sich die Segelschule Plön. **Lage/Anfahrt:** in Plön der B430 Richtung Ascheberg folgen, etwa 700 m hinter dem Womo-Stop Plön Einfahrt links, beschildert; **Platzanzahl:** 230, zusätzlich 12 im Wohnmobilhafen; **Untergrund:** Wiese; **Service:** Strom, Trinkwasser, Abwasser, Chemie-WC, WLAN; **Preiskat.:** €€–€€€€; **Geöffnet:** April–Ende Okt.; **Kontakt:** Naturcamping Spitzenort, Ascheberger Straße 76, 24306 Plön, Tel. 04522 2769, https://spitzenort.de

Die Tews-Kate stammt aus der ersten Hälfte des 17. Jh.

sinnenpalais genannt wird. Von 1803 bis 1928 nutzte es der Plöner Hofapotheker als Wohn- und Geschäftssitz. Nach dem Zweiten Weltkrieg wurden dort Flüchtlinge untergebracht und schließlich kaufte es der Kreis Plön, der hier seit 1982 das **Kreismuseum** (Johannisstraße 1, www.kreismuseum-ploen.de) untergebracht hat. Herzstück ist die Sammlung Norddeutsches Glas. Darüber hinaus gibt es Sammlungen zur Vor- und Frühgeschichte, zu Keramiken und Silber sowie Gemälde aus verschiedenen Epochen.

Ein schöner **Spazierweg** (ca. 7 km hin und zurück, vom Schiffsanleger 5,3 km) führt vom Jachthafen im Osten vorbei am Schiffsanleger unterhalb des Schlosses bis zum Südende der Prinzeninsel, die sich weit in den Plöner See erstreckt und das östliche Becken vom Ascheberger Becken trennt. An der Südspitze gibt es einen schönen Aussichtspunkt mit wunderbarem Blick auf den See und das Naturschutzgebiet Inseln im Großen Plöner See. Hier soll der **Lieblingsplatz der Kaiserin** Auguste Viktoria gewesen sein und wenn man selbst dort steht, glaubt man das sofort.

Eine weitere Besonderheit auf diesem Weg ist der **Planetenpfad.** Beginnend mit der Sonne am Schiffsanleger und endend mit Neptun kurz vor dem Südende der Prinzeninsel, werden in maßstabsgetreuen Abständen alle Planeten des Sonnensystems in ebenfalls maßstabsgetreuen Modellen gezeigt. Zusätzlich erhält man auf Tafeln interessante Informationen. Ein Meter Wegstrecke auf dem Planetenpfad entspricht dabei zwei Millionen Kilometern im Weltall.

Wer auf das Wasser will, kann eine **Schifffahrt auf dem Plöner See** buchen (www.grosseploenersee-rundfahrt.de) oder selbst selbst aktiv werden und eine Kanutour unternehmen (Kanuvermietung Plön, Ascheberger Straße 70, https://kanuvermietungploen.de).

ⓘ **Tourist-Info Großer Plöner See,**
Bahnhofstraße 5,
https://holsteinischeschweiz.de/ploen

## Bad Malente

Schon seit über 100 Jahren ist Malente als Kurort von Bedeutung. Bereits 1905 wurde ein Sanatorium mit Kurhaus eröffnet. 1935 erfolgte der nächste Schritt mit der Anerkennung als Kneippheilbad und 1996 schließlich die Anerkennung als **heilklimatischer Kurort.** Seitdem darf Malente den für den Tourismus wichtigen Titel „Bad" tragen. Heute bieten zahlreiche moderne Kliniken und Rehabilitationseinrichtungen vielfältige Möglichkeiten für Rehamaßnahmen und Kuren in einer Region mit besonders schonendem Heilklima.

Der gut 10.000 Einwohner zählende Ort liegt zwischen dem Kellersee im Osten und dem Dieksee im Westen. Die beiden Seen sind durch die Schwentine, die mitten durch den Ort fließt, miteinander verbunden.

Am Ostufer des Dieksees verläuft die **Dieksee-Promenade.** Sie beginnt am Schiffsanleger etwas südlich des Bahnhofs und führt immer nah am Ufer entlang bis zum Wald Diekseeholm, wo die **Spiegelteiche** – ehemalige Fischteiche – liegen. Entlang der Promenade mit ihren wunderschönen Ruheplätzen liegen die meisten Hotels, Pensionen und Kurkliniken des Ortes. Am Schiffsanleger kann man einen Ausflugsdampfer zur **5-Seen-Fahrt** (Bahnhofstraße 5, https://5-seen-fahrt.de) besteigen, die bis Plön-Fegetasche führt.

Oberhalb des Sees liegt der **Wildpark.** Auf dem 12 ha großen Gelände kann man neben Dam- und Rotwild auch Wildschweine sowie zahlreiche kleinere heimische Säuger und Vögel sehen. Östlich des Wildparks am Parkplatz Krützen befindet sich das **Arboretum,** in dem man 120 verschiedene, teils exotische Baumarten vorfindet.

Etwa 150 m vom Parkplatz entlang der Straße Richtung Innenstadt steht die **Tews-Kate.** Das reetgedeckte Kleinbauernhaus, das aus der ersten Hälfte des 17. Jahrhunderts stammt, ist die älteste Räucherkate in Ostholstein. Heute beherbergt sie das **Heimatmuseum** von Malente (Sebastian-Kneipp-Straße 1, www.heimatverein-malente.de).

Der **Kurpark** nördlich des Bahnhofs mit Teichen, Freilichtbühne, Musikpavillon, Kneippbecken, Ruhezonen und einer vielfältigen Pflanzenwelt zählt zu den schönsten Parkanlagen in Deutschland. Einen Lageplan mit Pflanzenführer erhält man in der Tourist-Info (siehe Kapitelende).

Eine weitere parkähnliche Anlage gibt es mit der **Wunderwelt Wasser** in der Janusallee am Kellersee. Der Naturlehrpfad führt den Besucher durch verschiedene Biotope und vermittelt durch Schautafeln und Installationen Einblick in die Tier- und Pflanzenwelt des Lebensraums Wasser. Hier befindet sich

### TOUR WANDERN RUND UM MALENTE

Für Wanderer wurden rund um Malente mehrere Wanderwege markiert. Besonders schön sind der 11,1 km lange **Dieksee-Rundweg** und der 14,6 km lange **Kellersee-Rundweg,** die beide mit einem blauen Balken auf weißem Grund markiert sind. Beide führen meist nahe am Ufer entlang abseits vom Autoverkehr. Der Dieksee-Rundweg beginnt am Bahnhof, der Kellersee-Rundweg am Schiffsanleger Kellersee. Wanderkarten kann man unter https://malente-tourismus.de/aktivurlaub/wanderwege herunterladen

## 18 Camping An der Schwentine

GPS 54.16694, 10.56733

Kleiner, naturnaher Campingplatz am Ufer der Schwentine in einer parkähnlichen Auenlandschaft, von Bäumen umgebenes und durch Hecken begrenztes Wiesengelände, Badestelle, Spielplatz, ideal für eine Kanutour auf der Schwentine in die umliegenden Seen. **Lage/Anfahrt:** in Malente von der Voßstraße in den Wiesenweg abbiegen und geradeaus weiter bis zur Einfahrt nach knapp 300 m, das letzte Wegstück ist unbefestigt, beschildert; **Platzanzahl:** 45; **Untergrund:** Wiese; **Service:** Strom, Trinkwasser, Abwasser, Chemie-WC, WLAN (an der Rezeption und auf einigen Plätzen), Brötchenservice, Kiosk; **Preiskat.:** €€; **Geöffnet:** April–Mitte Oktober; **Kontakt:** Wiesenweg 14, 23741 Bad Malente, Tel. 04523 4327, https://camping-bad-malente.de

### TIPP WEINGUT INGENHOF

Etwas außerhalb, im nordöstlich gelegenen Ortsteil Malkwitz, liegt mit dem Weingut Ingenhof ein für Norddeutschland eher ungewöhnlicher landwirtschaftlicher Betrieb. Auf etwa 8 Hektar werden hier verschiedene Rebsorten angebaut und zu Wein verarbeitet. Bei einer Weinbergführung mit Kellereibesichtigung und Verkostung kann man sich über diesen Zweig des Betriebs informieren. Daneben werden auf großen Flächen Erdbeeren und Himbeeren angebaut, die zur Erntezeit selbst gepflückt werden können (Bergstraße 2, https://ingenhof.de).

auch der Schiffsanleger Kellersee, von dem die **Kellersee-Rundfahrten** (Janusallee 21, https://5-seen-fahrt.de) starten.

Sehenswert ist außerdem die **Kirche Maria-Magdalena,** die etwa 300 m westlich vom Kellerseeanleger steht. Sie wurde zunächst ohne Turm aus Feldsteinen und rotem Backstein errichtet und stammt aus dem frühen 13. Jahrhundert. Der Turm wurde erst 1893 angefügt. Mancher wird sich wahrscheinlich noch an die Kinofilme „Die Mädels vom Immenhof" mit der jungen Heidi Brühl erinnern. Sie wurden in den 1950er-Jahren auf einem Gutshof in der Nähe Malentes gedreht. Im **Immenhof-Museum** (Kampstraße 1, https://immenhof museum.de) im Zentrum Malentes werden Kostüme, Bilder und Plakate sowie die originale Kutsche aus dem Film gezeigt.

Wer sich sportlich betätigen will, hat rund um den Ort verschiedenste Möglichkeiten. Für Wanderer gibt es zahlreiche markierte Wanderwege (siehe Tour-Tipp auf der Vorseite). Wer lieber mit dem Rad unterwegs ist, findet

Vom Anleger Kellersee starten die beliebten Kellersee-Rundfahrten

ebenfalls sehr gute Möglichkeiten vor und Bootssportler haben auf dem Kellersee und Dieksee sowie der Schwentine ein ausgedehntes Revier in schöner Natur.

**Malente Tourismus- und Service GmbH,** Bahnhofstraße 3, https://holsteinischeschweiz.de/tourismus-malente

## Eutin

Das kleine Eutin liegt in einer landschaftlich sehr reizvollen, hügeligen Gegend, umgeben von Wäldern und zahlreichen Seen. Zwischen Bahnhof und dem Großen Eutiner See liegen die Altstadt und das berühmte Schloss, das sich direkt am Ufer des Sees befindet. Vom Bahnhof ist es nur ein kurzer Fußweg von etwa 400 m zum **Marktplatz,** um den sich etliche historische Häuser gruppieren. Mit dem 1789–1791 erbauten Rathaus im Rücken schaut man auf die den Platz beherrschende **Kirche St. Michaelis.** In dem benachbarten weißen Gebäude aus dem 17. Jh. ist das **Brauhaus Eutin** untergebracht. Das **Fachwerkhaus** links daneben ist das wohl älteste Wohnhaus Eutins. Es wurde um 1635 erbaut. Das große Backsteingebäude auf der anderen Seite ist das **Witwenpalais,** das 1786 für Herzogin Ulrike Friederike Wilhelmine, Witwe des Herzogs Friedrich August I., erbaut wurde.

Auf dem Marktplatz findet ganzjährig jeden Mittwoch und Samstag von 8–13 Uhr ein bunter **Wochenmarkt** statt, der Besucher von nah und fern zum Einkaufen und Klönen anlockt.

Das **Brauhaus Eutin** bietet neben schmackhaften Speisen zu fairen Preisen auch selbstgebrautes Bier in verschiedenen Geschmacksrichtungen. Einige Sorten, z. B. das leckere Rotbier, werden auch außer Haus verkauft (Markt 11, https://brauhaus-eutin.de).

*In Eutin sind zahlreiche alte Fachwerkhäuser noch erhalten geblieben*

Hinter dem Brauhaus erhebt sich die Kirche **St. Michaelis,** deren 67 m hoher Turm leicht nach Osten geneigt ist. Die Kirche wurde um 1200 errichtet. Die ursprünglich romanische Kirche wurde im Lauf der Zeit mehrfach umgebaut und erweitert. In der ersten Hälfte des 14. Jh. wurden der Chor und die Apsis im gotischen Stil neu errichtet, wie sie bis heute existieren. Auch andere romanische Elemente wurden ausgetauscht, sodass man heute Einflüsse aus beiden Epochen erkennen kann.

Im Innern sind der Marienleuchter aus dem Jahr 1322, ein Bronzeleuchter von 1444 und die Bronzetaufe aus dem Jahr 1511 besonders erwähnenswert. Auch ein wertvolles Holzkreuz aus dem 13. Jh. ist zu sehen.

Von der Kirche ist es nur ein Katzensprung zum **Schloss** am Ufer des Großen Plöner Sees. Das imposante Gebäudeensemble hat eine lange und wechselvolle Geschichte hinter sich, die bis in die Mitte des 12. Jh. zurückreicht. Die heutige Form erhielt es um 1840.

Im Gebäude links vor dem Schloss, dem ehemaligen Marstall, ist das **Ostholstein-Museum** (Schlossplatz 1, www.oh-museum.de) untergebracht, das sich unter Anderem der Kunst- und Kulturgeschichte des Kreises Ostholstein widmet. In der ehemaligen **Wagenremise** rechts befindet sich die Eutiner Kreisbibliothek und in dem Gebäude dazwischen, dem ehemaligen **Kavaliershaus,** die Landesbibliothek.

Zum eigentlichen **Schloss** (Schlossplatz 5, https://schloss-eutin.de) gelangt man auf einer Steinbrücke über einen Wassergraben. Das imposante, vierflügelige Schloss, das von außen mit seinen Backsteinfassaden nüchtern norddeutsch anmutet, überrascht im Innenhof mit einem eher mediterranen Ambiente mit ockerfarbenen Wänden, einem Springbrunnen und dem Außenbereich des Restaurant-Cafés Schlossküche. Wer das Schloss von innen besichtigt, erhält einen Einblick in die hochherrschaftliche Lebenskultur und Wohnwelt des Adels in der damaligen Zeit. Zu sehen bekommt man u. a. die Hauskapelle, die Audienzzimmer, den Rittersaal und einige Privatgemächer.

Vom Schloss nach Süden erstreckt sich der große **Schlosspark,** der nach zahlreichen Umgestaltungen im Stil eines englischen Landschaftsgartens angelegt wurde, in dem man wunderbar spazieren kann und zahlreiche Ruheplätze mit schöner Aussicht findet. Im südlichen Teil liegt der **Küchgarten,** der die Schlossbewohner mit Gemüse und Obst versorgte, sowie die **Freilichtbühne** und der **Monopteros,** ein kleiner Rundtempel.

Nördlich vom Schloss liegt auf einer Halbinsel im Großen Plöner See der **Seepark,** der 1934 in Anlehnung an den Schlosspark ebenfalls im englischen Stil angelegt wurde. Damals

### INFO CARL MARIA VON WEBER UND DIE EUTINER FESTSPIELE

Eutin bezeichnet sich gern als „Weimar des Nordens", weil hier bekannte Persönlichkeiten geboren wurden, gelebt haben oder gestorben sind. Wilhelm Tischbein z. B., ein Freund Goethes, der das bekannte Bild „Goethe in der Campagna" gemalt hat, verbrachte hier einen Teil seines Lebens und ist auf dem Friedhof in der Plöner Straße begraben. Eutins berühmtester Sohn ist aber zweifellos der 1786 in der Stadt geborene Komponist Carl Maria von Weber. Ihm zu Ehren finden seit 1951 jedes Jahr im Juli und August auf der Seebühne im Schlossgarten die Eutiner Festspiele mit Opern-, Operetten- und Musicalaufführungen statt (https://eutiner-festspiele.de).

*Der Eingangsbereich des Eutiner Schlosses*

## ⑲ Wohnmobilpark Eutiner See

GPS 54.13384, 10.62910

Gut ausgestatteter Wohnmobilstellplatz mit direktem Zugang zum Großen Eutiner See, kurzer Fußweg zum Schloss und in die Altstadt. **Lage/Anfahrt:** am Bahnhof die Elisabethstraße weiterfahren, nach etwa 700 m links in die Weidestraße, am Ende rechts bis zum Kreisverkehr, dort die zweite Ausfahrt in die L57 (Oldenburger Landstraße) Richtung Schönwalde nehmen, nach 550 m links, in Eutin weiträumig ausgeschildert; **Platzanzahl:** 24; **Untergrund:** Kies; **Service:** Strom, Trinkwasser, Abwasser, Chemie-WC, WLAN; **Preiskat.:** €€; **Geöffnet:** ganzjährig; **Kontakt:** Oldenburger Landstraße 21, 23701 Eutin, Tel. 04521 70970 (Tourist-Info), https://reisemobilpark-eutin.de

entstand auch die Bebensundbrücke, die eine Seilzugfähre über den schmalen Sund ersetzte und damit den Zugang zur **Freibadeanstalt** an der Fissauer Bucht erleichterte. Auch wer nicht im Großen Plöner See baden möchte, sollte sich die historische Badeanstalt gleich hinter der Bebensundbrücke anschauen. Das Freibad mit seinen hölzernen Badestegen und Umkleidekabinen ist eines der markantesten Baudenkmäler der Stadt und nahezu einzigartig in Deutschland. Das unter Denkmalschutz stehende Schmuckstück wurde 1913 erbaut und wird im Sommer täglich von zahlreichen Badegästen besucht, die hier unter der Aufsicht von Schwimmmeistern in historischem Ambiente im See baden oder sich auf der angrenzenden Liegewiese sonnen. Und das alles zum Nulltarif.

ⓘ **Tourist-Info Eutin,** Markt 19, https://holsteinischeschweiz.de/tourist-info-eutin

**LITERATURTIPP**

Ausführlichere Routenvorschläge findet man im Wohnmobil-Tourguide „Ostseeküste Schleswig-Holstein" aus dem Reise Know-How Verlag.

Hartmut Engel

# Insel Fehmarn

## TOUREN-ÜBERBLICK

**Routenempfehlung:** Burg – Ostküste – Südstrand – Burgstaaken – Flügge – Naturschutzgebiet Wallnau – Altenteil – Gammendorf Strand – Johannisberg
**Länge gesamt:** ca. 90 km
**Dauer:** ca. 7–10 Tage
**Reisezeit:** ganzjährig

Die drittgrößte Insel Deutschlands wird gern mit dem Titel „Sonneninsel" geschmückt. Und da geben ihr die Meteorologen recht. Fehmarn zählt zu den Regionen mit den meisten Sonnenstunden und den geringsten Niederschlägen. Um die 2000 Stunden scheint die Sonne im Jahr über der Insel und nur 500 mm Regen fallen jährlich.

Aber das ist nicht alles, was die Insel für Touristen so attraktiv macht. Da sind vor allem die wunderbaren, naturbelassenen Strände

Der Hauptaltar der Kirche St. Nikolai ist besonders sehenswert

zu nennen, die um die ganze Insel herumreichen und jeweils einen eigenen Charakter aufweisen. Hier fühlen sich Familien mit Kindern wohl, Paare und auch Alleinreisende. Besonders bei Surfern und Kitern hat sich die Insel einen Namen gemacht, da hier ein verlässlicher Wind weht und die Surfspots mit dem Auto leicht zu erreichen sind.

Darüber hinaus punktet das immer noch landwirtschaftlich geprägte Eiland mit seiner dörflichen Struktur, die noch weitgehend erhalten ist und einen geruhsamen Urlaub verspricht. Riesige Touristenburgen findet man auf Fehmarn – mit Ausnahme vom Südstrand – nicht. So ist es kein Wunder, dass auch Naturfreunde die Insel mit ihren Naturschutzgebieten für sich entdeckt haben.

Wer mit dem Wohnmobil anreist, findet zahlreiche schöne Übernachtungsmöglichkeiten. Das Spektrum reicht von einfachen Stellplätzen ohne wohnmobilspezifische Einrichtungen bis hin zu komfortablen Panorama-Plätzen direkt am Strand mit freier Sicht auf die Ostsee.

## Burg auf Fehmarn

Burg ist mit gut 6000 Einwohnern der mit Abstand größte Ort auf der Insel. Das sehenswerte Zentrum erstreckt sich um die Anfang des 13. Jh. auf einem kleinen Hügel erbaute **Kirche St. Nikolai.** Sie wurde im Lauf der Zeit vielfach umgebaut und erweitert, was sich auch in den verschiedenen Baustilen widerspiegelt. So sind romanische, gotische und auch spatbarocke Elemente zu erkennen. Im Innern der Kirche finden sich Renaissance-Malereien.

Der sehenswerte, dreiflügelige Hauptaltar stammt aus der zweiten Hälfte des 14. Jh., die schönen Schnitzereien zeigen Szenen aus der Passionsgeschichte. Vom Anfang des 16. Jh. stammt der schöne Seitenaltar. Sehenswert sind auch die beiden Taufbecken. Das Bronzebecken aus dem Jahr 1391 ist der älteste Gegenstand in der Kirche.

Neben der Kirche befindet sich das **Fehmarn-Museum Burg** (Breite Straße 49, www.museum-fehmarn.de). Es ist in drei histori-

**INFO ERNST LUDWIG KIRCHNER**

Kirchner (1880–1938) war einer der bedeutendsten deutschen Maler des 20. Jh. und eines der vier Gründungsmitglieder der Künstlergruppe Brücke. Er verbrachte mehrere Sommer auf Fehmarn und wohnte u. a. beim Wärter des Leuchtturms Staberhuk. Auf der Insel malte er über 120 Ölbilder und schuf zahlreiche Zeichnungen und Skulpturen. Die Werke des Expressionisten wurden von den Nationalsozialisten 1937 als „entartet" gebrandmarkt und vielfach zerstört. Kurz darauf nahm er sich in der Schweiz das Leben.

Burgs Kirche St. Nikolai thront auf einem Hügel am Rande der Innenstadt

schen, aneinander angrenzenden Gebäuden untergebracht: der ehemaligen Lateinschule, dem Organistenhaus und dem Predigerwitwenhaus, das bereits 1581 erbaut wurde. In 23 Räumen sind zahlreiche Exponate aus der Regionalgeschichte Fehmarns ausgestellt.

Von der Kirche erstreckt sich bis zum Marktplatz die Breite Straße, die die Flaniermeile des Ortes ist. Hier findet man zahlreiche Geschäfte, Restaurants und Imbisse. Die gibt es auch um den **Marktplatz,** um den sich das 1901 erbaute **Rathaus** und einige weitere historische Häuser gruppieren. Im Rathaus sind der historische Sitzungssaal und das Stadtarchiv im Turmzimmer zu besichtigen.

Wer sich für bildende Kunst interessiert, sollte einen Besuch im **Ernst-Ludwig-Kirchner-Dokumentationszentrum** (Bahnhofstr. 47, im Obergeschoss der Stadtbücherei, https://kirchnervereinfehmarn.de) einplanen, wo man vielfältige Informationen zum Leben und Werk des Künstlers erhält.

Etwas westlich der Stadtmitte liegt das **Meereszentrum Fehmarn** (Gertrudenthaler Straße 12, https://mega-meereswelten.de), in dem man in die Unterwasserwelt der tropischen Meere abtauchen kann. Die insgesamt vier Millionen Liter fassenden Aquarien sind in Größe und Vielfalt einzigartig. Beeindruckend ist auch der begehbare Unterwassertunnel im riesigen Ozeanaquarium, der einen tief in die Meereswelt eintauchen lässt.

Nur 400 m von der Ausfahrt Burg der B207 entfernt befinden sich zwei weitere Einrichtungen, die einen Besuch wert sind. Im **Schmetterlingspark** (Mummendorfer Weg 11b, www.schmetterlingspark-fehmarn.de) flattern in der 1000 m² großen tropischen Freiflughalle 30 verschiedene Schmetterlingsarten.

## 20 Wohnmobilstellplatz Hintz

GPS 54.44230, 11.18979

Nahe am Bahnhof von hohen Hecken umgrenztes Gelände, gute Einkaufsmöglichkeiten und Restaurants in der Nähe, ins Zentrum 800 m. **Lage/Anfahrt:** auf der B207 die Ausfahrt Burg nehmen, dem Landkirchener Weg Richtung Stadt folgen, nach 1,4 km in Höhe des rechts liegenden REWE-Marktes links abbiegen, nach 100 m Einfahrt links; **Platzanzahl:** 16; **Untergrund:** Schotter; **Service:** Strom, Trinkwasser, Abwasser, Chemie-WC, WLAN; **Preiskat.:** €€; **Geöffnet:** ganzjährig; **Kontakt:** Am Steinkamp 2b, 23769 Burg/Fehmarn, Tel. 04371 86160

## 21 Stellplatz Parkplatz West

GPS 54.43687, 11.19358

Offizieller Stellplatz auf dem Parkplatz West, für Wohnmobile ausgewiesener Bereich in der Südwestecke des Parkplatzes, wunderbar im Schatten unter großen Bäumen in einem parkähnlichen Gelände gelegen, 200 m ins Zentrum. Obwohl keine Ver- und Entsorgungsmöglichkeiten vorhanden sind, ist der Platz ideal für einen Stadtbesuch. **Lage/Anfahrt:** auf der B207 die Ausfahrt Burg nehmen, dem Landkirchener Weg Richtung Stadt folgen, nach 1,5 km (etwa 100 m nach dem rechts liegenden REWE-Markt) im Kreisverkehr die erste Ausfahrt in die Wilhelmstraße nehmen, nach 300 m in die Mühlenstraße und gleich wieder rechts auf den Parkplatz, der für Wohnmobile ausgewiesene Bereich befindet sich ganz im Süden am anderen Ende; **Platzanzahl:** 10; **Untergrund:** Wiese; **Service:** keiner; **Preiskat.:** €; **Geöffnet:** ganzjährig; **Kontakt:** Muhlenstraße 10, 23769 Burg/Fehmarn

In der **Galileo Wissenswelt** (Mummendorfer Weg 11b, www.galileo-fehmarn.de) kann man sich zu den Themen Erdgeschichte, Evolution und Leben informieren und physikalische Phänomene aus Optik, Akustik, Elektrizität und Mechanik nach dem Grundsatz „Verstehen durch Begreifen“ interaktiv erleben.

**Tourismus-Service Fehmarn,** Bahnhofstraße 30, https://fehmarn.de

Empfehlenswert ist das **Restaurant Kajüte.** Es bietet nicht nur – dem Standort angemessen – frische Fischgerichte, sondern auch mehrere polnische Spezialitäten (Breite Straße 23, https://restaurant-kajüte-fehmarn.de).

## Fehmarns Ostküste

Anders als der flache Rest der Insel ist der Osten Fehmarns leicht hügelig. Die Strände zwischen Puttgarden und Staberhuk, die touristisch nur wenig erschlossen sind, sind vom Inselinnern an vielen Stellen durch bis zu 8 m hohe Steilküsten abgesetzt. Sie sind meist sehr steinig und für Sammler besonderer Exemplare ein kleines Paradies, sogar sogenannte Hühnergötter sind nicht selten. Einige Abschnitte sind bei Brandungsanglern beliebt, aber auch Taucher finden hier ein interessantes Revier. Übernachtungsmöglichkeiten gibt es

### 22 Camping Klausdorfer Strand

GPS 54.45758, 11.27219

Großer Campingplatz in Alleinlage, wunderbar direkt an der Steilküste gelegen, umgeben von Feldern und Wiesen, familienfreundlich, zwei Spielplätze, Animation für Kinder, Sportmöglichkeiten, Sauna, SB-Markt, Restaurant, Fahrradverleih. **Lage/Anfahrt:** von Burg Richtung Niendorf, dort rechts bis Klausdorf, erst der Dorfstraße anschließend dem Klausdorfer Strandweg zum Platz folgen, weiträumig beschildert; **Platzanzahl:** 200; **Untergrund:** Wiese; fest; **Service:** Strom, Trinkwasser, Abwasser, Chemie-WC, WLAN (kostenpflichtig); **Preiskat.:** €€–€€€; **Geöffnet:** April–Okt.; **Kontakt:** Klausdorfer Strandweg 100, 23769 Klausdorf auf Fehmarn, Tel. 04371 2549, https://camping-klausdorferstrand.de

am Strand der kleinen Ortschaft **Klausdorf,** die selbst knapp 2 km von der Küste entfernt liegt, und etwas weiter südlich beim Dorf **Katharinenhof.**

Das **Hofcafé Klausdorf** der Familie Lafrenz bietet leckere, selbstgemachte Kuchen und Torten, besonders beliebt ist das umfangreiche Frühstücksbuffet, das es zu einem moderaten Preis gibt. Darüber hinaus kann man sich im **Hofladen** mit Produkten des Hofes und anderer Direktvermarkter versorgen (Dorfstraße 30, www.hofladen-klausdorf.de).

Zwischen Campingplatz Katharinenhof und Strand befindet sich das Restaurant **Waldpavillon,** das neben Fisch- und Fleischgerichten auch Holsteiner Spezialitäten anbietet (https://waldpavillon.de).

**TIPP LEUCHTTURM STABERHUK**

Der Leuchtturm Staberhuk, der an der südöstlichsten Ecke der Insel steht, markiert das Fahrwasser im Fehmarnsund. Er wurde mitsamt dem Wärterhäuschen 1903 aus gelben Backsteinen errichtet. Nachdem die Ziegel auf der Westseite des Turmes mehr und mehr der Witterung zum Opfer fielen, wurden sie dort durch rote Steine ersetzt, was ihm sein heutiges, ungewöhnliches Aussehen verleiht.
Entlang der Küste kann man eine sehr schöne **Wanderung** oder **Radtour** vom Campingplatz Klausdorf über Katharinenhof bis zum Leuchtturm machen. Die gesamte Strecke (hin und zurück) ist etwa 15 km lang.

## 23 Campingplatz Ostsee Katharinenhof

GPS 54.44393, 11.27899

Ruhiger, schön gelegener Campingplatz am Ende einer Sackgasse, von der Küste nur durch ein kleines Wäldchen getrennt, familienfreundlich, Kinderanimation, Sportplätze, Ponyreiten. **Lage/Anfahrt:** in Vitzdorf Richtung Katharinenhof fahren, dort am Ende der Straße links und weiter bis zum Platz; **Platzanzahl:** 590, davon 310 für Urlauber; **Untergrund:** Wiese; **Service:** Strom, Trinkwasser, Abwasser, Chemie-WC, WLAN; **Preiskat.:** €€–€€€; **Geöffnet:** April–Mitte Okt.; **Kontakt:** Familie Carsten Kühl, Katharinenhof, 23769 Fehmarn/OT Katharinenhof, Tel. 04371 9032, https://camping-katharinenhof.de

## Südstrand Meeschendorf

Der Südstrand ist zwar kein offizieller Ortsteil Fehmarns, wird aber von vielen so gesehen. Der 4 km lange, feine **Sandstrand** wird zum Westen hin immer breiter und erreicht dort mit über 100 m sein größtes Ausmaß. Er teilt sich in drei Bereiche: Im Osten, mit Zufahrt von Meeschendorf, liegt das Revier der Camper mit drei Campingplätzen. Nach Westen schließt sich ein Bereich ohne Bebauung an. Hier findet man etwas abseits vom Trubel der Hauptabschnitte noch ruhige Plätze und außerhalb der Saison kann man hier auch ganz allein sein. Der dritte Bereich im Westen, der auf der Nehrung Burgtiefe liegt, ist das touristische Zentrum des Südstrandes mit seinen drei siebzehnstöckigen Hochhäusern, dem breiten Sandstrand und großem Jachthafen.

*Blick vom Jachthafen Burgtiefe auf Burgs Kirche St. Nikolai im Hintergrund*

### 24 Camping Südstrand

GPS 54.41427, 11.24986

Ebenes Wiesengelände, das durch hohe Hecken in einzelne Bereiche unterteilt ist, der Platz reicht bis an den Strand, separate Wohnmobilstellplätze vor der Schranke, Kinderanimation, Spielplatz, außergewöhnlicher Hochseilklettergarten, Wassersport, Livemusik. **Lage/Anfahrt:** am westlichen Ortsausgang von Meeschendorf Richtung Strand, nach 550 m links und der Straße bis zum Platz folgen, beschildert; **Platzanzahl:** 220; **Untergrund:** Wiese; fest; **Service:** Strom, Trinkwasser, Abwasser, Chemie-WC, WLAN; **Preiskat.:** €€–€€€; **Geöffnet:** April–Anfang Okt.; **Kontakt:** Jens-Peter Buhmann, 23769 Fehmarn/OT Meeschendorf, Tel. 04371 2189 (Sommer), 04371 9507 (Winter), https://camping-suedstrand.de

**Tourismus-Service Fehmarn/Burgtiefe,** Zur Strandpromenade 4, 23769 Burg, https://fehmarn.de

An der Südstrandpromenade findet man mit dem Kiosk **Quarkeria** eine ausgefallene Verpflegungsmöglichkeit: Angeboten werden leckere, täglich frisch zubereitete Quarkspeisen (Südstrandpromenade 4, https://quarkeria.de).

## Burgstaaken

Burgstaaken ist der Hafen des Ortes Burg, der etwa 2 km nördlich im Inselinnern liegt. Neben Fischkuttern nutzen ihn auch heute noch Frachtschiffe, u. a. zur Verschiffung des auf der Insel geernteten Getreides. Darüber hinaus ist an seinem Westrand ein großer Jachthafen für Freizeitskipper entstanden.

Der Hafen wird heute als **Erlebnishafen** vermarktet, in dem es viel zu entdecken und zu erleben gibt. Unübersehbar liegen neben dem Parkplatz zwei Schiffe auf dem Trockenen: der **Seenotrettungskreuzer Arwed Emminghaus** (https://seenotrettungsmuseum-fehmarn.de) und das **U-Boot U11** (www.ostsee-u-boot.de). Beiden ist ein eigenes Museum gewidmet. Auf der Ostseite des Hafens befindet sich das **Museum Übersee** (Hafenstraße 69, www.abenteuer-uebersee.de) mit einer Sammlung traditionellen Kunsthandwerks von verschiedenen Kontinenten.

Ein Erlebnis der besonderen Art ist das **Dunkelexperiment** (Hafenstraße 69, www.dunkelexperiment.de). In einer 1000 m² großen, verdunkelten Halle muss man sich blind durch verschiedene Szenarien bewegen, z. B. eine Wohnungserkundung, einen Einkauf im Supermarkt oder einen Stadtrundgang.

Kletterfreaks und solche, die es werden wollen, werden vom **Silo Climbing** (Burgstaaken 50, https://siloclimbing.com) begeistert sein. An den Getreidesilos wurden 16 Kletterrouten geschaffen, die bis in eine Höhe von 40 Meter reichen.

### 25 Stellplatz Burgstaaken

GPS 54.42051, 11.19275

Der von einem großen Parkplatz abgegrenzte Bereich liegt am Hafen neben dem U-Boot- und Seenotrettungsmuseum, daher etwas unruhig, keine Ver- und Entsorgung. **Lage/Anfahrt:** aus Richtung Burg kommend der Straße zum Hafen folgen; **Platzanzahl:** 10; **Untergrund:** Asphalt; **Service:** keiner; **Preiskat.:** €; **Geöffnet:** ganzjährig; **Kontakt:** Am Binnensee 54, 23769 Fehmarn/OT Burgstaaken

## 26 Camping Flügger Strand

GPS 54.45136, 11.00819

Großer, sehr schön gelegener Campingplatz, der sich lang und schmal zwischen Dünen und Deich nach Norden erstreckt, familienfreundlich, Kinderanimation, großer Spielplatz, Wassersport, Minigolf. Am Nordende des Campingplatzes steht vor einem Wäldchen ein Gedenkstein. Er erinnert an **Jimi Hendrix,** der hier kurz vor seinem Tod vor 30.000 Festival-Besuchern sein letztes Konzert gegeben hat. **Lage/Anfahrt:** von Püttsee Richtung Campingplatz Flügger Strand; **Platzanzahl:** 255, außerhalb der Hauptsaison auch Stellplätze vor der Schranke; **Untergrund:** Wiese, fester Sand; **Service:** Strom, Trinkwasser, Abwasser, Chemie-WC, WLAN; **Preiskat.:** €€–€€€; **Geöffnet:** April–Mitte Okt.; **Kontakt:** 23769 Fehmarn/OT Flügge, Tel. 04372 991344 oder 04372 714, https://fluegger-strand.de

**Fangfrischen Fisch** gibt es u. a. von Käpt'n Arne Fröse, der je nach Wetterlage und Saison seinen Fang ab 8.30 Uhr direkt von seinem kleinen Kutter „California" anbietet (Steg 1, gegenüber vom Parkplatz, genaue Zeiten unter www.fischvomkutter.de/burgstaaken.html). Darüber hinaus bekommt man auch in der **Hafenräucherei** frischen Fisch sowie Fischprodukte und kann vor Ort auch Fischgerichte verzehren (Burgstaaken 81).

## Flügge

Flügge hat nicht nur den bis zu 20 m breiten, flach abfallenden Strand zu bieten, der sich hinter einem niedrigen Dünengürtel ausbreitet, sondern auch das **Naturschutzgebiet Krummsteert-Sulsdorfer Wiek.** Das 395 ha große Gelände erstreckt sich auf dem Nehrungshaken Krummsteert (plattdeutsch für

**TIPP FLÜGGER LEUCHTTURM**

Der knapp 40 m hohe, unter Denkmalschutz stehende Leuchtturm wurde 1916 in Betrieb genommen. Der achteckige Backsteinturm kann bestiegen werden. 162 Stufen führen hinauf zur Aussichtsplattform. Am Nebenhaus wartet ein Cafégarten mit Snacks, kalten Getränken, Kaffee und Kuchen. Wer sich traut, kann sich im Leuchtturm sogar trauen lassen.

Vom Campingplatz am Flügger Strand erreicht man das Seezeichen auf einem schönen Wanderweg (hin und zurück 3,5 km) durch die Dünen auf der Nehrung.

„krummer Schwanz") bis weit in die Ostsee hinein. Von Oktober bis April lassen sich hier zahlreiche Meeresenten wie Eider-, Trauer- und Eisente beobachten.
Bekannt ist der Ort aber vor allem wegen des **Flügger Leuchtturms** (www.leuchtturm-fluegge.de), der jährlich über 25.000 Besucher anlockt.

## Naturschutzgebiet Wallnau

Das Naturschutzgebiet Wallnau ist das größte seiner Art auf Fehmarn. Das **Wasservogelreservat** hat weit über die Insel hinaus große internationale Bedeutung. Das knapp 300 ha große Gelände wurde 1975 vom NABU mit finanzieller Unterstützung der Zoologischen Gesellschaft Frankfurt und des Kreises Ostholstein erworben. Es bietet sowohl Zug- und Brutvögeln als auch Wintergästen wegen seiner vielen unterschiedlichen natürlichen Lebensräume und des reichen Nahrungsangebots ideale Bedingungen. Mehr als 280 Vogelarten wurden bislang für das Gebiet nachgewiesen.
Für Besucher sind etwa 10 ha des Areals zugänglich. Ein spannender, informativer **Rundgang** mit mehreren Beobachtungsstellen und einem 12 m hohen Beobachtungsturm startet im **Informationszentrum,** einem ehemaligen Gutshaus, in dem man in einer informativen Ausstellung einen ersten Überblick über das Gebiet und die Natur erhält.
Der Zugang erfolgt über den kleinen Ort Bojendorf, von wo der Weg zum Informationszentrum ausgeschildert ist. Übernachten kann man auf dem Campingplatz Wallnau, der sehr schön direkt am Strand liegt.

### 27 Strandcamping Wallnau

GPS 54.48763, 11.01919

Der gepflegte Campingplatz liegt sehr schön in Alleinlage nur durch einen breiten Graben und den Deich vom Strand getrennt, durch Büsche und Hecken gegliedert und teilweise parzelliert, sehr familienfreundlich, Animationsprogramm für Erwachsene und Kinder, Open-Air-Veranstaltungen mit Livebands, Shows und Kleinkunst, Fahrradverleih, Reitunterricht und Reiten am Meer, Wellness. **Lage/Anfahrt:** in Bojendorf der Beschilderung folgen, 600 m nach dem Dorf die Einfahrt rechts; **Platzanzahl:** 370; **Untergrund:** Wiese; **Service:** Strom, Trinkwasser, Abwasser, Chemie-WC, WLAN; **Preiskat.:** €€–€€€€; **Geöffnet:** Ende März–Okt.; **Kontakt:** Wallnau 1, 23769 Fehmarn/OT Bojendorf, Tel. 04372 456, https://strandcamping.de

*Den denkmalgeschützten Leuchtturm Westermarkelsdorf erreicht man auf einem schönen Spazierweg*

## Altenteil

Die etwas mehr als 1 km von der Küste entfernte Streusiedlung im Nordwesten der Insel punktet mit den beiden direkt am Ostseestrand gelegenen Campingplätzen. Der stellenweise ein wenig mit Kieseln durchsetzte Sandstrand ist bis zu 25 m breit und bietet Badenden, Sonnenanbetern und Wassersportlern aller Art beste Bedingungen. Ein weiteres Highlight dieses Inselteils ist das **Naturschutzgebiet Nördliche Seeniederung Fehmarn.** Es erstreckt sich über die gesamte Nordwestküste Fehmarns, vom Fastensee südlich von Westermarkelsdorf über die Nordspitze (Markelsdorfer Huk) bis zum Grünen Brink. Das Gebiet ist ein besonders wertvoller Lebensraum für Brut- und Zugvögel. Besonders Watvögel lassen sich hier gut beobachten. Die nördliche Niederung darf nicht betreten werden, kann aber vom Deich oder von einer hölzernen Aussichtsplattform gut überblickt werden.

### TIPP LEUCHTTURM WESTERMARKELSDORF

Vom Strand bei Altenteil erreicht man auf dem Deich nach einem kurzen Spaziergang den **Leuchtturm Westermarkelsdorf.** Der denkmalgeschützte, achteckige Turm ist knapp 18 m hoch. Da das Leuchtfeuer, das den Schiffen den Weg in den Fehmarnbelt weist, nicht mehr den heutigen Anforderungen entspricht, soll etwa 30 m daneben ein neuer Turm gebaut werden. Erste Arbeiten sind schon im Gange.

Eine interessante Einkaufsmöglichkeit findet man in der **Schatzkammer** am westlichen Ortseingang Altenteils an der zum Strand führenden Abzweigung. Hier kann man in einem historischen Reetdachhaus Schmuck, Keramiken und anderes Kunsthandwerk erwerben (Altenteil 3, https://die-schatzkammer-fehmarn.de).

## 28 Belt-Camping-Fehmarn

GPS 54.52880, 11.09301

Wunderbar in einem schmalen, langen Streifen gleich hinter dem Deich gelegener Campingplatz, für Wohnmobile gibt es einen Wohnmobilhafen vor der Schranke, weitere Plätze auf dem Campingplatz, darunter auch einige am Deich mit direktem Meerblick, großzügiger Spielplatz mit Hüpfkissen. **Lage/Anfahrt:** von Westermarkelsdorf kommend gleich hinter dem Ortseingangsschild links Richtung Strand, unmittelbar vor dem Deich rechts; **Platzanzahl:** 160; **Untergrund:** Wiese; **Service:** Strom, Trinkwasser, Abwasser, Chemie-WC, WLAN; **Preiskat.:** €€€–€€€€; **Geöffnet:** April–Anfang Okt.; **Kontakt:** Altenteil 24, 23769 Fehmarn/OT Altenteil, Tel. 04372 1691, https://belt-camping-fehmarn.de

## 29 Camping Fehmarnbelt

GPS 54.53044, 11.08054

Außerordentlich schön und ruhig gelegener Platz, direkt am Strand zwischen der Ostsee und dem nördlichen Binnensee, Stellplätze in erster Reihe direkt am Strand, Spiel- und Sportplatz. **Lage/Anfahrt:** von Westermarkelsdorf kommend gleich hinter dem Ortseingangsschild links Richtung Strand, über den Deich, dahinter der Schotterpiste 300 m folgen; **Platzanzahl:** 350; **Untergrund:** Wiese, fester Sand; **Service:** Strom, Trinkwasser, Abwasser, Chemie-WC, WLAN; **Preiskat.:** €€€–€€€€; **Geöffnet:** April–Sept.; **Kontakt:** Altenteil 21, 23769 Fehmarn/OT Altenteil, Tel. 0172 6873315, https://campingplatz-fehmarnbelt.de

# Gammendorfer Strand

Den Gammendorfer Strand erreicht man über Gammendorf, das etwas über 3 km vom Strand entfernt liegt. Der Sandstrand, der stellenweise mit etwas Kies durchsetzt ist, gehört zu den besten auf Fehmarn. Auch hier fehlt ein Naturschutzgebiet nicht: Das 130 ha große **NSG Grüner Brink** erstreckt sich etwa 2,5 km lang zwischen Deich und Ostsee, wo mehrere Strandseen liegen, die nur bei extremem Hochwasser überspült werden. Der Grüne Brink ist ein vor allem für Wasser- und Watvögel bedeutender Lebensraum.

**TIPP NIOBE DENKMAL**

Am Gammendorfer Strand steht weithin sichtbar das **Niobe Denkmal.** Es erinnert an den Untergang des Segelschulschiffs Niobe der Reichsmarine, das 1932 in einer Weißen Bö, einer extrem starken, ohne Vorwarnung aufkommenden Fallbö, vor Fehmarn sank. Von der 109 Mann starken Besatzung des Viermastschoners konnten nur 40 gerettet werden.

*Das Niobe Denkmal am Gammendorfer Strand*

### 30 Camping Niobe

GPS 54.521807, 11.153928

Sehr schön gelegener Platz, durch einen schmalen Kiefernstreifen vom Deich getrennt, verschiedene Stellplatzkategorien hinter der Schranke, davor Stellplätze im Schatten hoher Kiefern, etwas von einem Parkplatz abgesetzt. **Lage/Anfahrt:** in Gammendorf am östlichen Dorfrand in einer Rechtskurve die Hauptstraße (K63) nach links verlassen, der schmalen Straße 3 km folgen, vor dem Deich links, der Stellplatz vor der Schranke liegt rechts, ab Gammendorf beschildert. **Platzanzahl:** 130; **Untergrund:** Wiese, fester Sand; **Service:** Strom, Trinkwasser, Abwasser, Chemie-WC; **Preiskat.:** €€–€€€; **Geöffnet:** April–Mitte Okt., vor der Schranke ganzjährig (außerhalb der Öffnungszeiten des Platzes keine Ver- und Entsorgung); **Kontakt:** Gammendorf-Strand, 23769 Fehmarn/OT Gammendorf, Tel. 04371 3286, https://camping-am-niobe.de

## Johannisberg

Von Johannisberg, das nur aus einer Handvoll Häusern besteht, ist es nur gut 1 km bis zum zugehörigen **Sandstrand Grüner Brink,** von dem man einen schönen Blick auf den Fährhafen Puttgarden hat. Der Strandabschnitt gehört zu den schönsten auf Fehmarn und ist besonders bei Tagestouristen beliebt. Neben einem Spielplatz gibt es mit der Beltbude auch einen modernen Kiosk mit Außengastronomie. Anders als bei den vorangegangenen Orten an der Nordküste gibt es hier keinen Campingplatz am Strand, wohl aber einen größeren Parkplatz mit offizieller Übernachtungsmöglichkeit für Wohnmobile. Darüber hinaus findet man auch im Ort selbst noch einen Wohnmobil- und Campingplatz, einen der wenigen auf Fehmarn, die nicht am Strand liegen.

*In der Beltbude kann man sich mit Speisen und Getränken versorgen*

*Blick auf den Fährhafen in Puttgarden*

## 31 Stellplatz Johannisberg Grüner Brink

GPS 54.50849, 11.19294

Einfacher Stellplatz neben einem größeren Parkplatz, für Wohnmobile abgegrenzter Bereich, in der Nähe eines Strandzugangs mit Kiosk, tagsüber reger Betrieb, nachts ruhig. **Lage/Anfahrt:** am westlichen Ortsrand von Johannisberg Richtung Strand fahren, dort rechts, an einem ersten Parkplatz vorbei und noch 800 m weiter, rechts vor den weiteren Parkplätzen; **Platzanzahl:** 30; **Untergrund:** Schotter, Wiese; **Service:** keiner; **Preiskat.:** €; **Geöffnet:** ganzjährig; **Kontakt:** Krögenweg, 23769 Fehmarn/OT Johannisberg, Tel. 04371 4070

## 32 Campingplatz Johannisberg

GPS 54.50091, 11.17796

Von hohen Bäumen umgebenes Wiesengelände, familienfreundlich, Slackline-Bänder zur Ausleihe, Boccia, Trampolin, zeitweise durch die nahe Hauptstraße etwas laut, einer der wenigen Ganzjahresplätze auf Fehmarn. **Lage/Anfahrt:** in Johannisberg direkt an der K63, beschildert; **Platzanzahl:** 50; **Untergrund:** Wiese; **Service:** Strom, Trinkwasser, Abwasser, Chemie-WC, Brötchenservice; **Preiskat.:** €€; **Geöffnet:** ganzjährig; **Kontakt:** Johannisberg 3, 23769 Fehmarn/OT Johannisberg, Tel. 0157 31103890, https://campingplatz-johannisberg.de

**LITERATURTIPP**

Ausführlichere Routenvorschläge findet man im Wohnmobil-Tourguide „Ostseeküste Schleswig-Holstein" aus dem Reise Know-How Verlag.

Sylke Liehr, Achim Rümmler

# Wismar, Insel Poel, Rerik

0 2,5 km
© Reise Know-How 2021
Ostseebad
Kühlungsborn
West
Ost
Heiligendamm
Wittenbeck
Bastorf
Kühlung
Steffenshagen
Jennewitz
Reddelich
Wendelstorf
Rerik
Rerik West
Zweedorf
Gersdorf
Biendorf
Roggow
Kröpelin
Mecklenburger Bucht
Salzhaff
Kielung
Am Pepelow
Rakow
Schmadebeck
Lehnenhof
Altenhagen
Neubukow
Poel
Insel Poel
Boiensdorf
Salzhaff
Questin
Krempin
Cariner-Land
Ravensberg
Alt Karin
Gerdshagen
Kirchdorf
Timmendorf
Malchow
Stove
Alt Bukow
105
Nantrow
Moitin
Radegast
Weitendorf
Blowatz
Wismarer Bucht
Alt Farpen
Madsow
Kirch Mulsow
Passee
Groß Strömkendorf
Neuburg
Hagebök
Berendshagen
Krusenhagen
Steinhausen
E22
Beckerwitz
Redentin
Züsow
Hohenkirchen
Zierow
Glasin
Wismar
Hornstorf
Gamehl
Benz
Klein Siemz
Proseken
Neuhof
Babst
Moisall
Gägelow
Kritzow
Perniek
Hermannshagen
105
Dammhusen
Triwalk
Neukloster
Barnekow
Zurow
Lübow
Lübberstorf
Gressow
Göllin
Metelsdorf
Dorf Mecklenburg
Reinstorf
Neuklostersee
Qualitz
Petersdorf
192
Beidendorf
Moltow
Schimm
Gr. Wariner See
Mankmoos
Groß Stieten
Groß Krankow
Jesendorf
Warin
Bobitz
Niendorf
Nisbill
208
Ventschow
Hohen Viecheln
Bad Kleinen
Bibow
Zahrensdorf
Blankenberg
Langen Jarchow
Flessenow
Alt Meteln
Zickhusen
Rubow
Kloster Tempzin
Dobin
Retgendorf
Thurow
Brüel
106
Warnow

Nur 35 km lang ist die Strecke zwischen Wismar und Rerik, aber hier findet jeder Besucher für ihn Passendes. Wismar, eine alte und ehemals bedeutende Hansestadt, lädt ihre Gäste mit ihrer langen und wechselvollen Geschichte zum Bummeln, Einkaufen und Besichtigen ein. Die großen und alten Hafenanlagen mit historischen Gebäuden, zahlreichen Restaurants und Schiffen ziehen die Freunde maritimen Lebens an. Bei großen Veranstaltungen im Hafen wie dem Herings- oder dem Hafenfest herrscht dichtes Gedränge. In der als UNESCO-Welterbe eingestuften Altstadt staunt man angesichts der alten und aufwendigen Architektur über den früheren Reichtum der Stadt. 250 Jahre gehörte Wismar zu Schweden, diese Vergangenheit feiert man jährlich mit einem Schwedenfest rund um den historischen Marktplatz.

Die Insel Poel ist beliebt unter Badegästen, Wanderfreunden und Radfahrern. Die kleinen Ortschaften entlang ihrer Küste lassen sich auf den kleinen, unbefestigten Wegen zu Fuß oder per Fahrrad viel besser erkunden als mit einem Fahrzeug entlang des dünnen Straßennetzes. Wassersportler und Surfer finden entlang des Salzhaffs gute Gelegenheiten, ihre Passion auszuüben, weniger Sportliche können einfach einen ruhigen Urlaub verleben.

Rerik bietet der ganzen Familie einen erholsamen und interessanten Aufenthalt. Nach dem Ende seiner jahrzehntelangen massiven militärischen Nachbarschaft konnte sich das Seebad endlich touristisch entwickeln. Heute laden nicht nur die langen Strände Reriks, sondern auch ein schön gestaltetes Hafengelände mit verschiedenen Angeboten von Schifffahrt bis Gastronomie zum Besuch und zum Flanieren ein.

**TOUREN-ÜBERBLICK**

**Routenempfehlung:** Wismar – Insel Poel – Salzhaff – Rerik
**Länge gesamt:** zwischen Wismar und Rerik etwa 35 km
**Dauer:** je nach Aufenthaltsdauer 3–5 Tage
**Reisezeit:** ganzjährig, aufgrund der Wassertemperaturen sind Badeaufenthalte nur in den Sommermonaten möglich

www.wismar.de, www.poel.de, www.rerik.de

## Wismar

Kaum eine andere große Stadt in Deutschland sah so viele Herren kommen und gehen wie Wismar. Ihre strategische Lage und ihr Reichtum zog im Lauf ihrer tausendjährigen Geschichte Germanen, Slawen, Wikinger, Hansekaufleute, Piraten, Schweden, Dänen und letztendlich die Preußen an. Erst 1903 verzichteten die Schweden endgültig auf die Stadt, die sie im Dreißigjährigen Krieg 1632 erobert und seit 1803 für 1.250.000 Taler an das Herzogtum Mecklenburg-Schwerin verpachtet hatten. Jahrhundertelang hielt Wismar eine wirtschaftliche Vormachtstellung in der Region und im Ostseeraum. Seefahrt und Handel wurden bereits unter germanischer Besiedlung vor fast 2000 Jahren nachgewiesen, Slawen und Wikinger unterhielten vor tausend Jahren hier Handelsplätze und Siedlungen. Die Mitgliedschaft in der Hanse verhalf

*Der historische Marktplatz in Wismar gehört zum UNESCO-Welterbe*

Wismar im Mittelalter zu großem Reichtum und Blüte, bevor Mitte des 19. Jahrhunderts der industrielle Aufschwung die Stadt deutlich veränderte und die Bevölkerungszahl stark wachsen ließ. Seine wechselvolle und lange Geschichte ist Wismar anzusehen. Mächtige **Kirchen,** alte **Stadtmauern,** weiträumige **Hafenanlagen** und historische Häuser laden zu einem ausgedehnten Stadtrundgang ein. Die erhaltene mittelalterliche Altstadt mit ihren prächtigen Bürgerhäusern, dem historischen Marktplatz und dem sogenannten **Gotischen Viertel** zwischen dem St.-Marien-Kirchplatz und der St.-Georgen-Kirche steht komplett unter Denkmalschutz und ist als **UNESCO-Welterbe** ausgewiesen. Stadtführungen sind hier sehr gefragt, denn sie erschließen dem Besucher die Stadt und ihre Geschichte. Egal ob „Kulinarische Stadtführung“, „Auf den Spuren Klaus Störtebekers“ oder der „SOKO Wismar“, jede dieser Führungen kann empfohlen werden. Wer die Stadt auf eigene Faust erkunden will, sollte sich das **Rathaus** von 1819, die am Marktplatz gelegene, markante niederländische **Wasserkunst von 1602,** den Fürstenhof von 1512, das schwedische Zeughaus von 1700 oder das 1571 vom späteren Bürgermeister Schabbell errichtete **Schabbellhaus** (Schweinsbrücke 6/8, www.wismar.de/schabbell) nicht entgehen lassen. Das Haus beherbergt heute das Stadtgeschichtliche Museum Wismar mit verschiedenen Ausstellungen, die den Besucher mitnehmen auf eine Zeitreise bis zurück zur Hansezeit. Das letzte heute noch erhaltene Stadttor ist das 1450 erbaute **Wassertor** in Richtung Hafen, im Volksmund auch Höllenpforte genannt. Maritimes Flair sowie viele Restaurants und Geschäfte findet man im **Alten Hafen** der Stadt. Nicht monumental, sondern eher unauffällig ist hier das mehr als 200 Jahre alte Baumhaus, das frühere Wohnhaus der Boomschlüter, deren Aufgabe es war, den Hafen aus Sicherheitsgründen in der Nacht für ein- und auslaufende Schiffe mit einer Kette zu sperren.

Wismar bietet eine breit aufgestellte **Gastronomie,** deren Palette vom unverzichtbaren Fischbrötchen an einem der zahlreichen Fischkutter im Hafen bis zu gehobener Küche in einem der Altstadtrestaurants reicht. Sehr beliebt sind die Restaurants **PFAU** (Scheuerstraße 11, www.restaurant-pfau.de), **Kaminstube** (Bademutterstraße 19, www.kaminstube-wismar.de) und **Alter Schwede** (Am Markt 22, www.alter-schwede-wismar.de). Die zahlreichen Touristen werden in der großen Tourist-Info am Markt ausgezeichnet beraten und finden hier alle notwendigen Informationen zu

### INFO KLAUS STÖRTEBEKER – LEGENDÄRE OSTSEEGESTALT

In der Speicherstraße 8, zwischen Altem Hafen und Altstadt, ziert das Bild eines einäugigen Piraten ein blaues Haus. Besucher werden darauf aufmerksam gemacht, dass 1368 hier der berühmte Pirat und Vitalienbruder Klaus Störtebeker geboren wurde. Neben verschiedenen anderen Gemeinden beansprucht auch die Stadt Wismar den Titel für sich, Geburtsort des berühmt-berüchtigten Freibeuters zu sein, der 1401 in Hamburg geköpft wurde. Dabei beruft sie sich auf einen erhaltenen Gerichtsvermerk aus dem Jahr 1380, nach dem ein „Stertebeker“ wegen einer Prügelei aus der Stadt verbannt wurde. Ob es nun zutrifft oder nicht, dass Störtebeker hier geboren wurde, ein Blick auf das Haus kann sicher nicht schaden.

*Im 200 Jahre alten „Baumhaus“, dem früheren Wohnhaus der Wismarer Hafenwächter, findet man heute maritime Ausstellungen*

den Sehenswürdigkeiten der Stadt. Vom gut ausgestatteten Wohnmobilstellplatz Westhafen lassen sich Altstadt und Hafen gut zu Fuß erkunden, das erspart dem Gast mit Wohnmobil Parkplatzsuche und Parkgebühren.

**Tourist-Info Wismar,** Lübsche Straße 23a, www.wismar.de

**TIPP PHANTECHNIKUM**

Im Technischen Landesmuseum Mecklenburg-Vorpommern kann man die technologischen Entwicklungen der Region – vor allem Flugzeug- und Schiffbau, Luftfahrtgeschichte, Energieerzeugung, Metallbearbeitung, Schweißtechnik oder Schiffsantriebstechnologien – auf mehr als 3000 m² in einer alten Kaserne hautnah erleben. Die Ausstellungshallen sind nach den Elementen Feuer, Wasser, Luft und Erde unterteilt. Es gibt verschiedene Experimentierstationen für Groß und Klein, Führungen werden angeboten. Neben einer Dauerausstellung sind wechselnde Sonderausstellungen möglich (Zum Festplatz 3, www.phantechnikum.de).

**TIPP WONNEMAR WISMAR**

Im großen Spaß- und Sportbad mit Thermal-, Sauna- und Fitnessbereich kann man es sich gut gehen lassen (Bürgermeister-Haupt-Straße 38, www.wonnemar.de/wismar).

## 33 Wohnmobilpark Westhafen Wismar

GPS 53.89428, 11.45176

Gut gestalteter, wegen seiner zentralen Lage beliebter Wohnmobilstellplatz auf dem Hafengelände. Am Rande des Westhafens, die Entfernung zum Alten Hafen beträgt ca. 300 m und die Altstadt ist nach 500 m erreicht. **Lage/Anfahrt:** Dem Schiffbauerdamm und der Ausschilderung bis zum Stellplatz folgen; **Platzanzahl:** 65; **Untergrund:** Asphalt, Rasengitter, Pflaster, fest; **Service:** Strom, Trinkwasser, Abwasser, Chemie-WC; **Preiskat.:** €€; **Geöffnet:** ganzjährig; **Kontakt:** Schiffbauerdamm 12, 23966 Wismar, Tel. 0172 3905368, www.wohnmobilpark-wismar.de

## 34 Ferienpark Wismar Lütt Moor

GPS 53.92283, 11.48787

Großer, 2020 neu eröffneter Wohnmobilstellplatz mit terrassenförmiger Anordnung der Stellflächen. **Lage/Anfahrt:** Neben der L21 Fahrtstrecke zur Insel Poel am Ortsausgang Wismar; **Platzanzahl:** 155; **Untergrund:** Schotter, Rasengitter; **Service:** Strom, Trinkwasser, Abwasser, Chemie-WC; **Preiskat.:** €€€; **Geöffnet:** ganzjährig; **Kontakt:** Lütt-Moor 1, 23970 Wismar, Tel. 0152 07367096, www.ferienpark-wismar.de

## Insel Poel

Die Bedeutung der durch eine Brücke mit dem Festland verbundenen Insel Poel, Deutschlands siebtgrößter Insel, lag vor dem vergleichsweise späten Aufkommen des Tourismus in der Produktion landwirtschaftlicher Erzeugnisse und der militarstrategischen Lage zum Schutz der Hansestadt Wismar. Entsprechend ruhig verlief die Entwicklung der Insel. Bis heute bewohnen Poel gerade einmal 2500 Einwohner und damit wurde sie zu den am dunnsten besiedelten Landstrichen Deutschlands zählen, wären da nicht Zehntausende von Touristen, die mit 45.000 Übernachtungen pro Jahr den Takt auf der Insel fast komplett bestimmen. Die weitläufige und immer noch von großflächiger Agrikultur geprägte Landschaft des Eilands bietet aber trotzdem noch angenehme Ruhe und Einsamkeit abseits der wenigen Siedlungen. Am besten erschließt sich Poel dem Wanderer oder Radfahrer, denn das fahrzeugtaugliche Straßennetz ist auf die Zufahrtstraßen zu den Ortschaften und eine einzelne umlaufende Ringstraße begrenzt. Wanderer und Radfahrer finden dagegen zahlreiche kleine Verbindungswege, auf denen sich die Insel erkunden lässt und die frische Meeresluft sowie die Landschaft geniessen lassen. Eine der beliebtesten Touren über die Insel Poel ist der 24 km lange **Leuchtturmweg,** der über weite Abschnitte immer entlang der Küste verläuft und dabei fast alle Poeler Ortschaften berührt. Von Timmendorf über Schwarzer Busch bis Gollwitz zieht sich halbkreisförmig ein mehr als 10 km langer und zum Baden sehr gut geeigneter Sandstrand vom Westen bis in den Norden der Insel. Deshalb sind diese kleinen Ortschaften heute durch den Badetourismus geprägt. **Timmendorf** mit seinem markanten **Leuchtturm** überrascht dabei mit maritimem Flair und gilt als touristisches Zentrum. Hier

*Sehr maritim präsentiert sich der Hafen Timmendorf auf der Insel Poel*

sind etliche Ferienhäuser entstanden, Wohnmobilfahrer finden einen Camping- und einen Stellplatz.

**Schwarzer Busch** und **Gollwitz** sind enge und ruhige Siedlungen, die sich nicht sehr gut mit dem Wohnmobil befahren lassen. Man findet dort jeweils einen großen Parkplatz am Ortsrand und erreicht den Strand am besten zu Fuß.

Der größte **Hafen** liegt in **Kirchdorf,** dem Verwaltungszentrum der Insel mit seiner namensgebenden, markanten Kirche, die bereits seit 1266 nachgewiesen ist. Im Innern der Kirche findet man zwei mittelalterliche Schnitzaltäre und eine gotische Grabplatte aus dem 13. Jahrhundert. Sie ist vielleicht das älteste christliche Grabmal Mitteleuropas. Neben der Kirche laden die Reste der einst mächtigen **Festung Kirchdorf** zur Erkundung ein. Die ehemals sternförmige Festungsanlage ist heute ein parkähnliches Gelände, in dem die alten Wallanlagen noch gut erkennbar sind.

Zwischen dem Hafen Wismar und dem Hafen Kirchdorf verkehrt ein **Fährschiff.** Wohnmobile werden zwar auf ihm nicht transportiert, für Tagesgäste mit und ohne Fahrrad ist es aber eine interessante Ausflugsvariante.

Besucher mit Wohnmobil sollten ihre Parktickets aufbewahren, denn die öffentlichen Parkgebühren sind überall auf der Insel gleich und Parktickets innerhalb ihrer zeitlichen Befristung auch überall gültig.

### TIPP BOTANISCHER SCHAU- UND LEHRGARTEN MALCHOW

Der botanische Garten besticht mit einer schön gestalteten Gartenlandschaft mit zahlreichen, der Energie- und Rohstofferzeugung dienenden Pflanzen sowie Heil- und Gewürzkräutern, Laub- und Nadelgehölzen, Sommerblumen und Stauden (Inselstraße 12, www.hs-wismar.de/hochschule/information/veranstaltungen/schaugartenbesuch).

**Kurverwaltung Ostseebad Insel Poel,** Gemeindezentrum 2, www.insel-poel.de

**Gasthaus zur Insel,** rustikales Lokal mit Biergarten und regionaler Küche mit einer Auswahl an Fischgerichten. Die eigene Fischräucherei veranstaltet Räucherabende mit frisch geräuchertem Fisch und Livemusik (Wismarschestraße 19, www.gasthauszurinsel.de).

### TOUR WANDERUNG ÜBER DIE VOGELINSEL LANGENWERDER

Die Wanderung über die Insel Langenwerder bei Gollwitz ist nur im Rahmen von Führungen und nur außerhalb der Brutzeit möglich. Das Flachwasser der Ostsee muss auf ca. 100 m durchwatet werden, um zur Insel zu gelangen (Anmeldung über die Kurverwaltung oder den Verein Langenwerder zum Schutz der Wat- und Wasservögel e. V., www.langenwerder.de).

### TOUR RADFAHREN AUF DEM LEUCHTURMWEG

Der Leuchtturmweg ist ca. 24 km lang. Er verbindet mit Malchow, Gollwitz, Schwarzer Busch, Timmendorf, Seedorf und Kirchdorf fast alle Ortschaften der Insel und führt über weite Strecken an der Küste entlang. Der Weg ist vielseitig, abwechslungsreich und immer ausgeschildert. Generell empfehlenswert für Wanderer und Radfahrer ist die „Rad- und Wanderkarte Wismar, Insel Poel", die man u. a. in der Kurverwaltung der Insel Poel kaufen kann.

### 35 Wohnmobilstellplatz Poeler Forellenhof Niendorf

GPS 53.99450, 11.44651

Vom Dorf Niendorf etwas abgesetzter Forellenhof mit Fischrestaurant, Räucherei und Stellplätzen direkt am Wasser und mit schönem Blick. Besonders empfehlenswert. **Lage/Anfahrt:** Zwischen Niendorf und Kirchdorf westlich der Landesstraße 121, der Landesstraße in Richtung Kirchdorf folgen; **Platzanzahl:** 15; **Untergrund:** Asphalt, Beton, Pflaster; **Service:** Strom, Trinkwasser, Abwasser; **Preiskat.:** €€; **Geöffnet:** ganzjährig, im Winter nur auf Anfrage; **Kontakt:** Niendorf 13, 23999 Insel Poel, Tel. 038425 4200, www.poeler-forellenhof.de

## 36 Campingplatz Leuchtturm Timmendorf

GPS 53.99375, 11.37958

Der große und gepflegte Campingplatz in direkter Umgebung des Leuchtturms verfügt auch über Einkaufsmöglichkeiten. Der Campingplatz ist in der Fläche größer als der gesamte Ort Timmendorf. Zusätzliche Wohnmobilstellplätze sind vor dem Eingang zum Campingplatz zu finden. **Lage/Anfahrt:** Nördlich an Timmendorf angrenzend, 150 m bis zum Ostseestrand. Ab Ortseingang Timmendorf ausgeschildert; **Platzanzahl:** über 100; **Untergrund:** Schotter, Rasengitter, Wiese, Sand, fest; **Service:** Strom, Trinkwasser, Abwasser, Chemie-WC; **Preiskat.:** €€€; **Geöffnet:** April–Okt.; **Kontakt:** Lotsenstieg 25, 23999 Timmendorf, Tel. 038425 20224, www.campingplatz-leuchtturm.com

*Die Küste des Salzhaffs zeichnet sich durch dichte Vegetation aus*

## Entlang des Salzhaffs

Von der Insel Poel bis Rerik erstreckt sich das sogenannte Salzhaff, eine durch die Insel Poel und die Halbinsel Wustrow geschützte Meeresbucht, dessen Uferzone hauptsächlich Schilf und Salzwiesen bilden. Sandstrände und Badetourismus findet man hier kaum, allerdings steht dieser Küstenabschnitt bei Windsurfern sehr hoch im Kurs. Der Wind bläst häufig kräftig und die Wassertiefen sind gering, was etwas höhere Wassertemperaturen sichert und die Wellenhöhe begrenzt. Entlang des Salzhaffs bewegt man sich am besten zu Fuß oder per Fahrrad über eine ruhige Landschaft mit Wander- und Fahrradwegen. Massentourismus mit viel Trubel gibt es hier nicht. Entlang des Salzhaffs laden verschiedene, gut ausgebaute Campingplätze zu einem Besuch ein. In Stove, direkt an der Verbindungsstraße zwischen Wismar und Rerik, unterhält der Windmühlen- und Museumsverein die alte **Holländerwindmühle** (Mühlenstr. 8, 23974 Boiensdorf, http://www.muehlenverein-stove.de) und eine historische Backstube mit Heimatmuseum.

## 37 Ostseecamping am Salzhaff Pepelow

GPS 54.03817, 11.58509

Der Campingplatz Ostseecamping, etwa auf halbem Weg zwischen der Insel Poel und Rerik, ist aufgrund seiner Lage direkt am Wasser, seinem eigenen Strand und dem komfortablen Ausbau für einen Aufenthalt am Salzhaff besonders zu empfehlen. Kinderanimation, sehr großer Spielplatz, Restaurant Seaside Pepelow, Surfschule direkt am Platz, ideale Lage für Kinder und Wassersportler am Flachwasser des Salzhaffs. **Lage/Anfahrt:** Der Campingplatz erstreckt sich über mehrere hundert Meter Länge direkt in der Uferzone des Salzhaffs; in Pepelow die L12 verlassen und der Ausschilderung zum Campingplatz folgen; **Platzanzahl:** ca. 120 plus 34 Wohnmobilstellplätze im Womo-Hafen; **Untergrund:** Wiese, fest; **Service:** Strom, Trinkwasser, Abwasser, Chemie-WC, WLAN; **Preiskat.:** €€€; **Geöffnet:** ganzjährig; **Kontakt:** Strandweg 1, 18233 Pepelow; Tel. 038294 78686, www.ostsee camping-am-salzhaff.de

*Von der Windmühle in Stove bietet sich ein weiter Blick über das Salzhaff*

## Rerik

Rerik erhielt diesen Ortsnamen erst 1938, weil man damals „Reric“, den sagenumwobenen, vor mehr als 1000 Jahren zerstörten Handelsplatz aus der Wikingerzeit, hier vermutete. Spätere Forschungen ergaben allerdings zweifelsfrei, dass dieser etwa 20 km südlich des heutigen Ostseebades in der Nähe Groß Strömkendorfs lag. Jahrhundertelang war Rerik, damals noch Alt Gaarz, ein kleines, armes und unbedeutendes Fischerdorf. Allerdings begann man in den 1930er-Jahren, die zu Rerik gehörende Halbinsel Wustrow militärisch stark aufzurüsten, was vorübergehend zu einem deutlichen wirtschaftlichen Aufschwung des Ortes und stark steigenden Einwohnerzahlen führte. Zählte der Ort bis dahin nur wenige hundert Einwohner, wurden nun tausende Soldaten und ihre Familien hier stationiert. Die militärische Präsenz erwies sich jedoch in den kommenden Jahrzehnten als Fluch. Rerik wurde im Zweiten Weltkrieg wiederholt bombardiert, was zahlreiche zivile Opfer forderte. Nach der Wehrmacht zog die Rote Armee auf die Halbinsel Wustrow.

Die Ostseeseite der Reriker Nehrung mit 170 m langer Seebrücke

Soldaten, Panzer und Geschützlärm gehörten deshalb bis zum Abzug der Truppen 1994 zum Alltag. Anschließend stand dann endlich einer Zukunft des Ortes als Tourismusziel nichts mehr im Wege. 1996 wurde Rerik der Titel Ostseebad verliehen, zahlreiche Ferienhäuser und Hotelanlagen entstanden und die Gästezahlen steigen seither permanent. Lange **Sandstrände,** ein ebenfalls neu gestalteter Hafen am Salzhaff, das **Heimatmuseum und Galerie Rerik** (Dünenstraße 4, www.rerik.de/ostseebad-rerik/sehenswert/heimatmuseum.html), das Geschichte und Geschichten aus Rerik, eine Fossiliensammlung und Werke regionaler Künstler präsentiert, die 170 m lange **Seebrücke,** verschiedene **Großsteingräber** und eine vielfältige **Gastronomie** bieten für die ganze Familie Unterhaltung und Beschäftigung. Die schmale Nehrung zur Halbinsel Wustrow trennt dabei die Ostseeküste mit ihrem bei Wind deutlichen Wellengang und dem feinen Sandstrand von der Küste des Salzhaffs mit seinem ruhigen Flachwasser und der meist bewachsenen Uferzone. Hier ist das Wasser selten tiefer als 2 m, in Ufernähe kann man fast überall problemlos stehen. Auf der Reriker Nehrung, auch **Wustrower Hals** genannt, befand sich auf dem kleinen Hügel Schmiedeberg ein alter slawischer Burgwall, der neben dem Burgwall auf Kap Arkona die einzige bekannte Slawenfestung direkt an der Ostsee ist. Heute ist dieser Hügel zu einem **Aussichtspunkt** ausgebaut, der einen wunderbaren Blick über Rerik, Salzhaff und Ostsee sowie die Halbinsel Wustrow bietet. Unbefriedigend gestaltet sich leider immer noch der Umgang mit der **Halbinsel Wustrow,** denn auch Jahrzehnte nach ihrem Verkauf durch die Treuhand an eine Investorengruppe liegen die historische Bausubstanz, die Landschaft und die weiten Strände der Halbinsel brach und können nur im Rahmen von Führungen erkundet werden. Interessierte Gäste sollten deshalb die Teilnahme an einer solchen Führung unbedingt einplanen. Die Entfernung vom sehr modernen Campingpark Rerik quer durch den Ort bis zum Hafen an der Nehrung zur Halbinsel Wustrow beträgt etwa 1½ Kilometer. Direkt auf dem Weg findet man verschiedene Einkaufsmöglichkeiten, Restaurants, die Kurverwaltung und auch das Heimatmuseum.

ⓘ Kurverwaltung Ostseebad Rerik, Dünenstraße 7, www.rerik.de

*Das Heimatmuseum Rerik befindet sich heute in der alten Dorfschule*

**INFO HALBINSEL WUSTROW**

Die Halbinsel Wustrow ist seit 1273 urkundlich erwähnt. Sie wurde viele Jahrhunderte nur landwirtschaftlich genutzt und war stets sehr dünn besiedelt. Die geringe Besiedlung und ihre strategisch günstige Lage machten die Insel für den militärischen Ausbau interessant. 1933 kaufte die damalige Reichswehr sie dem letzten privaten Besitzer, der Familie von Plessen, für 1,4 Mio. Reichsmark ab. Anschließend wurde sie zu einem der größten Militärstandorte Deutschlands ausgebaut. Es entstanden weiträumige Kasernenanlagen, Schießplätze, Bunker, ein Flugplatz, aber auch zahlreiche Wohnhäuser für die Berufssoldaten und ihre Familien. 1937 wurde hier das modernste Hallenbad Deutschlands fertiggestellt. Nach Ende des Zweiten Weltkriegs stationierte die Sowjetunion am Ort mehrere tausend Soldaten. Übungslärm, Schießbetrieb und starker Fahrzeugverkehr waren alltäglich. Die Sowjets bauten auch den Hafen aus, betrieben eine Radarstation und hörten von hier den militärischen Funkverkehr Westdeutschlands und Dänemarks ab. 1994 war Schluss damit, die Halbinsel wurde den deutschen Behörden übergeben und 1998 von der Treuhand an die FUNDUS-Gruppe zur touristischen Entwicklung verkauft. Bis heute wurden die großen Pläne zum Bau von Hotels, Ferienhäusern und einem Golfplatz jedoch nicht umgesetzt.
Betreten werden kann die Halbinsel nur im Rahmen einer **Führung** oder einer **Planwagenfahrt.** Informationen über die Kurverwaltung (www.rerik.de/ostseebad-rerik/wissenswert/halbinsel-wustrow.html) oder direkt unter Tel. 038296 75766 (geführte Wanderung über Wustrow, ca. 15 €/Person) und Tel. 0174 8001881 (Planwagenfahrt über Wustrow, ca. 25 €/Person), weitere Infos unter www.insel-wustrow.de.

Eines der Großsteingräber um Rerik

## 38 Campingpark Rerik

GPS 54.11332, 11.63028

Großer Campingpark mit komfortabler Ausstattung. Einkaufsmöglichkeit, Bistro, Animation, Spielplatz, Kino, Livemusik, Lagerfeuer, Yoga, Sauna, Massage, Zugang zur Ostsee über einen Abstieg an der Steilküste, Entfernung ca. 400 m. **Lage/ Anfahrt:** Nordöstlicher Ortsrand Rerik, Leuchtturmstraße, dann Schillerstraße durch Rerik bis zum Campingpark folgen; **Platzanzahl:** ca. 250 plus 35 Stellplätze in Womo-Hafen; **Untergrund:** Schotterrasen, Rasengitter, Pflaster, Wiese, Sand, fest; **Service:** Strom, Trinkwasser, Abwasser, Chemie-WC; **Preiskat.:** €€€; **Geöffnet:** ganzjährig; **Kontakt:** Straße am Zeltplatz 8, 18230 Ostseebad Rerik; Tel. 038296 75720, www.campingpark-rerik.de

### TIPP GROSSSTEINGRÄBER

Acht Großsteingräber finden sich rund um Rerik. Alle sind beschildert und ein selbstständiger Besuch ist möglich. Geführte Wanderungen zu diesen prähistorischen Grabanlagen gibt es im Sommer jeweils donnerstags, Info über die Kurverwaltung.

### TIPP ERLEBNISSCHIFFFAHRT SALZHAFF

Verschiedene Rund- und Themenfahrten starten am Haffanleger in Rerik (Fahrgastschifffahrt Steußloff, Haffplatz 5, www.ms-ostseebad-rerik.de).

### LITERATURTIPP

Ausführlichere Routenvorschläge findet man im Wohnmobil-Tourguide „Ostseeküste Mecklenburg-Vorpommern" (Reise Know-How Verlag).

Sylke Liehr, Achim Rümmler

# Fischland-Darß-Zingst

Die heutige Halbinsel Fischland-Darß-Zingst befand sich bis zur Befestigung ihrer Küsten durch den Menschen in permanenter Veränderung. Die Sturmfluten der Ostsee nagten ununterbrochen an Landschaft und Küste, sie spülten Verbindungen auf und unterbrachen sie. Im Lauf der Zeit waren das Fischland, der Darß und Zingst sowohl Inseln als auch verbundene Landmasse. Diese starken Kräfte der Natur und der wenig ertragreiche Sandboden verhinderten jahrhundertelang eine dichtere Besiedlung und Bewirtschaftung – jedenfalls so lange, bis der moderne Badetourismus den mehr als 50 km langen und feinen Sandstrand auf der Ostseeseite der Halbinsel für sich entdeckte. Nach vergleichsweise zaghaften touristischen Anfängen zu Beginn des 20. Jahrhunderts dauerte das jedoch noch bis in die 1970er-Jahre. Zu dieser Zeit gab es noch nicht einmal eine durchgängig asphaltierte

**TOUREN-ÜBERBLICK**

**Routenempfehlung:** Dierhagen – Wustrow – Ahrenshoop – Darß – Prerow – Zingst
**Länge gesamt:** ca. 40 km
**Dauer:** je nach Aufenthaltsdauer 3–5 Tage
**Reisezeit:** ganzjährig. Aufgrund der Wassertemperaturen sind Badeaufenthalte nur in den Sommermonaten möglich.

Straße zwischen Dierhagen und Zingst über die gesamte Halbinsel, sondern oft nur unbefestigte Landwirtschaftswege zwischen den Ortschaften. Durch diese verkehrstechnische und regionale Trennung erfolgte auch viele Jahre eine unabhängige Entwicklung und Verwaltung von Fischland, Darß und Zingst. Erst der Aufschwung des Tourismus führte die Ortschaften der Halbinsel näher zusammen. Trotzdem besteht die Verwaltung der Halbinsel bis heute immer noch auf die namentliche Trennung zwischen dem Fischland, dem Darß und Zingst und führt weiterhin formell den etwas sperrigen Namen Halbinsel Fischland-Darß-Zingst. Die ehemals kleinen Fischerdörfer Ahrenshoop, Born a. Darß, Dierhagen, Prerow, Wieck a. Darß und Wustrow haben sich zum Amt Fischland/Darß zusammengeschlossen, das größere Ostseebad Zingst verwaltet sich eigenständig. Von der Romantik der alten Fischerdörfer ist heute kaum noch etwas zu spüren. Moderner Bädertourismus dominiert und fast überall wurden die alten Dorfstrukturen von zahlreichen neu errichteten Ferienhäusern und Hotelanlagen überlagert. 2019 wurden bereits 580.000 Urlaubsgäste gezählt, die Halbinsel hat selbst aber weniger als 10.000 Einwohner. Der Bau neuer Ferienimmobilien, vor allem Ferienwohnungen in den Ortschaften, läuft immer noch ungebremst weiter. Trotzdem kann die Halbinsel wirklich uneingeschränkt als Naturrefugium gelten, denn es gibt immer noch sehr weiträumige und natürlich erhaltene unbesiedelte Flächen. Der 1990 – nur zwei Tage vor dem Ende der DDR –

Der Dierhagener Hafen

noch schnell ausgewiesene Status als Nationalpark Vorpommersche Boddenlandschaft garantiert, dass diese Flächen trotz enormen touristischen und wirtschaftlichen Drucks auf Erschließung und Bebauung erhalten bleiben. Wohnmobilreisende können die Halbinsel, ihre Strände, Ortschaften und Wandergebiete bestens erkunden, es stehen genügend Parkflächen zur Verfügung. Eng wird es lediglich in der Hauptsaison, wenn dann Zehntausende Badegäste täglich ihre Fahrzeuge parken. In Dierhagen, Wustrow und Ahrenshoop sind Notübernachtungsplätze für Wohnmobile auf einigen wenigen ausgewählten Parkplätzen bestimmt. Nur diese können – neben Campingplätzen – gegen Gebühr für eine einzelne Übernachtung genutzt werden. Prerow und Zingst nutzen für die Notübernachtung gemeinsam einen von mehreren Parkplätzen zwischen den beiden Orten. Campingplätze findet man entlang der Halbinsel zwar reichlich, im Sommer sind jedoch alle schon früh ausgebucht. Eine Voranmeldung ist deshalb immer und v. a. in der Hauptsaison zu empfehlen.

ⓘ www.fischland-darss-zingst.de

## Dierhagen

Dierhagen gehörte früher nicht zum Fischland, denn es war durch den **Permin,** einen kleinen Strom zwischen Bodden und Ostsee, von diesem getrennt. Der Permin wurde mit Schiffen befahren, bot eine kurze Wasserverbindung von der Landseite und dem Saaler Bodden zur offenen See und erlaubte nicht der Hanse zugehörigen Städten wie Ribnitz den Warenaustausch über das Meer. Die Hanse sah dadurch jedoch ihr Handelsmonopol bedroht, weshalb die Hansestädte Rostock und Stralsund den Permin verschlossen und ihn versanden ließen. So entstand eine feste Landverbindung zwischen Dierhagen und dem Fischland. Bis heute trennt an seinem ehemaligen Verlauf ein nur 100 Meter breiter Landstreifen den Saaler Bodden von der Ostsee.

Dierhagen besteht aus sechs Ortsteilen, davon liegen Dierhagen Strand, Dierhagen Neuhaus und Dierhagen Ost an der Ostsee, die Ortsteile Dändorf, Körkwitz und Dierhagen Dorf dagegen am Saaler Bodden. Die Entwicklung der Ortsteile verlief sehr unterschiedlich: Die an der Ostsee liegenden, jungen Ortsteile verdanken ihre Gründung und Entwicklung erst

## INFO RIBNITZER HEIDE UND GROSSES RIBNITZER MOOR

Die Zufahrt zur Halbinsel Fischland über die Landesstraße 21 – die einzige durchgängige Verbindungsstraße über die Halbinsel – führt durch das Naturschutzgebiet Ribnitzer Heide und Großes Ribnitzer Moor. Übergangslos bildet es zusammen mit der direkt angrenzenden Rostocker Heide auf 12.000 Hektar Deutschlands größten Küstenwald. Die namentliche Trennung zwischen Rostocker und Ribnitzer Heide beruht auf dem Verkauf eines Teils der Waldfläche an die Stadt Rostock im Jahr 1252 durch Fürst Borwin III. Die Ribnitzer Seite verblieb in fürstlichem Besitz. Nutzte die Stadt Rostock ihren Besitz vor allem zur Holzgewinnung, spielten wirtschaftliche Belange in der Ribnitzer Heide nur eine untergeordnete Rolle. Jahrhundertelang wurde sie vor allem zur herrschaftlichen Jagd genutzt. Erst im Jahr 1990 wurde das bis dahin hier bestehende Staatsjagdgebiet aufgelöst. Heute sind weite Teile dieser einzigartigen Wald- und Moorlandschaft Naturschutzgebiet. Das Große Ribnitzer Moor zählt zu den größten Mooren in Mecklenburg-Vorpommern. Seit 1995 läuft dazu ein Renaturierungsprogramm, in dem versucht wird, ehemals von Menschenhand trockengelegte Abschnitte des Moores wieder in eine gesunde natürliche Moorlandschaft zurückzuverwandeln.

Dem Besucher bieten die Ribnitzer Heide und das Große Ribnitzer Moor ausgedehnte Themen-, Wander- und Fahrradwege, einen hohen Wildbestand und eine wunderbare Pflanzenwelt. Interessierte Besucher sollten nicht versäumen, die Ausstellungen im **Infozentrum Wald und Moor** (Ribnitzer Landweg 3, www.ribnitz-damgarten.de/infozentrum-wald-und-moor) und in der **Natur-Schatzkammer in Neuheide** (Ribnitzer Landweg 2, www.naturschatzkammer.m-vp.de) zu besuchen. Beide liegen direkt nebeneinander und lassen sich von den verschiedenen Ortsteilen Dierhagens gut erreichen.

dem Tourismus, die Ortsteile am Bodden haben dagegen eine jahrhundertealte Geschichte. Die Gemeinde Dierhagen hat einen interessanten **Geschichtspfad** angelegt, der 42 verschiedene historische Punkte in den verschiedenen Ortsteilen verbindet. Die passende informative Broschüre und Beschreibung dazu erhält man in der Tourist-Info Dierhagen oder zum Download auf der Website der Kurverwaltung. Dierhagen bietet heute alles, was Urlaubsgäste erwarten: ausgedehnte **Strände,** vielfältige **gastronomische Angebote,** einen kleinen **Kurpark,** verschiedene **Campingplätze** und durch die Nähe zur Ribnitzer Heide auch einen guten Zugang zu ausgedehnten **Wander- und Fahrradwegen.**

**Kurverwaltung Dierhagen,** Ernst-Moritz-Arndt-Straße 2, www.ostseebad-dierhagen.de

Das außergewöhnliche kleine **Pfannkuchenhaus Dierhagen,** dessen Spezialität gefüllte Pfannkuchen aller Art von süß bis herzhaft sind, ist nur 150 m vom Strand entfernt (Waldstraße 4).

240 Meter über Wasser führt die Seebrücke Wustrow

## 39 Campingplatz Dierhagen Neuhaus

GPS 54.28214, 12.31295

Sehr familiärer Campingplatz zwischen Ostsee und Ribnitzer Heide. Durch seine Lage direkt zwischen Ostsee und Ribnitzer Heide besonders attraktiv. Das Große Ribnitzer Moor ist gut zu Fuß erreichbar, Strandzugang, Kinderspielplatz. **Lage/Anfahrt:** Der Campingplatz liegt am Rande des Ortsteils Dierhagen-Neuhaus, der Ostseestrand ist nur 200 m entfernt; von L21 auf Birkenallee abbiegen, Platz ist ausgeschildert; **Platzanzahl:** 120; **Untergrund:** Schotter, Schotterrasen, Wiese, Sand, fest; **Service:** Strom, Trinkwasser, Abwasser, Chemie-WC, WLAN, Fischimbiss und Bäckerbistro; **Preiskat.:** €€€; **Geöffnet:** März–Anf. Jan.; **Kontakt:** Birkenallee 10, 18347 Ostseebad Dierhagen-Neuhaus; Tel. 038226 539930, www.camping-neuhaus.de

## Wustrow

Wustrow ist eine nachweislich seit mehr als 800 Jahren existierende Seefahrer- und Fischersiedlung. Der Name des Ortes entstand aus dem Slawischen Swante Wustrow („Heilige Insel"). Bis zu 200 Segelschiffe in Handel und Fischerei hatten früher hier ihren Heimathafen. Die maritime Vergangenheit des Ortes zeigt sich auch heute noch in den aufwendig verzierten Kapitänshäusern. In der Strandstraße findet der interessierte Besucher die 1906 in rotem Backstein errichtete Seenotrettungsstation. Seit 1847 bestand in Wustrow eine Großherzogliche Rettungsanstalt, die sich der Seenotrettung verschrieben hatte und auch heute steht hier noch eine aktive örtliche Rettungsmannschaft mit moderner Ausrüstung bereit. Auf dem Stegberg am Ortseingang Wustrows aus Richtung Dierhagen kann man das markante Gebäude der ehemals großzügig gebauten Seefahrtschule Wustrow nicht übersehen.

Hier wurden bis zu ihrer Schließung 1991 Zehntausende Schiffsoffiziere ausgebildet. Zurück ging diese Einrichtung auf die 1847 eröffnete Großherzogliche Navigationsschule Wustrow. Nach langem Leerstand wurde der ehemalige Schulkomplex zu Ferienwohnungen umgebaut. Heute findet in Wustrow keine Ausbildung mehr statt, das Ostseebad Wustrow lebt von seinen Urlaubsgästen. Kulturelles Zentrum ist das 200 Jahre alte **Fischlandhaus** (Neue Straße 38, www.ostseebad-wustrow.de/kunst-entdecken/fischlandhaus). Das Haus bietet den Gästen wechselnde Ausstellungen, Konzerte und Lesungen. Die **Seebrücke** des Ortes ist mit einer Gesamtlänge von 395 m, davon 240 m über Wasser, eine der längsten Deutschlands.

Das Ostseebad Wustrow

ⓘ **Kurverwaltung Ostseebad Wustrow,** Ernst-Thälmann-Str. 11, www.ostseebad-wustrow.de

## 40 Wohnmobilstellplatz Surfcenter Wustrow

GPS 54.34082, 12.38052

Familiärer Wohnmobilstell- und Parkplatz mittlerer Größe direkt hinter der Stranddüne. **Lage/Anfahrt:** Die Zufahrt liegt direkt an der L21 kurz vor dem Ortseingang Wustrow; **Platzanzahl:** 70; **Untergrund:** Schotter, Wiese, fest; **Service:** Strom, Trinkwasser, Abwasser; **Preiskat.:** €€€€; **Geöffnet:** April–Okt.; **Kontakt:** An der Nebelstation 2, 18347 Wustrow, Tel. 038220 80250, http://surfcenter-wustrow.de

## Künstlerkolonie Ahrenshoop

Wie der **Permin** einst das Fischland zwischen Dierhagen und Wustrow vom Festland trennte, so teilte auch hier ein ehemals schiffbarer kleiner Strom die heutige Halbinsel zwischen Fischland und Darß. Er wurde **Loop** oder auch **Darßer Kanal** genannt. Soldaten der Hansestadt Rostock schütteten ihn Ende des 14. Jahrhunderts zu, um eine Zufahrt von konkurrierenden Ribnitzer Handelsschiffen über den Saaler Bodden in die Ostsee zu verhindern. Ohne diese wirtschaftlich lukrative Verbindung dämmerte Ahrenshoop ruhig durch die nächsten Jahrhunderte. Die Anwohner lebten von karger Landwirtschaft und Fischfang, bis die wunderschöne Lage zwischen Ostsee, Saaler Bodden und Darßwald ab 1892 Künstler an diesen damals dünn besiedelten Ort zog. Sie gründeten eine Künstlerkolonie und verhalfen dem Ort damit zu einer gewissen Berühmtheit sowie entsprechendem Gästeinteresse. Als **Künstlerort** definiert sich Ahrenshoop bis heute und baut sein kulturelles Angebot fortlaufend aus.

Das älteste Gebäude des Ortes, das heute Kunst und Kunsthandwerk beherbergt, ist das 1660 errichtete **Dornenhaus** (Bernhard-Seitz-Weg 1, www.dornenhaus.de), heute eine Töpferei und Galerie. Das jüngste künstlerisch genutzte Haus ist das 2013 neu eröffnete und großzügig gestaltete **Kunstmuseum Ahrenshoop** (Weg zum Hohen Ufer 36, www.kunstmuseum-ahrenshoop.de). Verschiedene

*Der 1909 erbaute Kunstkaten in Ahrenshoop ist eine der ältesten Galerien Deutschlands*

private Galerien, das Künstlerhaus Lukas von 1894, der blaue Kunstkaten von 1909, das neue Kunsthaus oder die Alte Schule bieten Besuchern Ausstellungen von Malerei bis Kunsthandwerk und veranstalten Lesungen, Konzerte oder Theateraufführungen. Kunst und Handwerksarbeit stehen natürlich auch zum Verkauf.

**Wandern und Radfahren** lässt sich rund um Ahrenshoop auch sehr gut, am besten zwischen Ahrenshoop und Wustrow entlang des Steilufers, am flachen Ufer des Saaler Boddens oder in Richtung des nur 3 km entfernten berühmten Darßer Weststrandes.

**Kurverwaltung Ahrenshoop,** Kirchnersgang 2, www.ostseebad-ahrenshoop.de

## Der Darß mit Darßwald und Weststrand

Der Darß bildet das Zentrum der Halbinsel Fischland-Darß-Zingst. Seine riesigen Waldflächen mit dem oft mannshohen Adlerfarn sind nicht selten undurchdringlich und gehören zum Nationalpark Vorpommersche Boddenlandschaft.

Lange Zeit wurde der **Darßwald** zu den letzten Urwäldern Deutschlands gezählt. Der hohe Wildbestand sorgte viele Jahrzehnte für hohes Interesse prominenter Jagdgäste. Die jeweils Herrschenden aus Adel, Nationalsozialismus und Kommunismus gingen hier zur Jagd. Davon erzählt das **Forst- und Jagdmuseum Ferdinand von Raesfeld** (Chausseestra-

*Wind und Wellen formen und verändern den urigen Darßer Weststrand das ganze Jahr über*

*Der Darßer Leuchtturm ist über 150 Jahre alt und immer noch in Betrieb*

ße 64, 18375 Born, www.born-darss.m-vp.de/forst-und-jagdmuseum-ferdinand-von-raesfeld). Das Gebäude der ehemaligen Inspektion Staatsjagd der DDR ist heute Sitz der Nationalparkverwaltung. Besonders urwüchsig und ein einzigartiger Schauplatz der Kräfte der Natur ist der etwa 13 km lange **Weststrand Darß.** Spaziergänge dort lohnen sich immer, der Fernsehsender Arte wählte den Darßer Weststrand sogar zu einem der 20 schönsten Strände der Welt. Im nördlichen Teil des Weststrands liegen von der Kraft des Windes und des Meeres entwurzelte Bäume oft im Weg, im Süden bevölkern bei Badewetter ganze Völkerscharen den hier besonders breiten Sandstrand. Die beständigen Abtragungsprozesse am Darßer Strand sorgen für eine stetige Veränderung dieser beeindruckenden Landschaft. Die Strömung trägt fortlaufend das Land ab und nagte dem westlichen Darß im Lauf der Zeit bereits Hunderte Meter in östlicher Richtung ab. Die Stärke der Winde an diesem Strand sorgt für eine besondere Ausbildung der Bäume in Strandnähe. Die sogenannten Windflüchter am Darßer Weststrand sind einzigartig.

Während der Weststrand ein wildromantisches Flair verbreitet, findet man ab **Darßer Ort** in Richtung Prerow verlaufend den vor Wind und Wellen geschützten **Nordstrand Darß** mit seinem feinen und ruhigen Sandstrand und sehr geringen Wassertiefen. Hier spült die See den Sand wieder an, den sie am Weststrand abträgt. Alle Strände auf dem Darß sind sehr beliebte Badestrände, dabei haben besonders die FKK-Anhänger das Gebiet für sich entdeckt.

Bekannt ist der Darßer Ort auch für seinem **Leuchtturm.** Darßer Ort bildet die Nordspitze der Halbinsel Fischland-Darß-Zingst und trotz der doch sehr abgeschiedenen Lage zählt man hier rund 100.000 Besucher jährlich. Der 35 m hohe Leuchtturm wurde 1847 erbaut und ist bis heute in Betrieb. Bei klarem Wetter bietet sich dem Besucher von hier ein Ausblick bis zur Insel Hiddensee. Die Nationalparkverwaltung betreibt vor Ort eine kleine Informationsstelle und das Meeresmuseum Stralsund informiert Besucher im interessanten **NATUREUM** (Darßer Ort 1–3, 18375 Born, www.natureum-darss.de).

Das Innere des Darßwalds, der Weststrand und Darßer Ort können von Besuchern nicht mit privaten Kfz erreicht werden. Alle Fahrzeuge ohne entsprechende Sondergenehmigung müssen auf den ausgewiesenen Parkflächen

## 41 Regenbogen Born

GPS 54.38413, 12.50432

Ruhig gelegene und gemütliche Ferienanlage auf der Boddenseite etwas abseits von Born, Surf- und Kiteschule, Fahrradverleih, Spielplatz. **Platzanzahl:** über 300; **Untergrund:** Schotter, Sand; fest; **Service:** Strom, Trinkwasser, Abwasser, Chemie-WC; **Preiskat.:** €€€€; **Geöffnet:** April–Okt.; **Kontakt:** Nordstraße 86, 18375 Born, Tel. 038234 244, www.regenbogen.ag

an den Zugängen zum Wald oder den umliegenden Orten geparkt werden. Aufgrund der recht großen Entfernungen ist das Gebiet nur für geübte Wanderer zu Fuß zu durchqueren. Das Fahrrad ist hier das erste Mittel der Wahl. Fahrradverleihe sind ausreichend zu finden. Wer nicht wandern oder radeln möchte, kann sich auch auf einer Kutschfahrt oder mit einer kleinen Bimmelbahn (www.darssbahn.de) dem Darßwald und seinen Sehenswürdigkeiten und Ausflugszielen nähern.

**Darßer Arche – Nationalpark- & Gästezentrum,** Bliesenrader Weg 2, 18375 Wieck a. Darß, www.darsser-arche.de

Leckere Konfitüren, Fruchtaufstriche und Gelees werden in der **Darßer Manufructur** traditionell hergestellt. Im Zentrum steht der hier heimische Sanddorn und seine fruchtig-sauren Beeren (Kargweg 4, 18375 Wieck, www.darsser-manufructur-neu.de).

## Prerow und der Prerowstrom

Wie könnte es auf der der Halbinsel Fischland-Darß-Zingst anders sein, auch hier bestand einmal mit dem **Prerowstrom** eine Wasserverbindung zwischen dem Saaler Bodden und der Ostsee und teilte die heutige Halbinsel. Im Gegensatz zu den Wasserverbindungen bei Dierhagen oder Ahrenshoop schloss diese aber nicht der Mensch, sondern das Meer. Bis zu einer verheerenden Ostseesturmflut 1872 sorgte der Prerowstrom sogar für einen ganz erheblichen Wohlstand in Prerow. Es gab mehrere Werften im Ort und die Seefahrt gab den Einheimischen gute Arbeit und ein Auskommen. Die Sturmflut von 1872 überschwemmte jedoch weite Teile der Ortschaft, forderte zahlreiche Todesopfer unter der Bevölkerung und verschloss den Prerowstrom durch aufgespülten Seesand. Da der Prerowstrom durch seinen geringen Tiefgang ohnehin für die gerade neu aufkommende Dampfschifffahrt schlecht nutzbar war und die Anwohner gro-

## 42 Regenbogen Prerow

GPS 54.45191, 12.55465

Einer der schönsten und größten Campingplätze der deutschen Ostseeküste, geradezu legendär unter Badegästen und FKK-Anhängern durch seine einzigartige Lage direkt in den Stranddünen nur wenige Meter von der Ostsee entfernt. Vom Campingplatz führt ein etwa 11 km langer, schöner Rundwanderweg durch den Darßwald über den Darßer Ort, das NATUREUM und Nothafen Darßer Ort. **Lage/Anfahrt:** Der Campingplatz liegt zwischen dem westlichen Ortsrand Prerow und dem Darßwald. Die Zufahrt ist nur über den Bernsteinweg möglich, der in den Campingplatz mündet. **Platzanzahl:** 840 Stellplätze; **Untergrund:** Wiese, Sand, fest; **Service:** Strom, Trinkwasser, Abwasser, Chemie-WC, WLAN; **Preiskat.:** €€€; **Geöffnet:** ganzjährig; **Kontakt:** Bernsteinweg 4–8, 18375 Ostseebad Prerow; Tel. 0431 2372370, www.regenbogen.ag/ferienanlagen/prerow.html

### TIPP FAHRGASTSCHIFFFAHRT

Die **Reederei Poschke** bietet ab den Häfen Prerow und Zingst verschiedene Rund- und Themenfahrten mit ihren Fahrgastschiffen an (Hafen Prerow: Krabbenort, 18375 Ostseebad Prerow; Hafen Zingst: Hafenstraße 1, 18374 Ostseebad Zingst, www.reederei-poschke.de).

ße Angst vor weiteren Überschwemmungen hatten, entschloss man sich, den Strom nicht wieder freizulegen, sondern durch Deichbau und Befestigungen endgültig und zuverlässig zu schließen. Damit endete Prerows Zeit als Hafen- und Seefahrtsort, aber schon bald konnte man sich dem aufkommenden Tourismus zuwenden. Bereits 1878 bat Prerow den preußischen König um die Genehmigung zur Errichtung eines Ostseebads. Als 1910 mit der Eröffnung der Darßbahn eine direkte Anbindung an den Zugverkehr nach Berlin, Stettin und Hamburg geschaffen wurde, stiegen die Gästezahlen rasant an. Die Lage direkt am östlichen Rand und im Windschatten des Darßwalds erlaubt ausgedehnte **Wanderungen** und **Fahrradtouren** und schützt den Prerower Sandstrand vor hohen Wellen. Ab dem Hafen

Die Kurverwaltung Zingst steht direkt an der Strandpromenade und nur wenige Meter von Strand und Seebrücke entfernt

Prerow auf der Boddenseite können erlebnisreiche **Schifffahrten** entlang der verbliebenen Reste des Prerowstroms unternommen werden. Dabei bietet die MS Baltic Star das Flair alter Schaufelraddampfer.

**Tourismusinformation Prerow,** Gemeindeplatz 1, www.ostseebad-prerow.de

## Zingst

Verglichen mit Zingst, dem größten Ostseebad der Halbinsel, sind die anderen Ortschaften trotz ihrer hohen Besucherzahlen immer noch kleine Fischerdörfer. In Zingst findet man neben zahlreichen kleineren Ferienimmobilien und mehreren Campingplätzen auch die großen Hotelanlagen, die in Wustrow oder Prerow fehlen. Dieses umfassende Angebot schlägt sich in fast 300.000 Gästen und mehr als 1,7 Millionen Übernachtungen im Jahr nieder. Zingst begrüßt allein mehr Gäste als alle anderen Orte der gesamten Halbinsel Fischland-Darß-Zingst zusammen. Die entsprechende Infrastruktur ist hier vorhanden, vielfältige gastronomische und touristische Angebote stehen für große und kleine Gäste zur Verfügung und der kilometerlange Sandstrand mit seinem Flachwasser in der Uferzone eignet sich sehr gut für einen Badeurlaub mit kleinen Kindern. Einen Blick unter Wasser erhält man bei einem Tauchgang in der **Besuchertauchgondel** (An der Seebrücke, www.tauchgondel.de) direkt an der 270 m langen **Seebrücke.** Bei schlechtem Wetter kann man den Tag gut mit Ausstellungen, kleinen Experimenten oder beim Basteln und Handwerken an über 70 interaktiven Versuchsstationen im **Experimentarium Zingst** (Seestraße 76, www.zingst.de/experimentarium) verbringen. Zingst besitzt auch ein **Heimat-**

LITERATURTIPP

Ausführlichere Routenvorschläge findet man im Wohnmobil-Tourguide „Ostseeküste Mecklenburg-Vorpommern“ (REISE KNOW-HOW Verlag).

**museum** und an den Rund- und Themenfahrten der **Reederei Poschke** kann man nicht nur ab Prerow, sondern auch ab Hafen Zingst teilnehmen.

Mit dem **Fahrrad** sollte man unbedingt eine Tour bis **Prahmort,** der östlichen Spitze der Halbinsel, unternehmen. Hier lockt ein einzigartiger Ausblick über die Boddenlandschaft und die Radtour führt durch eine herrliche Natur. Knapp 40 km Gesamtfahrstrecke hin und zurück muss man jedoch dafür einplanen, wenn man ab Zingst radeln will. Etwa halb so lang wird die Strecke ab dem **Schlösschen Sundische Wiese** (Landstraße 32, https://hotelschloesschen.de), einem Restaurant und Hotel in den Sundischen Wiesen ca. 8 km östlich von Zingst. Hier befindet sich auch ein Fahrradverleih. Bis zum Schlösschen ist die

### 43 Campingplatz Naturdüne Zingst

GPS 54.44112, 12.72575

Neu gestalteter Campingplatz auf Wiesengelände in Strandnähe. **Lage/Anfahrt:** der Seestraße in Richtung Ostseeklinik Zingst folgen, Zufahrt Müggenburg, Campingplatz befindet sich etwa 500 m hinter der Ostseeklinik; **Platzanzahl:** über 100; **Untergrund:** Wiese; **Service:** Strom, Trinkwasser Abwasser, Chemie-WC; **Preiskat.:** €€€€; **Geöffnet:** März-Okt. und Silvester; **Kontakt:** Straminke 5, 18374 Zingst, Tel. 038232 175657, www.naturduene.de, Anmeldung außerhalb der Saison unter Tel. 0341 26827919

Anfahrt ab Zingst mit dem Wohnmobil gestattet. Weiter geht es jedoch nur zu Fuß oder per Fahrrad.

**Tourist-Info Zingst,** Seestraße 56/57, www.zingst.de/tourismusinformation-zingst

Sylke Liehr, Achim Rümmler

# Insel Rügen

Schwarbe
Putgarten
Kap Arkona
44
Wittow
Gudderitz
Altenkirchen
46
Dranske
45
Wieker Bodden
Wiek
Breege
Juliusruh
Tromper Wiek
Lobkevitz
Grieben
Libben
Kloster
Bischofs-dorf
Rassower Strom
Glowe
Bobbin
Insel Hiddensee
Neuen-kirchen
Großer Jasmunder Bodden
Polchow
Marlo
Hiddensee
Sagard
Trent
Neuendorf
Udars
Rappin
96
Schaprode
Bubkevitz
Udarser Wiek
Lietzow
Gagern
Ralswiek
Patzig
Kleiner Jasmunder Bodden
Waase
Kluis
Rügen
48
Wusse
Ummanz
Gingst
Parchtitz
E 22
Bock
Groß Kubitz
Boldevitz
Lieschow
Bergen auf Rügen
Barhöft
Karow
Dreschvitz
Zirkow
Kubitzer Bodden
Klausdorf
Güttin
Dolgemost
Sehlen
Ketels-hagen
Vilmnitz
Prohn
Rambin
Parow
Putbus
Samtens
Karnitz
Bio
Kramerhof
Strelasund
E 22
E251
96
Kasnevitz
53
Lauterbach
Preetz
Knieper Nord
Altefähr
Vilm
Krakvitz
Knieper West
Garz /Rügen
Gustow
Poseritz
Rügischer
Groß Schoritz
Stralsund
Venzvitz
Zudar
Devin
54
Neuhof
Negast
Wendorf
Zudar

TOUREN-ÜBERBLICK

**Routenempfehlung:** Kap Arkona – Nationalpark Jasmund – Binz – Halbinsel Mönchgut – Putbus

**Länge gesamt:** Rügendamm – Kap Arkona ca. 60 km, vom Kap Arkona bis zur Südspitze der Halbinsel Mönchgut etwa 70 km

**Dauer:** Um die Insel kennenzulernen, sollte man mindestens eine Woche einplanen.

**Reisezeit:** Die Insel Rügen begrüßt ihre Gäste ganzjährig, aufgrund der Wassertemperaturen sind Badeaufenthalte nur in den Sommermonaten möglich.

Mit 6 Millionen Übernachtungen ist Rügen nicht nur in der Fläche die größte Insel Deutschlands, sondern auch die Insel mit den höchsten Gästezahlen. Dabei sorgen nicht nur die Badestrände der Insel, sondern auch die vielfältige Natur, zahlreiche historische Sehenswürdigkeiten und moderne Attraktionen für das hohe Besucherinteresse. Die Insel kann mit Kraftfahrzeugen über den 1936 errichteten alten Rügendamm oder die parallel verlaufende, 2007 eröffnete und als Hochbrücke ausgeführte neue Rügenbrücke erreicht werden. Der Rügendamm wird einige Male am Tag für jeweils ca. 20 Minuten geschlossen, um Schiffen die Durchfahrt zu ermöglichen. Entsprechende Hinweisschilder weisen auf die Schließzeiten hin. 2019 wurde dann auch die als Schnellstraße ausgelegte neue B96 fertiggestellt und erlaubt seither eine zügige Durchfahrt bis Bergen und weiter bis Sassnitz.

Der Alte Leuchtturm und das Leuchtfeuer Arkona stehen direkt nebeneinander

Die meisten Besucher verzeichnet die Insel in den fünf Ostseebädern Binz, Sellin, Baabe, Göhren und Mönchgut-Thiessow, aber auch das Nationalparkzentrum Jasmund und das Kap Arkona zählen jährlich Hunderttausende Gäste. Größter Veranstaltungsort der Insel ist die Naturbühne Ralswiek, in der während der Spielzeit der Störtebeker-Festspiele täglich 8800 Zuschauer Platz finden. Die Naturbühne ist darüber hinaus auch Veranstaltungsort für Konzerte und Aufführungen. Die Steilküsten am Kap Arkona und im Nationalpark Jasmund sind ein Pflichtbesuch für jeden Rügenfreund, beliebt ist dabei auch ihre Besichtigung bei einer Rundfahrt an Bord eines Ausflugsschiffes. Die historische Entwicklung der Insel wird in verschiedenen Ausstellungen und Museen gezeigt, aber auch anhand der zahlreichen Großsteingräber, Befestigungsanlagen oder Schlösser anschaulich. Für Gäste mit Wohnmobil stehen auf Rügen zahlreiche Camping- und Wohnmobilstellplätze zur Verfügung. In der Hauptsaison empfiehlt sich jedoch überall eine Vorbuchung.

i www.ruegen.de

## Kap Arkona

Kap Arkona gehört zu den bekanntesten Ausflugszielen in Deutschland. Die einzigartige Lage an der Nordspitze der Insel Rügen, die beeindruckende 45 m hohe **Steilküste,** das bekannte **Turmensemble** aus Schinkelturm, Leuchtfeuer und Marinepeilturm, die Reste der alten **Jaromarsburg,** die Wander- und Fahrradwege oder einfach Wind und Wellen der Ostsee ziehen Hunderttausende Besucher im Jahr an. Über die Festlandstrecke via Bergen, Ralswiek, Sagard und Glowe ist das Kap ab Rügendamm in etwa einer Stunde Fahrzeit erreicht. In der Hauptsaison ist die Strecke jedoch stark frequentiert und man sollte etwas mehr Zeit einplanen. Deutlich ruhiger und naturnaher ist die Anfahrt über den Westen der Insel Rügen via Gingst und Wiek. Dabei muss mit der **Wittower Fähre** der Rassower Strom überquert werden, was jedoch nur ein paar Minuten dauert. Für private Kfz ist die Strecke zum Kap nur bis zum vorgelagerten kleinen Ort Putgarten frei, dort stehen ausgedehnte Parkflächen, auch speziell für Wohnmobile, zur Verfügung. Die einfache Entfernung von hier bis zum Kap Arkona beträgt etwa 2 km, will man allerdings das ganze Kap mit dem umlaufenden Hochuferweg inklusive des kleinen romantischen Fischerdorfs Vitt besichtigen, sind schnell mehr als 10 km zu bewältigen. Ab dem Großparkplatz Putgarten werden jedoch auch verschiedene kostenpflichtige Transportmöglichkeiten angeboten. Besonders empfehlenswert ist die gemütliche Fahrt mit dem Pferdefuhrwerk, möglich sind aber auch Fahrten mit den Zubringerbussen oder einer kleinen Bahn. Wer ein Fahrrad dabei hat, kann mit diesem problemlos alle Ziele auf Kap Arkona erreichen.

Schon vor 1400 Jahren war die Nordspitze Rügens besiedelt. Historisch und religionsgeschichtlich bedeutsam ist die Eroberung der slawischen **Jaromarsburg** auf dem Kap im Jahr 1168 durch die Dänen. Sie unterwarf das Land der dänischen Herrschaft und dem christlichen Glauben. Nach mehrfachen Abstürzen der Steilküste im Bereich der Jaromarsburg sind heute nur noch etwa ein Drittel der ehemaligen Burgfläche und Teile des Burgwalls erhalten. Sehr schön saniert sind die **Türme** des Kaps. Der in rotem Backstein ausgeführte **Alte Leuchtturm** wurde 1827 nach Entwürfen Friedrich Schinkels errichtet. Er ist Deutschlands zweitältester, heute noch erhaltene Leuchtturm. Bis zur Inbetriebnahme des daneben stehenden und deutlich höheren **Leuchtfeuers Arkona** im Jahr 1905 war er in Betrieb. Mit dem Bau dieses neuen Turms erreichte man eine Feuerhöhe von 75 m über der Ostsee und die Reichweite des Leuchtsignals erhöhte sich gegenüber dem Alten Leuchtturm deutlich. Bis heute sendet er alle 17 Sekunden ein aus drei Blitzen bestehendes Lichtsignal über die Ostsee. Der **Marinepeilturm** entstand 1927 im Zuge der Entwicklung der Funkpeilung zur Sicherung der Schifffahrt. 1945 wurden seine funktechnischen Anlagen zerstört. Alle drei Türme können von Besuchern besichtigt werden und verfügen über

*Von der Glaskuppel des Marinepeilturms genießen Besucher eine weite Aussicht*

eine Aussichtsplattform. Das Innere der Türme wird unterschiedlich genutzt, von einem Museum über ein Standesamt bis zu Geschäften ist Unterschiedliches zu finden. Auf dem Kap finden Besucher verschiedene gastronomische und touristische Angebote. Die Deutsche Gesellschaft zur Rettung Schiffbrüchiger hat hier ein **ehemaliges Rettungsboot** ausgestellt, der große **Marineführungsbunker der DDR-Marine** kann besichtigt werden, es gibt mehrere Kunsthandwerkerateliers und kleine Läden. Leider ist der Strand direkt unterhalb des Kaps auf dem kurzen Weg über die ehemalige Königstreppe nicht mehr erreichbar. Nach einem erheblichen Einsturz der Steilküste musste sie gesperrt werden. Um den Strand unterhalb des Kaps zu erreichen, müssen Besucher das Kap unten am Strand weiträumig umwandern, weil es nun direkt am Kap keine Ab- oder Aufstiegsmöglichkeit mehr gibt. Oben auf dem Plateau verläuft entlang der Steiluferkante ein schön gestalteter Weg, der die Leuchttürme, die Jaromarsburg und das kleine Fischerdorf Vitt verbindet. Er kann zu Fuß oder mit dem Fahrrad genutzt werden. Die Länge des Weges beträgt etwa 3 km.

### 44 Regenbogen Nonnevitz

GPS 54.66697, 13.29663

Der Campingplatz liegt auf einem Hochufer im Küstenwald direkt vor dem Strand, der Durchgang zum Strand ist an verschiedenen Stellen möglich. Sehr große und komfortable Campinganlage, Restaurant, Cafeteria, Imbiss, Einkaufsmöglichkeit, Kinderanimation, Fahrradverleih, direkter Strandzugang. **Lage/Anfahrt:** der Straße in Richtung Dranske folgen und ab Kuhle (Abzweig am Schifferkrug Kuhle) der Ausschilderung für ca. 8 km folgen. Die kleinen Straßen sind gut asphaltiert, aber nicht sehr breit; **Platzanzahl:** 530; **Untergrund:** Rasengitter, Wiese, Sand, fest; **Service:** Strom, Trinkwasser, Abwasser, Chemie-WC, WLAN; **Preiskat.:** €€€; **Geöffnet:** April–Okt.; **Kontakt:** Nonnevitz 13, 18556 Dranske; Tel. 038391 89032, www.regenbogen.ag

### 45 Caravancamp Ostseeblick Dranske

GPS 54.62900, 13.22294

Gepflegtes Caravancamp mit parzellierten Wiesenstellplätzen, Minilädchen. **Lage/Anfahrt:** Das Caravancamp ist in Dranske ausgeschildert; **Platzanzahl:** 70; **Untergrund:** Wiese; **Service:** Strom, Trinkwasser, Abwasser, Chemie-WC; **Preiskat.:** €€€; **Geöffnet:** April–Okt.; **Kontakt:** Seestraße 39a, 18556 Dranske, Tel. 038391 8196, www.caravancamp-ostseeblick.de

**Tourist-Info Kap Arkona,** Am Parkplatz 1, 18556 Putgarten/Rügen, www.kap-arkona.de

Im **Schifferkrug Kuhle,** der ältesten noch aktiven Gaststätte Rügens, ist der Ausschank seit 1455 nachgewiesen. Der Krug bietet eine sehr rustikale und maritime Inneneinrichtung, ein hervorragendes Speisenangebot und auch für große Wohnmobile geeignete Parkflächen. Kuhle liegt ca. 10 km von Putgarten/Kap Arkona entfernt. Zur Anfahrt der Ausschilderung in Richtung Dranske folgen (Hauptstraße 2, 18556 Dranske OT Kuhle, www.schifferkrug-kuhle.de).

## 46 Campingplatz Drewoldke Altenkirchen

GPS 54.63449, 13.37332

GroßerPlatz an der Tromper Wiek, Gaststätte, Einkaufsmöglichkeit. **Lage/ Anfahrt:** von Altenkirchen in Richtung Juliusruh und vor dem Ort links abbiegen; **Platzanzahl:** über 200; **Untergrund:** Wiese, Sand, fest; **Service:** Strom, Trinkwasser, Abwasser, Chemie-WC; **Preiskat.:** €€€; **Geöffnet:** April–Okt.; **Kontakt:** Zittkower Weg 27, 18556 Altenkirchen, Tel. 038391 12965, www.camping-auf-ruegen.de

## TIPP BADEN AN DEN STRÄNDEN DER INSEL RÜGEN

Die gesamte Küstenlänge der Insel Rügen beträgt 574 Kilometer. Das sind immerhin 140 Kilometer mehr als die Länge der gesamten Ostseeküste Schleswig-Holsteins. Überall ist die Küste auf Rügen schön, aber sie ist auch sehr unterschiedlich und abwechslungsreich. Steilküsten, lange flache Strände, Stein- und Sandstrände oder auch breite Schilfgürtel wechseln sich ab und bieten sehr unterschiedliche Bademöglichkeiten. Die uneingeschränkt nutzbaren Badestrände der Insel erstrecken sich deshalb nur über eine Länge von ca. 64 km.

Neben den Stränden der Insel Hiddensee sind die Strände entlang der sogenannten „Schabe" zwischen Juliusruh und Glowe, der Strand zwischen Prora und Binz und die Strände am Mönchgut zwischen Göhren und Thiessow die schönsten und bekanntesten der Insel. Feinster Sandstrand lockt hier die Badegäste an, sorgt aber eben auch für enormen Besucherandrang in der Badesaison. Wer diesem Trubel aus dem Weg gehen möchte, sollte deshalb immer versuchen, die Strandabschnitte direkt an den Ortschaften und Campingplätzen zu meiden. Da sich fast überall entlang der Küste gut ausgebaute Fahrradwege finden, lassen sich auf ihnen auch weniger frequentierte Badestellen gut erreichen. Oft reicht es schon, sich zwei bis drei Kilometer aus dem Ort oder vom Parkplatz zu entfernen, um deutlich mehr Platz am Strand zu finden. Falls das Wasser in der Ostsee mal zu kalt zum Baden ist, laden verschiedene Thermen und Spaßbäder auf Rügen zum Besuch ein.

## UNESCO-Welterbe Nationalpark Jasmund

Von Lohme bis nach Sassnitz im Nordosten Rügens erstreckt sich die **Stubnitz,** das größte zusammenhängende Buchenwaldgebiet an der Ostseeküste. Dieses und natürlich die **Stubbenkammer** mit den bekannten **Kreidefelsen,** die an der Steilküste ins Meer reichen, machen den Reiz des Nationalparks Jasmund aus, der 2011 zum Welterbe erklärt wurde. Seine 3000 ha umfassen neben den Buchenwäldern auch Moore, Feuchtwiesen, den Strand sowie einen Teil der Ostsee. An den Steilhängen und Uferschluchten der Küste wachsen Ahorn und Buche, aber auch seltene Wildobstgehölze und Eiben. Wollgräser, Fieberklee, Sonnentau, Riesenschachtelhalm sowie seltene Moose findet man in den Mooren des Nationalparks. Eine Besonderheit ist die Salzvegetation der nördlichen Blockstrände, wo man auf Salzbinse, Salzmiere und Strand-Tausendgüldenkraut trifft. Natürlich ist das Gebiet auch Lebensraum verschiedener Tierarten. Dam- und Rothirsche haben hier genauso ihr Revier wie Reh- und Schwarzwild. Mehlschwalben brüten an den Kreidefelsen, Seeadler haben ihre Horste im Buchenwald. Hier leben Kreuzotter, Ringelnatter und sogar die seltene Glasnatter. Die Uferlinie im Nationalpark Jasmund unterliegt ständigen Veränderungen, wozu besonders Steilküstenabbrüche beitragen, wie beispielsweise der Abbruch der Wissower Klinken im Frühjahr 2005. Durch den Nationalpark führen zahlreiche **Wander- und einige Fahrradwege.** Die Wanderwege direkt oberhalb der Steilküste und der sogenannte Hochuferweg sind für Radfahrer immer verboten. Auf den vielfältigen Wegen innerhalb

Steilküsten findet man an zahlreichen Orten auf Rügen

der Waldgebiete dagegen ist Radfahren auf ausgewiesenen Radwegen gestattet. Ein Muss für alle Gäste Rügens ist der Besuch des **Königsstuhls.** Der Name Königsstuhl wird nach Überlieferungen auf den schwedischen König Karl XIII. zurückgeführt, der von hier aus im Jahr 1715 eine Seeschlacht gegen die Dänen geführt haben soll. Auf die 200 m² große Plattform des Königsstuhls gelangt man heute nur noch mit einer Eintrittskarte des Nationalpark-Zentrums. Die berühmte Königsstuhltreppe mit ihren 412 Stufen bis zum Strand mit 110 m Höhenunterschied ist seit 2016 nach einem starken Abbruch der Steilküste gesperrt. Über eine Wiedereröffnung wird gestritten. Nicht verpassen sollte man auch den mystischen **Herthasee,** den **Opferstein** und die **Herthaburg** aus dem 8. Jahrhundert. Bis heute ragen ihre erdgeschütteten Wälle bis zu 17 m auf. In der Nähe der Wissower Klinken befindet sich das neue **UNESCO Welterbeforum Königsstuhl** (Waldhalle 1, 18546 Sassnitz, https://welterbeforum.koenigsstuhl.com) im umgebauten Gebäude der ehemaligen Traditionsgaststätte Waldhalle von 1888. Das Welterbeforum wurde 2017 durch Kanzlerin Merkel eröffnet. Im Forum findet man eine kleine Ausstellung und einen Imbiss. Im Nationalpark werden ständig **Wanderungen und Führungen** angeboten, die meisten zwischen Mai und Oktober. Alle notwendigen Informationen zum und über den Nationalpark erhält man im **Nationalpark-Zentrum** (Stubbenkammer 2, 18546 Sassnitz, www.koenigsstuhl.com), das man jedoch nicht direkt mit dem Wohnmobil anfahren kann und dessen Besuch kostenpflichtig ist. Wer das Nationalpark-Zentrum nicht zu Fuß oder per Fahrrad erreichen will, kann einen der ständig fahrenden Shuttlebusse der Nationalparklinie zwischen den nächstgelegenen Parkmöglichkeiten in Hagen oder Sassnitz nutzen. Auf dem Parkplatz in Hagen ist ein gesonderter Bereich als offizieller Wohnmobilstellplatz ausgewiesen, auf dem man auch mehrere Tage stehen kann. Vom Parkplatz Hagen ist das Nationalpark-Zentrum vorbei an Herthasee und Herthaburg in etwa 45 Minuten zu Fuß erreichbar. Die Wanderung vom Parkplatz Kreidefelsen am Sassnitzer Stadtrand durch den Buchenwald,

## 47 Wohnmobilstellplatz Lohme

GPS 54.58303, 13.61398

Kleiner, gemütlicher Wohnmobilstellplatz in der Ortsmitte, kurze Wege bis zur Steilküste, Dorfladen angrenzend. Dorfladen und Stellplatz haben die gleichen Betreiber. **Lage/Anfahrt:** der Hauptstraße durch den Ort folgen, Stellplatz ist ausgeschildert; **Platzanzahl:** über 20; **Untergrund:** Wiese, Sand; fest; **Service:** Strom, Trinkwasser, Abwasser, Chemie-WC; **Preiskat.:** €€€; **Geöffnet:** ganzjährig; **Kontakt:** Arkonastraße 4, 18551 Lohme, Tel. 038302 886585, 0176 55606570

vorbei an verschiedenen Großsteingräbern bis zum Welterbeforum Königsstuhl dauert ähnlich lange. Diese beiden Wege können auch gut mit dem Fahrrad befahren werden. Der wunderschöne Hochuferweg, immer entlang der Steilküste zwischen Welterbeforum und dem Nationalpark-Zentrum, darf dagegen nicht mit Fahrrädern befahren werden. Für eine Wanderung müssten für die einfache Strecke ca. 1½ Std. eingeplant werden.

# Binz

Das größte und vielleicht bekannteste Seebad der Insel Rügen ist Binz. Hier wurde bereits 1876 das erste Hotel für Urlaubsgäste eröffnet. In den folgenden 30 Jahren entstanden die attraktiven Villen und Logierhäuser der sogenannten Bäderarchitektur. Ein erstes Kurhaus wurde bereits 1890 gebaut. Für den in Binz im Vergleich zu anderen Orten Rügens besonders starken Aufschwung des Tourismus sorgte neben der wunderbaren Landschaft, in der sich die ausgedehnten Wälder der **Schmalen Heide** und der **Granitz** mit herrlichen Stränden abwechseln, vor allem die gute Erreichbarkeit des Ortes. Bereits seit 1895 hatte der Ort einen Eisenbahnanschluss und schon ein Jahr später wurde eine direkte Schifffahrtslinie zwischen Stettin und Binz eingerichtet. Der Bau einer 600 m langen Seebrücke im Jahr 1902 erlaubte dann auch Schiffen mit größerem Tiefgang das Anlegen und den Transport einer beständig steigenden Anzahl von Gästen. Ab 1936 versuchten die Nationalsozialisten, den Binzer Ortsteil Prora zum modernsten und größten Seebad Europas auszubauen. Es entstanden dort riesige Bauten direkt am kilometerlangen

Ein Besuch des Jagdschlosses Granitz lohnt sich immer

*Das Seebrückenrestaurant Sellin ist ganzjährig ein Besuchermagnet*

Strand, die jedoch kriegsbedingt nicht mehr fertiggestellt wurden. Auch nach 1945 blieb Binz ein stark frequentierter Urlaubsort. Einen weiteren Aufschwung und regelrechten Bauboom, der bis heute anhält, erlebt der Ort seit 1990. Mehr als 450.000 Gäste zählt man heute im Jahr und Binz unternimmt viel, um seinen Gästen einen angenehmen Aufenthalt zu sichern. Entlang einer 3 km langen **Strandpromenade** findet man viele Einkaufsmöglichkeiten und zahlreiche Restaurants und kulturelle Angebote. Das mondäne und sehr große **Kurhaus** mit Ballsaal ist mehr als ein Blickfang, hier ist immer etwas los. In der **Binz-Therme** findet der Besucher auf 800 Quadratmeter Fläche nicht nur drei Thermalbecken, sondern auch verschiedene Dampfbäder, Saunen und Massageangebote. Eine **Kulturmeile** lockt in der Margaretenstraße, hier finden sich verschiedene Galerien, Geschäfte und Kunsthandwerksläden. Wer dem Trubel des Ortes einmal entgehen will, wandert über die **Feuersteinfelder** der Schmalen Heide oder fährt mit dem

### TIPP JAGDSCHLOSS GRANITZ

Das Jagdschloss ist das meistbesuchte Schloss Mecklenburg-Vorpommerns. Hier lockt nicht nur die Eleganz und Inneneinrichtung, sondern auch die wunderschöne Umgebung Hunderttausende Besucher im Jahr an. Die Granitz ist eines der wildreichsten Gebiete Norddeutschlands und war jahrhundertelang Jagdgebiet der Rügenfürsten. 1837 wurde mit dem Bau des aufwendig gestalteten Schlosses auf dem Granitzer Tempelberg begonnen. Dabei wurde der beeindruckende, 38 m hohe Turm mit seiner freitragenden, gußeisernen Treppe nach Entwürfen des Architekten Schinkel ausgeführt (Parkplatz Jagdschloss Granitz, Süllitz 1, 18528 Zirkow, von dort zu Fuß oder per Shuttle Jagdschlossexpress erreichbar, www.jagdschlossgranitz.de).

Der Jagdschlossexpress, ein Straßenzug, fährt auf Rundtouren zwischen Binz und dem Jagdschloss, es gibt Zusteigemöglichkeiten an der Seebrücke in Binz und am Haltepunkt Jagdschloss.

## 48 Wohnmobil-Oase Rügen Prora

GPS 54.44782, 13.55976

Großzügige Stellplätze, aber keine Wohnwagen-Gespanne erlaubt, Entfernung zum Strand zu Fuß oder per Fahrrad über Wanderwege ca. 800 m, 1x tägl. nach Binz kostenlose Shuttlebus-Verbindung, Auto- und Fahrradvermietung, Hundespielplatz, Gaststätte. **Lage/Anfahrt:** L29 in Richtung Binz, ca. 400 m nach der Eisenbahnbrücke rechts in die Wohnmobil-Oase Rügen abbiegen; **Platzanzahl:** über 100; **Untergrund:** Schotter, Wiese; **Service:** Strom, Trinkwasser, Abwasser, Chemie-WC, WLAN; **Preiskat.:** €€€€; **Geöffnet:** März–Ende Okt.; **Kontakt:** Proraer Chaussee 60, 18609 Binz/OT Prora; Tel. 038393 699777, www.wohnmobilstellplatz-ruegen.de

## 49 Reisemobilhafen Sellin

GPS 54.37228, 13.70226

Der schön und naturnah gestaltete Wohnmobilstellplatz liegt sehr zentral zwischen den Wäldern der Granitz mit dem Jagdschloss, dem Ostseestrand und der Halbinsel Mönchgut. Der Platz ist modern ausgerüstet und ruhig. Die Entfernung zum Strand durch den Küstenwald beträgt etwa 300 m. **Lage/Anfahrt:** inmitten des Küstenwalds, etwas erhöht über Sellin. Im Kreisverkehr Nähe Bahnhof Sellin auf Ostbahnstraße und dann Kiefernweg abbiegen. Die Einfahrt in den Stellplatz liegt am Kiefernweg; **Platzanzahl:** 50; **Untergrund:** Asphalt, Schotter, Rasengitter, Wiese, Sand, fest; **Service:** Strom, Trinkwasser, Abwasser, Chemie-WC, WLAN; **Preiskat.:** €€€; **Geöffnet:** ganzjährig; **Kontakt:** Kiefernweg 4b, 18586 Ostseebad Sellin; Tel. 038303 92770, www.wohnmobilstellplatz-sellin.de

**Rasenden Roland,** einer historischen Schmalspurbahn, in die Wälder der Granitz oder zu dem gleichnamigen markanten **Jagdschloss** der Rügenfürsten. Parkplätze für Wohnmobile findet man ausreichend rund um Binz, in der Schmalen Heide oder in Strandnähe. Auf dem Besucherparkplatz Jagdschloss Granitz kann man mit dem Wohnmobil nicht nur parken, sondern auch übernachten.

i **Kurverwaltung Binz,** Heinrich-Heine-Str. 7, www.ostseebad-binz.de

## Die Halbinsel Mönchgut zwischen Bodden und Ostsee

Südlich des Mönchgrabens, an der schmalsten Stelle zwischen Sellin und Baabe, beginnt die Halbinsel Mönchgut. Der Name lässt sich auf den mittelalterlichen Besitzer, das Kloster Eldena, zurückführen. Zu dieser Zeit war der Mönchgraben noch mit einer Wallanlage befestigt, um unerwünschte Eindringlinge fernzuhalten. Mit der Reformation fiel das Land dann an die Pommerschen Herzöge. Jahrhundertelang wurde die Halbinsel nur landwirtschaftlich genutzt und Küstenfischerei betrieben. Bis heute finden sich hier nur kleine Orte und vergleichsweise wenige Hotelbetriebe, dafür besonders viele naturnahe Campingplätze und einfache Feriencamps. Die größte Ortschaft der Halbinsel ist das Ostseebad Göhren, allerdings ist Größe hier relativ, auch Göhren hat nur 1200 Einwohner. Den prominenten Status als Badeort verdankte Göhren vor allem seiner frühen Eisenbahnanbindung im Jahr 1899. Mit ihr konnten die vermögenden Urlaubsgäste aus den großen Städten Deutschlands schon An-

*Das sogenannte Pfarrwitwenhaus in Groß Zicker auf der Halbinsel Mönchgut*

## 50 Campingplatz Thiessow

GPS 54.27935, 13.71415

Seit über 50 Jahren einer der beliebtesten Campingplätze Rügens. Nur jeweils 150 m trennen ihn vom langen Sandstrand der Ostsee auf der einen Seite und dem Boddenhafen Thiessow auf der anderen Seite. Moderne zeitgemäße Ausstattung. **Lage/ Anfahrt:** Der Campingplatz liegt auf einer kaum 500 m breiten Nehrung zwischen Ostsee und Greifswalder Bodden im Süden der Halbsinsel Mönchgut, Anfahrt auf der einzigen Verbindungsstraße zwischen Lobbe und Thiessow. Der Platz liegt vor dem Ortseingang Thiessow direkt neben der Straße und ist schon bei der Anfahrt zu sehen; **Platzanzahl:** 305; **Untergrund:** Rasengitter, Wiese, Sand, fest; **Service:** Strom, Trinkwasser, Abwasser, Chemie-WC, WLAN; **Preiskat.:** €€€€; **Geöffnet:** April–Okt., Wintercamping auf Anfrage; **Kontakt:** Hauptstraße 4, 18586 Thiessow; Tel. 038308 669585, www.campingplatz-thiessow.de

fang des Jahrhunderts die feinen Gemeindestrände an der östlichsten Spitze der Insel Rügen gut erreichen. Weiter südlich auf der Halbinsel Mönchgut gab es dagegen lange Zeit nur unbefestigte Sandwege. Deshalb blieb hier für die kleinen Dörfer die Zeit vorerst stehen. Durch den hohen Bedarf an Urlaubsmöglichkeiten in der DDR und auch durch die Lage der Mönchguter Küste, die Republikfluchten über das Wasser nach Schweden, Dänemark oder die BRD ausschloss, wurden hier ab den 1950er-Jahren immer mehr Übernachtungsmöglichkeiten für Gäste errichtet. Der Mangel an Baumaterial in der DDR führte dabei zu einem bevorzugten Bau von **Campingplätzen** und einfachen Holzhütten. Die so entstandenen, schönen, fast immer wassernah gelegenen Campingplätze bestehen bis heute. Schon in der DDR galt die Halbinsel Mönchgut als **Surferparadies.** Hier war auch Windsurfen und Faltbootfahren gestattet, während es in vielen anderen Küstenabschnitten schon verboten war, auch nur mit einer Luftmatratze in das Wasser zu gehen. Zwischen dem **Nordperd,** der östlichsten Spitze Rügens bei Göhren und dem **Lotsenturm** in Thiessow erwartet ein durchgehender, 11 km langer

## 51 Regenbogen Göhren

GPS 54.34645, 13.73479

Modern ausgebaute Ferienanlage mit Campingplatz, Ferienhäusern, Restaurant, Kinderanimation, Sportanlage. **Platzanzahl:** über 50; **Untergrund:** Wiese, Sand, fest; **Service:** Strom, Trinkwasser, Abwasser, Chemie-WC, WLAN; **Preiskat.:** €€€€; **Geöffnet:** ganzjährig; **Kontakt:** Am Kleinbahnhof, 18586 Göhren, Tel. 038308 90120, www.regenbogen.ag

und feiner Sandstrand die Besucher. Wanderfreunde kommen abseits der Strände und besonders auf den **Zickerschen Bergen** auf ihre Kosten: Gern auch mal Zickersche Alpen genannt, überragen die unbewaldeten Hügel die Ostsee um fast 70 m und bieten einen sehr schönen Ausblick. Die Gemeinde Mönchgut besteht aus den Orten Gager, Middelhagen und Thiessow und ihren Ortsteilen Lobbe und Gager sowie Groß- und Klein Zicker. Baabe und Göhren sind eigenständig. Für Wohnmobilfahrer stehen zahlreiche Strandparkplätze und immerhin sechs Campingplätze auf der Halbinsel bereit.

ⓘ Die Gemeinde Mönchgut unterhält **Tourist-Infos** in Middelhagen, Gager und Thiessow (www.ostseebad-moenchgut.de).

ⓘ **Kurverwaltung Göhren,** Poststraße 9, 18586 Ostseebad Göhren, www.goehren-ruegen.de

## 52 Campingplatz Freizeitoase Lobbe

GPS 54.31572, 13.71948

Sehr gut ausgebauter Platz, zwei Bereiche beidseitig der Straße, Strandnähe, Kinderanimation, Einkaufsmöglichkeit, Restaurant. **Lage/Anfahrt:** Campingplatz ab Lobbe ausgeschildert; **Platzanzahl:** über 200; **Untergrund:** Schotterrasen, Wiese, Sand, fest; **Service:** Strom, Trinkwasser, Abwasser, Chemie-WC; **Preiskat.:** €€€€; **Kontakt:** Lobbe 32a, 18586 Lobbe, Tel. 038308 2314, www.campingruegen.de

Der Putbuser Circus wurde nach englischem Vorbild geplant

## Putbus

Putbus ist die **ehemalige Residenz- und Verwaltungsstadt** der jüngeren Rügenfürsten. Sie entstand erst 1810 nach architektonischer Planung vom Reißbrett und aus dem fürstlichen Wunsch nach einem streng klassizistischen und geometrischen Stadtensemble mit Schloss und Parklandschaft. Bis heute beeindruckend ist der **Putbuser Circus,** ein streng gegliederter kreisrunder Prachtplatz nach englischem Vorbild. Die ihn umfassenden 16 klassizistischen weißen Häuser, seine sternförmig angelegten Wege und Rasenflächen und der in der Mitte 21 m hoch aufragende Obelisk erstaunen die Besucher. Das einstmals prächtige Fürstenschloss war früher der Mittelpunkt des Ortes. Leider verfiel es nach Plünderungen 1945 und wurde 1962 endgültig abgetragen. Jedoch sind mit dem **Affenhaus,** der **Orangerie,** dem **Marstall** und der **Schlosskirche** einige andere Gebäude vom **Schlossensemble** erhalten geblieben. Sie werden bis heute als Ausstellungs- und Veranstaltungsorte für Kunst und Kultur benutzt.

Zum Spaziergang lädt bis heute der 75 ha große **Schlosspark** mit Schwanensee ein. Vor 200 Jahren wurden in ihm über 60 Baumarten aus verschiedenen Ländern der Erde angepflanzt. Für Familien mit Kindern ist das im Park genau so lang bestehende, sehr große Dam- und Rotwildgehege sicher interessant. Noch nicht bedacht werden konnte bei der Stadtplanung vor 200 Jahren der kurz darauf aufkommende Wunsch nach **Bademöglichkeiten,** sonst hätte man die Stadt vielleicht gleich näher an die See verlegt. Schon kurz nach Bezug des Putbuser Schlosses suchte die fürstliche Familie nach einem Badezugang in der Ostsee. Der wurde knapp 3 km entfernt an einer bis dahin unbesiedelten Stelle am **Greifswalder Bodden** gefunden. Fürst Malte I. zu Putbus gründete auch dort eine kleine Siedlung und benannte sie nach dem Geburtsnamen seiner Frau, **Lauterbach.** Ab 1816 ließ der Fürst dort ein Badehaus errichten, stellte Badekarren auf und verband Putbus und Lauterbach mit einer prächtigen Alleestraße. Lauterbach wurde so zwar zu Rügens erstem Seebad, konnte aber nur ein paar Jahrzehnte später mit dem konservativ-ehrwürdigen Badehaus und dem Boddenstrand nicht mit den langen, weißen Meeresstränden und der modernen Bäderarchitektur anderer zwischenzeitlich entstandener Seebäder mithalten. Die Gästezahlen blieben gering und die Bewohner Lauterbachs wandten sich Fischfang und Bootsbau zu. Heute lädt der Ort seine Gäste zu Spaziergängen rund um das **Badehaus Goor** und verschiedenen **Ausflugsfahrten** mit dem Schiff ein. Besonders beliebt sind dabei die Exkursionen zur **Insel Vilm,** der ehemaligen Urlaubsinsel der DDR-Staatsführung. Heute

### 53 Wohnmobilstellplatz Lauterbach

GPS 54.34665, 13.49825

Großer Wohnmobilstellplatz zwischen Putbus und Lauterbach, gegenüber einem Einkaufszentrum mit Discounter, Fleischer, Bäcker. **Platzanzahl:** 26; **Untergrund:** Wiese, Schotter; **Service:** Strom, Trinkwasser, Abwasser, Chemie-WC; **Preiskat.:** €€; **Geöffnet:** April–Okt.; **Kontakt:** Stellplatz-Lauterbach, Chausseestraße 14, 18581 Putbus OT Lauterbach, Tel. 038301 888329, 0152 32736829, www.wohnmobilstellplatz-insel-ruegen.de

*Das historische Denkmal auf dem Putbuser Markt*

## 54 Naturcampingplatz Pritzwald Zicker

GPS 54.26096, 13.40585

Ruhiger Campingplatz in einem Waldstück direkt am Strand. Einkaufsmöglichkeit vorhanden. **Lage/Anfahrt:** lange Anfahrt über Maltzien, Poppelvitz und Zicker, nach Zicker 2 km über Plattenstraße; **Platzanzahl:** über 50; **Untergrund:** Wiese, Sand, fest; **Service:** Strom, Trinkwasser, Abwasser, Chemie-WC; **Preiskat.:** €€€; **Geöffnet:** April–Okt.; **Kontakt:** Zicker 19, 18574 Garz/Rügen OT Zicker, Tel. 038304 629771, 0151 67643930, www.naturcamping-ruegen-pritzwald.de

**LITERATURTIPP**

Ausführlichere Routenvorschläge findet man im Wohnmobil-Tourguide „Ostseeküste Mecklenburg-Vorpommern" (Reise Know-How Verlag).

ist die Insel ein Naturschutzgebiet und darf nur im Rahmen von **Führungen** (www.vilmexkursion.de) betreten werden. Ausreichend Parkmöglichkeiten für Wohnmobile stehen in Putbus und Lauterbach zur Verfügung, dazu zwei Wohnmobilstellplätze in Lauterbach.

i www.putbus-info.de

Sylke Liehr, Achim Rümmler

# Insel Usedom

Greifswalder Bodden
Insel Koos
Wampen
Neuenkirchen
Ladebow
Loissin
Vierow
Ludwigsburg
Lubmin
Wusterhusen
Brünzow
Gustebin
Spandowerhagen
Freest
55
Peenemünde
Karlshagen
Nonnendorf
Kröslin
Rubenow
Groß Ernsthof
Trassenheide
57
Greifswald
Eldena
Kemnitz
Neu Boltenhagen
Netzeband
Wolgast
111
Bannemin
Krummin
Diedrichshagen
Weitenhagen
109
Hanshagen
Katzow
Pritzier
Sauzin
Neuendorf
Hohendorf
Ziemitz
62
Lütow
Natur
Wrangelsburg
Dargelin
Behrenhoff
Groß Kiesow
Krebsow
Lühmannsdorf
Buddenhagen
Peenestrom
Wehrland
20
E251
Kammin
Dambeck
Züssow
Karlsburg
Zemitz
Wahlendow
Lassan
Pamitz
Pulow
Bandelin
Kölzin
Kuntzow
27
Ranzin
Gribow
Klein Bünzow
Rubkow
Buggenhagen
Lentschow
Breechen
Gützkow
Schmatzin
Jarmen
Lüssow
Schlatkow
Daugzin
Pinnow
28
Murchin
Groß Toitin
Salchow
Ziethen
110
Liepen
Peene
Groß Polzin
Menzlin
Vößberg
Völschow
Neetzow
Stolpe
Anklam
Karnin
Jagetzow
Dersewitz
Wussentin
Tramstow
Görke
Krusenfelde
Bargischow
Medow
199
Butzow
Krien
Blesewitz
Pelsin
Neu Kosenow
Bartow
Wegezin
Neuenkirchen
Dargibell
Bugewitz
Iven
Müggenburg
29
Breest
Janov
Dennin
Spantekow
Stretense
Rossin
Ducherow
Japenzin
Drewelow
Gr. Landgraben
Rehberg
Rebelow
Sarnow
197
Rathebur
Kölln

0 2,5 km
© Reise Know-How 2021
Zinnowitz
Zempin
Koserow
Kölpinsee
Ückeritz
Achterwasser
park
Warthe
Pudagla
Bansin
Heringsdorf
Ahlbeck
Usedom
Liepe
111
Rankwitz
Neppermin
Benz
Dewichow
Usedom
Korswandt
Świnoujście
(Swinemünde)
Warszów
Mellenthin
Katschow
110
Zirchow
Görke
Łunowo
Wicko
Przytór
Lubin
Świna
Peenestrom
Garz
Dargen
Usedom
Kamminke
Stolpe
auf Usedom
Karsibór
Piastowski Kanał
Wucyk Karsibór
Zacisze
Pommersche
Bucht
Stettiner
Haff
Zalew
Szczeciński
Mönkebude
Leopoldshagen
Grambin
Ueckermünde
Ueckermünde
Ost
Altwarp
Podgrodzie
Nowe Warpno
Bellin
Vogelsang-
Warsin
56
58
59
60
61

**TOUREN-ÜBERBLICK**

**Routenempfehlung:** Peenemünde – Zinnowitz – Bansin, Heringsdorf und Ahlbeck – Das Achterwasser
**Länge gesamt:** ca. 50 km
**Dauer:** ca. 3–7 Tage
**Reisezeit:** ganzjährig möglich, Badebetrieb in Abhängigkeit von Luft- und Wassertemperatur

Die meisten Besucher verbinden die Insel Usedom zuerst mit ihrem mehr als 40 km langen, ununterbrochenen Sandstrand und in der Tat wäre die unglaubliche Entwicklung der Insel und ihrer einst bettelarmen Fischerdörfer ohne diesen Strand undenkbar. Die Orte Swinemünde, Heringsdorf, Zinnowitz und Ahlbeck gehören zu den ältesten Seebadeorten Deutschlands. Seit 1824 wird hier der Sommer zur Badesaison und die Besucherzahlen haben sich von einigen Hundert vor fast 200 Jahren bis über die Millionengrenze heutzutage gesteigert. Wirklich geschichtsträchtig ist der Norden der Insel, denn in Peenemünde findet man die Wiege der heutigen Raumfahrt. Ab 1936 wurde in der bis dahin unberührten Natur im Nordteil der Insel das weltweit führende Entwicklungszentrum der Raketenforschung errichtet und am 3. Oktober 1942 erfolgte hier der erste Start einer Rakete in den Weltraum. Den Zehntausenden von Besuchern in Peenemünde und an den langen Badestränden rund um die Seebäder kann man bis heute immer noch gut in der ruhigen Natur am Stettiner Haff, am Achterwasser oder entlang des Peenestroms entgehen.

Die Zufahrt mit dem Womo zur Insel Usedom ist nur über die Wolgaster oder die Zecheriner Brücke möglich. Die Bahnstrecke der Usedomer Bäderbahn verläuft über die gesamte Insel zwischen Wolgast und Swinemünde. Die Bahn ist besonders im Sommer bei starkem Straßenverkehr eine bequeme und schnelle Verbindung zwischen den Orten der Insel. Reedereien bieten Themen- und Rundfahrten von verschiedenen Häfen der Insel an und verbinden diese. Auf der Insel gibt es zahlreiche Camping- und Stellplätze, in den Sommermonaten ist überall eine Vorbuchung zu empfehlen.

i www.usedom.de

Das Seebad Bansin auf Usedom

*Das ehemalige Kraftwerk und heutige Historisch-Technische Museum Peenemünde liegt direkt am Südhafen*

## Peenemünde

Abgesehen von der Landung des Schwedenkönigs Gustav Adolf am 26.6.1630 während des Dreißigjährigen Kriegs am Peenemünder Strand, tat sich der Ort historisch lange nicht hervor. Formell gehörte der einsame Landstrich Hunderte Jahre lang zur Hansestadt Wolgast. Ab 1936 änderte sich das rasant und binnen weniger Jahre wohnten und arbeiteten hier mehr Menschen als in allen anderen Orten der Insel Usedom. Auf die einsame Lage aufmerksam geworden, errichtete die Wehrmacht hier die Heeresversuchsanstalt Peenemünde Ost, um die Raketenforschung voranzutreiben. Zwei Jahre später begann auch die Luftwaffe an diesem Ort mit dem Bau der Luftwaffenerprobungsstelle Peenemünde West. In Peenemünde entstand so in kürzester Zeit ein riesiges **Militärgelände** mit verschiedenen Startrampen, einem großen Flugplatz, Flugzeughallen, zwei Hafenanlagen, Eisenbahnverbindungen, Testlaboren, Industrieanlagen und Wohnbereichen. Zehntausende Soldaten, Wissenschaftler, Techniker und ihre Familien wohnten und arbeiteten hier, aber auch viele Zwangsarbeiter und Häftlinge wurden nach Peenemünde verschleppt. Mit dem Bau und der Erprobung der V1, dem Vorläufer der heutigen Marschflugkörper, und dem Bau der V2, der ersten Weltraumrakete, gelangen hier technologische Meilensteine der Raketenentwicklung, deren Einsatzziel jedoch die militärische Nutzung war und deren Entwicklung Tausende Menschenleben kostete. Der Standort verlor abrupt an strategischer und wissenschaftlicher Bedeutung für die Kriegsführung, als ab Sommer 1943 massive Bombardierungen durch englische und amerikanische Flugzeuge stattfanden, die zu Tausenden Opfern führten. Aufgrund der Zerstörungen und der Verwundbarkeit Peenemündes verlagerten die Nationalsozialisten anschließend den Bau und die Entwicklung von Raketentechnik in unterirdische Anlagen in anderen Regionen Deutschlands. Nach 1945 demontierten die Sowjets die verbliebenen Forschungsanlagen und die DDR stationierte ab 1956 hier

## 55 Wohnmobilstellplatz Peenemünde Museumshafen

GPS 54.13595, 13.76263

Sehr schöner Wohnmobilstellplatz auf einer schmalen Halbinsel zwischen Museumshafen Peenemünde und Peenestrom, auf drei Seiten von Wasser umgeben, direkt angrenzend verschiedene Museumsschiffe. **Lage/Anfahrt:** zur Anfahrt über den Flughafenring über Fährstraße der Ausschilderung folgen; **Platzanzahl:** 80; **Untergrund:** Wiese, Sand, fest; **Service:** Strom, Trinkwasser, Abwasser, Chemie-WC; **Preiskat.:** €€; **Geöffnet:** ganzjährig; **Kontakt:** Fährstraße 09, 17449 Peenemünde; Tel. 038371 556623, www.halbinsel-peenemuende.de

### TIPP SCHIFFSAUSFLÜGE

Verschiedene Rund- und Themenfahrten mit dem Ausflugsschiff bietet die **Apollo Fahrgastreederei.** Für Tagesgäste besonders empfehlenswert sind die Fahrten zur Greifswalder Oie und den Robbenbänken. Die Greifswalder Oie ist die am weitesten vom Festland entfernte deutsche Ostseeinsel. Die Insel war viele Jahrzehnte lang Sperrgebiet und kann als Naturschutzgebiet auch heute nur im Rahmen einer solchen Bootstour besichtigt werden. Die Fahrzeit zwischen Peenemünde und der Oie beträgt mit dem Schiff etwa 90 Min., die Aufenthaltszeit auf der Insel dann ca. 2 Std. Auf den mehrstündigen Robbenfahrten werden verschiedene Positionen im Greifswalder Bodden angesteuert, auf denen Kegelrobben zu beobachten sind (Hafenpromenade 8, www.schifffahrt-apollo.de).

Marineeinheiten und später ein Fliegergeschwader. So blieb der Ort bis 1990 Sperrgebiet. Nach dem Abzug des Militärs setzte eine starke **touristische Entwicklung** mit dem Bau und Ausbau von Ferienimmobilien, Museen und Ausstellungen, privatem Flugverkehr und Schifffahrt ein. Das Gelände ist aber so riesig, dass es noch sehr viel Platz und Entwicklungspotenzial bietet. Die kilometerlangen Distanzen zwischen den drei Hauptorten Peenemündes, dem Flugplatz und den zwei Häfen, sind zu Fuß kaum zu bewältigen, ein Fahrrad kann hilfreich sein. Es stehen aber auch überall ausreichend Parkplätze zur Verfügung. Ein sehr schön gelegener Wohnmobilstellplatz befindet sich am Museumshafen auf einer auf drei Seiten von Wasser umgebenen kleinen Landzunge zwischen Hafen und Peenestrom. Von hier ist es nicht weit zu den verschiedenen **Museumsschiffen,** darunter befindet sich auch ein U-Boot. Nicht verpassen sollten Besucher das **Historisch-Technische Museum** (Im Kraftwerk, www.museum-peenemuende.de) im alten Kraftwerk der Erprobungsstelle, das verschiedene Ausstellungen zur Geschichte der Raketenforschung und der Entwicklung Peenemündes sowie eine Aussichtsplattform in 30 m Höhe bietet. Sehr empfehlenswert für historisch interessierte Besucher sind auch die ab dem Flugplatz angebotenen **historischen Rundfahrten** mit einem Kleinbus. Nur im Rahmen dieser Fahrten sind die für den Besucherverkehr sonst gesperrten Bereiche Peenemündes, die ehemaligen Prüfstände und Startrampen und auch die weiten und jahrzehntelang unberührten Strände im Nordosten der Insel zu besichtigen.

**Tourist-Info Peenemünde,** Peeneplatz 6, www.peenemuende.info

*Neben vielen anderen Schiffen kann in Peenemünde auch die U-461, ein russisches U-Boot, besichtigt werden*

## Zinnowitz

Das Dorf Zinnowitz entstand erst zaghaft und relativ spät um 1810, vorher bestand hier nur eine kleine Gutsanlage in menschenleerer, aber zentraler Lage der Insel zwischen Wolgast und Swinemünde. Doch bereits ab 1851 setzte mit der Genehmigung zum Badebetrieb ein starker Aufschwung ein. Nur 30 Jahre später war im Ort eine bemerkenswerte Infrastruktur für die Beherbergung von Gästen und den Badebetrieb entstanden, die sich stetig weiterentwickelte, bis 1938 ein jähes Ende einsetzte: Der Ort wurde in das Peenemünder Sperrgebiet eingegliedert und durfte von Gästen nicht mehr besucht werden. In der Nähe des heutigen Radwegs zwischen Zinnowitz und Zempin sind bis heute Reste der ehemaligen Startstellungen der V1-Marschflugkörper zu entdecken, für interessierte Besucher sicher ein Pflichtbesuch. Nach 1945 setzte der Ort wieder auf den deutlich friedlicheren Badetourismus. Ein Kurhaus und zahlreiche Hotel- und Ferienanlagen wurden neu errichtet. Als eines der größten Seebäder an der mecklenburgischen Ostseeküste bietet Zinnowitz seinen Gästen ein weitläufiges Angebot von Gastronomie über Handel bis zu Kunst und Kultur. Wie in fast allen Seebädern ist die Strandpromenade mit der 315 m langen Seebrücke inklusive Tauchgondel, einem Konzertplatz und zahlreichen kleinen Restaurants und Einkaufmöglichkeiten die Flaniermeile des Ortes. In warmem oder kaltem Meerwasser baden und verschiedene Wellnessangebote nutzen kann man in der wunderschönen **Bernsteintherme** des Hotel Baltic (Dünenstraße 2, www.baltichotel.de/de/bersteintherme), der größten Badelandschaft der Insel Usedom. Sehr modern, musikalisch und unterhaltsam sind die Aufführungen der **Vineta-Festspiele** (An der Seestraße 8, www.vorpommersche-landesbuehne.de/vineta-festspiele) während der Sommermonate. Sie werden professionell dargeboten von den Schauspielern der Vorpommerschen Landesbühne.

*Im Ostsee-Lift-Café Zinnowitz trinken die Gäste ihren Kaffee in 25 m Höhe*

ⓘ **Kurverwaltung Zinnowitz,** Neue Strandstraße 30, www.zinnowitz.de

## TIPP OTTO NIEMEYER-HOLSTEIN – ATELIER UND MUSEUM

Im Jahr 1933 kaufte der später zu Berühmtheit gelangte Maler Otto Niemeyer-Holstein billiges Brachland in Lüttenort zwischen Koserow und Zempin, an der schmalsten Stelle der Insel Usedom. Hier lebte er anfänglich in einem ausrangierten Berliner S-Bahn-Wagen und baute später ein Atelier und Wohnhaus. Bis 1945 lebte Niemeyer-Holstein hier sehr zurückgezogen, auch die Zeit nach 1945 in der DDR gestaltete sich für ihn nicht einfach, so lehnte 1953 die Jury zur 3. Deutschen Kunstausstellung alle seine eingereichten Bilder ab. 1968 kritisierte er die Niederschlagung des Prager Frühlings. Auch deshalb und durch seine internationalen Kontakte, Reisen und Ausstellungen stand der Maler unter ständiger Beobachtung durch das Ministerium für Staatssicherheit der DDR. 1984 starb Otto Niemeyer-Holstein in seinem Wohnhaus. Schon ein Jahr nach dem Tod des Künstlers wurde die Anlage dem Wunsch des Malers entsprechend zu einem Museum und einer Begegnungsstätte. Um dem Besucherstrom gerecht zu werden, entstand später zusätzlich noch ein Ausstellungsneubau. Neben den Wohn- und Arbeitsräumen des Künstlers, die besichtigt werden können, sind auch zahlreiche Werke und Schriftstücke ausgestellt (Lüttenort, 17459 Ostseebad Koserow, www.atelier-otto-niemeyer-holstein.de).

### 56 Campingplatz Pommernland Zinnowitz

GPS 54.08185, 13.90001

Größerer Campingplatz mit Restaurant, Kinderanimation und Einkaufsmöglichkeit. Die Entfernung zum Strand beträgt etwa 200 m. **Platzanzahl:** über 100; **Untergrund:** Wiese, Sand, fest; **Service:** Strom, Trinkwasser, Abwasser, Chemie-WC; **Preiskat.:** €€€€; **Geöffnet:** März–Dez.; **Kontakt:** Dr. Wachsmannstraße 40, 17454 Zinnowitz, Tel. 038377 40348, www.camping-zinnowitz.de

*Musik und Tanz prägen die Vineta-Festspiele in Zinnowitz*

## TOUR WANDERN AM STRECKELSBERG

Der Streckelsberg ist mit 58 m die höchste Erhebung an der Ostseeküste Usedoms und der dritthöchste Punkt auf der Insel. Das Kliff überragt die Strände und bietet auf zahlreichen Aussichtspunkten einen einzigartigen Blick über die Küstenlandschaft und das Meer. Nach mehrfachen Aufforstungen zur Befestigung des sandigen Berges in den letzten 200 Jahren ist er heute bewaldet und stellt mit seiner dichten und schattigen Vegetation einen Gegenpol zu den Sandstränden dar. Die direkte Lage am Wasser führt zu einer beständigen Veränderung der Seeseite des Berges. Hochwasser und Sturmfluten setzten ihm immer wieder zu. Deshalb befindet sich heute eine mehr als 300 m lange Brandungsmauer in der See vor dem Berg, um ihn vor weiterer Abtragung und Ausspülung zu schützen. Trotzdem kam es in den letzten Jahren wiederholt zu Bergstürzen an der Seeseite des Berges. Legendäre Figur des Streckelsberges und seiner Umgebung ist die Bernsteinhexe, eine Sagengestalt aus dem Dreißigjährigen Krieg. Durch ein gleichnamiges Buch von 1826 wurde sie auch überregional bekannt. Die kleinen Seebäder rund um den Streckelsberg, Zempin, Koserow, Loddin/Kölpinsee und Ückeritz, haben sich unter dem Namen Bernsteinbäder zusammengeschlossen. In ihnen begegnet man der Bernsteinhexe allerorten. Sie hat ihren Platz in den Tourist-Infos, der Gastronomie, der Kultur oder der Kunst gefunden. Durch seine exponierte Lage direkt an der See und die weite Aussicht musste der Streckelsberg als Beobachtungs- und Vermessungspunkt bei der Erprobung der Peenemünder Raketen dienen. Dazu befand sich ein Beobachtungsturm aus Beton mit Ausrüstung zur Bahnvermessung der Raketen auf dem Berg. Die Reste dieses Turms wurden 1997 abgetragen. Über den Streckelsberg führen verschiedene Wanderwege, auf denen man ein intensives Naturerlebnis mit hervorragender Aussicht verbinden kann. Besonders attraktiv ist natürlich der Hochuferweg direkt an der Abbruchkante zur See. Der Rückweg könnte immer entlang des Strandes führen. Die einfache Entfernung über den Streckelsberg zwischen der Seebrücke in Koserow und Kölpinsee beträgt ca. 3 km.

## 57 Campingplatz Ostseeblick Trassenheide

GPS 54.09004, 13.88558

Großer Campingplatz, der nur wenige Schritte vom Ostseestrand entfernt im Küstenwald direkt hinter der Düne liegt, u.a. mit Kinderspielplatz und Einkaufsmöglichkeit. Der Campingplatz wird von der Kurverwaltung Trassenheide betrieben. **Platzanzahl:** über 150; **Untergrund:** Wiese, Sand; fest; **Service:** Strom, Trinkwasser, Abwasser, Chemie-WC; **Preiskat.:** €€€€; **Geöffnet:** April–Okt.; **Kontakt:** Zeltplatzstraße 20, 17449 Trassenheide, Tel. 038371 20949, www.campingplatz-ostseeblick.de

## 58 Naturcampingplatz Ückeritz

GPS54.01634, 14.06591

Mehr Strand und Campingplatz gibt es selten. Der Platz zieht sich über 4,5 km entlang des Ostseestrandes hin. Ehemals größter Campingplatz der DDR, ist er heute bereits deutlich verkleinert und aufgelockert. Sehr weitläufig, eigene Theater- und Konzertbühne, mehrere Gaststätten, zwei Einkaufsmärkte, mehrere Spielplätze, Kinderanimation, mehrere Camping- und Stellplatzbereiche. **Lage/Anfahrt:** Der Platz liegt im Küstenwald immer parallel zur Ostseeküste ca. 1 km östlich Ückeritz, bis Ückeritz der B111 und dann der Ausschilderung folgen; **Platzanzahl:** 750; **Untergrund:** Pflaster, Wiese, Sand, fest; **Service:** Strom, Trinkwasser, Abwasser, Chemie-WC; **Preiskat.:** €€; **Geöffnet:** April–Okt.; **Kontakt:** Auf dem Campingplatz 1, 17459 Ückeritz; Tel. 038375 20923, www.campingplatz-ueckeritz.de

## 59 Campingplatz Stubbenfelde

GPS 54.03096, 14.03743

Dieser sehr große Campingplatz der Extraklasse bietet seinen Gästen Annehmlichkeiten wie ein Solarium, Restaurant, Einkaufsmöglichkeit, Saunaanlage, Spielplatz, Fahrradverleih und Kinderanimation. **Platzanzahl:** über 200; **Untergrund:** Schotterrasen, Rasengitter, Wiese, Sand, fest; **Service:** Strom, Trinkwasser, Abwasser, Chemie-WC; **Preiskat.:** €€€€; **Geöffnet:** April–Okt.; **Kontakt:** Waldstraße 12, 17459 Loddin OT Stubbenfelde, Tel. 038375 20606, www.stubbenfelde.de

*Aussichtspunkt bei Ückeritz*

Jedes Kaiserbad hat seine Seebrücke, Bansin die kleinste

## Die Kaiserbäder Bansin, Heringsdorf und Ahlbeck

Den Beinamen Kaiserbäder tragen die die drei Ostseebäder nicht von ungefähr. Bereits 1820 kam der spätere Kaiser Wilhelm I. als junger Mann zum ersten Mal nach Heringsdorf. Auch sein Enkel Wilhelm II. besuchte Usedom und die Kaiserbäder häufig. Die deutschen Kaiser waren aber nicht die einzigen Prominenten, die hier das milde Klima, die Ostsee, die weiten Strände und die Gesellschaft prominenter Zeitgenossen schätzten. Besonders in Heringsdorf entwickelte sich so ein Seebad von Weltruf. Hier stiegen zahlreiche Persönlichkeiten aus Adel, Wirtschaft, Kultur und Politik ab. Auch der österreichische Kaiser Franz Joseph I., Lyonel Feininger, Maxim Gorki, Leo Tolstoi, Kurt Tucholsky oder Heinrich Mann waren neben vielen anderen hier zu Gast. Berühmt sind die Kaiserbäder nicht nur durch ihren teils bis zu 60 m breiten Sandstrand, sondern auch für ihre damals entstandene **Bäderarchitektur.** Zahlreiche mondäne Villen und Hotels verzücken bis heute Betrachter und Besucher. Für ihre vielen Gäste halten die Seebäder heute natürlich zahlreiche Angebote in Wellness, Kunst, Kultur und Unterhaltung bereit. Unter den verschiedenen Natur- und Stadtführungen, Konzerten, Theateraufführungen, Museen und Ausstellungen oder beim Sommerkino findet jeder Besucher das Passende. In jedem der drei Orte existieren Tourist-Informationen, die mit viel Wissenswertem aufwarten. Das **Hans Werner Richter-Haus** in Bansin (Waldstraße 1, www.bansin.m-vp.de/hans-werner-richter-haus) zeigt in einer Ausstellung den Nachlass des Schriftstellers Hans Werner Richter sowie Ausstellungen zu Günter Grass und Carola Stern. In der **Villa Irmgard** in Heringsdorf (Maxim-Gorki-Straße 13, www.heringsdorf.m-vp.de/museum-villa-irmgard), einem ehemaligen Gästehaus und Wohnort des russischen Schriftstellers **Maxim Gorki,** sind die unverändert erhaltenen Arbeits- und Wohnräume Gorkis zu besichtigen, außerdem beherbergt es heute ein Museum, das die Geschichte Heringsdorfs und die Besuche anderer prominenter Gäste der Kaiserbäder thematisiert.

Bei schlechtem Wetter kann man sich in der **OstseeTherme Usedom** in Ahlbeck (Lindenstraße 60, www.ostseetherme-usedom.de), einer Badewelt mit neun Becken (drei davon mit Solewasser), großer Saunalandschaft und Wellnessbereich, aufwärmen oder den **Indoor-Tropenzoo Bansin** (Goethestraße 10, www.tropenzoo-bansin.de) mit Exemplaren von 70 Tierarten, vielen exotischen Pflanzen und einem Dschungelspielplatz besuchen.

Die Entfernungen zwischen den Orten sind gering, entlang des Strandes zwischen Bansin und Ahlbeck läuft oder radelt man über Heringsdorf nur etwa 5 km. Die Kaiserbäder werden natürlich auch in kurzer Fahrzeit durch **Buslinien** des öffentlichen Nahverkehrs verbunden. Im Rahmen ihrer touristischen Rundfahrten mit Führung verkehren die kleinen Straßenzüge des **Kaiserbäder-Express** (www.kaiserbaeder-express.de) zwischen den Orten. Nach dem Kauf eines Tickets kann man an

*Seit 1904 begrüßt das Hotel Kaiser Wilhelm seine Gäste in Bansin*

*Die berühmte Jugendstiluhr an der Seebrücke Ahlbeck wurde 1911 von einer dankbaren Berlinerin gestiftet*

jeder Haltestelle aussteigen, den Ort besichtigen und mit einer späteren Fahrt am gleichen Tag weiterfahren, oder die gesamte Rundfahrt ohne Zwischenaufenthalt genießen. Für die Eisenbahnen der **Usedomer Bäderbahn** befindet sich in jedem Seebad ein Bahnhof.

Die Benutzung von Bus oder Bahn erlaubt auch einen bequemen Besuch im heute polnischen Swinemünde (Świnoujście). Die Stadt hat sich unglaublich entwickelt und verschönert und steht den Kaiserbädern in nichts mehr nach. Viele Jahrzehnte lang profitierten die Kaiserbäder von der Nähe zu dieser größten Stadt der Insel, ihrer Wirtschaft, ihrem großen Hafen und ihrer Verkehrsanbindung. Das änderte sich 1945, als Swinemünde Polen zugeschlagen wurde. Viele Jahre lang bestand hier anschließend eine Grenze, die nur eingeschränkt oder auch zeitweise gar nicht mehr passiert werden konnte. Zum Glück fällt diese Grenze heute fast nicht mehr auf. Die Fahrt mit der Bahn ab Bahnhof Ahlbeck bis Swinemünde dauert gerade einmal 5 Minuten und auch zu Fuß ist die Strecke kein Problem. Direkt ab dem Grenzübergang zieht sich bis ins Zentrum Swinemündes ein großer Markt, auf dem zahlreiche, sehr preiswerte Artikel angeboten werden.

### TIPP THEATERZELT CHAPEAU ROUGE

Hier finden Gäste während des Sommers Schauspiel, Puppenspiel, Theater, Kabarett und Musik in wechselnden Angeboten. Das Theaterzelt ist auch Spielort des Theater Anklam der vorpommerschen Landesbühne und liegt direkt an der Strandpromenade Heringsdorfs. Das ehemalige Zirkuszelt bietet 190 Gästen Platz (Strandpromenade, 17424 Seebad Heringsdorf, www.vorpommersche-landesbuehne.de/chapeau-rouge).

**Tourist-Infos Bansin** (Strandpromenade), **Heringsdorf** (Delbrückstraße 69) und **Ahlbeck** (Dünenstraße 45), www.kaiserbaeder-auf-usedom.de

## 60 Mobilcamp Heringsdorf

GPS 53.96143, 14.15415

Moderner Stellplatz, Spielplatz, nur 300 m zum Strand, 10 Min. zum Ortszentrum, gastronomische und kulturelle Einrichtungen in unmittelbarer Nähe, in Nebensaison Rabatt bei längerem Aufenthalt. **Lage/Anfahrt:** von Bansin kommend, kurz nach dem Ortsschild „Heringsdorf" links in die Triftstraße einbiegen, bis zum Ende der Straße fahren; **Platzanzahl:** 71; **Untergrund:** Wiese; **Service:** Strom, Trinkwasser, Abwasser, Chemie-WC, WLAN; **Preiskat.:** €€€€; **Geöffnet:** April–Okt. und nach Anfrage über den Jahreswechsel; **Kontakt:** Triftstraße 10a, 17424 Heringsdorf, Tel. 038378 498073, 0174 1508790, www.mobilcamp-heringsdorf.de

## 61 Nandalee Camping Sellin

GPS 53.95771, 14.09073

Kleiner, wunderschöner und gemütlicher Naturcampingplatz am Schmollensee, mit Biergarten. **Anfahrt/Lage:** über Bansin Dorf, Neu Sallenthin nach Sellin; **Platzanzahl:** über 20; **Untergrund:** Wiese; **Service:** Strom, Trinkwasser, Abwasser, Chemie-WC; **Preiskat.:** €€€; **Geöffnet:** März–Nov.; **Kontakt:** Sellin 17a, 17429 Seebad Bansin OT Sellin, Tel. 0152 33883226, www.nandalee-camping.de

## Das Achterwasser

Die zerklüftete Küste der Insel Usedom entlang des Achterwassers, einer weiten Ausbuchtung des Peenestroms zwischen der Halbinsel Gnitz und dem Lieper Winkel, ist bevorzugtes Ziel von Naturfreunden, Wassersportlern oder denjenigen Besuchern der Insel, die dem **Trubel der Seebäder entgehen** wollen. Das Land ist hier sehr abwechslungsreich. Flache und oft verschilfte Uferabschnitte wechseln sich mit Steilküsten ab, aber auch einige schöne und sandige Badestrände haben sich hier versteckt. Das Wasser des Achterwassers ist flach und erwärmt sich deshalb schneller als die offene Ostsee, hohe Wellen oder Sturm gibt es hier nicht. Das zieht zahlreiche **Segelfreunde und Windsurfer** auf das Wasser und in die kleinen **Sportboothäfen.** Dort bieten auch verschiedene Segel- und Surfschulen ihre Kurse an. Schöne Häfen am Achterwasser findet man in **Ückeritz** oder **Stagnieß.** Auch in Zinnowitz ist ein moderner Hafen am Achterwasser ent-

*Bootsanleger am Achterwasser*

standen. Die Ückeritzer Personenschifffahrt (www.ms-astor.de) bietet ca. zweistündige Ausflugsfahrten mit kleineren Fahrgastschiffen über das Achterwasser ab Stagnieß und Zinnowitz an. Peenemünde und Karlshagen im Norden der Insel können über den Peenestrom mit dem Schiff erreicht werden. Auf der **Halbinsel Gnitz** ist ein kleines Naturparadies erhalten geblieben, obwohl die Entfernung kaum 6 km bis zum stark besuchten Seebad Zinnowitz beträgt. Hier findet man das älteste **Großsteingrab** der Insel Usedom, es wird auf ein Alter von 3000 Jahren geschätzt. Die Halbinsel eignet sich für Wanderausflüge entlang des Steilufers an der Küste, auch Radfahren ist hier gut möglich. Für die Erkundung der Halbinsel bietet sich für Wohnmobilisten der schöne und große Naturcampingplatz in Lütow an. Der **Lieper Winkel** liegt im Südwestteil der Insel Usedom. Auch er bildet eine Halbinsel. Bis heute dominiert hier eine idyllische Landschaft mit sehr kleinen Siedlungen und vor allem landwirtschaftlicher Nutzung abseits der großen Besucherströme: genau der richtige Ort für einsame Wanderungen oder Radtouren. Auf der Anfahrt zum Lieper Winkel können Sportinteressierte den **Golfpark Balmer See** (Drewinscher Weg 1, 17429 Benz/OT Balm, www.golfhotel-usedom.de) besuchen. Der ab 1997 errichtete Golfplatz bietet verschiedene Kurse auf einem 45-Loch-Platz, eine Golfschule und ist sehr naturnah und hübsch angelegt.

**LITERATURTIPP**

Ausführlichere Routenvorschläge findet man im Wohnmobil-Tourguide „Ostseeküste Mecklenburg-Vorpommern" (Reise Know-How Verlag).

**TIPP KLETTERWALD USEDOM**

Hier finden Besucher verschiedene Kletterparcours in einem Waldgebiet am Achterwasser. Direkt angrenzend an den Kletterwald befindet sich das staatliche Forstamt Neu-Pudagla mit seinem Waldkabinett, dem Gesteinsgarten Usedom und einem Waldlehrpfad (www.forstamt-neupudagla.m-vp.de). Die Entfernung vom Haltepunkt „Neu-Pudagla" der Usedomer Bäderbahn beträgt ca. 400 m. (17459 Ückeritz, www.kletterwald-usedom.de).

### 62 Natur Camping Usedom Lütow

GPS 54.01171, 13.85874

Sehr schöner und großer Naturcampingplatz inmitten des Naturschutzgebietes Südspitze Gnitz, Einkaufsmöglichkeit, Kinderspielplatz, Sportmöglichkeiten, Fahrradverleih. **Lage/Anfahrt:** ab Zinnowitz der K29 in Richtung Neuendorf folgen, Neuendorf durchfahren und bis Lütow, ab Lütow 1,5 km asphaltierter Weg bis zum Campingplatz; **Platzanzahl:** über 200; **Untergrund:** Wiese, Sand, fest; **Service:** Strom, Trinkwasser, Abwasser, Chemie-WC; **Preiskat.:** €€€€; **Geöffnet:** April–Okt.; **Kontakt:** Zeltplatzstraße 20, 17440 Lütow, Tel. 038377 40581, www.natur-camping-usedom.de

Sylke Liehr, Achim Rümmler

# Mecklenburgische Schweiz

Naturpark
Mecklenburgische
Schweiz
und
Kummerower
See
Mecklenburgische Schweiz
TETEROW
MALCHIN
NEU-
KALEN
Kummerow
Basedow
Ulrichs-
husen
Jördens-
torf
Gehmkendorf
Ausbau
Gehmkendorf
Kleverhof
Kämmerich
Rey
Küsserow
Vurfbach
Wagun
Kützerhof
Klenz
Marienhof
Küsserow-
Hof
Sperlings-
hof
Sarmstorf
Schwarzenhof
Seeland
Schorrentin
Warsow
Sukow-
Klein
Markow
Lelkendorf
Schönkamp
Neu
Warsow
Bauern
Ludwigsdorf
Dornrehmelberg
35
68
Langer Berg
Perow
Toden-
dorf
-Levitzow
Groß Markow
Thürkow
108
Peene
Karnitz
Neu Sührkow
Alt-Sührkow
Ziegelei
Schlakendorf
Stadtrand-
siedlung
Bukow
Pohnstorf
Hardtberg
122
Hagensruhm
Salem
Teterower
See
100
Teterower
Heidberge
Uns
Hüsung
Teschower
Siedlung
Teschow
Hohen Mistorf
Retzow
Gülitz
Gorschendorf
Kummerower
Harkenberg
108
Jettchens-
hof
Hohes
Holz
Born-
mühle
Niendorf
Pisede
Peenekanal
104
Remplin
Mühletor-
siedlung
Maxfelde
Pampow
Neu Panstorf
Alt
Panstorf
Klein Köthel
Leuschen-
tin
Grambzow
Groß
Köthel
Glasow
Wendisch-
hagen
Dahmer Kanal
Fuhrtsberg
Kätnerberg
87
Neu
Tessenow
Basedow-
Höhe
Viezenhof
Jäger-
hof
Gielower
Mühle
Hohen
Demzin
Grube
Kölpin
Bristow
Scharpzow
Tessenow
Gielow
Gielower
Ausbau
Duckow
Ostpeene
Malchiner See
Penn-
häuser
103
Buchenberg
Burg
Schlitz
Carlshof
Gessin
Gülzow
Karstorf
Bülow
Immensoll
Gielow Ausbau
Schorssow
Neu
Ziddorf
Haussee
Seedorf
Stöckersoll
Kipsenberg
57
63
Eichberg
54
Neuhäuser
Teerofen
Hinrichs-
felde
Witten
Demzin
Pinnow
Ziddorf
Liepen
Schießberg
62
Großen
Luckow
Neu
Basedow
64
Langwitz
Faulenrost-
Abbau
Peen-
häuser
Dahmen
Rothenmoor
Ausbau
Christinen-
hof
Carlsruhe
Neuhof
Schlehen-
berg
Försterhof
Schwinken-
dorf
Faulenrost
Zettemin
Rittermanns-
hagen Hof
Rambow
Klocksin
Lupendorf
Schwaben-
dorf
Tressow
Rittermanns-
hagen
Rützenfelde
Moltzow
Peene-
Flacher
See
Hinrichshagen
Rittermanns-
hagener See
Blücher-
hof
Sapshagen
Marxhagen
Hinrichshagen-
Ausbau
Schwarzen-
hof
Lanser
See
Hungerstorf

### TOUREN-ÜBERBLICK

**Routenempfehlung:** Burg Schlitz – Ulrichshusen – Basedow – Malchin – Kummerow am See – Teterow
**Länge gesamt:** ca. 85 km
**Dauer:** ca. 3–6 Tage
**Reisezeit:** ganzjährig. Manche Sehenswürdigkeiten haben durchgehend geöffnet. Die beste Reisezeit, um Natur genießen und erleben zu können, ist von Frühjahr bis Herbst.

Angeblich war es der Erbprinz Georg von Mecklenburg, der die Bezeichnung Mecklenburgische Schweiz erstmals verwendete, und zwar bei der Grundsteinlegung von Burg Schlitz 1811. Hintergrund dafür ist sicherlich die für die Region typische Landschaft, die durch die letzte Eiszeit geprägt wurde und mit ihren grünen Hügeln und idyllischen Seen besticht. Für Naturliebhaber ist die Region ein Muss. Über weite Wiesen und Weiden schweift der Blick. Aus gelben Rapsfeldern ragt im Frühsommer der eine oder andere Kirchturm auf, der auf die Anwesenheit kleiner Dörfer oder Städte hinweist. Im Naturpark Mecklenburgische Schweiz Kummerower See finden sich zehn Naturschutzgebiete, in denen eine Vielzahl von Pflanzen und Tieren beheimatet ist. Bei Fahrten auf dem Peenestrom kann man durchaus Biber entdecken. Aber nicht nur die Natur lockt Gäste in die Region, auch einige Herrenhäuser oder gar Schlösser gibt es zu bewundern. Museen laden zum Besuchen ein. In Hofläden können hiesige Produkte gekostet und gekauft werden. Vor allem in den

Sommermonaten ist hier richtig viel los, wenn Märkte und Feste verschiedener Art stattfinden, in den Häfen quirliges Leben herrscht und eben die Natur ihr schönes Kleid zeigt.

www.mecklenburgische-schweiz.com, www.mecklenburgische-seenplatte.de

## Burg Schlitz

Im Zentrum der Mecklenburgischen Schweiz befindet sich Burg Schlitz, deren Name auf das Adelsgeschlecht von Schlitz zurückzuführen ist. 1806 war Baubeginn für die als größte klassizistische Anlage in Mecklenburg geltende Burg. Gleichzeitig begann die Gestaltung des 60 ha großen Landschaftsparks mit zugehörigem Wald. In dem weitläufigen Gelände sind viele Denkmale versteckt, mit denen an historische Begebenheiten bzw. Persönlichkeiten erinnert werden soll. So befindet sich in der Parkanlage z. B. die neugotische Karolinenkapelle, die Hans Graf von Schlitz 1822 seiner Schwiegermutter, der Reichsgräfin Caroline von Schlitz-Goertz, widmete. Daneben beeindrucken noch heute der Nymphenbrunnen, der Obelisk oder auch der Schillerstein. Auf einem Rundgang durch den Park, der Besuchern offensteht, kann man all diese Besonderheiten entdecken. Das Gebäude selbst ist heute ein Hotel mit öffentlichen Gourmet-Restaurants. Durch ein repräsentatives Eingangstor gelangt man vom Parkplatz unterhalb von Burg Schlitz auf das Gelände und kann wunderbar durch die Schlossanlage flanieren.

Eine bodenständige Alternative zu der gehobenen Gastronomie in der Burg ist die gutbürgerliche Küche in der **Gaststätte zum Goldenen Frieden** mit Gerichten von einheimischem Wild und Fisch (am großen Parkplatz unterhalb von Burg Schlitz, Zum Goldenen Frieden 1).

*Das Haupthaus von Burg Schlitz beherbergt heute ein Hotel mit öffentlichem Gourmet-Restaurant*

Ulrichshusen ist als Festspielort bekannt

## Festspielort Ulrichshusen

Ulrichshusen verkörpert die Geschichte der Maltzahns (anfangs ohne „h", dann mit „h" geschrieben). Ulrich von Maltzan ließ sich 1562 sein „hus" errichten, was dem Ort seinen Namen verlieh. Nach einem zerstörerischen Feuer baute Bernd-Ludolph von Maltzan das Schloss wieder auf, das im Dreißigjährigen Krieg unter schwedische Herrschaft fiel und dann noch mehrmals den Besitzer wechselte. 1945 wurde es zur Unterkunft für Flüchtlinge, anschließend Veranstaltungsraum und Verkaufsstelle. 1987 brannte das Haupthaus aus ungeklärter Ursache ab, sechs Jahre später entschlossen sich Helmut Freiherr von Maltzahn und seine Frau, das Anwesen zu erwerben und damit begann in Zusammenarbeit mit dem Landesamt für Denkmalpflege Mecklenburg-Vorpommern, der Deutschen Stiftung Denkmalschutz und der Deutschen Stiftung Umweltschutz der Wiederaufbau. Das Ergebnis kann sich wirklich sehen lassen. Ulrichshusen avancierte zum Festspielort. Schon 1994 trat Yehudi Menuhin auf, viele bekannte Künstler folgten. Mittlerweile begeistern die **Festspiele MV** (https://festspiele-mv.de) jedes Jahr ein großes Publikum. Auf dem Gelände finden sich auch zwei wunderbare Restaurants und heimische Produkte, z. B. Wildsalami, warten auf Abnehmer. Ein Bummel über das Gelände lohnt sich immer (**Schloss & Gut Ulrichshusen,** Seestraße 14, www.ulrichshusen.de).

### TOUR WANDERUNG NACH CARLSHOF

Direkt vom Wanderparkplatz Burg Schlitz führen eine kleine Straße sowie ausgewiesene Wanderwege nach Carlshof. Unterwegs stößt man auf ein ausgedehntes **Hügelgräberfeld** aus der Bronzezeit. Innerhalb der Wohnsiedlung lohnt ein kurzer Abstecher zum netten **Keramik-Atelier Elke Steckhan und Viktor Schulze.** Der Weg ist ausgeschildert (Stammbachweg 5, 17166 Carlshof).

Der Alte Schafstall in Basedow bietet vielfältige regionale Produkte

## Basedow

Vielleicht ist Basedow das interessanteste Dorf an der Mecklenburgischen Seenplatte. Es bildet ein Gesamtensemble aus einem der schönsten ehemaligen Herrensitze, einem ausgedehnten Landschaftspark sowie Wirtschafts- und Wohngebäuden. Die Bezeichnung Basedow kommt aus dem Slawischen und bedeutet „Ort des Holunders". Auf den Resten einer alten Burganlage ließ Ritter Lüdeke III. von Hahn im 15. Jahrhundert eine Ritterburg errichteten. Auch die nachfolgende Entwicklung ist eng mit der Geschichte **derer von Hahn** verbunden. Es folgte der Bau eines Herrenhauses und um dieses herum entstand ab 1835 unter der Leitung des Architekten Stüler ein neu gestaltetes Landgut mit Arbeiterhäusern, einer Schule sowie einem Altenheim, einem Waisenhaus, einer Brauerei und einem Pfarrhaus. Parallel dazu legte der bekannte Landschaftsgärtner Peter Joseph Lenné einen wunderschönen, ca. 6 ha großen Landschaftspark an. Insgesamt fügten sich unter der Zusammenarbeit der beiden Männer alte und neue Gebäude, Wege und Bäche sowie Reste mittelalterlicher Burganlagen harmonisch zusammen. Basedow wurde die reichste Gutsherrschaft in Mecklenburg. Seit 1985 steht der gesamte Ort unter Denkmalschutz und zieht heute jährlich Tausende von Besuchern an, die sich von seiner Schönheit beeindrucken lassen. Der Förderverein Geschmücktes Landgut Basedow e. V. hilft bei der Wiederherstellung und Pflege dieses einmaligen Ensembles. Sehenswert ist auch die **Kirche Basedow** (Dorfstraße 18), ein Kirchenbau von 1440 mit alter Orgel und kostbarem Interieur wie dem Renaissancealtar von 1592. Will man tiefer in die Geschichte des Ortes eintauchen, macht man das am besten im Rahmen einer **Dorfführung** (www.gaestefuehrerin-mueller.de). Anschließend lädt das Café **Alter Schafstall** (Wargentiner Str. 7, www.alter-schafstall-basedow.de) von März bis Oktober zum Verweilen ein. Ehemals wurden hier wirklich Schafe gehalten, nun präsentiert sich das Gebäude als Verkaufs- und Veranstaltungsstätte. Ein rustikaler Gastraum und ein Biergarten laden zum Verweilen ein, deftige Eintöpfe sind ebenso im Angebot wie selbstgebackene Kuchen. Eine Vielzahl landestypischer Produkte und das eine oder andere Souvenir stehen ebenfalls zum Verkauf. Auch **Kutschfahrten** durch den Ort können hier organisiert werden. Außerdem befindet sich im Gebäude eine kleine **Ausstellung** des Naturparks Mecklenburgische Schweiz. Daneben gibt es im Ortskern das **Farmer Steakhaus** (Brauereiweg 3, www.farmer-steakhouse.de), das in urigem Ambiente seine Speisen offeriert.

*Dominiert den Ort: das Herrenhaus in Basedow*

### 63 Naturcampingpark Seedorf

GPS 53.67996, 12.63084

Der Platz wurde erst 2004 eröffnet und bietet eine zeitgemäße Ausstattung mit Kinderspielplatz, Bolzplatz, Grillpavillon, Bootsverleih, Livemusik, eigenem Badeplatz mit Sandstrand und Bootsverleih. **Lage/Anfahrt:** am Ostufer des Malchiner Sees in einem Waldgebiet. Der Landesstraße L20 zwischen Basedow und Dahmen folgen, dann auf Zufahrtsstraße zum Campingplatz abbiegen und dieser ca. 800 m folgen; **Platzanzahl:** 100; **Untergrund:** Wiese, Sand, fest; **Service:** Strom, Trinkwasser, Abwasser, Chemie-WC, WLAN, Gaststätte; **Preiskat.:** €€; **Geöffnet:** April–Mitte Okt.; **Kontakt:** Campingplatz 1, 17139 Basedow; Tel. 039957 29139, www.campingpark-seedorf.de

### 64 Campingparadies Dahmen

GPS 53.66216, 12.58477

Familiencampingplatz mit Badestrand am flachen Wasser. Fahrräder, E-Bikes sowie Boote verschiedener Art können hier gemietet werden. Am Platz sind Wander- und Radwege ausgeschildert. **Lage/Anfahrt:** direkt am Südufer des Malchiner Sees in der Natur, auf einer Seite begrenzt von dichtem Wald; von der B108 kommend auf die L20/Alleenstraße Richtung Dahmen, im Ort von der Dorfstraße zum See abbiegen, der Ausschilderung folgen; **Platzanzahl:** 60; **Untergrund:** Wiese; **Service:** Strom, Abwasser, Chemie-WC, WLAN, Kiosk; **Preiskat.:** €€–€€€; **Kontakt:** Am Erlengrund 1, 17166 Dahmen; Tel. 039933 733753, www.camping-paradies-dahmen.de

**TIPP NATURPARK MECKL. SCHWEIZ UND KUMMEROWER SEE**

Eine typische, von Menschen geprägte, über 61.000 Hektar große Kulturlandschaft mit reicher Flora und Fauna, aber auch vielen Schlössern, Gutshäusern und Parkanlagen bietet sich im Naturpark Mecklenburgische Schweiz und Kummerower See. Sie erinnert eher an ein Mittelgebirge, denn Höhenunterschiede von über 100 m sind für eine mecklenburgische Region schon eine Seltenheit. Belege für die Besiedlung des Gebiets seit der mittleren Steinzeit sind Großstein- und Hügelgräber sowie Reste slawischer Burgwälle.
Im Jahr 1997 wurde der Naturpark gegründet, zu dem es neun Eingangsbereiche gibt. Zahlreiche Informationstafeln sowie ein System von Wegweisern und fünf Beobachtungstürme entstanden. Faltblätter zu verschiedenen Themen informieren über Land und Leute. Zum Naturpark gehören der Malchiner und der Kummerower See sowie das Peenetal, deren Gewässer mit Booten befahren werden können. Jedes Jahr durchqueren Zehntausende Wasserwanderer die Mecklenburgische Schweiz. Am Kummerower See entstand ein spannender Naturerlebnispfad. Eine Vielzahl von Tierarten – unter anderem Biber und einheimische Adler – ist hier beheimatet und man kann seltene Pflanzenarten entdecken, so zum Beispiel Orchideen, Schachbrettblumen oder Trollblumen. Auch der Vogelzug mit seinen hier rastenden Kranichen, Gänsen und Enten zieht jedes Jahr viele interessierte Besucher in seinen Bann (www.naturpark-mecklenburgische-schweiz.de).

## Malchin

Zwischen Malchiner und Kummerower See, im Osten der waldreichen Mecklenburgischen Schweiz, liegt Malchin. Einst war hier ein Fischerdorf, doch schon 1236 erhielt der Ort das Stadtrecht. In den folgenden Jahrhunderten entwickelte sich Malchin wirtschaftlich und politisch, denn die Stadt war ein wichtiger Verkehrsknotenpunkt und Tagungsort des Mecklenburger Landtags (1621–1918). Waren, Güter und ein damit verbundener Wohlstand erreichten Malchin zu Land, aber auch über den schiffbaren Peenestrom und seit dem 19. Jahrhundert via Eisenbahn. Immer wieder geriet die Stadt in die Wirren verschiedener Kämpfe. Im Dreißigjährigen Krieg wurde sie sage und schreibe sechzehnmal geplündert, ca. 80.000 Mann lagerten um die Stadt. Knapp einhundert Jahre später waren es dänische und russische Truppen, die Malchin im Nordischen Krieg belagerten, und im Siebenjährigen Krieg erfolgte eine erneute Plünderung. Schließlich wurde die Stadt in den letzten Tagen des Zweiten Weltkriegs großflächig zerstört.
Das alles ist Geschichte und heutzutage präsentiert sich Malchin als lebendige Stadt und als Zentrum des Wassersporttourismus. Die Halbinsel **Kösters Eck** wurde im Jahr 2000 als Wasserrastplatz eingeweiht und seitdem legen dort Fahrgastschiffe und Sportboote an. Außerdem kann man Angelkarten erwerben oder auf eine geführte Angeltour gehen. Die Stadt selbst dominiert die **Stadtkirche St. Johannis** (Schweriner Straße 5), deren 67 Meter hoher Turm bestiegen werden kann. Mit zwei gut erhaltenen Stadttoren, dem **Kalenschen Tor** und dem **Steintor,** sowie dem **Fangelturm**

Sehr gut erhalten – das Kalensche Tor in Malchin

und Resten der **Stadtmauer** können steinerne Zeugen der langen Geschichte der Stadt besichtigt werden.

An längst vergangene Zeiten erinnern verschiedene Kleingegenstände, aber auch ein ganzes Zimmer aus den 1950er-Jahren oder die Werkstatt eines Pantoffelmachermeisters im **Museum in der Stadtmühle** (Goethestraße 5, www.museum-malchin.de). Ebenso wird das Andenken an den Malchiner Erfinder **Siegfried Marcus** in den Museumsräumen wachgehalten.

**Stadtinformation Malchin,**
Am Markt 1, www.amt-malchin-am-kummerower-see.de

**INFO SIEGFRIED MARCUS**

Der berühmte Mechaniker und Erfinder wurde 1831 in Malchin geboren, absolvierte eine Mechanikerlehre und gründete 1856 in Wien seine erste Werkstatt. Seine vielen Erfindungen machten Marcus bekannt. Eigentlich war er es, der um 1870 das erste Fahrzeug der Welt mit Benzinmotor fuhr. Auf der Pariser Weltausstellung 1867 erhielt er eine Silbermedaille und der Kaiser verlieh ihm das Goldene Verdienstkreuz. Insgesamt meldete er 131 Patente in 15 Ländern an, nur eben keines für ein Automobil. Verschiedene Erfindungen können heute im Siegfried-Marcus-Raum des Stadtmuseums besichtigt werden.

### TIPP IVENACKER EICHEN

Diese Baumgruppe ist ein lohnenswertes Ausflugsziel ca. 16 km von Malchin bzw. 13 km von Kummerow entfernt. Hier können eintausend Jahre alte und äußerst beeindruckende, mächtige Eichen bestaunt werden, um die sich einige Mythen ranken. Einer dieser Mythen besagt, dass es sich bei sieben dieser Bäume um verwandelte Zisterziensernonnen handelt. Da die Nonnen ihr Gelübde brachen, erstarrten sie zu Eichen. Alle Hundert Jahre wird eine von ihnen erlöst und eine Eiche stirbt ab. Der größte der Bäume ist ca. 35 m hoch und hat einen Stammumfang von über elf Metern, es braucht zwölf Erwachsene, ihn zu umfassen. Die Eichen sind Relikte eines ehemaligen Hutewalds, eines im Mittelalter als Weidefläche genutzten Walds. Schon um 1300 trieben Zisterzienser ihr Vieh in den Wald, erst später entstand zu Jagdzwecken ein Tiergarten, in dem man Damwild aussetzte.

Ein **Wildgehege,** in dem heute noch Damwild lebt, ist ebenso auf dem Areal angesiedelt wie ein 620 m langer, mit einem 40 m hohen Aussichtsturm versehener **Baumkronenpfad.** Auf diesem kommt man den alten Eichen ganz nah, an 14 Stationen erfährt der Besucher Wissenswertes über sie. Im restaurierten **Barockschlösschen** präsentiert eine interaktive Ausstellung Interessantes über den Wald, wobei vor allem Kinder auf ihre Kosten kommen, denn Eichhörnchenkobel und Meditationsnest laden zum Verweilen ein. In der Anlage gibt es eine Gaststätte, außerdem können im **Hofladen** Wilderzeugnisse erworben werden (www.wald-mv.de).

*Eine der mächtigen Ivenacker Eichen*

### TIPP PEENEBAD

Unmittelbar an der Peene gelegen, bietet das Freibad von Mai bis September Bade- und Schwimmvergnügen. Zwei Becken, eine Breitbahnrutsche, Sprudel und ein Wasserklettergerüst stehen zur Verfügung. Liegewiesen für Sonnenanbeter gibt es neben Sportgeräten auch (Fuhrtsberg, Malchin, ohne Hausnummer).

## Kummerow am See

Eigentlich kommt der Name Kummerow aus dem Slawischen und heißt so viel wie „Mückenort". Wahrscheinlich gibt es auch heute noch die eine oder andere Mücke, eine Hauptrolle spielt sie aber nicht. Die ist eher dem **Kummerower See** vorbehalten, denn hier spielt sich das Leben ab. Man kann unweit des Schlosses an einer sehr schönen Stelle baden, Ruhe finden, den kleinen Hafen besuchen oder aber die **Kirche** des Ortes und das **Schloss** (Dorfstraße 114, https://schloss-kummerow.de) besichtigen. Letzteres beherbergt eine fotografische Sammlung, deren Schwerpunkt auf der Zeit ab 1945 liegt. Im Fokus stehen u. a. Lebenswelten der Menschen auf dem Gebiet der ehemaligen DDR. Durchgängiges Motiv aller Ausstellungen sind Spuren, die die Zeit hinterlässt, und die Zeit selbst. Dies ist eine Privatsammlung, die für die Öffentlichkeit im ehemaligen Wohnhaus der Schlossanlage zugänglich gemacht wurde. Die mittelalterliche **Dorfkirche** (Dorfstr. 35) hat eine reiche barocke Innenausstattung und man findet in ihr drei Grabplatten des alten Adelsgeschlechts von Maltzahn.

Der **Kummerower See** ist im Zusammenspiel mit der Peene und deren Nebenflüssen für einheimische und nordische Vogelarten ein

### 65 Campingpark- und Wohnmobilpark Sommersdorf

GPS 53.798611, 12.87556

Schöner Campingpark direkt am Ufer des Kummerower Sees, eigener langer Badestrand, Wanderwege entlang des Ufers, Vollkomfortausstattung, Bootsverleih, zusätzlicher Womohafen. **Lage/Anfahrt:** Der Campingplatz liegt etwa 3 km nordöstlich Kummerows am Seeufer. Die Anfahrt erfolgt über den Kummerower Weg oder die Birkenallee bis Sommersdorf, ab dort ausgeschildert; **Platzanzahl:** 140; **Untergrund:** Schotterrasen, Pflaster, Wiese, Sand, fest; **Service:** Strom, Trinkwasser, Abwasser, Chemie-WC, WLAN an der Rezeption, Bistro; **Preiskat.:** €€, **Geöffnet:** ganzjährig; **Kontakt:** Am Kummerower See 2, 17111 Sommersdorf; Tel. 039952 2973, www. camping-sommersdorf.de

**TOUR** **MIT DEM RAD UM DEN KUMMEROWER SEE**

Diese erlebnisreiche, 45 km lange Strecke führt von Malchin über Kummerow, Sommersdorf, Meesiger bis nach Verchen. Dort sollte man auf den Aussichtsturm steigen, um sich einen Überblick über See und Landschaft zu verschaffen. Weiter geht es nach Aalbude, Neukalen und über Gorschendorf zurück nach Malchin. Unterwegs kann man sommers ins kühle Nass springen, denn einige Badestellen werden passiert. Aber auch ein Aussichtspunkt lockt zum Verweilen. Für das leibliche Wohl ist ebenso gesorgt, z. B. im Ausflugsrestaurant Aalbude.

wichtiges Gewässer. Gleichzeitig aber ist der See auch ein beliebtes **Wassersportrevier** für Paddler, Segler und Surfer. Er gilt unter Anglern aufgrund seines großen Fischreichtums als Geheimtipp. Zu den häufigsten Fischarten zählen Aal, Zander, Hecht und Barsch.

Mit viel Liebe, aber ohne künstliche Zusatzstoffe hergestellte Konditoreiwaren warten in der **Konditorei und Café am Schloss** aufs Vernaschen. Dabei hat man einen schönen Blick auf den Kummerower See und kann die Seele baumeln lassen (Bungalowsiedlung 30, www.kummerow-konditorei.de).

## Teterow

Im Herzen der Mecklenburgischen Schweiz liegt Teterow, eine Kleinstadt, die sich aus einer ehemaligen slawischen Siedlung entwickelte und heute mit einem gut erhaltenen mittelalterlichen Stadtkern aufwartet. Im angrenzenden **Teterower See** befindet sich eine langgestreckte Insel, die **Burgwallinsel,** die slawische Siedler Ende des 9. Jahrhunderts für sich entdeckten und hier eine ständig bewohnte Fluchtburg errichteten. Deren Überreste sind heute noch zu sehen. 2010

*Im kleinen Hafen von Kummerow finden sich regelmäßig Angler ein*

Der Marktplatz von Teterow mit dem als Wahrzeichen bekannten Hechtbrunnen

wurde die Insel von der UNESCO zum schützenswerten Kulturgut der Menschheit erklärt. Per **Kettenfähre** erreicht man die Insel täglich von Ostern bis Ende September von der Anlegestelle im Naturschutzgebiet Binsenbrink. Oder man besteigt die **Barkasse Regulus** ab der Teterower Badestelle. Auf der Insel existieren ein Naturlehrpfad sowie ein Aussichtsturm, man kann im Restaurant Wendenkrug (http://burgwall-teterow.de) einkehren oder sich dort ein Boot ausleihen und eine Runde auf dem See drehen. Teterow selbst ist ein lebendiges Städtchen, in dem man über den Marktplatz schlendern und dabei das neobarocke **Rathaus** sowie den **Hechtbrunnen** betrachten kann. Letzterer ist das Wahrzeichen Teterows und wurde vom Plauer Bildhauer Wandschneider geschaffen. Unweit des Marktplatzes steht die **Stadtkirche St. Peter und Paul** (Schulstraße 2), die aufgrund ihrer langen Bauzeit von etwa 200 Jahren zwei verschiedene Baustile aufweist. Im historischen Kern der Stadt wurde das **Mühlenviertel** inklusive der ehemaligen Stadtmühle, dem Mühlenteich und dem Feuerwehrspritzenhaus liebevoll saniert.

Die Stadt Teterow ist international bekannt für ihre **Naturgrasrennbahn** – die größte Europas –, den **Bergring.** Die etwa 1,8 km lange Strecke gilt mit ihren Steigungen von bis zu 16 % als besonders anspruchsvoll. Schon in den 1920er-Jahren fanden in Teterow große Motorradrennen statt und 1930 wurde die bis heute bestehende Grasrennbahn in den Teterower Heidbergen offiziell eröffnet. Das jährliche Grasbahnrennen um den **Goldenen Helm** ist eine der größten Motorsportveranstaltungen Norddeutschlands, zu der heute immer noch zwischen 20.000 und 30.000 Besucher erwartet werden. Die freien Flächen rings um den Bergring verwandeln sich dann traditionell in einen riesigen Campingplatz. 2002 entstand neben dem Bergring die moderne Speedwayarena am Kellerholz, auf deren Tribünen 10.000 Zuschauer Platz finden. Diese wurde später in **Bergringarena** umbenannt. Mit dem Grand Prix Speedway-Weltmeisterschaftslauf und dem Bergringrennen weist Teterow so

*Im Mühlenviertel von Teterow erwartet das Museum im Feuerwehrspritzenhaus seine Besucher*

zwei hochkarätige Motorsportveranstaltungen auf. Das **Bergringmuseum** (Schulkamp 2) informiert im ehemaligen Mädchenschulhaus von 1885 über die Geschichte des Bergrings sowie über die Eisenbahngeschichte der Region und die Schulgeschichte der Stadt. Präsentiert werden einmalige Exponate aus der langjährigen Geschichte des Motorsports, darunter Siegertrophäen und die originalen Sandbahnmaschinen der Bergring-Legende Erich Bertram.

Im Malchiner Tor bietet das **Stadtmuseum Teterow** (Südliche Ringstraße 1, www.teterow.de/kultur/museen/stadtmuseum) über vier Etagen Dauer- und Sonderausstellungen zur Stadtgeschichte und in den Sommerferien Mitmachangebote (spielen, waschen und backen wie zu alten Zeiten) für Kinder im überdachten Hof.

Nicht zuletzt ist die Stadt auch bekannt als **Schilda des Nordens,** denn auch an diesem Ort erzählt man sich einige lustige Geschichten über Schildbürgerstreiche seiner Einwohner. Bei einem **Rundgang** inklusive Besichtigung der Kirche werden Schildbürgerstreiche auf Hoch- und Plattdeutsch erzählt und ein zünftiges Schildbürgermenü wird angeboten (Buchung über die Tourist-Information).

ⓘ **Tourist-Info,** Östliche Ringstraße 105, www.teterow.de/tourismus/reisen-service/tourist-information

LITERATURTIPP

Ausführlichere Routenvorschläge findet man im Wohnmobil-Tourguide „Mecklenburgische Seenplatte" aus dem Reise Know-How Verlag.

Sylke Liehr, Achim Rümmler

# Rund um Müritz und Plauer See

0 2,5 km
© Reise Know-How 2021
Naturpark
Nossentiner/
Schwinzer
Heide
Langhagen-see
Paschen-see
Wooster Teerofen
Glave
Gültzsee
Sandhof
Malkwitz
Bergsee
Drewitz
Hahnenhorst
Damerower See
Ortkrug
Drewitzer
Dreiersee
See
Loppin
Neu Damerow
Teerofen
Samoter See
Poseriner See
Mönch-busch
Nossentiner Hütte
Hoher Berg 84
Klein Wangelin
Kläterberg 82
Glashütte
68
Silz
Karow
Ziegen-horn
192
Alt Schwerin
Sparow
Nossentin
Zarchlin
Leisten
Heidepark
Penzliner See
Ausbau
Fleesensee
Bark-
Fischerei Wendorf
Heidekrug
Trostfeld-siedlung
Jürgenshof
Malchow
Quetzin
Werder
Malchower See
Untergöhren
Plauerhagen
Plauer Werder
16
MALCHOW
Göhren
Plauer
19
West-siedlung
Kuppentin Ausbau
103
Laschendorf
hagen
E 55
Biestorf
Altenlinden
Lenz
Sandfeld-siedlung
Kloster Malchow
Penkow
Petersdorfer See
Barkow
Klebe
Lenz-Süd
17
Kloster-mühle
192
Kolonie Lalchow
PLAU am See
See
Petersdorf
Waren (Müritz)
Kisserow
Lalchow
Großer Pätschsee
Grüssow
Plötzen-höhe
Adams-hoffnung
Bruchmühle
69
Neu-Grüssow
Lexow
Reppentin
Seelust
Langen-stücken
Fünf-
Satow Hütte
Zislow
Walow
Appel-burg
Gaarz
Silbermühle
Kogeler See
Strietfeld
Suckow
Kleiner Kreßinsee
Satow
Kogel
Woldzegarten
Gnevsdorf
Drese-now
Dresenower Mühle
-seen
Tangahnsee
Buch-
Twietfort
Wangelin
Bad Stuer
Stuer Winkel
Rogeez
Krimm
Stuerscher See
Baracken-dorf
Stuer
Vorder-mühle
Krim
Hof Retzow
Ganzlin
Stuer Vorwerk
-berg
Neu Stuer
Röbel (Müritz)
Leizen
Retzower
198
97 Eckerberg
Käselin
Leizen Ausbau
18
Retzow
Tannen
Darze
Altenhof
103
Bütow
Fincken
Sandkrug
Ausbau
Wendisch Priborn
Fincken Ausbau
Knüppel-damm
Tönchow
Knüppel-damm Ausbau
Damm-wolde
Massower See
Liebhof
Fichtenthal
Marien-hof
Jaebetz

Tiefer See
Sommerstorf
Neu Schönau
Alt Schönau
Groß
Baumgarten
Alt Falkenhagen
Carlsruh
Klein Gievitz
Neu Gaarz
Jägerhof
Torgelow am See
Ausbau
Krummer See
Grabowhöfe
Neu Falkenhagen
Meierei
Mühlen-see
Vielist
Loppiner See
Amsee
Rügeband
Neu Schloen
Schloen-
Sandkrug
Tief-waren-see
Schmacht-hagen
Jabel
Jabelscher
192
Schloener Kolonie
Schwastorf
Schwenzin
Warens-hof
Oberschloen
See
Damerow
66
Kargow
WAREN
(Müritz)
Groß Dratow
Damerower Werder
Papen-berg
Godow
Binnenmüritz
Eldenburg
Ecktannen
Feisneck-see
Kargow-Unterdorf
Kölpinsee
Krummer See
Hinbergsee
Kargower Holz
Waldschenke
Damerow
Federow
Wendhof
Moorsee
Grabenitz
Müritz-
Schwarzenhof
Warnker See
-Lebbin
Klink
Kirch Poppentin
Poppentin
Rehhof
Rederang-see
Mühlensee
Sembzin
Roez
Alt Poppentin
Nationalpark
Binnen-müritz
Specker See
Sietow
Hof-see
Sietow-Dorf
Hinrichsberg
Müritz
Zierzow
Priester-bäker See
Schamper Mühle
Ausbau
Gotthun
Boeker Sender
Groß Kelle
Marien-felde
Binnen-see
Steinhorn 81
Großer Kreßinsee
Groß Keller See
Boek
Stadtrand-siedlung
Kroneiche
Amalien-hof
RÖBEL /Müritz
67
Gneve
Ludorf
Boeker Mühle
Minzow
Woter-fitz-see
Ludorfer Mühle
Dambecker See
Ludower Ausbau
Zielow
Nätebow
Dambeck
Zietlitz
Bollewick
Vipperower Ausbau
Rechlin Nord
Hofsee
Leppin-see
Karchow
Stein-damm
Solzow
Erlenkamp
Spitzkuhn
Rechlin
Leppiner Heide
Heide
Kleine Müritz
Retzow
198
Vipperow
Großer Kotzower See
Kotzow
Wildkuhl
Kolkhof
Trappenberg
Karbow
198
Friedrichshof
Gaarzer Mühle
Vietzen
Kambs
Priborn
Sumpf-see
Granzower Möschen
Ferienpark Mirow

## TOUREN-ÜBERBLICK

**Routenempfehlung:** Waren an der Müritz – Klink – Röbel – Stuer – Karow – Plau am See
**Länge gesamt:** ca. 90 km
**Dauer:** ca. 5–8 Tage
**Reisezeit:** ganzjährig. Am besten reist es sich aber von Frühjahr bis Herbst, weil in dieser Zeit überall eine große Lebendigkeit herrscht. Im Winter wird es still, viele Ausflugsziele schließen ihre Türen. Allerdings kann man dann in Ruhe die praktisch unberührte Natur genießen.

Mit seinen 112 km² Fläche ist die Müritz der größte vollständig innerhalb Deutschlands liegende See und eigentlich bedeutet der Name Müritz, der aus dem Slawischen stammt, „kleines Meer". Um und auf diesem lässt sich eine Menge erleben. Überall an der Müritz gibt es Fahrgastschiffe, die zu verschiedensten Rundfahrten einladen. Man kann segeln, surfen und baden, das Rad besteigen und am Wasser oder in der umliegenden Landschaft radeln, aber auch wandern. Für Aktive ist das Gebiet ein ebenso lohnenswertes Ausflugsziel wie für diejenigen, die es lieber ruhig angehen lassen. Denn in den Orten rund um die Müritz kann man wunderbar bummeln, in Häfen den Bootsfahrern zuschauen oder eines der unzähligen gastronomischen Angebote nutzen. All das gilt ebenso für den Plauer See, den drittgrößten See Mecklenburgs. Angelfreunde können fast überall eine Angelkarte erwerben, es gibt zahlreiche Verleihstationen für Boote und Kanus. Neben den Aktivitäten an und auf dem Wasser findet man hier historische Sehenswürdigkeiten wie alte Schlösser, Kirchen, Wehranlagen und Museen. Für Unterhaltung sorgen die vielen Feste, die v. a. in den Sommermonaten stattfinden, aber auch Erlebnisbäder und Tiergehege.

ⓘ www.mueritz.de, www.mecklenburgische-seenplatte.de

*Im Stadthafen von Waren*

Lebendiges Treiben herrscht an Markttagen in Waren an der Müritz

## Heilbad Waren an der Müritz

Am nördlichen Zipfel der Müritz liegt Waren. Aber die Stadt grenzt außerdem auch an den Kölpinsee, den Feisnecksee, den Waupacksee, den Tiefwarensee sowie den Melzer See und mitten in der Stadt befindet sich der Herrensee. Da ist es nur logisch, dass Bootsausflüge stets im Mittelpunkt stehen. Am besten, man startet damit im **Stadthafen** (Müritzstraße 14). Hier steht die **Weiße Flotte Müritz** (www.weisse-flotte-mueritz.de) für Rundfahrten, Tagesfahrten, Natur- und Abendfahrten bereit – es ist für jeden das Passende dabei.

Aber auch wenn man an Land bleiben möchte, ist der Hafen eine lohnenswerte Adresse, denn die Uferpromenade mit den kleinen Lädchen und vielen gastronomischen Angeboten lädt zum Bummeln ein. Am letzten Maiwochenende findet hier die **Müritz Sail** (https://mueritzsail.eu) statt, ein maritimes Volksfest für die gesamte Familie, das Tausende in die Stadt lockt. Mit dem **Müritzfest** (www.mueritzfest.de) im Juli wird drei Tage lang im gesamten Stadtareal das traditionelle Stadtfest gefeiert. Dabei findet man auf dem Festplatz einen Rummel, eine Flaniermeile in der Innenstadt sowie eine Bühne am Müritzeum, wo unterschiedlichste Musikgeschmäcker durch eine Vielzahl von Künstlern bedient werden. Fester Bestandteil ist auch das Schützenfest des hiesigen Schützenvereins.

Der Stadthafen grenzt an Warens historische Altstadt, wo sich die Möglichkeit bietet, den **Turm der Marienkirche** (Große Burgstraße) über 176 Stufen zu besteigen und von dort einen Rundumblick aus 45 m Höhe zu genießen. Die **Tourist-Info** offeriert für Interessierte täglich Führungen durch Waren. Dabei schlendert man an liebevoll restaurierten Fachwerkhäusern entlang und lernt im Stadtzentrum mit der Langen Straße die Einkaufsmeile kennen. Sollte das Wetter einmal nicht so mitspielen, lohnt ein Besuch im **Müritzeum** (Zur Steinmole 1, www.mueritzeum.de), einem multimedialen Natur Erlebnis-Zentrum für

**TIPP MÜRITZ-SAGA**

Ein unterhaltsames Spektakel, das die Zuschauer in die Vergangenheit der Müritz-Region mitnimmt, findet seit 2006 von Juni bis August, jeweils von Mittwoch bis Sonntag, auf einer Freilichtbühne statt. In Theateraufführungen, deren historischer Hintergrund der Dreißigjährige Krieg ist, treten die Darsteller in historischen Kostümen vor einer üppig gestalteten Kulisse auf, Schwertkämpfe werden teilweise hoch zu Ross gefochten. Nicht zuletzt versprechen humoristische Einlagen der Schauspieler sowie musikalische Untermalung eine gelungene Unterhaltung für die ganze Familie. Karten gibt es in der Tourist-Info und an der Abendkasse (Richard-Wossidlo-Straße 5c, www.mueritz-saga.de).

große und kleine Gäste. Es ist ein Schaufenster in den Müritz-Nationalpark. Besonders sehenswert ist das zweigeschossige Tiefenbecken, das einen großen Maränenschwarm beherbergt und über ein Fassungsvermögen von 100.000 Litern sowie die größte jemals in Europa gefertigte Glasscheibe verfügt. Außerhalb des Gebäudes laden der Museumsgarten zum Spaziergang und ein Abenteuerspielplatz zum Piratenspiel ein.

Will man die Natur unmittelbar erleben, können von Waren aus die Gemeinden des Müritz-Nationalparks schnell erreicht werden. Am Rande der Stadt gibt es zwei **Wanderparkplätze** (Specker Straße, Ostufer des Feisnecksees), von wo man zu einer Tour in den Nationalpark aufbrechen kann. Mit der **Müritz-Saga** wird auf der Freilichtbühne ein unterhaltsames Theaterabenteuer geboten.

### 66 Camping- und Wohnmobilpark Kamerun Waren

GPS 53.51055, 12.64944

Der große Campingplatz besticht mit ausgezeichneter Ausstattung und umfassendem Rahmenprogramm, Kinderanimation, Showbühne, Sportplätzen, Fahrradvermietung, Hundewiese und -badestelle, Biergarten und vielem mehr, Wohnmobilhafen zusätzlich zum Campingplatzbereich. **Lage/Anfahrt:** Die weitläufige Anlage liegt am Nordufer der Müritz mit eigenem Wasserzugang und Badestrand. Von der Röbeler Chaussee auf Weg Zur stillen Bucht abbiegen; **Platzanzahl:** 320; **Untergrund:** Rasengitter, Wiese, Sand, fest; **Service:** Strom, Trinkwasser, Abwasser, Chemie-WC, WLAN, Restaurant; **Preiskat.:** €€€; **Geöffnet:** ganzjährig; **Kontakt:** Zur stillen Bucht 3, 17192 Waren; Tel. 03991 122406, www.campingpark-kamerun.de

**Tourist-Info Waren** im Haus des Gastes, Neuer Markt 21, www.waren-tourismus.de

Direkt in der Hafenresidenz gelegen, besticht das **Restaurant Leddermann** mit weitem Blick über den ganzen Hafen. Es werden ausgewählte Speisen in modernem Ambiente serviert – bei schönem Wetter auch draußen auf der Terrasse (Müritzstraße 16, www.restaurant-leddermann.de).

## TIPP WISENTRESERVAT DAMEROW

Auf der Halbinsel Damerower Werder im Kölpinsee leben Wisente, um eine Genreserve für die dezimierten Wisentbestände zu erhalten. Mittlerweile gibt es hier drei Herden und jährlich werden ca. 10 Jungtiere geboren. Die ersten Tiere kamen 1957 aus Polen, wo im Białowieża-Urwald schon seit den 1930er-Jahren wieder Wisente lebten. Es waren anfangs nur der Stier Pumik und die Kuh Puella. Schon ein Jahr später wurde das erste Kalb geboren und Dagmar genannt. Alle Namen der nachfolgenden Kälber beginnen mit der Anfangssilbe „Da", um auf ihren Herkunftsort zu verweisen. 2001 konnte auf dem Damerower Werder das 200. Wisentkalb begrüßt werden. Tägliche Fütterungszeiten bieten heutzutage die Möglichkeit, sowohl diese Tiere als auch Rotwild ganz nah zu Gesicht zu bekommen. Außerdem können Besucher einen Walderlebnispfad mit Fühl- und Sichttafeln begehen und v. a. Kinder kommen beim Klettern, Rutschen und Schaukeln im Wald auf ihre Kosten (Zum Werder 5, 17194 Jabel-Damerow, www.wald-mv.de/forstaemter/nossentiner-heide/wisentreservat-damerow).

## TIPP DIE MÜRITZFISCHER

Die Müritzfischer verkörpern den größten Binnenfischereibetrieb Deutschlands. Neben traditionellem Fischfang, Fischzucht und Verarbeitung werden in den einzelnen Fischerhöfen Leckereien aus dem Wasser angeboten und Angelkarten verkauft. Frisch Geräuchertes sowie Gekochtes landet auf den Tellern der Gäste und während sie ihre Speisen genießen, können sie dem Treiben der Fischer genauso zusehen wie dem Trubel in den Häfen (www.mueritzfischer.de).

Beliebtes Ziel vieler Besucher ist der Müritzer Bauernmarkt in Klink

## Klink

Klink ist eines der größten Urlaubszentren der Region und liegt genau dort, wo Müritz und Kölpinsee beinahe zusammentreffen. Man kann von hier aus sehr gut zu einer Radtour oder einer Wanderung aufbrechen oder im Sommer einen der fünf Badestrände nutzen, um die Seele baumeln zu lassen. Oder man geht am Anleger Schloss an Bord eines Fahrgastschiffes der **Blau-Weißen-Flotte** (www.blau-weisse-flotte.de) und genießt eine der verschiedenen Rund- oder Entdeckerfahrten. Das **Schloss** in Klink, das 1898 fertiggestellt wurde, liegt direkt an der Müritz und ist heute ein Seehotel, dessen gastronomische Angebote allen Besuchern offenstehen.

Heute ist das 1898 fertiggestellte Schloss in Klink ein Hotel

**Tourist-Info Klink,** Schlossstraße 1, www.gemeinde-klink.info

**Kell's Müritzer Bauernmarkt Klink** ist spezialisiert auf regionale Produkte von Wurst und Käse über Pralinen bis zum Müritz Gin. Im angeschlossenen Restaurant kann frisch gefangener Fisch, Fleisch aus artgerechter Tierhaltung und Gemüse von regionalen Lieferanten probiert werden. Torten aus der eigenen Konditorei runden das (Geschmacks-) Erlebnis ab (Hafenstr. 3, www.kells.de).

## Röbel

Röbel ist eine lebendige kleine Stadt, deren Zentrum einen gut erhaltenen mittelalterlichen Stadtkern aufweist. Dass Röbel ursprünglich aus zwei Orten bestand, sieht man noch heute an den zwei mächtigen Kirchen, der **St. Marienkirche** und der **St. Nicolaikirche,** die das Stadtbild dominieren. Daneben stehen liebevoll sanierte Fachwerkhäuser und sogar eine ehemalige **Fachwerksynagoge** (Kleine Stavenstraße 9–11, www.engelscherhof.de), die ab dem Jahr 2000 restauriert wurde. Sie dient heute als Ausstellungsgebäude, u. a. zur Geschichte der Juden in Mecklenburg, und für die Bildungsarbeit mit Jugendlichen. Kleine Lädchen entlang der Straße des Friedens laden ebenso zum Bummeln ein wie die schöne Uferpromenade am **Stadthafen.** Auch von hier kann man natürlich in See stechen oder man nutzt eines der vielfältigen gastronomischen Angebote zum Verweilen. Das **Haus des Gastes** beherbergt neben der Tourist-Info in der oberen Etage das stadtgeschichtliche **Museum Heimatstuben,** wo mit viel Liebe Wissenswertes zur Geschichte Röbels, zu traditionellem Handwerk und zu Hexenprozessen präsentiert wird. Hinter dem Haus erwartet der **Bürgergarten** seine Gäste. Durch die gepflegte Parkanlage kann man bis zum Ufer der Binnenmüritz spazieren. Man findet hier neben einer Aussichtsplattform auch eine kleine Freilichtbühne, die bei schönem Wetter für Veranstaltungen genutzt wird.

In der **MüritzTherme** (Am Gotthunskamp 14, www.mueritztherme.com) findet man auf 3000 m² Spaß und Sport sowie Erholung und Ruhe, denn es gibt u. a. ein Sportbecken, eine 57 m lange Rutsche, einen Strömungskanal, aber auch ein Saunarium und Solarien. Des

Vom Turm der St. Marienkirche bietet sich ein wundervoller Blick über die Röbeler Hafenanlagen

Schiffstouren starten im Hafen von Röbel, im Hintergrund steht der Wasserturm

## 67 Campingplatz Pappelbucht Röbel/Müritz

GPS 53.39359, 12.62330

Ein wahres Paradies für Wasserliebhaber unter dem Blätterdach großer Bäume: Baden, Boot fahren, Angeln und Surfen auf und in der Müritz ist hier angesagt. Für Camper ist der Eintritt ins Strandbad frei. Es gibt einen Kanu- und Radverleih und ein Stadtbummel durch das nahe Röbel ist möglich. **Lage/Anfahrt:** An der Müritz inmitten idyllischen Waldbestands gelegen und unmittelbar neben dem Strandbad; ca. 3 km nördlich von Röbel in der Nähe des Stadthafens, über Seebadstraße zum Platz fahren; **Platzanzahl:** 150; **Untergrund:** Wiese; fest; **Service:** Strom, Trinkwasser, Abwasser, Chemie-WC, WLAN; **Preiskat.:** €€; **Geöffnet:** ganzjährig; **Kontakt:** Seebadstraße 38a, 17207 Röbel/Müritz; Tel. 039931 59113, www.mueritztherme.com/camping

Weiteren werden Thalassobehandlungen angeboten. So kann man sich auch bei schlechtem Wetter etwas Gutes tun.

Haus des Gastes Röbel/Müritz, Str. der Deutschen Einheit 7, www.stadt-roebel.de

Die **Feldsteinscheune Bollewieck,** größte Feldsteinscheune Deutschlands, wird heute als Einkaufs- und Veranstaltungszentrum genutzt. Angeboten werden auf drei Etagen Erzeugnisse verschiedener Handwerkskünstler sowie regionale Spezialitäten. Es gibt neben einer Kerzenmanufaktur, einem Studio für Seidenblumen und verschiedenen Ateliers u. a. auch ein Keramiklädchen, einen Bauernmarkt und ein Kürschnergeschäft. Für das leibliche Wohl ist ebenfalls gesorgt. In der Nähe der Feldsteinscheune lockt ein **Irrgarten** (Röbeler Str. 48a) mit Schatzsuche und anderen Abenteuern. Der Weg dorthin ist ab der Scheune ausgeschildert und dauert zu Fuß 5 Minuten (Dudel 1, 17207 Bollewieck, www.diescheune.de).

## Stuer

Stuer ist mit nur 250 Einwohnern ein sehr kleiner Ort, hat aber einiges zu bieten. Als sichtbares Überbleibsel der **Burg Stuer** aus dem 13. Jahrhundert existiert nur noch die Ruine des ehemaligen Wohnturms, einen kurzen Spaziergang vom Ortsteil Stuer Vorwerk entfernt. Die **Wasserheilanstalt Bad Stuer** erlebte vom Ende des 19. Jahrhunderts bis zum Ersten Weltkrieg seine Blüte. Prominente wie der Schriftsteller Fritz Reuter kurten hier. Heute zeugen romantische Villen von jener Zeit. Am besten, man erkundet den Ort und die Umgebung per Fahrrad oder zu Fuß. Dazu parkt man gut auf dem Parkplatz der **Stuerschen Hintermühle.** Von hier kann man ca. 1,5 km bis zum **Bärenwald Müritz** (Am Bärenwald 1, www.baerenwald-mueritz.de) laufen. An diesem Ort kann man Meister Petz ganz nah sein, denn seit 2006 existiert hier ein Zuhause für derzeit 15 Bären, die unter schlechter Haltung litten und im Bärenwald nun endlich bärengerecht in natürlicher Umgebung leben können. Besucher erhalten einen Einblick in den

### TIPP AGRONEUM ALT SCHWERIN

Das Agroneum ist ein großes Ausstellungsgelände, das interessante Einblicke in das Landleben früherer Zeiten gibt. Verschiedene Erlebniswelten präsentieren dabei einzelne Bereiche wie Feldbestellung und Viehwirtschaft oder auch Handwerk und Technik. Mitten im eigentlichen Dorf Alt Schwerin existiert eine bemerkenswerte Katenzeile. Einzelne Katen zeigen die Wohn- und Lebensverhältnisse seit dem Ausgang des 19. Jahrhunderts. Eine Besonderheit ist die Wohnung eines LPG-Bauern, deren gesamtes Inventar aus dem Jahr 1965 original erhalten ist. In der ehemaligen Schnitterkaserne kann man die originalbelassene DDR-Ausstellung von 1988 „5000 Jahre Landwirtschaft in Mecklenburg" besuchen. Veranstaltungen finden auf dem Gelände des Agroneums das ganze Jahr über statt, z. B. das Schlachtfest im Februar, ein Hoffest im Juli oder das Kartoffel- und Kürbisfest im Herbst (Achter de Isenbahn 1, 17214 Alt Schwerin, www.agroneum-altschwerin.de).

**TIPP SOMMERRODELBAHN UND AFFENWALD**

Genau das Richtige für einen Tag voller Spaß: Hier kann man einer Großfamilie Berberaffen ganz nah kommen oder man staunt über das Quessant, die kleinste Schafrasse der Welt. Schließlich bietet die Sommerrodelbahn mit sieben Steilkurven und sechs Schikanen jede Menge Action (Karower Chaussee 6, 17213 Malchow, www.sommerrodelbahn-malchow.de).

Tagesablauf der Tiere. Letztlich bestimmt aber der Bär, ob er sich sehen lässt. Informativ ist der Gang durch den Bärenpark allemal und v. a. für Kinder eine spannende Entdeckertour, die durch einen Aufenthalt im Spielwald abgerundet werden kann. Ebenfalls unmittelbar am Hotel Stuersche Hintermühle befindet sich der Eingang zum Naturschutzgebiet Tal der Eisvögel. Informations- und Kartenmaterial zu Wanderungen in diesem Gebiet erhält man in jeder Tourist-Info der Region.

## Karow am Rande der Nossentiner/Schwinzer Heide

Karow wurde erstmals 1254 urkundlich erwähnt, blickt demzufolge auf eine lange Geschichte zurück und war als Kreuzungspunkt für die Region schon immer bedeutsam. Heute gibt es im Ort einen sehr gut ausgeschilderten **Rundweg,** der an allen Sehenswürdigkeiten Karows vorbeiführt. Man passiert u. a. das **Schloss** (Parkstraße 1), das als Hochzeitsschloss für sich wirbt, oder **Die Trauernde,** eine Bronzestatue des bekannten Bildhauers Wilhelm Wandschneider. Nur ca. 2 km vom Schloss, nahe der Kreuzung B192/L37, entstand der **Karower Meiler** (Ziegenhorn 1, www.naturpark-nossentiner-schwinzer-heide.de, www.natur-mv.de), ein einem Meiler nachempfundenes Gebäude, das eine ständige Ausstellung zum Naturpark Nossentiner/Schwinzer Heide beherbergt. Diese beinhaltet auch die Ausstellungsmodule „Ameisenwelt“ und „Seeadler und Jagd“ – inklusive eines fliegen-

*Das Schloss in Karow wirbt für sich als Hochzeitsschloss*

den Seeadlerpräparates. Informationstafeln, Karten, Tierpräparate und ein multimedialer Führer durch den Naturpark, aber auch Vorträge und Konzerte sowie Sonderausstellungen von Künstlern zu den Themen Landschaft und Natur runden das Angebot ab. Außerdem können hier Fahrräder ausgeliehen werden.

„Die Trauernde" ist eine von Wandschneiders berühmtesten Statuen

## 68 Campingplatz am See Alt Schwerin

GPS 53.52285, 12.318501

Familienfreundlicher Campingplatz in wunderbarer Lage am Ufer des Plauer Sees, eigener Badestrand mit Flachwasser, zusätzliches Kinderbad, Kinderanimation, Sportplatz. **Lage/Anfahrt:** Der Platz liegt am Nordufer des Plauer Sees. Der B192 von Alt-Schwerin in Richtung Karow folgen und dann auf die ausgeschilderte Zufahrtsstraße zum Platz abbiegen; **Platzanzahl:** 140; **Untergrund:** Schotterrasen, Pflaster, Wiese, Sand, fest; **Service:** Strom, Trinkwasser, Abwasser, Chemie-WC, WLAN, Gaststätte (Irish Pub); **Preiskat.:** €€; **Geöffnet:** April–Okt.; **Kontakt:** An den Schaftannen 1, 17214 Alt Schwerin; Tel. 039932 42073, www.campingplauersee.de

## TIPP NATURPARK NOSSENTINER/SCHWINZER HEIDE

Der Naturpark erstreckt sich auf 365 km². Die Landschaft entstand in der letzten Eiszeit. Ihr Kernstück ist ein riesiger sogenannter Flächensander – eine von Gletscherbewegung geformte Ebene –, der von vielen Wäldern bedeckt wird. Außerdem existieren im Naturpark 60 Seen verschiedener Größe und einige Moorgebiete. Über ein ausgebautes Netz von Wander- und Radwegen lässt sich die Schönheit der Nossentiner und Schwinzer Heide entdecken. Es gibt ausgeschilderte Rundwege sowie einige Lehrpfade, auf denen Informationen zu Entstehung und Entwicklung dieser Landschaft präsentiert werden. Der ganze Naturpark ist Europäisches Vogelschutzgebiet und beinhaltet 16 Naturschutzgebiete. Besonders hervorzuheben sind die Paare von Fisch- und Seeadlern. Der Seeadler fungiert auch als Symboltier des Naturparks. Zentrale Informationsstelle ist das Kultur- und Informationszentrum Karower Meiler (www.naturpark-nossentiner-schwinzer-heide.de).

## Plau am See

Am Ausgang der Müritz-Elde-Wasserstraße und am Westufer des Plauer Sees befindet sich der Luftkurort Plau am See, der mit einer malerischen Altstadt aufwartet. Schon 1235 erhielt der Ort das Stadtrecht, seinerzeit allerdings noch unter dem Namen Plawe, was so viel wie „Flößerort" bedeutet. Plau am See ist noch heute von den Fachwerk- und Backsteinhäusern der Ackerbürger geprägt. Beim Bummeln durch die Altstadt und über die Eldepromenade mit dem Stadthafen kommt man an der **Hühnerleiter,** einer Schiffsschleuse, und der außergewöhnlichen **Hubbrücke** vorbei. Bei Letzterer wird das gesamte Brückenteil über Zahnstangen in die Höhe gefahren, um Schiffe passieren zu lassen. Erstere verdankt ihren Namen den beim Wiederaufbau nach dem Zweiten Weltkrieg statt Treppenstufen aufgenagelten Leisten. Der Name blieb auch nach dem Umbau 2003 im Volksmund erhalten. Von hier aus kann man den Booten beim Schleusen zusehen. Aber Plau ist auch als **Stadt der drei Türme** – Burgturm, Kirchturm

*Entlang der Eldepromenade lässt es sich entspannt bummeln*

Die höchste Hubbrücke Mecklenburg-Vorpommerns steht seit 1916 in Plau am See

und Leuchtturm – bekannt. Diese sind alle begehbar und bieten wundervolle Blicke auf den Ort und den See. Der **Burgturm** ist der verbliebene Teil einer Wehranlage aus der Mitte des 15. Jahrhunderts und lohnt einen Besuch, um z. B. die intakte Turmuhr und das 11 m tiefe Verlies anzusehen. In der alten Scheune auf dem Burghof befindet sich das **Burgmuseum** (Burgplatz 2, www.burgmuseum plau.eu) mit einer interessanten Ausstellung zu Handwerk und Industriegeschichte. Viele funktionstüchtige Maschinen können besichtigt werden und der Besucher erfährt Wissenswertes über die Fliegerei oder die Schifffahrt in Plau. Der zweite Turm, der **Kirchturm,** gehört zur **Pfarrkirche St. Marien** (Kirchplatz 3) und kann von April bis Oktober täglich erklommen werden. In der Kirche finden von Juni bis September Veranstaltungen im Rahmen des Plauer Musiksommers statt. Seit 2012 begrüßt der **Leuchtturm** (Jachthafen, Kalkofen)

Der Turm der Pfarrkirche St. Marien in Plau am See ist weithin sichtbar

mit seinen 13,5 m Höhe Reisende bei ihrer Einfahrt vom Plauer See in die Stadt. Von Land aus kann die sich in 8 m Höhe befindliche Aussichtsplattform bestiegen werden. Der Plauer See ist der drittgrößte in Mecklenburg-Vorpommern und ein ideales Gewässer für Wassersportler wie Segler, Taucher oder Surfer. Die **Fahrgastschifffahrt Wichmann** (An der Metow, www.fahrgastschifffahrt-wichmann.de) bietet verschiedene Ausflüge an, z. B. eine 3-Seen-Fahrt oder Rundfahrten auf dem Plauer See.

**Tourist-Info Plau am See,**
Haus des Gastes, Burgplatz 2,
https://plau-am-see.de

Im **Fischrestaurant im Fischerhaus** gibt es alles für Fischliebhaber. Nach traditionellen Rezepten werden einheimische Produkte verarbeitet. Beim Essen kann man den Bootsverkehr auf der Elde an sich vorbeiziehen sehen (An der Metow 14, www.fischerhaus-plau.de).

LITERATURTIPP

Ausführlichere Routenvorschläge findet man im Wohnmobil-Tourguide „Mecklenburgische Seenplatte" aus dem Reise Know-How Verlag.

## 69 Campingpark Zuruf

GPS 53.438057, 12.286667

Schöner Platz am Plauer See mit eigenem Badestrand und Bootsanlegestelle, ideal für alle, die naturnah entspannen wollen, denn der Platz ist umgeben von Wasser und Wald. Durch die ausgezeichnete Lage wunderbar zum Baden, Paddeln oder Wandern geeignet. Plau am See ist zu Fuß oder mit dem Rad erreichbar oder man fährt mit der Plauer Tschu-Tschu-Bahn, die hier hält. Vor Ort gibt es die Möglichkeit, Fahrräder und Boote auszuleihen. Volleyballfelder und Tischtennisplatten warten auf Aktive, für Kinder stehen Spielplätze und Kinderbetreuung zur Verfügung. **Lage/Anfahrt:** ca. 3 km vom Luftkurort Plau am See entfernt; **Platzanzahl:** 150; **Untergrund:** Wiese; **Service:** Strom, Trinkwasser, Abwasser, Chemie-WC, WLAN; **Preiskat.:** €€€; **Geöffnet:** ganzjährig; **Kontakt:** Seestraße 38d, 19395 Plau am See; www.campingpark-zuruf.de

Sylke Liehr, Achim Rümmler

# Die Mecklenburgische Seenplatte zwischen Rheinsberg und Neustrelitz

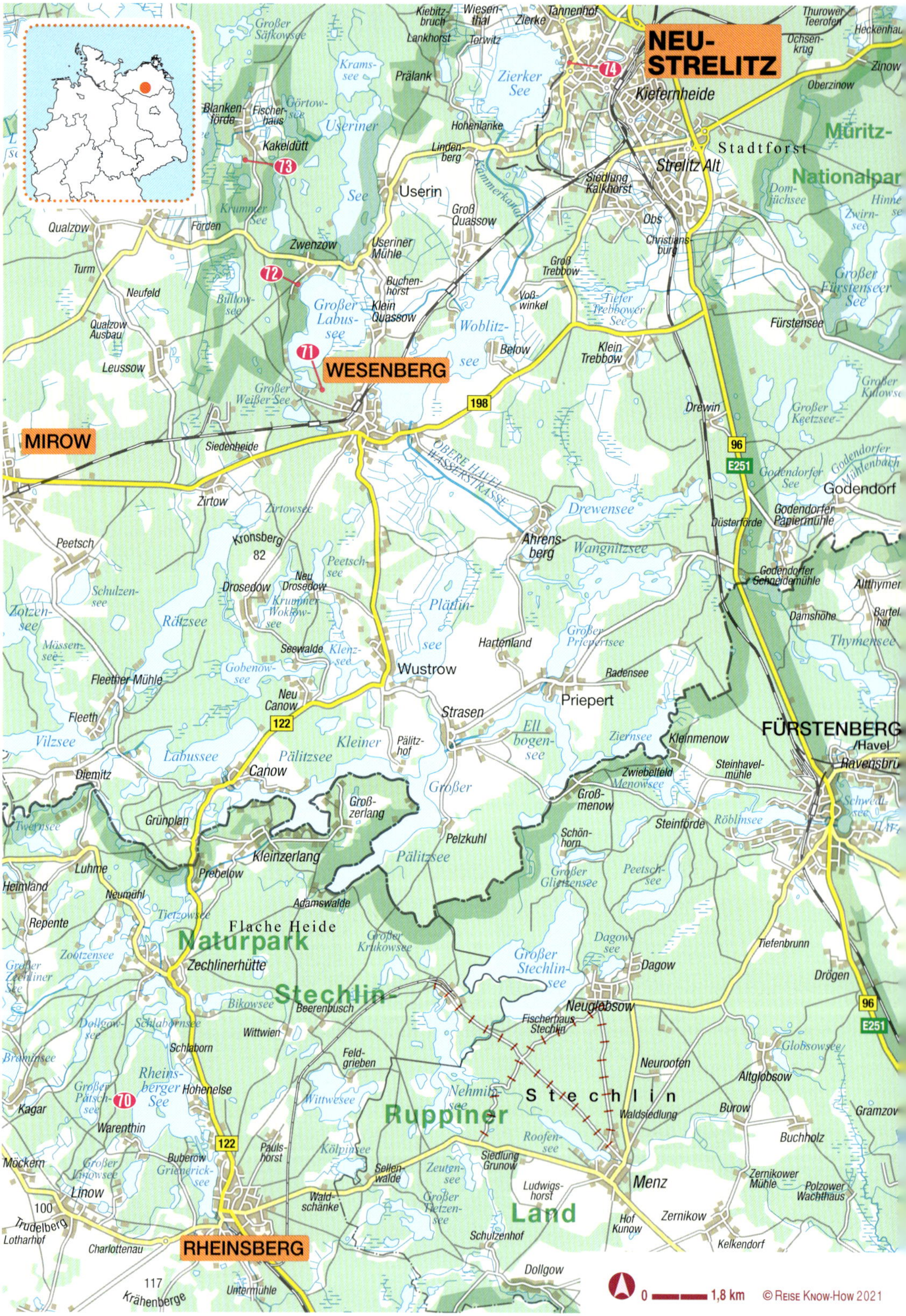
NEU-STRELITZ
WESENBERG
MIROW
RHEINSBERG
FÜRSTENBERG /Havel
Kiefernheide
Strelitz Alt
Stadtforst
Müritz-Nationalpar
Zierker See
Useriner See
Großer Labussee
Woblitzsee
Userin
Groß Quassow
Klein Quassow
Zwenzow
Kakeldütt
Blankenförde
Fischerhaus
Prälank
Lankhorst
Tannenhof
Zierke
Wiesenthal
Kiebitzbruch
Hohenlanke
Lindenberg
Kammerkanal
Siedlung Kalkhorst
Obs
Christiansburg
Groß Trebbow
Klein Trebbow
Tiefer Trebbower See
Fürstensee
Großer Fürstenseer See
Voßwinkel
Below
Qualzow
Förden
Turm
Neufeld
Qualzow Ausbau
Leussow
Siedenheide
Großer Weißer See
Krummer See
Drewin
Großer Keetzsee
Godendorf
Godendorfer See
Godendorfer Papiermühle
Godendorfer Schneidemühle
Düsterförde
Damshöhe
Thymensee
Obere Havel Wasserstrasse
Drewensee
Ahrensberg
Wangnitzsee
Zirtow
Zirtowsee
Peetsch
Kronsberg
82
Drosedow
Neu Drosedow
Krummer Woklowsee
Peetschsee
Schulzensee
Rätzsee
Zotzensee
Mössensee
Fleether Mühle
Fleeth
Gobenowsee
Seewalde
Klenzsee
Plätlinsee
Hartenland
Großer Priepertsee
Radensee
Wustrow
Neu Canow
Strasen
Priepert
Ellbogensee
Ziernsee
Kleinmenow
Steinhavelmühle
Ravensbrü
Vilzsee
Labussee
Kleiner Pälitzsee
Pälitzhof
Canow
Diemitz
Großzerlang
Großer Pälitzsee
Zwiebelfeld
Menowsee
Großmenow
Steinförde
Röblinsee
Schwedtsee
Grünplan
Kleinzerlang
Pelzkuhl
Schönhorn
Großer Glietzensee
Peetschsee
Luhme
Heimland
Neumühl
Prebelow
Adamswalde
Repente
Tietzowsee
Flache Heide
Naturpark
Stechlin-
Ruppiner
Land
Zootzensee
Großer Zechliner See
Zechlinerhütte
Großer Krukowsee
Großer Stechlinsee
Dagowsee
Dagow
Tiefenbrunn
Drögen
Bikowsee
Beerenbusch
Neuglobsow
Fischerhaus Stechlin
Dollgowsee
Schlabornsee
Wittwien
Schlaborn
Braminsee
Feldgrieben
Neuroofen
Globsowsee
Altglobsow
Stechlin
Rheinsberger See
Hohenelse
Großer Pätschsee
Kagar
Warenthin
Wittwesee
Nehmitzsee
Waldsiedlung
Burow
Gramzow
Roofensee
Buchholz
Möckern
Großer Linowsee
Buberow
Großer Griebericksee
Paulshorst
Kölpinsee
Sellenwalde
Zeutensee
Siedlung Grunow
Ludwigshorst
Menz
Zernikower Mühle
Polzower Wachthaus
Linow
100
Trudelberg
Lotharhof
Waldschänke
Großer Tietzensee
Hof Kunow
Zernikow
Schulzenhof
Kelkendorf
Charlottenau
Dollgow
117
Krähenberge
Untermühle
70
71
72
73
74
96
E251
198
122
0 1,8 km
© Reise Know-How 2021

## TOUREN-ÜBERBLICK

**Routenempfehlung:** Rheinsberg – Mirow – Wesenberg – Neustrelitz
**Länge gesamt:** ca. 60 km
**Dauer:** ca. 4–7 Tage
**Reisezeit:** ganzjährig. Sehenswürdigkeiten, die im gesamten Jahr geöffnet sind, und Städte mit ihren kulturellen Angeboten ermöglichen zu jeder Jahreszeit einen erlebnisreichen Aufenthalt. Für diejenigen, die in der Natur aktiv sein wollen, ist die beste Reisezeit von Frühjahr bis Herbst.

Es ist vor allem die Natur, die den Reiz dieser Landschaft ausmacht. Seen in fast jeder Größe, Wälder verschiedenster Couleur, Moorlandschaften und auch eine Vielzahl von Tierarten können zum Anlass zu unterschiedlichsten Ausflügen und Aktivitäten genommen werden. Man ist überall sehr gut mit dem Fahrrad unterwegs oder erwandert sich das eine oder andere Ziel mitten in einem Nationalpark. Daneben gibt es viele Möglichkeiten, auch auf dem Wasser aktiv zu werden. So findet man fast überall eine Ausleihstation für Kanus oder man nutzt ein Fahrgastschiff für Entdeckungen vom Wasser aus. Natürlich locken die zahlreichen Seen zum Baden und Erholen und jeder kann noch ein ruhiges Plätzchen für sich finden. Quirliger geht es in den Orten zu, die mit ihren kulturellen Angeboten aufwarten. Schlösser spielen in Rheinsberg, Mirow und Neustrelitz eine Hauptrolle im touristischen Angebot. Kleine Geschäfte laden zum Bummel ein und eine Vielzahl unterschiedlichster gastronomischer Angebote zum Verweilen. Für Kulturinteressierte bietet sich ebenfalls einiges, seien es regelmäßig stattfindende Konzerte oder Theateraufführungen.

*Auf den Gewässern der Mecklenburgischen Seenplatte schippern Boote aller Art*

Das Rheinsberger Schloss ist idyllisch am Grienecksee gelegen

## Keramikstadt Rheinsberg

„Rheinsberg – ein Bilderbuch für Verliebte" titelte einst Kurt Tucholsky, aber nicht nur Verliebte fühlen sich in der Stadt wohl, die zwar noch zu Brandenburg gehört, aber durchaus als Eingangstor zur Mecklenburgischen Seenplatte gesehen werden kann. Dominiert wird Rheinsberg von seinem Schloss und der es umgebenden 26 ha großen Parkanlage. Das **Rheinsberger Schloss** (Schloss Rheinsberg 2), in dem der preußische König Friedrich der Große nach eigener Aussage die glücklichste Zeit seines Lebens verbrachte, liegt idyllisch direkt am **Grienecksee.** Es lädt in seinem Innern zu einer Reise in das 18. Jahrhundert ein und beherbergt das **Kurt Tucholsky Literaturmuseum** (Schloss 1/Marstall, www.tucholsky-museum.de), in dem man in die Schreibwelt Kurt Tucholskys eintauchen und dem Schriftsteller und seiner Zeit näherkommen kann. Der Lustgarten besticht durch die Hauptachse mit dem charakteristischen Gartenportal sowie die lange Querachse. Überall

**TIPP RUNDFAHRT AUF DEM WASSER**

Die Fahrgastschifffahrt Rheinsberg bietet tägliche Rundfahrten verschiedener Länge an. Vom Wasser aus eröffnen sich völlig neue Aussichten auf den Ort und das Schloss. Enge Kanal- und Brückendurchfahrten machen die Bootstour auch für Kinder interessant. Wegen des besonderen Lichts und der Stimmung sind die Abendfahrten sehr beliebt. Ebenfalls kann man hier ein Boot zum selbstständigen Befahren des Sees mieten (Reederei Halbeck, Markt 11, www.schifffahrt-rheinsberg.de).

in der Anlage laden Bänke zum Verweilen ein. Eine Feldsteingrotte findet man ebenso wie das Heckentheater oder einen Obelisken. Vom Schlosspark aus gelangt man auf einem schönen Uferweg zur Schiffsanlegestelle an der Seestraße. Täglich starten hier verschiedene Schiffsrundtouren. Man findet in Rheinsberg aber auch einen schönen historischen Stadtkern, der mit seinen Geschäften und gastronomischen Angeboten zum Bummeln

### TIPP ALFRED-WEGENER-MUSEUM

Das Museum stellt das Leben Alfred Wegeners als Meteorologe, Polarforscher und Geowissenschaftler vor. Die Familie Wegener hat in Zechlinerhütte viele Sommer und Ferienzeiten verbracht. In dem kleinen Museum werden authentische Zeugnisse aus Wegeners Leben ausgestellt. Aber nicht nur Vergangenes wird gezeigt, es werden auch Fragen aufgeworfen, die sich aus seiner Arbeit heute für uns ergeben. Das Familiengrab der Familie Wegener befindet sich auf dem Friedhof Zechlinerhütte (Rheinsberger Straße 14, 16831 Zechlinerhütte, www.alfred-wegener-museum.de).

### TIPP DIEMITZER SCHLEUSE

Für Wasserwanderer ist diese an der Engstelle zwischen Peetschsee und Labussee gelegene Schleuse ein wichtiger Punkt auf der Müritz-Havel-Wasserstraße. Über 40.000 Schiffe und Boote passieren sie jährlich. Aber auch Nicht-Bootsfahrer verweilen hier gerne und schauen dem regen Treiben zu. Außerdem laden das Restaurant Scheune zur Einkehr und ein Hofladen zum Erwerb von Bioprodukten ein. Beides gehört zum Biberferienhof, der hier im Sommer sogar ein Schleusentheater betreibt. Filme werden im Kino am Strand gezeigt, für Aktive gibt es einen Floß- und Bootsverleih.

und Verweilen einlädt. Im Spritzenhaus am Kirchplatz befindet sich das **Keramikmuseum,** das dem Besucher die über 250-jährige Tradition der Rheinsberger Keramikmanufakturen präsentiert. Solche Manufakturen existieren heute immer noch und warten mit einem umfangreichen **Fabrikverkauf** auf, z.B. **Keramik Rheinsberg** (Rhinstraße 1, https://keramik-

*Der Töpfermarkt am zweiten Oktoberwochenende lockt jede Menge Besucher nach Rheinsberg*

*Der Fischereihof Canow kann direkt mit dem Boot angesteuert werden*

### TIPP FISCHEREIHOF CANOW

In diesem kleinen, gemütlichen Fischereihof bekommt man frischen und geräucherten Fisch. Fischbrötchen und kleinere Speisen können vor Ort gegessen und Angelkarten können erworben werden. Außerdem existiert eine Bootsanlegestelle (Fischereihof, 14, 17255 Wesenberg, www.fischerei-wesenberg.de/fischereihof-canow).

### TIPP NATURPARK STECHLIN – RUPPINER LAND

Rund um Rheinsberg kann man den Naturpark erleben. Neben dem Großen Stechlinsee warten 180 Seen sowie ausgedehnte Wälder auf Naturfreunde. 2001 gegründet, umfasst der Naturpark insgesamt eine Fläche von 8600 ha, die sich am ehesten per Rad oder zu Fuß erkunden lassen. Zahlreiche ausgewiesene Rad- und Wanderwege sind vorhanden, eine abwechslungsreiche Tier- und Pflanzenwelt erwartet den Besucher. Vom Stechlin sagt man, er sei einer der saubersten Seen Deutschlands, was sich beim Hineinschauen bestätigt. **Theodor Fontane** setzte dem See in seinem Roman „Der Stechlin" ein literarisches Denkmal. Über die Entstehung des Naturparks gibt das **NaturParkHaus** (Kirchstraße 4, 16775 Stechlin-Menz, www.naturparkhaus.de), ca. 15 km östlich von Rheinsberg, Auskunft. Hier laden verschiedene Ausstellungen, ein Großaquarium und ein Barfußpfad zum Erleben ein. Am und im Informationszentrum finden regelmäßig Veranstaltungen statt und viele Wanderwege starten hier. Weitere Informationen zum Naturpark erhält man unter www.stechlin-ruppiner-land-naturpark.de.

rheinsberg.de). Hier findet jeder Liebhaber von Keramikartikeln das Passende. Traditionelle Stücke, die in Handarbeit gefertigt sind, werden zum Verkauf angeboten, aber auch individualisierte Produkte und Designartikel. Jährlich am zweiten Oktoberwochenende verwandelt sich das ganze Stadtzentrum in einen großen **Töpfermarkt,** auf dem über 100 Keramiker und Töpfer ausstellen. Nebenher finden zahlreiche Veranstaltungen statt und abends ein Großfeuerwerk auf dem See vor der Kulisse des beleuchteten Schlosses. Kunsthandwerkermarkt, Hafenfest sowie das Festival der Kammeroper runden das Veranstaltungsangebot ab.

**Stadt Rheinsberg Tourist-Info,**
Remise am Schloss/Mühlenstraße 15a,
www.rheinsberg.de

### 70 Campingplatz D100 Steinablage Rheinsberg

GPS 53.12381, 12.85557

Naturnaher, ruhig gelegener Platz mitten im Wald und direkt am Rheinsberger See mit eigenem Bootsanleger und Badestelle, von dem man sofort zu Wanderungen oder Fahrradtouren aufbrechen kann. Rheinsberg ist nur ca. 7 km entfernt. **Lage/Anfahrt:** von Rheinsberg kommend über die Parkstraße, vorbei an Buberow und Warenthin; **Platzanzahl:** 30; **Untergrund:** Wiese; **Service:** Strom, Trinkwasser, Abwasser, Chemie-WC; **Preiskat.:** €€; **Geöffnet:** April–Okt.; **Kontakt:** Am Großen Rheinsberger See, D100 Steinablage, 16837 Rheinsberg OT Kagar; Tel. 0151 63444362, www.campingspass.com

## Mirow

In Mirow wurde 1744 die spätere englische Königin Sophie Charlotte geboren. Noch heute kann man das sich auf der zweigeteilten **Schlossinsel** präsentierende barocke Schloss bewundern und über eine kunstvolle Brücke zur Liebesinsel gelangen. Dort befindet sich die Ruhestätte des letzten Großherzogs von Mecklenburg-Strelitz. In der gotischen **Johanniterkirche** wurden einst die regierenden Herzöge und ihre Frauen in der Fürstengruft beigesetzt. Wenn man 146 Stufen erklimmt, kann man vom Kirchturm aus einen Blick über den Ort und den Mirower See werfen. Der Hauptinsel vorgelagert ist das **Torhaus** aus dem Jahr 1588, das zum Wahrzeichen der Stadt avancierte. Die Geschichte des Landkreises Mecklenburg-Strelitz kann man auf der Schlossinsel in einer interaktiven Ausstellung im **3-Königinnen-Palais** (www.3koeniginnen.de) erleben. Hier befindet sich eben-

*Beherbergt auch die Tourist-Info von Mirow: das 3-Königinnen-Palais*

**TOUR KANUBASIS MIROW**
Aktive können sich hier, ca. 1 km westlich von Mirow, ein Kanu ausleihen und losschippern oder an einer geführten Kanutour teilnehmen, die einen oder mehrere Tage umfassen kann und zum Beispiel bis an die Diemitzer Schleuse oder zum Schloss in Mirow führt (An der Clön 1, www.kanubasis.de).

falls die Tourist-Info. Auch das Schloss steht für Besucher offen. Und wenn man sich nach dieser Erkundungstour stärken möchte, kehrt man am besten in der **Alten Schlossbrauerei** ein.

**Tourist-Info Stadt Mirow,** Schlossinsel 2a, www.mecklenburgische-seenplatte.de/reiseziele/touristinformation-mirow

Landestypische Speisen im historischen Gewölbekeller mit Blick auf den Mirower See findet man in der **Alten Schlossbrauerei.** Abends wird ein mehrstündiges Spektakel angeboten, bei dem der Gast mit einem Vier-Gänge-Menü verwöhnt und nebenbei durch Musik, Zauberei und Gaukelei unterhalten wird. Dafür muss man sich unbedingt im Vorfeld anmelden (Schlossinsel 3, Tel. 039833 20346, www.alte-schlossbrauerei.de).

### 71 Campingplatz Ihr Familienpark Kleiner Labussee

GPS 53.2914212.94799

Gepflegter, gemütlicher Platz mit Bungalowvermietung für die ganze Familie. Der Familienbetrieb liegt am Waldrand, teils schon im Wald, vor dem Kleinen Labussee. Fuß- und Volleyballplatz, Tischtennis, Räucherofen, Lagerfeuer- und Grillplatz, eigener Bootsverleih mit Kanus, Ruder- und Tretbooten. Der Platz ist wirklich sehr klein, eine Voranmeldung ist deshalb immer empfehlenswert. **Lage/Anfahrt:** Der Campingplatz liegt ca. 400 m westlich von Wesenberg in einem Waldgebiet am Kleinen Labussee; ab B198 der Straße Am Weißen See folgen, an Parkplatz „Badestelle Weißer See" auf Straße Am Labus abbiegen. Achtung: In diesem Bereich liegen verschiedene Ferienanlagen und Campingplätze; **Platzanzahl:** 20; **Untergrund:** Wiese, Sand, fest; **Service:** Strom, Trinkwasser, Abwasser, Chemie-WC, WLAN, Imbiss, Camperfrühstück, Einkaufsmöglichkeit; **Preiskat.:** €€€; **Geöffnet:** Mai–Sept.; **Kontakt:** Am Kleinen Labussee 1b, 17255 Wesenberg, Tel. 039832 20525, www.ihr-familienpark.de

## Wesenberg

Wesenberg war schon immer eine kleine Ackerbürgerstadt und geprägt von seiner Umgebung. Sie liegt direkt am Woblitzsee, der durch einige Kanäle mit anderen Seen verbunden ist. Wahrzeichen der Stadt ist die **Burg Wesenberg** (Burg 1, https://wesenberg-mecklenburg.de/burg-wesenberg), die im 13. Jahrhundert auf einem kleinen Hügel erbaut wurde und heute eine Sammlung zu Fischerei und Forstwirtschaft sowie regionaler Geschichte zeigt. Dort findet man auch die Tourist-Info, wo unter anderem Wander- oder Angelkarten angeboten werden. Neben der Burg ist die **St.-Marien-Kirche** (Hohe Straße 22) eines der ältesten Bauwerke des Ortes. Sie beherbergt eine Orgel des bekannten Orgelbauers Johann Michael Röder. In unmittelbarer Nähe zur Burg befindet sich mit der **Villa Pusteblume** (Burgweg 1, www.villa-pusteblume-wesenberg.de) auch ein liebevoll eingerichtetes Museum für Blechspielzeuge und mechanische Musikinstrumente. Im Garten kann man im Café bei hausgebackenem Kuchen und Kaffeespezialitäten verweilen.

Am westlichen Stadtrand gelangt man vom Wanderparkplatz Weißer See in den **Müritz-Nationalpark**.

**Tourist-Info und Stadt Wesenberg,** Burg 1, https://wesenberg-mecklenburg.de

*Auf einem kleinen Hügel erhebt sich die Burg Wesenberg über der Stadt*

*Die Vogelbeobachtungshütten im Müritz-Nationalpark sind bei Besuchern sehr beliebt*

**TIPP MÜRITZ-NATIONALPARK**

Der Müritz-Nationalpark besticht vor allem durch seine zahlreichen Seen und etwa 400 Moore. Er ist der größte Waldnationalpark Deutschlands. Der Park wurde am 1. Oktober 1990 gegründet und ist sehr dünn besiedelt. Etwas ungewöhnlich ist die Zweiteilung des Nationalparks in zwei Gebiete, einen mit 62 km² kleineren Teil östlich von Neustrelitz und den 260 km² großen Hauptteil. Dieser erstreckt sich vom Ostufer der Müritz bis an den Zierker See westlich von Neustrelitz. Hobbyornithologen kommen im Müritz-Nationalpark auf ihre Kosten, denn man kann unter anderem Fisch- und Seeadler sowie Kraniche beobachten. Der „König" des Parks ist allerdings der Rothirsch. Im Nationalpark existieren drei Schutzzonen, in denen unterschiedliche Verhaltensregeln gelten, die stets auf Informationstafeln aufgeführt sind. Man darf die Kernzone nicht mit privaten Fahrzeugen befahren, aber mit dem Erwerb eines Nationalparktickets ist es bequem möglich, mit Bussen tiefer in das Gebiet einzudringen und zu Wanderungen aufzubrechen. Man parkt am besten an den gut ausgeschilderten, meist naturbelassenen Wanderparkplätzen. Die wichtigsten Eingangsbereiche befinden sich in Federow (Norden), Kratzeburg (Osten) und Boek (Süden). Etwa 400 km Wanderwege laden neben einem ausgebauten Radwegenetz zum selbstständigen Erkunden der Landschaft ein. Die Nationalparkverwaltung offeriert darüber hinaus zahlreiche Führungen. Separate Informationsstellen zum Nationalpark präsentieren in Ausstellungen das Leben im Nationalpark und halten Kartenmaterial bereit (www.mueritz-nationalpark.de).

## ⑫ Campingplatz Zwenzower Ufer

GPS 53.31862, 12.9447

Wunderschön gelegener Campingplatz direkt am Großen Labussee und am Eingang zum Müritz-Nationalpark mit direktem Anschluss an das Wander- und Radwegenetz inkl. Havel-Radweg. Das macht den Campingplatz besonders für Wassersportler, Naturfreunde, Wanderer und Radfahrer interessant. Eigener Badestrand, getrennter FKK-Bereich, Sauna, Bootsvermietung. **Lage/Anfahrt:** Die Zufahrt nach Zwenzow erfolgt am besten ab Wesenberg oder Neustrelitz über die L25 und Userin. In Zwenzow ist der Platz ausgeschildert, kann in dem kleinen Flecken aber ohnehin nicht übersehen werden; **Platzanzahl:** 75; **Untergrund:** Wiese, Sand, fest; **Service:** Strom, Trinkwasser, Abwasser, Chemie-WC, WLAN, Imbiss; **Preiskat.:** €€€; **Geöffnet:** April–Okt.; **Kontakt:** Am Großen Labussee, 17237 Zwenzow, Tel. 03981 24790, www.haveltourist.de

## ⑬ Campingplatz am Hexenwäldchen

GPS 53.34717, 12.92250

Sehr familiärer und besonders ruhiger Campingplatz inmitten wunderschöner Natur mit nettem Personal. Im Sommer verschiedene Angebote am Platz für Groß und Klein, Bogenschießen, Naturführungen, Lagerfeuer, Boots- und Fahrradvermietung am Platz, Streichelzoo, Gaststätte 300 m entfernt, direkte Anbindung an verschiedene Rad- und Wanderwege. **Lage/Anfahrt:** Der Campingplatz liegt ziemlich versteckt direkt am Ufer des Jamelsees innerhalb des Havelquellgebietes und umgeben von Wald; der Ausschilderung in Richtung Blankenforde aus Richtung Roggentin oder Userin folgen und dort zum Campingplatz; **Platzanzahl:** 100; **Untergrund:** Pflaster, Wiese, Sand, fest; **Service:** Strom, Trinkwasser, Abwasser, Chemie-WC, WLAN, Imbiss, Einkaufsmöglichkeit; **Preiskat.:** €€€; **Geöffnet:** April–Anf. Jan.; **Kontakt:** Blankenförde 1a, 17252 Mirow/OT Blankenförde-Kakeldütt, Tel. 039829 20215, www.hexenwaeldchen.de

### TIPP ZWENZOWER WOLFSFANG

Im Jahr 1710 wurden in Userins Ställen 22 Schafe von Wölfen gerissen. Deshalb errichte man an dieser Stelle im Wald, unweit des Labussees, eine Anlage, um Wölfe zu fangen – einen Wolfsfang. Das war damals eine steile, 5 m tiefe Grube mit einem Durchmesser von 4 m, in deren Mitte als Köder ein Lamm, eine Ziege oder Geflügel befestigt wurde. Sprang der Wolf nun nach diesem Köder, landete er in der Grube, die mit Reisig getarnt war, und konnte sich selbst nicht daraus befreien. Die Anlage, die im Lauf der Zeit immer mehr abflachte, stellt heute keine Gefahr mehr für Mensch und Tier dar, ist aber ein lohnenswertes Ziel, das sich auf einer leichten Wanderung erreichen lässt. Starten kann man am Campingplatz Zwenzower Ufer (ca. 1,5 km bis zum Wolfsfang). Es findet sich auch ein kleiner, unbefestigter Waldparkplatz in der Nähe des Wolfsfangs. Ein Rundweg ist ausgeschildert, dessen Markierung ein Wolf ist.

### TIPP SKULPTURENPARK WESENBERG

In einem bewaldeten Gelände am Stadtrand von Wesenberg eröffnete 2016 ein Park, in dem auf einem Rundweg aus verschlungenen Pfaden Skulpturen aus verschiedensten Materialien wie Stein, Holz oder Metall betrachtet werden können. Kunstausstellungen von Werken chinesischer, australischer und europäischer Künstler in eigens dafür geschaffenen Galeriegebäuden runden das Angebot ab. Regelmäßig finden in den Sommermonaten Konzerte sowie Musikfestivals statt (Am Weißen See 3, www.sculpture-park-wesenberg.de).

## Residenzstadt Neustrelitz

Direkt am Zierker See liegt Neustrelitz, eine im barocken Stil am Reißbrett geplante Stadt, die 1733 gegründet wurde. Sie sollte Alt-Strelitz, die alte, enge Residenzstadt der Herzöge Mecklenburg-Strelitz ablösen, nachdem deren dortiges altes Residenzschloss 1712 komplett niederbrannte. Die Stadtanlage Neustrelitz gilt als einzigartig in Europa. Sie wurde rund um einen **quadratischen Marktplatz** erbaut, in dessen Zentrum ein Springbrunnen und Bänke zum Verweilen einladen. Das klassizistische Rathaus steht ebenso wie die Stadtkirche auf dem Marktplatz, von dem sternförmig acht Straßen abgehen. Restaurants und Geschäfte warten hier auf Besucher. Wenn man vom Marktplatz aus der Schlossstraße folgt, gelangt man schnell zum **Schlossbezirk,** der mit seinen Gebäuden und v. a. dem **Schlossgarten** beeindruckt. Dessen Mittelachse säumen zahlreiche Skulpturen, es gibt schöne Brunnen und alte Bäume zu bewundern. Man kann den Marstall und den Hebetempel sowie eine Orangerie bestaunen, sucht allerdings

*Die Stadtkirche ist eines der bedeutenden Gebäude am Neustrelitzer Markt*

*Der Stadthafen von Neustrelitz hat sich zu einem touristischen Zentrum entwickelt*

das eigentliche Schloss vergebens. Denn das Residenzschloss wurde am Ende des Zweiten Weltkriegs zerstört und nicht wieder errichtet. Nur die Fundamente sind noch zu sehen. Alles Wichtige über die Stadt und deren Entwicklung kann man bei einer wöchentlich stattfindenden Führung, die von der **Tourist-Info** angeboten wird, erfahren. Für Kinder gibt es eine eigene Stadtrallye. Bei einem Spaziergang durch den **Tiergarten Neustrelitz** (Am Tiergarten 14, www.tiergarten-neustrelitz.de), der schon 1721 südöstlich des Schlosses angelegt wurde, lassen sich heimische und exotische Tiere in den weitläufigen Anlagen entdecken. Auch ein Streichelgehege und ein Spielplatz sind vorhanden. Und vielleicht will man den erlebnisreichen Tag in Neustrelitz entspannt ausklingen lassen. Dazu bietet sich der Besuch des wunderschönen **Stadthafens** an. Kanus, Sportbooten oder Ausflugschiffen kann man beim Auslaufen zusehen und sich nebenher in einem der zahlreichen Restaurants stärken, z.B. in der **Inselgaststätte Helgoland**

### TIPP SLAWENDORF NEUSTRELITZ

Auf dem 1,4 ha großen Gelände, das durch einen Palisaden- bzw. Flechtzaun begrenzt wird, kann man in die Zeit des Mittelalters eintauchen und erfahren, wie die Slawen einst lebten. Unterschiedlich gestaltete Gebäude im slawischen Baustil befinden sich auf dem Gelände, in der Kulthalle gibt es eine kleine Ausstellung und wenn man auf den 12 m hohen Wachturm gestiegen ist, überblickt man das gesamte Areal. Mit dem Slawenboot Nakon geht es hinaus auf den Zierker See (Franzosensteg, https://slawendorf-neustrelitz.de).

(Am Hafen, www.inselgaststaette-helgoland.de) im Zentrum des Stadthafens und auf einer Insel im Zierker See. Angeboten werden verschiedene Mecklenburger Spezialitäten für den Magen und betörende Sonnenuntergänge fürs Auge. In der **Alten Kachelofenfabrik** (Sandberg 3a, www.basiskulturfabrik.de), tatsächlich einer ehemaligen Kachelofenfabrik,

## 74 Wohnmobilstellplatz am Stadthafen Neustrelitz

GPS 53.36534, 13.05549

Der einfache, aber zentrale Stellplatz ist ideal als Startpunkt für Stadtbesichtigungen geeignet, Restaurants am Hafen sind quasi vor der Womo-Tür, ebenso befinden sich Einkaufsmöglichkeiten in der Nähe. **Lage/Anfahrt:** direkt am Hafen gelegener Platz, in der Stadt Ausschilderung Stadthafen/Wohnmobilstellplatz folgen; **Platzanzahl:** 25; **Untergrund:** Pflaster; **Service:** Strom, Trinkwasser, Abwasser, Chemie-WC; **Preiskat.:** €€; **Geöffnet:** ganzjährig; **Kontakt:** Am Stadthafen 11, 17235 Neustrelitz; Tel. 03981 262996, www.neustrelitz-erleben.de/de/planung-amp-aufenthalt/reisemobilstellplatz

**TIPP KULTURQUARTIER MECKLENBURG-STRELITZ**

Das Kulturquartier vereint Museum, Karbe-Wagner-Archiv und Stadtbibliothek. Im Museum wird der Besucher mithilfe zahlreicher Ausstellungsobjekte auf eine Reise durch 300 Jahre Geschichte des Landes Mecklenburg-Strelitz mitgenommen. Mehr als 20 Medienstationen laden zum Erleben der Historie ein, denn man kann sich auf eine Kutschfahrt begeben, historischen Herrscherpersönlichkeiten begegnen oder virtuell durch das ehemalige Residenzschloss spazieren. Auch der besonderen Architektur der Stadt ist ein Teil der Ausstellung gewidmet (Schlossstraße12/13, www.kulturquartier-neustrelitz.de).

entstand ein Kultur- und Tourismuszentrum mit Galerie, Kino und einer Gaststätte. Ein schöner Biergarten lädt im Sommer ein, insgesamt findet man hier das urige Ambiente eines Industriedenkmals.

Neustrelitz ist aber auch Theaterstadt, und das schon seit 1755. Auf dem Spielplan des heutigen **Landestheaters** (Pfaffenstraße 18–22, https://tog.de) stehen Schauspiele, Musiktheater sowie Konzerte. Ergänzt wird dies durch die Aufführungen berühmter Opern und Operetten im Rahmen der Festspiele im Schlossgarten, welche in den Sommermonaten stattfinden.

**Tourist- und Nationalparkinformation,** Strelitzer Str. 1, www.neustrelitz.de/erleben/touristinfo

**LITERATURTIPP**

Ausführlichere Routenvorschläge findet man im Wohnmobil-Tourguide „Mecklenburgische Seenplatte“ aus dem Reise Know-How Verlag.

Gaby Gölz

# Husum und die Halbinsel Eiderstedt

Husum, die Theodor-Storm-Stadt, ist allein schon Grund genug, in den hohen Norden zu reisen. Was erwartet den Gast? Interessante Kultur, gute Einkaufsmöglichkeiten, eine malerische Altstadt, ein besonderes Hafenflair, viele gute Restaurants, immer wieder ein gemütlicher Klönschnack mit den Einwohnern und natürlich das Wattenmeer.

Husum hat zu jeder Jahreszeit seinen besonderen Reiz. Wie ein Finger ragt die Halbinsel Eiderstedt weit in die Nordsee hinaus. Geschützt durch Deiche, auf denen unzählige Schafe grasen, trotzt sie den Unbilden des Meeres. Ihr Wahrzeichen ist der pittoreske Leuchtturm von Westerhever.

St. Peter-Ording besticht mit seinem kilometerlangen Sandstrand und den einzigartigen Pfahlbauten. Wer hier einmal einen Sonnenuntergang genossen hat, vergisst diese Atmosphäre nie.

Am Husumer Binnenhafen

## TOUREN-ÜBERBLICK

**Routenempfehlung:** Husum – St. Peter-Ording – Eidersperrwerk und Katinger Watt – Tönning – Friedrichstadt
**Länge gesamt:** ca. 107 km
**Dauer:** ca. 4–5 Tage
**Reisezeit:** ganzjährig. Die Region hat zu jeder Jahreszeit ihren Reiz. Wie wäre ein Besuch zur Krokusblüte in Husum oder ein winterlicher Spaziergang durch Friedrichstadt?

Das technologische Highlight der Region ist das Eidersperrwerk, ein mächtiges Bollwerk gegen das Eindringen von Sturmfluten in die Eiderniederungen.

Tönning war einst ein wichtiger Hafen, heute ist es ein hübsch herausgeputztes Städtchen mit idyllischer Hafenkulisse, aber auch mit dem multimedialen Multimar-Wattforum.

„Bin ich schon in den Niederlanden?", denkt vielleicht der Besucher von Friedrichstadt, wenn er die reizenden Giebelhäuser und die von Grachten durchzogene Stadt betrachtet. Diese Region mit so viel Sehenswertem ist geradezu prädestiniert für einen Kurzurlaub zu jeder Jahreszeit.

## Husum

„…Doch hängt mein ganzes Herz an dir, du graue Stadt am Meer", schreibt Theodor Storm 1852 in einem Gedicht über seine Heimatstadt Husum. Hier muss dem großen Dichter widersprochen werden: Husum ist nicht grau, sondern bunt, lebensfroh und gastfreundlich und unbedingt zu jeder Jahreszeit einen Besuch wert. Unzählige Restaurants, Kneipen, Cafés und Bistros säumen den malerischen Binnenhafen und den Markt.

Mehr über den großen Sohn der Stadt erfährt der Interessierte im **Theodor-Storm-Zentrum** (Wasserreihe 31–35, www.storm-gesellschaft.de). Hier wohnte er von 1866 bis 1880 mit seiner Frau und den sieben Kindern. Im „Poetenstübchen" schrieb er unter anderem eines seiner bekanntesten Werke, „Pole Poppenspäler".

Hauptattraktion des **Schiffahrtsmuseums Nordfriesland** (Zingel 15, www.schiffahrtsmuseum-nf.de) ist das Wrack eines über 400 Jahre alten Lastenseglers, das 1996 sehr gut erhalten aus dem Watt geborgen wurde. Außerdem wird eine umfangreiche Sammlung wertvoller Schiffsmodelle präsentiert.

Das **Nordsee-Museum Nissenhaus** (Herzog-Adolf-Str. 25, www.museumsverbund-nordfriesland.de) beschäftigt sich umfassend mit dem Thema „Mensch und Meer an der Nord-

*Die „Tine" ist das heimliche Wahrzeichen von Husum*

seeküste“ und zeigt außerdem eine der größten Sammlungen amerikanischer Kunst außerhalb Amerikas. Sein Namensgeber Ludwig Nissen wanderte 1872 von seiner Heimatstadt Husum nach Amerika aus, wo er es tatsächlich vom Tellerwäscher zum Millionär brachte. Die Museumsrallye, die Schatzsuche und der Wasserspielplatz sind bei Kindern heiß geliebt.

Bürgerhäuser mit interessanten Giebelfronten säumen den weitläufigen **Marktplatz.** Vom Marktbrunnen schaut **Tine,** die Skulptur einer Fischersfrau in Holzschuhen, seit 1902 gelassen auf das geschäftige Marktgeschehen am Donnerstag- und Samstagvormittag.

Das **Schloss vor Husum** (König-Friedrich-V.-Allee, www.museumsverbund-nordfriesland.de), ein Renaissancebau, erhielt seinen Namen, weil es im späten 16. Jh. vor den Stadttoren Husums erbaut wurde. Ein besonderes Kleinod sind die mit schönen Alabasterschnitzereien versehenen Kamine aus dem 17. Jh. Das **Poppenspäler Museum** (König-Friedrich-V.-Allee, www.pole-poppenspaeler.de) führt, auch mit speziellem Audioguide für Kinder, in die faszinierende Welt des Figurentheaters ein.

Wer mehr von der Stadt sehen will, schließt sich am besten den **Stadtspaziergängen,** dem Nachtwächter- oder dem Themenrundgang „Tatort Husum“ an. Termine unter www.husum-tourismus.de.

Eine schöne **Badestelle** am Grünstrand mit Abenteuerspielplatz für die Kids findet man bei GPS 54.45753, 8.97762. Von hier und von Schobüll starten die geführten **Wattwanderungen** (Termine www.husum-tourismus.de/husum/event).

Der Sage nach vom Teufel selbst erbaut, steht das malerische reetgedeckte Gasthaus **Roter Haubarg** (Sand 5, 25889 Witzwort, www.roterhaubarg.de) heute für seine „teuflisch“ gute Küche. Nach der Einkehr ist eine Übernachtung im Womo auf dem Parkplatz möglich. Haubarg ist die ursprünglich aus den Niederlanden stammende Bezeichnung für landwirtschaftliche Betriebe, bei denen alles, vom Vieh über das Heu bis zu den Menschen, unter einem gemeinsamen Dach untergebracht war. Der Zusatz „Rot“ kommt von den roten Dachpfannen, die der Vorgängerbau (errichtet 1647) noch besaß. In dieser Zeit war ein mit Ziegeln gedecktes Dach deutlich teurer und deshalb wesentlich seltener als ein Reetdach.

i **Tourist-Info Husum,** Norderstr. 15, www.husum-tourismus.de

## INFO GLOSSAR FÜR MARITIME BEGRIFFE

**Blanker Hans** – Bezeichnung für die vom Sturm aufgepeitschte Nordsee

**Boje** – schwimmende Fahrwassermarkierung, auch Tonne genannt

**Buhne** – ins Meer hinein gebauter Wall aus Steinen, Beton oder Holz, der die Kraft der anrollenden Wellen reduziert

**Ebbe** – Niedrigwasser

**Fething** – Regenwassersammler auf den Halligen, in denen das Vieh getränkt wird

**Flut** – Hochwasser

**Geest** – vom Niederdeutschen: unfruchtbar, so wird der sandig-lehmig-steinige Boden genannt

**Granat** – Nordseekrabben

**Gezeiten** – vom Mond abhängiger Wechsel von Ebbe und Flut

**Halligen** – nicht eingedeichte kleine Inseln im Wattenmeer, bei Flut teilweise überspült

**Heuler** – Junge Seehunde, die von ihrem Rudel getrennt wurden

**Knicks** – sehr dichte Strauchreihen auf den Feldfluren, die den Boden vor Erosion durch den Wind schützen

**Klönen** – ein gemütlicher Plausch

**Köm** – Schnaps

**Koog** – durch Eindeichung entstandenes Marschland, wird auch Polder genannt

**Marsch** – fruchtbares Land, entstanden aus verlandetem Fluss- und Meeresboden. Nährstoffreich und feucht ist er ideal als Ackerboden.

**Pricke** – Seezeichen im Watt aus dünnen Baumstämmen

**Priele** – teilweise tiefe Wasserinnen im Watt, die nur bei Ebbe sichtbar werden

**Reet** – getrocknetes Schilf, um Häuser zu decken

**Siel** – Entwässerungskanal, der die Wiesen und Weiden durchzieht

**Warft** – künstliche Hügel, auf denen die Höfe zum Schutz vor Überflutung gebaut wurden (auch Wurt genannt)

*Eine Wattwanderung sollte man unbedingt einplanen*

## 75 Regenbogen Ferienanlage, Husum

GPS 54.47905, 9.01113

Campingplatz mit guter Ausstattung in schöner, ruhiger Lage direkt an der Nordsee. Spielplatz und Spielzimmer. Separater Stellplatz ohne Strom vor der Anlage. Ins Zentrum 2,5 km. **Lage/Anfahrt:** in Husum ausgeschildert; **Platzanzahl:** Campingplatz 75; Stellplatz 20; **Untergrund:** Schotterrasen, Wiese; **Service:** Strom, Trinkwasser, Abwasser, Chemie-WC, WLAN, Brötchenservice; **Preiskat.:** €€–€€€€; **Geöffnet:** Mitte Mai–Okt.; **Kontakt:** Dockkoogstr. 17, 25813 Husum, Tel. 0431 2372370, www.regenbogen.ag

### TOUR STURMFLUT-RADTOUR

Schwere Sturmfluten haben deutliche Spuren in der Landschaft hinterlassen. Diese interessante, 24 km lange Tour führt, gut ausgeschildert mit dem Logo „Husumer Bucht", durch die so geprägte Region. Infos und die gpx-Daten zum Download gibt es unter www.husum-tourismus.de.

## 76 Nordseecamping zum Seehund, Simonsberg

GPS 54.45478, 8.97284

Campingplatz in ruhiger Lage am Deich. Stellplatz auf separatem Platzteil. Kinder- und hundefreundlich. Badeteich, Wellnessoase mit Sauna, Massagen, Spielplatz, Hüpfburg. **Lage/Anfahrt:** nördlich von Simonsberg am Deich, ausgeschildert; **Platzanzahl:** Campingplatz 100; Stellplatz 20; **Untergrund:** Schotterrasen, Wiese; **Service:** Strom, Trinkwasser, Abwasser, Chemie-WC, WLAN, Imbisswagen, Minimarkt; **Preiskat.:** €€€–€€€€; **Geöffnet:** Ostern–Okt.; **Kontakt:** Lundenbergweg 4, 25813 Simonsberg, Tel. 04841 3999, www.nordseecamping.de

### TIPP LEUCHTTURM VON WESTERHEVER

Eine richtige Postkartenberühmtheit ist der Leuchtturm auf dem Weg von Husum nach St. Peter-Ording. Vom Parkplatz (Ahndelweg 4) geht es 2,5 km zu Fuß durch Salzwiesen zum meistfotografierten Motiv von Eiderstedt. Der weiß-rot geringelte, 41,5 m hohe Turm steht mit den beiden baugleichen Wärterhäusern auf einer vier Meter hohen, mit 127 Eichenpfählen befestigten Warft. Jeweils 12 Personen dürfen bei der Führung über 157 Stufen den Turm besteigen (https://westerhever-nordsee.de/leuchtturm, Karten gibt es nur am Info-Hus am Parkplatz, nicht am Leuchtturm, Vorbestellung Tel. 04865 1206).

## St. Peter-Ording

Wahrzeichen von St. Peter-Ording sind die **Pfahlbauten** am herrlich weiten Sandstrand. Seit über 100 Jahren thronen die Strandhütten auf bis zu 7 m hohen Pfählen. Wunderschön ist es, hoch oben, mit traumhaftem Panorama, in einem der Restaurants den Tag ausklingen zu lassen. Doch zuvor lockt tagsüber der 12 Kilometer lange Strand zwischen den Ortsteilen Böhl und Ording Badegäste, Kitesurfer, SUP-Paddler und Strandsegler an.
„SPO", wie St. Peter-Ording abgekürzt wird, besteht aus vier sehr unterschiedlichen Ortsteilen: Böhl, Dorf, Bad und Ording.
In Bad kann man bei kühlem Wetter den Tag in der kuscheligen **Dünen-Therme** (Maleens Knoll 2, www.st-peter-ording.de/duenentherme) verbringen. Sie bietet auf verschiedenen Ebenen ein weitläufiges Erlebnisbad sowie ein großzügiges Wellnesszentrum.

Einzigartig sind die auf hohen Pfählen stehenden Strandhütten von „SPO"

Lohnenswert ist im Ortsteil Dorf der Besuch des **Museums der Landschaft Eiderstedt** (Olsdorfer Str. 6, www.museum-landschaft-eiderstedt.de). Es versteht sich als Langzeitgedächtnis der Landschaft und Bewahrer wertvoller, historischer Objekte.
Tierfreunde besuchen gerne den **Westküstenpark** (Wohldweg 6, tierpark-westkuestenpark.de) im Ortsteil Böhl. Vielerlei Haus- und Wildtiere sowie das große Robbarium, ein Streichelzoo, eine Hüpfburg und Ponyreiten erfreuen kleine und große Besucher.
Der **Hitzlöper** ist eine Bimmelbahn, die regelmäßig zu verschiedenen, live moderierten Rundfahrten startet. Bequem und ohne das Womo bewegen zu müssen, rollt man mit dem Hitzlöper auch zu Wattführungen an die Spitze Ordings und zum Westerhever Leuchtturm. Die Haltestelle befindet sich im Ortsteil Bad direkt vor dem Strandhotel (www.de-hitzloeper.de).

Buntes Treiben am Strand von St. Peter-Ording

## 77 Campingpark Olsdorf, St. Peter-Ording

GPS 54.30724, 8.64869

Parzellierter Komfortplatz in schöner, ruhiger Lage am Ortsrand. Großer Spiel- und Freizeitbereich, Sauna. **Lage/Anfahrt:** Richtung St. Peter Dorf fahren, am Ortsrand links, ausgeschildert; **Platzanzahl:** 70; **Untergrund:** Rasengitter; **Service:** Strom, Trinkwasser, Abwasser, Chemie-WC, WLAN; **Preiskat.:** €€€, Winterpauschale (außer Weihnachtszeit) €€; **Geöffnet:** ganzjährig; **Kontakt:** Bövergeest 56, 25826 St. Peter-Ording, Tel. 04863 476317, www.meergruen-camping.de

Vorschläge für verschiedene **Fahrradtouren** mit GPS-Tracks findet man unter www.st-peter-ording.de/nordsee-urlaub/zwischen-land-und-strand/radfahren, ausgearbeitete **Spaziergänge, Jogging- und Walkingrouten** unter www.st-peter-ording.de/nordsee-urlaub/zwischen-land-und-strand/spazieren.

**Tourismuszentrale St. Peter-Ording,** Badallee 1, www.st-peter-ording.de

### INFO DAT SCHIPPERHUS

Vom Ortsverein St. Peter-Ording wurde im Ortsteil Dorf ein **Schipperhus** wieder aufgebaut. Ein Schipperhus war ein kleines Gebäude, in dem die **Strand- und Wasserleichen** aufbewahrt wurden. Jedermann, der eine Leiche fand, musste sie dem Dorfpolizisten melden und dieser brachte sie in so einem Schipperhus unter. Hier wurde sie auf besondere Merkmale wie Tätowierungen untersucht und bekam dann ein christliches Begräbnis auf dem örtlichen Friedhof. Ein goldener Ohrring, den die Seeleute im Ohr trugen, sollte für diese Kosten aufkommen. Wer aber anstatt eines Ohrringes nur noch einen Schlitz im Ohr hatte, war ein **Schlitzohr.** Er hatte sich etwas zu Schulden kommen lassen, deshalb war ihm der Ring aus dem Ohr gerissen worden.

## Eidersperrwerk und Katinger Watt

An der Mündung der Eider wurde von 1967 bis 1973 die größte Küstenschutzmaßnahme Deutschlands, das **Eidersperrwerk** (www.eiderstedt.net/eidersperrwerk) errichtet. Es soll die Eiderniederungen vor Sturmfluten schützen. Zwischen zwei Reihen von jeweils fünf 40 m breiten Fluttoren führt ein 236 m langer Tunnel hindurch, der die Halbinsel Eiderstedt mit Dithmarschen verbindet. Auf einem Fußweg überquert man das Eidersperrwerk mit schöner Aussicht auf Küste und Eider.

Das **Katinger Watt** entstand gleichzeitig mit dem Eidersperrwerk, als die Flussmündung der Eider gegen eindringendes Hochwasser eingedeicht wurde. Es entwickelte sich, betreut durch den NABU, ein Vogelschutzgebiet mit weitläufigen Orchideenwiesen, Säbelschnäblern, Kiebitzen, Graugänsen und Seeadlern. Im **NABU Naturzentrum** (Katingsiel 14, 25832 Tönning, https://schleswig-holstein.nabu.de/natur-und-landschaft/naturzentren-naturstationen-infos/katinger-watt) gibt es Informationen und hier starten die begleiteten Exkursionen.

## Tönning

Ein reizendes kleines Städtchen ist Tönning an der Eider. Am weitläufigen Marktplatz stehen das alte Rathaus und die **St. Laurentiuskirche** mit dem 61 m hohen Barockturm. Ihr ältester Teil stammt aus dem 12. Jh. Durch den Schlosspark (das Schloss wurde 1735 abgerissen) und einige Stöpe (siehe Infokasten Folgeseite) kommt man zum historischen Hafen. Wer heute die ruhige Idylle sieht, kann sich kaum vorstellen, dass hier zwischen 1610 und 1895 einer der wichtigsten Häfen der Westküste lag, der während der Elbblockade 1803–1807 sogar den Hamburger Hafen ersetzen musste. Einen Eindruck von der großen Lagerkapazität gibt das 1783 errichtete **Packhaus.** Es diente dem Umschlag von Waren auf dem 1704 eröffneten Schleswig-Holsteinischen Kanal. Dieser verlief von Kiel nach Rendsburg und bildete dort mit der Eider eine Verbindung von Nord- und Ostsee. Das Packhaus ist 77 m lang und 13 m breit und hat eine Lagerfläche von 4000 $m^2$. Es ist das letzte seiner Art, heute ist darin eine Ausstellung zur Stadtgeschichte untergebracht.

Beim Spaziergang entlang der **Hafenpromenade** fallen die hübschen Häuser auf, in denen

*Am Eidersperrwerk regeln fünf 250 Tonnen schwere Tore den Wasserdurchfluss*

**INFO STÖPE**

Um die Stadt gegen eindringendes Wasser aus dem Hafengebiet zu schützen, wurde die **Stöpe,** ein verschließbarer Deichdurchlass, entwickelt. Der Durchlass wurde rechts und links aufgemauert. In diese Mauern sind je zwei Schlitze eingearbeitet, hier werden bei drohender **Sturmflut** Bohlen eingeschichtet. Der Zwischenraum zwischen den Holzbohlen wird nun mit Dung oder Sandsäcken gefüllt und alle Ritzen möglichst gut verstopft. Es gab früher für jede Stöpe eine **Stöpenmannschaft,** die bei Gefahr sofort reagieren musste und die Stöpe verschloss. In Tönning waren im Hafenbereich sogar an jeder Haustüre Stöpe angebracht. So wurde der gegen eindringendes Wasser besonders gefährdete Eingangsbereich gesichert. 1962, bei der letzten großen Sturmflut, stand das Wasser im Tönninger Hafen bis zu den Fenstern der Häuser.

einladende Restaurants mit Außengastronomie untergebracht sind. Besonders markant sind das **Skipperhuset** mit dem Holzglockenturm (heute Jugendherberge) und das strahlend weiße Gebäude des Wasser- und Schifffahrtamts.

Von April bis Oktober geht es mit der **Adler II** raus zu den Seehundsbänken, um die Tiere zu beobachten. Auf der Fahrt dahin werden mit einem Schleppnetz Krabben und Seetiere gefangen, die nach Identifizierung und Erklärung wieder zurück ins Wasser dürfen (Termine unter toenningtourismus.de/freizeit-tipps/schiffstouren).

Im **Multimar-Wattforum** (Dithmarscher Straße 6 a, multimar-wattforum.de) bekommt die ganze Familie in der multimedialen Ausstellung, bei Audio- und Videostationen und an den Aquarien eine Fülle von Hintergrundinformationen zu Gezeiten, Artenvielfalt, Walen und zum Weltnaturerbe. In 37 großen und kleinen Aquarien tummeln sich Steinbut-

*Blick auf das 1625 als Unterkunft für Schiffer errichtete Skipperhuset*

## 78 Eiderblick, Tönning

GPS 54.30887, 8.93768

Plätze für Fahrzeuge bis 7 m Länge in schöner, ruhiger Lage an der Eider, Zentrum 300 m. **Lage/Anfahrt:** der Beschilderung Campingplatz folgen, dann ausgeschildert; **Platzanzahl:** 30; **Untergrund:** befestigte Wiese; **Service:** Strom, Trinkwasser, Abwasser, Chemie-WC, WLAN, Restaurant; **Preiskat.:** €€; **Geöffnet:** ganzjährig; **Kontakt:** Am Freizeitpark 1a, 25832 Tönning, Tel. 04861 617148, www.campingplatz-toenning.de

## 79 Kapitänshaus, Tönning

GPS 54.31136, 8.94124

Plätze auch für Womos über 7 m Länge in schöner, ruhiger Lage, 300 m in's Zentrum. **Lage/Anfahrt:** Richtung Campingplatz fahren, dann ausgeschildert; **Platzanzahl:** 22; **Untergrund:** befestigte Wiese; **Service:** Strom, Trinkwasser, Abwasser, Chemie-WC, WLAN, Restaurant; **Preiskat.:** €€; **Geöffnet:** ganzjährig; **Kontakt:** Freizeitpark, 25832 Tönning, Tel. 04861 617148, www.campingplatz-toenning.de

Die weiße Klappbrücke in holländischem Stil verbindet die Häfen von Tönning

te, Katzenhaie, Nagelrochen, Störe und ganze Fischschwärme. Ein 17,5 m langes Pottwalmodell, basierend auf einem echten Skelett eines 1997 an der Küste gestrandeten Exemplars, ist eines der spektakulären Ausstellungsobjekte.

Interessante **Fahrradtouren** von Tönning aus finden sich unter toenningtourismus.de/aktiv-in-toenning/fahrradtouren.

Eine **Badestelle** mit Sanddünen, Badebrücke für den Sprung in die Fluten, Badetreppe zum einfachen Einstieg in den Schlick und einer großen Wiese mit Strandkörben findet man am Strandweg. Ganz in der Nähe ist das **Meerwasser-Freibad** (Strandweg 2, https://toenningtourismus.de/aktiv-in-toenning/beheiztes-meerwasser-freibad) mit einem 50-m-Becken und Sprungtürmen.

**Tourist- und Freizeitbetriebe der Stadt Tönning,** Am Markt 1, 25832 Tönning, www.toenning.de

**TOUR MIT DEM RAD VON TÖNNING ZUM EIDERSPERRWERK**

Durch das reizvolle Katinger Watt mit vielen Möglichkeiten, Vögel zu beobachten, geht es auf dieser 28 km langen Route zum Eidersperrwerk und wieder zurück nach Tönning (https://toenningtourismus.de/wp-content/uploads/Fahrrad-Wasser.pdf).

## Friedrichstadt

Vor 400 Jahren kamen Glaubensflüchtlinge aus den Niederlanden in die Region und brachten ihren Baustil, ihre Kultur und auch ihren Glauben mit. So entstand eine Stadt mit Grachten, Klappbrücken und typisch holländischer Architektur, aber auch ein Ort der Toleranz, in dem Lutheraner, Katholiken, Mennoniten, Juden und Remonstranten friedlich und harmonisch miteinander lebten. Kirchen aller fünf Glaubensrichtungen findet man heute noch im Stadtbild. Mehr zur Geschichte von Friedrichstadt erfährt der Interessierte in der **Alten Münze** (Am Mittelburgwall 23, www.friedrichstadt.de).

Ganz entzückend ist ein Spaziergang über die **Prinzenstraße** und den weitläufigen **Marktplatz.** Er ist gesäumt von romantischen Giebelhäusern mit kleinen, interessanten Lädchen und Cafés. Einen Blick sollte man unbedingt auf das 1637 vom Kaufmann und Remonstrantenprediger Paludanus erbaute Haus Nr. 28 mit der prächtigen Rokokotür werfen. Eine Kuriosität ist die in der Häuserfront eingemauerte Kanonenkugel. Sie traf das Haus bei der Beschießung 1850 im Deutsch-Dänischen Krieg. Besonders erwähnenswert ist das Neberhaus (Gaststätte Holländische Stube), das Wohnhaus des Eisenwarenhändlers Heinrich Neber aus der Gründungszeit der Stadt. Im 17. und

**TOUR FRIELING-RADTOUR**

Abwechslungsreiche, 35 km lange Tour zu den als „Duftmarken" vom Bildhauer Lothar Frieling in der Region um Friedrichstadt versteckten Werken. Der „Klootstockspringer", der „Schafbock", der „Zentaur", das „Ding" u. a. m. warten entlang der Strecke auf Entdecker (www.friedrichstadt.de/fileadmin/user_upload/RadflyerFrielingXS.pdf).

*Der Marktplatz von Friedrichstadt ist ein wahres Schmuckstück*

18. Jh. wohnte hier die bedeutende Mennonitenfamilie Owens, von der viele Ratsherren und Bürgermeister der Stadt abstammen.

Neben den klassischen, sehr unterhaltsam und informativ **geführten Stadtspaziergängen** werden auch thematische Führungen mit den Schwerpunkten Frauengeschichten, religiöse Vielfalt, Museums- oder Nachtwächtertour angeboten (Termine unter www.friedrichstadt.de). Geruhsam gleiten die Boote der **Prinzenlinie** (Abfahrt Am Deich/Fürstengraben) auf den Grachten dahin. Unterhaltsam erzählen die Kapitäne unterwegs so manches Seemannsgarn. Zur individuellen Grachten- und Treeneerkundung stehen **SUP-Boards** (Ausleihe bei Diane Grunow, Tel. 01515 9438071), **Kanus** oder E-Boote (Kanu Kunterbunt, www.kanu-kunterbunt.de) zur Ausleihe bereit.

Kinder und das „Kind im Manne" stehen staunend im **Modellbahn-Zauber** (Brückenstr. 18, www.modellbahn-zauber.de) vor einer 100 m² großen Modelleisenbahnanlage der Spur H0.

ⓘ **Tourismusverein Friedrichstadt,** Am Markt 9, 25840 Friedrichstadt, www.friedrichstadt.de

### 80 Am Halbmond, Friedrichstadt

GPS 54.37198, 9.08790

Gepflegter Platz in schöner, ruhiger Lage am Ortsrand, Hundespielplatz. **Lage/Anfahrt:** der Beschilderung P3 folgen und dann rechts zum Platz, ausgeschildert; **Platzanzahl:** 50; **Untergrund:** Schotter, Wiese; **Service:** Strom, Trinkwasser, Abwasser, Chemie-WC, WLAN, Foodtruck, Gasverkauf; **Preiskat.:** €€; **Geöffnet:** ganzjährig; **Kontakt:** Halbmond 5, 25840 Friedrichstadt, Tel. 04881 937048, www.wohnmobilstellplatz-friedrichstadt.de

LITERATURTIPP

Ausführlichere Routenvorschläge findet man im Wohnmobil-Tourguide „Deutsche Nordseeküste" aus dem Reise Know-How Verlag.

Gaby Gölz

# Altes Land, Cuxland und Bremerhaven

## TOUREN-ÜBERBLICK

**Routenempfehlung:** Buxtehude – Jork – Stade – Otterndorf – Cuxhaven – Bremerhaven
**Länge gesamt:** ca. 150 km
**Dauer:** ca. 5–7 Tage

**Reisezeit:** im Frühjahr zur Baumblüte und im Herbst zur Ernte ins Alte Land. Cuxhaven und Bremerhaven mit den vielen interessanten Museen sind ein Ganzjahresziel.

Reif für ein paar Tage Auszeit vom Alltagstrubel? Dann auf ins Alte Land und ins Cuxland! Zwischen Weser, Elbe und der Nordsee geht es gemächlich zu. Hier genießen die einen die Ruhe, „kieken" Schiffe oder chillen im Strandkorb, während die Aktiven mit dem Rad ihre Kreise ziehen, kiten, surfen oder sich in die Fluten stürzen. Gerade Radfahrer können durch den Elbe-Radwanderbus und den Moorexpress ihren Tourenradius beachtlich erweitern und Teilstrecken mit dem Bus zurücklegen. Die reizvollen Städtchen Stade und Buxtehude sind ideal für einen Bummel durch die Fußgängerzonen mit gemütlicher Einkehr. Schlechtes Wetter ist hier kein Problem, denn es gibt so viele abwechslungsreiche Indoor-Aktivitäten. Besonders in Bremerhaven kann man locker zwei spannende Tage in den Mu-

Charakteristisch für Buxtehude ist die grachtenartig angelegte Flethanlage

seen verbringen. Hier sei besonders auch für Kinder das Klimahaus 8° Ost empfohlen, lehrreich und doch mit hohem Spaßpotenzial. Otterndorf und Cuxhaven haben sich mit einem speziellen Programm auf die jüngeren Gäste eingestellt und bieten viele Aktivitäten an. Ob Familienbad oder Wellness-Oase, Schiffsrundfahrt oder Wattwanderung, Hofbesichtigung oder Wattenmeer-Besucherzentrum, historische Altstadt oder futuristische Hafenwelt, kleiner Fischerhafen oder riesige, hypermoderne Hafenkaje: Gerade diese Region hat für jedes Alter und für viele Bedürfnisse etwas zu bieten.

## Buxtehude

„Ick bün al dor!" rief der schlaue Igel beim Wettrennen mit dem Hasen im Märchen. Ganz schön „ausgefuchst", mit welchen Tricks Herr und Frau Igel den armen Hasen auf der kleinen Heide bei Buxtehude hinters Licht führten. Das Märchen ist in ganz Deutschland bekannt, seither gilt die alte Hansestadt Buxtehude auch als Märchenstadt.

Den **Marktplatz** beherrscht das **Rathaus** mit seiner schmucken Fassade mit Jugendstilelementen. 1911 wurde das ehemals mittelalterliche Gebäude nach dem großen Brand neu errichtet.

Am **St.-Petri-Platz** steht die gleichnamige **Kirche,** eine gotische Gewölbebasilika, mit deren Bau im 13. Jh. begonnen wurde. Der wunderschöne Marienaltar (1410) mit 18 Bildern ist eine Kopie, das Original von Meister Bertram von Minden steht in der Hamburger Kunsthalle.

Regionalgeschichte und Kunst sind die Themen des **Heimatmuseums** (Stavenort 2, https://buxtehudemuseum.de) gleich beim Stavenort. Dessen Name leitet sich von einer einstmals hier gelegenen Badestube ab. Auf diesem ruhigen Plätzchen installierte 2008 der

**TIPP ELBE-RADWANDERBUS**

Zwei Buslinien mit Radtransport verkehren von Mitte April bis Anfang Oktober zwischen den elbenahen Orten im Alten Land und Kehdingen; eine ideale Möglichkeit, die Region mit dem Rad oder zu Fuß zu erkunden. Linie 2 verbindet Buxtehude mit Jork, dort startet die Linie 1 von Jork nach Balje. Weitere Infos: www.urlaubsregion-altesland.de

Heimatverein ein Glockenspiel. Hier schwebt um 11.30, 15.30 und 16.30 Uhr aus 24 Glocken eine Melodie über den schmalen, zweigeschossigen Fachwerkhäusern. Der **Marschtorzwinger** ist das letzte Überbleibsel von ehemals fünf Rundtürmen der Stadtmauer.

Viele Restaurants und Cafés mit Außenbestuhlung entlang des Westfleths bringen eine sehr angenehme, fast mediterrane Atmosphäre nach Buxtehude. Nach einer entspannenden Rast am Westfleth wäre vielleicht ein Bummel über den **Kulturpfad** (www.buxtehude.de) zu zahlreichen Werken zeitgenössischer Kunst ein Tipp.

Ganz bestimmt keine trockene Angelegenheit sind die unterhaltsamen, kurzweiligen **Stadtführungen** (www.buxtehude.de/tourismus/stadtfuehrungen). Teilweise schlüpfen die Begleiter sogar in Igel-, Kaufmanns- oder Nachtwächterkostüme.

Ein besonders entspannendes Erlebnis ist eine gemächliche **Barkassenfahrt** (www.buxte

Das repräsentative Rathaus von Buxtehude

### 81 Am Jachthafen, Buxtehude

GPS 53.47913, 9.70364

Plätze am kleinen Jachthafen in schöner, zentrumsnaher Lage, Einkaufsmöglichkeiten in der Nähe. **Lage/Anfahrt:** von der B73 vor Buxtehude auf die Harburger und dann die Moorender Straße abbiegen; **Platzanzahl:** 5; **Service:** Strom, Trinkwasser, Abwasser, Chemie-WC, WLAN; **Preiskat.:** €€; **Geöffnet:** Mai–Okt.; **Kontakt:** Am Hafen 5, 21614 Buxtehude, Tel. 01744611747, www.bwvhansa.de

### 82 Schützenplatz, Buxtehude

GPS 53.47135, 9.69533

Ruhige Lage, zentrumsnah, gut besucht. **Lage/Anfahrt:** in Buxtehude ausgeschildert; **Platzanzahl:** 30; **Untergrund:** Schotter; **Service:** Strom, Trinkwasser, Abwasser, Chemie-WC; **Preiskat.:** €; **Geöffnet:** frei zugänglich; **Kontakt:** Schützenplatz, 21614 Buxtehude, www.buxtehude.de

hude.de/tourismus/barkassenfahrten) über Este und Elbe durch das Alte Land bis nach Hamburg.
Nach dem Herunterladen der **Fahrrad-App Altes Land am Elbstrom** unter www.buxtehude.de steht der Planung für Touren durch die Region Altes Land nichts mehr im Wege.

**Servicecenter Kultur & Tourismus,** Breite Str. 1, www.buxtehude.de

### TOUR DEICHWANDERUNG W5

Länge: 9,8 km; Start: Am Hafen. Interessante Rundwanderung entlang des Deichs zu verschieden Bauwerken, die der Entwässerung dienen.

### INFO DAS ALTE LAND

So heißt die Region der Elbmarsch zwischen Hamburg und der Nordsee. Vor rund zehntausend Jahren gruben die abschmelzenden Wasser das Urstromtal der Elbe. Die Nordsee brachte bei Flut Sedimente, die sich entlang des südlichen Ufers als Marschland ablagerten. Im 12. Jh. machten Holländer dieses feuchte Gebiet durch Entwässerungsgräben urbar. Damals entstand auch der Name, denn die Teilstücke, die bereits bearbeitet waren, hießen das „Alte Land", nicht bearbeitete Stücke das „Neue Land". Erst nachdem das gesamte Gebiet fertig war, erhielt es seinen bis heute noch gültigen Namen „Altes Land". Die Aufnahme als UNESCO-Welterbe wird angestrebt. Die wunderschönen Buntmauer-Fachwerkhäuser mit ihren individuellen Ziegelmustern und der traditionellen Brautpforte sind eine Besonderheit des Alten Landes.

*Eine signifikante Altländer Hausfassade mit Buntmauer-Fachwerk in Jork*

## Jork

Jork liegt mitten im fruchtbaren Alten Land, umgeben von drei Millionen Apfel-, Birnen-, Pflaumen- und Kirschbäumen. Besonders im Frühjahr, zur Zeit der zauberhaften **Baumblüte,** kommen die Besucher aus Nah und Fern. Der sehenswerte Ortskern mit dem **Rathaus** (1649 von Gräfe Matthäus von Haren errichtet), typische Buntmauerhäuser, Obstverkauf direkt vom Bauern, Hofführungen und gut ausgeschilderte Fahrradwege: Für einen oder zwei schöne Ausspanntage im Alten Land ist alles da.

**Tourist-Info Altes Land,** Osterjork 10, www.tourismus-altesland.de

*... und plötzlich scheinen große Pötte durch die blühenden Baumwiesen zu fahren.*

### 83 Stubbe's Gasthaus, Jork

GPS 53.56871, 9.63334

Zwei Plätze bei einem Gasthaus mit guter Küche (Mo. Ruhetag, Okt.–März Mo. u. Di.), Lage schön und ruhig. Nur für Fahrzeuge bis 8 m Länge. Am ersten und zweiten Maiwochenende wegen der Baumblüte Anmeldung erforderlich. **Lage/Anfahrt:** ausgeschildert, Vorsicht: erst kurz vor der Hebebrücke nach links abbiegen, steile und schmale Zufahrt; **Platzanzahl:** 7; 7 weitere ohne Strom bei GPS 53.57023, 9.63364; **Untergrund:** Schotter, Wiese; **Service:** Strom, WLAN, Brötchenservice; **Preiskat.:** €€; **Geöffnet:** ganzjährig; **Kontakt:** Lühe 46, 21635 Jork, Tel. 04142 2535, www.wohnmobil-altes-land.de

**TIPP BESUCH DES HERZAPFELHOFS LÜHS**

Auf dem Bio-Obsthof erläutert Obstbaumeister Hein Lühs während der 1½–2-stündigen Wanderung viele Besonderheiten des Obstbaus, die einem sonst verborgen blieben. Sehr lohnend (Anmeldung bei www.tourismus-altesland.de).

## Stade

Auf einer vollständig von Wasser umspülten Insel liegt die **historische Altstadt** von Stade. Ehrwürdige Bürgerhäuser wie das Senatorenhaus mit Renaissancefassade und der alte Hansehafen spiegeln die wechselvolle Geschichte der Stadt wider. Den Fischmarkt beherrscht die Rekonstruktion eines **Holzkrans** aus dem 14. Jh. Von Menschenkraft angetrieben, wurden mit diesem Tretkran die Schiffe entladen. Von hier bietet sich ein schöner Ausblick entlang der stolzen Kaufmannshäuserfront. Besonders das **Bürgermeister-Hintze-Haus** mit der beeindruckenden Renaissancefassade zieht die Kameraobjektive an. Der **Schwedenspeicher** (Wasser West, www.museen-stade.de), einst Provianthaus der schwedischen

*Wer auf den Turm von St. Cosmae et Damiani steigt, wird mit einem weiten Panorama belohnt.*

Die spätmittelalterliche Fachwerkzeile mit dem Bürgermeister-Hintze-Haus im Hintergrund

Garnison, beherbergt heute eine modern konzipierte Sammlung zur Früh- und Regionalgeschichte. Hinter dem Schwedenspeicher stehen die **Flutkanonen,** die die Bevölkerung, das letzte Mal 1962, vor drohenden Sturmfluten warnten.

In der Fußgängerzone Hökerstraße sollte man einen Blick auf Nr. 29 werfen. Das **Hökerhus** ist eines der wenigen Häuser, die den großen Brand von 1659 überstanden haben.

Im hellen Innenraum der einschiffigen **Kirche St. Cosmae et Damiani** steht eine bedeutende Barockorgel von 1675. Sie begründete den hervorragenden Ruf von **Arp Schnitger,** der sie mit seinem Vetter, dem Glückstädter Orgelbauer Berendt Huß, ab 1668 errichtete.

Vorbei am **Rathaus** von 1667 mit seinem imposanten Portal wendet man sich nach links und erreicht die **Kirche St. Wilhadi.** Wuchtig und auch etwas schief ist ihr Turm. Im Innern bezaubert die Spätbarockorgel von **Erasmus Bielfeldt** mit ihrem reinen Klang.

Im kleinen, aber feinen **Freilichtmuseum** (Auf der Insel, www.museen-stade.de) stehen das Altländer Haus, eine Bockwindmühle und einige Nebengebäude. Im Altländer Haus von 1733 sind das Flett, das Esszimmer, die Dönz, der Wohnraum, die Kammer mit Truhen und Schränken und die Diele mit Werk- und Milchkammer sowie Ställen im Original erhalten.

Das ganze Jahr über finden verschiedene **Stadtführungen** statt: eine gute Möglichkeit, von fachkundigen Begleitern mehr Hintergrundwissen zu erhalten (www.stade-tourismus.de/de/stadtfuehrung). Und wie wäre es mit einer eindrucksvollen **Stand-Up-Paddling-Tour** im Burggraben rund um die Altstadt sowie auf dem Fluss Schwinge (Salztorswall 8/Am Holzhafen, www.supclubs.de)?

Erholung, Spaß und Fitness verspricht das Schwimmbad **Solemio** (Exerzierplatz, www.solemio-stade.de) mit seinen Erlebnis- und Solebecken sowie der Sauna.

**Tourist-Info Stade,** Hansestr. 16, www.stade-tourismus.de

**TIPP MIT DEM MOOREXPRESS INS TEUFELSMOOR**

Von Mai bis Oktober verkehrt an den Wochenenden und an Feiertagen der Moorexpress von Stade über Bremervörde nach Bremen. Empfehlenswert ist eine Fahrt von Stade nach Bremervörde (Fahrzeit 52 Min.). Zurück nimmt man das Rad und erreicht auf gut ausgebauten und beschilderten Radwegen den Wohnmobilstellplatz in Stade (Reservierung unter moorexpress.info).

**TOUR RADTOUR INS ALTE LAND**

Die 30 km lange Radtour startet am Wohnmobilstellplatz Am Schiffertor. Durch Obstplantagen abseits des Verkehrs geht es durch das Alte Land. Eine genaue Beschreibung der Route findet sich unter www.stade-tourismus.de/de/lieblingsplaetze-im-gruenen.

## Otterndorf

Nordseebad mit weitem Grünstrand, historische Altstadt, Sole-Therme, Badesee, Abenteuerspielplatz, gepflegter Campingplatz: Das ist die Kurzformel für angenehme, erholsame Ferientage in Otterndorf.

Doch der Reihe nach: Sonnenbader, Schwimmer, Kiter, Surfer, Strandkorbgenießer sowie Volleyball- und Fußballspieler finden am großzügigen **Grünstrand** ihre Nische. Doch

### 84 Am Schiffertor, Stade

GPS 53.60262, 9.46563

Parzellierte Plätze in schöner, ruhiger Lage, zentrumsnah, auch für große Wohnmobile geeignet. **Lage/Anfahrt:** ab dem Altstadtring ausgeschildert; **Platzanzahl:** 79; **Untergrund:** Schotter; **Service:** Strom, Trinkwasser, Abwasser, Chemie-WC, WLAN, Brötchenservice, im Sommer mobile Bar; **Preiskat.:** €€; **Geöffnet:** ganzjährig; **Kontakt:** Schiffertorstraße 21, 21582 Stade, Tel. 04141 408797, www.stade-tourismus.de

das ist noch nicht alles für Wasserratten. Einen **Badesee** mit Sandstrand und abgetrenntem Nichtschwimmerbereich gibt es auch noch, gleich beim Campingplatz. Direkt daneben sorgt ein großer **Abenteuerspielplatz** mit Riesenrutsche und Skateanlage für strahlende Kinderaugen.

Bei Schietwetter braucht man nicht auf das Wasser zu verzichten. In der **Sole-Therme** (Goethestr. 12, www.otterndorf.de) gibt es wohltemperierte Spaßbecken mit Sprudeldüsen, Wasserrutsche und einer Saunalandschaft.

Für Kinder ist zu jeder Jahreszeit die **Spiel- & Spaßscheune** (Norderteiler Weg 2a, www.otterndorf.de) genau der richtige Platz zum Toben, Klettern, Rutschen und Spielen.

Die ausgesprochen malerische Altstadt von Otterndorf sollte man bei seiner Reise nicht auslassen. Besonders rund um die Kirche gruppieren sich die Häuser zu einem idyllischen Ensemble. Sehens- und hörenswert ist die Gloger-Orgel in der **St.-Severi-Kirche.** Sie enthält noch Pfeifen aus dem Jahr 1553. Von 1583 stammt das **Rathaus** mit herrlichen Wand- und Deckenmalereien. Das **Kranichhaus** in der Reichenstraße 3 zählt zu den bedeutendsten Baudenkmälern links der Niederelbe. Seine ältesten Teile, wie die mächtigen Deckenbalken über dem Erdgeschoss, lassen sich auf das Jahr 1583 datieren.

15 km außerhalb gibt es das sehr interessante **Natureum** (21730 Balje/Neuhaus, www.natureum-niederelbe.de) ein „lebendiges“

*Malerisch gruppieren sich die historischen Gebäude rund um die St.-Severi-Kirche*

## 85 See Achtern Diek, Otterndorf

GPS 53.82533, 8.87534

Gepflegter Platz am Badesee direkt hinterm Deich in schöner, ruhiger Lage. Sehr kinderfreundlich. Großer Spielplatz und Wakeboardanlage am Deich. **Lage/Anfahrt:** ausgeschildert; **Untergrund:** Wiese; **Service:** Strom, Trinkwasser, Abwasser, Chemie-WC, WLAN, Brötchenservice, Mini-Markt, Imbiss; **Preiskat.:** €€€; **Geöffnet:** Apr.–Okt.; **Kontakt:** Am Campingplatz 3, 21762 Otterndorf, Tel. 04751 2933, www.otterndorf.de.

Küstenmuseum mit großem Ausstellungsgebäude und mehreren Themenrundwegen wie „Urzeit an der Nordseeküste“, „Nordsee-Marschen“ oder „Steinzeit an der Küste“.

**Tourist-Info Otterndorf,** Rathausplatz 1, www.otterndorf.de/tourismus/tourist-information

## Cuxhaven

Cuxhaven – das ist für viele „Schiffe gucken“ an der meistbefahrenen künstlichen Seewasserstraße der Welt. Besonders schön kann man dies aus einem Strandkorb heraus oder von der **Alten Liebe** tun. Von dieser zweigeschossigen hölzernen Aussichtsplattform aus dem Jahr 1733 hat man einen First-Class-Blick auf die pausenlos vorbeiziehenden Schiffe. Eine Lautsprecherdurchsage kündigt von April bis Oktober zwischen 10 und 19 Uhr die einzelnen Schiffe an.

Das Wahrzeichen von Cuxhaven ist die **Kugelbake.** Das 29 m hohe Seezeichen diente den Seefahrern vor dem Einsatz von Radar als Orientierungshilfe. Auswanderer, die per Schiff von Cuxhaven in die neue Welt aufbrachen, nannten sie „die letzte Ecke vor Amerika“.

Ein weiteres Überbleibsel aus vergangenen Seefahrertagen ist das **Semaphor** ganz in der Nähe der Alten Liebe. Das eiserne Gebilde aus dem Jahr 1903 zeigt auch heute noch die aktuellen Windrichtungen bzw. Stärken in

Die Kugelbake war für Auswanderer „die letzte Ecke vor Amerika"

Borkum (B) und Helgoland (H) für die vorbeifahrenden Schiffe an.

Direkt davor liegt in den Sommermonaten das außer Dienst gestellte **Feuerschiff Elbe 1.** Feuerschiffe waren einst schwimmende Leuchttürme, die Steuermänner vor Untiefen und Sandbänken warnten.

In zwei ehemaligen Fischpackhallen von 1930 zeugt das spannende Wrack- und Fischereimuseum **Windstärke 10** (Ohlroggestr. 1, www.windstaerke10.net) von der harten Arbeit und den Gefahren der Seefahrt. Man gewinnt einen Eindruck vom Fischfang vor Island und geht mithilfe von Lichtinstallationen auf Wracktauchgang auf den Grund der Nordsee. Die Kids erforschen die Unterwasserwelt mit einem U-Boot oder schauen sich interessante Bücher auf der Kuschelkrake an.

Am **Steuben-Höft** stehen die historischen **Hapag-Hallen** (hapaghalle-cuxhaven.de). Von hier verließen ab 1889 Tausende von Auswanderern ihre alte Heimat, um in Amerika oder Kanada ihr Glück zu suchen. Im ehemaligen Amerikabahnhof dokumentiert eine Ausstellung anhand von Einzelschicksalen das Leben der Auswanderer. Seit der Einstellung des Liniendienstes 1967 legen hier noch Kreuzfahrtschiffe an. Übrigens begann am Steuben-Höft 1891 mit der ersten „Lustreise in den Orient" die Ära der Kreuzfahrten.

Wer kennt Ringelnatz nicht? Der muss ihn kennenlernen. Dem Dichter intelligenter, komischer Verse, dem großartigen Kabarettisten und dem begabten Maler ist das **Ringelnatz-Museum** (Südersteinstr. 44, www.ringelnatz-museum.de) gewidmet. Bei einer kurzweiligen Museumstour, begleitet durch Audioguides (auch spezielle für Kinder), kommt man dem „Vater" von Kuttel Daddeldu ganz nah.

Die **Dicke Berta** (Altenbrucher Hafen, www.dickeberta.de) ist kein korpulentes weibliches Wesen, sondern ein schwarz-weißer Leuchtturm, der von 1887 bis 1983 in Betrieb war. In den Sommermonaten kann man 41 Stufen emporsteigen, um die Aussicht zu genießen.

Und da ist natürlich noch die **Nordsee** mit kilometerlangen gepflegten Sand- und Grünstränden und bei ungünstiger Witterung das **ahoi-Wellness-Thalassobad** (Wehrbergsweg 32, tourismus.cuxhaven.de) mit Wellenbad, Sauna und Wellnessbereich. Wer nicht nur das Meer genießen möchte, sondern an Informationen am Welterbe Wattenmeer interessiert ist, dem sei das **Wattenmeer-Besucherzentrum Cuxhaven** (Nordheimstr. 200, www.wattbz.cuxhaven.de) ans Herz gelegt. Der markante Holzbau am Sahlenburger Strand hat auf 450 m² Ausstellungsfläche u. a. ein flutbares Tidemodell und Seewasseraquarien und bietet geführte Exkursionen an.

Verbunden werden die in den einzelnen Ortsteilen weit auseinanderliegenden Sehenswürdigkeiten durch die **Jan-Cux-Strandbahn** entlang des Wattenmeers (Abfahrtszeiten unter 04721 404142 oder tourismus.cuxhaven.de). Kinder sind in Cuxhaven gern gesehene Gäste. Unter https://tourismus.cuxhaven.de gibt es Informationen für kindgerechte Aktivitäten. Ein Watterlebnis besonderer Art ist die **Fahrt mit dem Pferdewattwagen zur Insel Neuwerk** (Büro: Duhner Strandstr. 19, www.wattenpost.de/wattwagenfahrt-nach-neuwerk.html). Informative **Wattwanderungen** führt Thomas Lehmann unter dem Motto „Gönn dir Watt". Eine Anmeldung unter www.goenndirwatt.de ist unbedingt erforderlich.

ⓘ **Verkehrsverein Cuxhaven,** Lichtenbergplatz 2, www.verkehrsverein-cuxhaven.de

### 86 De Wattenlöper, Cuxhaven

GPS 53.88656, 8.65051

Gepflegte, großzügige Plätze im Ortsteil Duhnen in schöner, ruhiger Lage, gute Ausstattung. Strand 100 m, Erlebnisbad und Kurzentrum 800 m. **Lage/Anfahrt:** in Duhnen ausgeschildert; **Platzanzahl:** 100; **Untergrund:** Wiese; **Service:** Strom, Trinkwasser, Abwasser, Chemie-WC, WLAN, Café, Mini-Markt; **Preiskat.:** €€€; **Geöffnet:** Mitte März–1. Nov. und über die Weihnachtsferien; **Kontakt:** Cuxhavener Straße 57, 27476 Cuxhaven, Tel. 04721 425051, https://wattenloeper.de

## Bremerhaven

Futuristisch mutet die Silhouette von Bremerhaven mit **Klimahaus** und **Sail City** an. Der Gegensatz könnte nicht größer sein, wenn sich das ultramoderne, einem Segel nachempfundene Sail City zusammen mit den historischen Schiffen im Wasser des Museumshafens spiegelt. Historie trifft Zukunft!

In Bremerhaven gibt es sehr viel zu sehen. Wenn das Wetter nicht so traumhaft ist, kommt dank der vielen außerordentlich interessanten Museen – auch bei Kindern – keine Langeweile auf.

Da sei zuerst das faszinierende **Klimahaus 8° Ost** (Am Längengrad 8, www.klimahaus-bremerhaven.de) erwähnt. Entlang des 8. Längengrads einmal um die Welt, erlebt man darin die unterschiedlichen Klima- und Land-

Spektakulär ist die Aussicht vom Richtfunkturm in Bremerhaven

Moderne Architektur und historische Schiffe vereint zu den spannenden Havenwelten

schaftszonen. Spannend, was es alles über Klima, Sonne, Erde, Wasser und Luft zu erfahren und auch am eigenen Körper zu spüren gibt. Wo sonst kommt man in wenigen Stunden auf die eiskalten Schweizer Gletscher, in die brütend heiße Sahelzone, in die tropische Südsee, nach Alaska und durchs Wattenmeer wieder zurück nach Bremerhaven?

Nach der glücklichen Weltumrundung gehts auf Spurensuche im **Deutschen Auswanderer Haus** (Columbusstr. 65, www.dah-bremerhaven.de), und zwar nach den sieben Millionen Menschen, die von Bremerhaven zwischen 1830 und 1974 in die Neue Welt und ein neues Leben starteten. Jeder Besucher erhält die Identität eines Auswanderers und kann immer wieder den Weg „seines" persönlichen Emigranten in eine ungewisse Zukunft verfolgen. Beinahe beklemmend realistisch werden der Abschied, die Fahrt in den engen Massenunterkünften unter Deck und der frostige Empfang durch die Einwanderungsbehörden in Amerika dem Museumsbesucher vermittelt. Im Saal „In der neuen Welt" kann man dann erfahren, wohin es die Emigranten in ihrer neuen Heimat verschlagen hat. In zwei Dokumentarfilmen wird das weitere Leben in den USA und in Argentinien gezeigt.

Ein Besuch im **Zoo** (H.-H.-Meier-Str. 7, www.zoo-am-meer-bremerhaven.de) wäre jetzt vielleicht die richtige Abwechslung. An Fenstern unterhalb der Wasserlinie sieht man sich Auge in Auge mit Eisbären, Seelöwen, Seehunden, Pinguinen und Basstölpeln. Eine besondere Attraktion sind deren Fütterungen. Schimpansen, Pumas und tropische Reptilien sind ebenfalls im Zoo am Meer zu Hause.

Das Prunkstück des **Deutschen Schifffahrtsmuseums** (Hans-Scharoun-Platz 1, www.dsm.museum) ist eine Hansekogge von 1380, die 1962 im Weserschlamm entdeckt wurde. Wer sich für die Geschichte der Seefahrt von ihren Anfängen bis in die Gegenwart interessiert, wird vom Museum mit seinen immer wieder neu gestalteten Ausstellungen begeistert sein. Die historischen Schiffe im Hafen, die **Grön-**

land (ein Polarforschungsschiff), die **Rau IX** (ein Walfänger) und das **U-Boot Wilhelm Bauer** (das einzig noch erhaltene seiner Art) kann man besichtigen.
Auf eine Zeitreise von 120.000 Jahren begibt man sich bei einem Besuch des **Historischen Museums** (An der Geeste 1, www.historisches-museum-bremerhaven.de). Älteste Zeugnisse menschlichen Lebens an Elbe und Weser, Rekonstruktionen einer Hafenkneipe, eines Luftschutzkellers im Zweiten Weltkrieg und eines Fischladens, Teile einer historischen Werft und eine interessante Sammlung zu Auswanderung und Tourismus lassen vergangene Zeiten wiederaufleben.
Der **Hafen von Bremerhaven** weist Superlative auf: die längste Kaje Europas mit 4,9 km Länge, an der Schiffe mit einer Länge bis 350 m anlegen können, der größte Umschlaghafen von Kraftfahrzeugen mit bis zu 2 Millionen Fahrzeugen im Jahr, 5,5 Millionen Container, die hier be- und entladen werden, und dazu noch der größte Fischereihafen Europas.
**Schiffsrundfahrten** durch alle sieben Überseehäfen machen die Glasdachschiffe „Lady Sunshine" und „Hein Mück" ab der Anlegestelle beim Auswandererhaus (H.-H.-Meier-Straße, www.bremerhaven.de).
Und wo kann man nun noch richtig lecker Fisch genießen oder kaufen? In der alten Fischhalle IV im **Schaufenster Fischereihafen** reihen sich kleine, urige Lokale, gehobene Restaurants und Läden auf. Doch wie bereite ich den Fisch in meiner eigenen Küche besonders lecker zu? Diese Frage beantwortet das **Seefischkochstudio** (Am Schaufenster 6, Anmeldung unter 0471 414141, www.seefischkochstudio.de) bei einer Kochshow oder einem Kochkurs.

**TOUR DIE FISCH & SCHIPP-ROUTE**
25 km lange Radrundfahrt zu den Sehenswürdigkeiten der Stadt vom Alten Hafen über die Havenwelten und rund um den Fischereihafen. Eine PDF-Datei mit Wegbeschreibung findet sich unter www.bremerhaven.de/de/tourismus/rad-und-wandertouren/fisch-schipp-route.25096.html

Veranstaltungen wie den Bauernmarkt, Musikveranstaltungen oder Freiluftkino finden auf dem Marktplatz zwischen den Fischhallen statt. Die **MS Dorsch** schippert zu einer informativen Barkassenrundfahrt durch den Fischereihafen 1 ab der Anlegestelle Am Schaufenster (schaufenster-fischereihafen.de).
Zu guter Letzt noch ein Hinweis auf zwei ganz unterschiedliche **Bäder** in Bremerhaven. Für Familien ist das **Spaßbad 1** (Kurt-Schumacher-Str.14, www.baeder-bhv.de) gedacht, wer Erholung bei Wellness und Sauna sucht, geht ins **Bad 2** (Schillerstr.144, www.baeder-bhv.de).

i **Tourist-Info Bremerhaven,** Am Längengrad, www.bremerhaven.de

*Das kulinarische Schaufenster Fischereihafen*

## 87 Doppelschleuse, Bremerhaven

GPS 53.53219, 8.57619

Plätze an der Doppelschleuse, in zentraler, nicht immer ganz ruhiger Lage. **Lage/ Anfahrt:** nach Bremerhaven Mitte fahren und dort den Schildern „Historisches Museum" folgen, wenn der Radarturm in Sicht kommt, links abbiegen, ausgeschildert; **Platzanzahl:** 51 (5x8 m), 12 (6x9 m); **Service:** Strom, Trinkwasser, Abwasser, Chemie-WC, WLAN, Brötchenservice; **Preiskat.:** €€; **Geöffnet:** ganzjährig; **Kontakt:** An der Neuen Schleuse, 27568 Bremerhaven, Tel. 0471 80936153, www.bremerhaven.de

## 88 Fischkai, Bremerhaven

GPS 53.52644, 8.57676

Plätze an der Mole bei der Schlemmermeile Schaufenster, schöne Aussicht, teilweise Lärm durch Hafen. Nur für Fahrzeuge bis 8 m Länge. **Lage/Anfahrt:** in Bremerhaven Mitte der Beschilderung „Schaufenster Fischereihafen" folgen; **Platzanzahl:** 47; **Service:** Strom, Trinkwasser, Abwasser, Chemie-WC, Brötchenservice; **Preiskat.:** €; **Geöffnet:** März–Okt.; **Kontakt:** H.-H.-Meier-Str. 5, 27568 Bremerhaven, Tel. 0471 80936153, www.bremerhaven.de

**LITERATURTIPP**

Ausführlichere Routenvorschläge findet man im Wohnmobil-Tourguide „Deutsche Nordseeküste" aus dem Reise Know-How Verlag.

Gaby Gölz

# Die ostfriesische Nordseeküste

## TOUREN-ÜBERBLICK

**Routenempfehlung:** Wilhelmshaven – Jever – Hooksiel – Horumersiel/Schillig – Harlesiel/Carolinensiel – Neuharlingersiel – Norddeich – Norden

**Länge gesamt:** ca. 124 km
**Dauer:** ca. 4–7 Tage

**Reisezeit:** ganzjährig. Allwetteraktivitäten und Hallenbäder sorgen dafür, dass auch in der kälteren Jahreshälfte keine Langeweile aufkommt. Ein Strandspaziergang ist mit dem Wetter entsprechender Kleidung immer ein wohltuendes, erholsames Erlebnis.

Sommer, Sonne, Strand und Meer am UNESCO-Welterbe versprechen herrliche Urlaubstage. Hübsche Städtchen, gute Gastronomie, viele Camping- und Wohnmobilstellplätze, gepflegte Sand- und Grünstrände, Fahrradwege ohne wesentliche Steigungen, endlose Strandspaziergänge, geführte Wattwanderungen oder Erlebnisschifffahrten: einfach wunderbar für ein paar Tage Entspannung vom Alltag. Und wenn die Sonne mal Pause macht, sorgen viele Erlebnisbäder (besonders vielseitig sind das Nautimo in Wilhelmshaven und das Ocean Wave in Norddeich) und attraktive Mitmachmuseen (z.B. das Wattenmeerhaus in Wilhelmshaven oder Phänomania in Carolinensiel) das ganze Jahr über für Kurzweil bei Groß und Klein. Attraktiv sind auch Ausflüge ins Hinterland nach Dornum und Norden oder auf die Ostfriesischen Inseln.

Die niedersächsische Küste mit ihren auf den ersten Eindruck manchmal verschlossenen, aber im Herzen freundlichen Bewohnern hat zu jeder Jahreszeit ihren eigenen Reiz. Sogar im Winter, wenn der Wind bläst und das Watt zu bizarren Eisformationen gefriert, ist man als Wohnmobiltourist hier auf winterfesten Stellplätzen gut aufgehoben. Die Nordsee tut gut!

## Wilhelmshaven

1869 durch König Wilhelm I. von Preußen als Marinestandort gegründet, ist die Hafenstadt heute ein vielseitiges Urlaubsziel. An warmen Tagen lockt der 700 m lange **Südstrand** die Badelustigen an. Eine gute Alternative ist das **Erlebnisbad Sauna-Paradies Nautimo** (Friedenstr. 99, www.nautimo.de) mit einer 110 m langen Reifenrutsche, einer Kinderwelt und einer Kletterwand im Wasser.

Das breite Spektrum interessanter Museen sorgt bei „Schietwetter" für viel Spaß – auch bei Kindern. Von den Anfängen der Küstenbesiedlung und von ostfriesischen Häuptlingen erzählt, überhaupt nicht trocken, das **Küstenmuseum** (Weserstr. 58, www.kuestenmuseum.de). Im **Aquarium mit Urzeitmuseum** (Südstrand 123, www.aquarium-wilhelmshaven.de) tummeln sich in verschiedenen Klimazonen zahlreiche Fische, Vögel und Reptilien. Ein 14 m langer Pottwal mit plastinierten Organen und viele Erlebnisstationen warten im **Wattenmeerhaus** (Südstrand 110 b, www.wattenmeer-besucherzentrum.de) auf die kleinen und großen Besucher.

Die wechselvolle Geschichte der Deutschen Marine zeigt eindrucksvoll das **Deutsche Marinemuseum** (Südstrand 125, www.marinemuseum.de). Mutige zwängen sich dort durch ein enges U-Boot, wer mehr Entspannung sucht, macht vom Museumsgelände aus eine **Hafenrundfahrt.** Ein weiterer Anbieter für informative **Hafen- und Weser-Port-Rundfahrten** ist die MS „Harle-Kurier" am Wangeroogkai (www.reederei-warrings.de).

ⓘ **Tourist-Info Wilhelmshaven,** Bahnhofsplatz 1, www.wilhelmshaven-touristik.de

*Die historische Kaiser-Wilhelm-Brücke von 1907*

## 89 Nautimo, Wilhelmshaven

GPS 53.53633, 8.09946

Durch begrünte Sichtschutzwälle abgegrenzter Premiumstellplatz beim Freizeitbad in ruhiger Lage. Für Fahrzeuge bis 10 m Länge. Strandkörbe, Sitzgruppen, Supermarkt 250 m, ins Zentrum 2 km (Busverbindung). **Lage/Anfahrt:** 1 km hinter dem Ortsschild Wilhelmshaven nach links und nach 500 m nach rechts fahren. Dann noch 400 m bis zum Platz, ausgeschildert. **Platzanzahl:** 26; **Untergrund:** gut befestigter Schotter; **Service:** Strom, Trinkwasser, Abwasser, Chemie-WC, WLAN, kleiner Shop für Womo-Bedarf im Bad, Frühstücks- und Brötchenservice; **Preiskat.:** €; **Geöffnet:** ganzjährig; **Kontakt:** Friedenstr. 99/Sportforum, 26386 Wilhelmshaven, Tel. 0172 5150828, www.nautimo.de

## 90 Schleuseninsel, Wilhelmshaven

GPS 53.51494, 8.15254

Vom Deich geschützter, sehr ruhiger Platz mit direktem Zugang zum Jadebusen. Restaurant 300 m, Süddeich und Nassauhafen 400 m, Zentrum 3 km. Reservierung möglich. Ideal für Hundebesitzer. **Lage/Anfahrt:** von der B210 ca. 1 km nach dem Ortsschild nach rechts auf den Banter Weg, nach 1,4 km bei der Ampel nach links (Weserstraße) und nach 1,5 km nach rechts (Jadeallee) abbiegen. Über die Deichbrücke, weitere 1,5 km, dann am Marinemuseum vorbei geradeaus bis zum Hinweisschild rechts. **Platzanzahl:** 24; **Untergrund:** befestigter Schotter; **Service:** Strom, Trinkwasser, Abwasser, Chemie-WC, WLAN, Brötchenservice; **Preiskat.:** €; **Geöffnet:** ganzjährig; **Kontakt:** Schleusenstr. 37, 26382 Wilhelmshaven; www.wohnmobilstellplatz-wilhelmshaven.de

# Jever

Jevers lebendige Fußgängerzone

Jever – der Name lässt alle, die gerne mal ein Bier trinken, aufhorchen. Und da stehen sie: silbern, hoch, glänzend: die Türme des **Friesischen Brauhauses** (Elisabethufer 18, www.jever.de). Wem jetzt die Kehle trocken wird oder wer gerne etwas über die Historie und die Produktion des erfrischenden Gebräus erfahren möchte, nimmt an einer Führung teil und bekommt zum Schluss einen Probeschluck (Anmeldung per Website erforderlich).

Im **BLAU-DRUCK** (Im Kattrepel, www.blaudruckerei.de)**,** der lebendigen Museumswerkstatt von Georg Stark, werden traditionell mit 600 verschiedenen Druckformen aus vier Jahrhunderten Stoffe bedruckt und mit Indigo gefärbt.

Das imposante **Schloss** ließ **Maria von Jever** in eine Vierflügelanlage mit markanter Zwiebelhaube umbauen. Im Innern sind prächtige Räume sowie kostbare Kleidungsstücke und Fayencen zu bestaunen (Schlossplatz 1, www.schlossmuseum.de).

Täglich um 11, 12, 15, 16, 17 und 18 Uhr ertönt das **Glockenspiel** neben dem Schloss am Hof Oldenburg. Figurinen bedeutender historischer Persönlichkeiten aus Jever erscheinen und erweisen dem Betrachter ihre Reverenz. Eine wunderschöne Renaissancefassade ziert das alte **Rathaus** von 1609. Ganz in der Nähe findet der Gast im **Teehaus Leidenschaften** (Am Kirchplatz 25, www.teehaus-jever.de) ein reizvolles, lauschiges Plätzchen für eine gemütliche Pause.

**TOUR NORDSEEKÜSTEN-RADWEG**

Mit insgesamt 6000 km ist er der längste Radweg der Welt und führt durch sechs Staaten entlang der Nordseeküste. Interessant ist hier die Strecke zwischen Wilhelmshaven und Norddeich, wo es immer wieder die Möglichkeit gibt, den küstennahen Radweg in Teilstücken zu befahren. Kenntlich gemacht ist der Verlauf des Wegs durch ein rundes Schild mit blauem Rad. Nähere Infos unter www.nordseetourismus.de.

**Jever Marketing,** Alter Markt 18, 26441 Jever, www.stadt-jever.de

Ein besonders empfehlenswertes Fischrestaurant ist **Der Butt** (Kattrepel 2, https://der-butt-fischrestaurant.de) mit seinem breiten Angebot.

### 91 Stellplatz Jever

GPS 53.57586, 7.89053

Einfacher, von Bäumen umgebener Stellplatz, relativ ruhige Lage (B210), Zentrum 500 m. Strom und Service vorhanden.
**Preiskat.:** €

**INFO MARIA VON JEVER**

Maria von Jever, im Volke Fräulein Maria genannt, lebte von 1500 bis 1575. Sie war die Tochter des Häuptlings Edo Wiemke des Jüngeren, die sich nach dessen Tod und langen Erbstreitereien 1532 selbstbewusst gegen die männlichen Machtansprüche durchsetzte. Maria, die letzte Regentin aus dem Geschlecht der Wiemke, wirkte segensreich, förderte den Handel und den Deichbau und ließ die Wasserburg in ein prächtiges Renaissanceschloss umbauen. Ihre Grabstätte sucht man vergeblich: Einer Legende nach soll Maria in einem geheimen Gang einfach verschwunden sein.

## Hooksiel

Hooksiel ist auch heute noch sehr authentisch mit dem unter Denkmalschutz stehenden **Hafen** und den **Packhäusern** aus dem 19. Jh. In den alten Fischerhäusern entlang der schönen Fußgängerzone Lange Straße wird in vielen Cafés und Restaurants gut für das leibliche Wohl der Gäste gesorgt. Besonders markant sticht das ehemalige **Rathaus** mit seinem Zwiebelturm hervor.

Kinder ab 3 Jahren fühlen sich im **Kinderspielhaus Seepferdchen** (Hohe Weg 1) bei vielen Aktivitäten wohl.

Die Hauptattraktionen sind jedoch der 4 km lange **Sandstrand,** das 70 ha große **Hooksmeer,** das **Kitesurfrevier,** das **Meerwasser-Hallenwellenbad** (Zum Hallenbad 2, www.wangerland.de) und die **Strandsauna** (Bäderstraße 3, www.strandsauna-hooksiel.de).

Leinen los für **Seefahrten mit der Jens Albrecht** (www.seetouristik-nordsee.de/fahrten/hooksiel-aussenhafen) vom Außenhafen zu verschiedenen interessanten Rundtouren.

**Wangerland Touristik,** Hohe Weg 1, 26434 Hooksiel, Tel. 04425 95800, www.wangerland.de

### 92 An der Ostdüne, Hooksiel

GPS 53.64048, 8.04178

Großer Platz (allerdings schmale Stellplätze), sehr schöne Lage am Meer, teilweise mit Aussicht. Auch für Wohnmobile bis 10 m Länge. Strand und Strandsauna 1 km, Zentrum 2,5 km, Außenhafen 3 km, viele Radfahrmöglichkeiten. **Lage/Anfahrt:** am Ortsanfang von Hooksiel gleich links, ausgeschildert; **Platzanzahl:** 75; **Untergrund:** Schotter; **Service:** Strom, Trinkwasser, Abwasser, Chemie-WC, WLAN, Brötchenservice beim Campingplatz; **Preiskat.:** €€; **Geöffnet:** April–Okt.; **Kontakt:** Bäderstraße, 26434 Hooksiel, Tel. 04425 958080, www.wangerland.de

Die Traditionsgaststätte **Restaurant Zum Schwarzen Bären** verwöhnt mit vorzüglichen Gerichten in gehobenem Ambiente (Lange Str. 15, www.zum-schwarzen-baeren.de).

**TOUR FAHRRADTOUR AUF DEM PILGERWEG**

Start: St.-Ansgar-Kirche in Hooksiel. Dort liegen Karten aus. Der 46 Kilometer lange, ebene Rundkurs führt an etlichen sehenswerten Kirchen vorbei. Außerdem erhält man zahlreiche Informationen über Deichbau und Küstenschutz im Küstencamp Friederikensiel (weitere Infos unter www.wangerland.de).

## Horumersiel/Schillig

Horumersiel und Schillig sind beliebte Familienbadeorte mit einem weiten, gepflegten Sandstrand im Ortsteil Schillig. Wer es bei kühlem Wetter lieber warm und kuschelig mag, dem steht die **Friesland Therme** (Zum Hafen 3a, Tel. 04426 987222) mit Sauna zur Verfügung. Eine tolle Abwechslung ist eine Seefahrt zu interessanten Zielen mit der **Jens Albrecht** (www.seetouristik-nordsee.de/fahrten/horumersiel-hafen).

**Wangerland Touristik,** Zum Hafen 3, 26434 Horumersiel, Tel. 04426 9870, www.wangerland.de

### 93 Am Campingplatz, Schillig

GPS 53.70063, 8.02386

Separate Stellplatzfläche auf einem Parkplatz, schöne, ruhige Lage, herrlicher, kilometerlanger Sandstrand in 300 m, Kitesurfspot, großer Strandspielplatz, Supermarkt/Restaurants 500 m. Guter Ausgangspunkt für Radtouren nach Wilhelmshaven oder Jever. Eine Alternative zum Meer gibt es 7 Kilometer entfernt am Freizeitsee Wangermeer. **Lage/Anfahrt:** von Horumersiel Richtung Schillig ausgeschildert; **Platzanzahl:** 80; **Untergrund:** Wiese, Schotter; **Service:** Strom, Trinkwasser, Abwasser, Chemie-WC, WLAN; **Preiskat.:** €€; **Geöffnet:** ganzjährig; **Kontakt:** Jadestraße, 26434 Schillig, Tel. 04426 987170

Der Familienbetrieb **Deichräucherei Friederikensiel** räuchert Fische zum Mitnehmen oder zum Verzehr vor Ort (Küstenstraße 28, 26434 Friederikensiel).

Das **Bauernhofcafé Schild's mit Hofladen** ist ein gemütliches Restaurant mit gut sortiertem Hofladen (Elisabethengroden 3, 26434 Wangerland, https://bauernhofferien-schild.de).

## Harlesiel/Carolinensiel

Der Hafen von **Harlesiel** ist Ausgangspunkt für die Fähren nach Wangerooge (www.siw-wangerooge.de/siw-de) und verschiedene Ausflugstouren mit der **Jens Albrecht III** (www.wangerland.de). Die Infrastruktur ist

### 94 Wangermeer, Wangerland

GPS 53.66486, 7.9274

Stellplatz an einem Freizeit- und Badesee mit vielen Aktivitäten wie SUP, Kanufahren, Surfen. Sehr schöne, ruhige Lage, Wanderwege rund um den See, Laden in 800 m, ideal für Fahrradfahrer oder Hundebesitzer. **Lage/Anfahrt:** in Hohenkirchen ausgeschildert; **Platzanzahl:** 10; **Untergrund:** Schotter; **Service:** Strom, Trinkwasser, Abwasser, Chemie-WC; **Preiskat.:** €; **Geöffnet:** ganzjährig; **Kontakt:** Bismarckstr. 47, 26434 Wangerland, www.wangermeer.de/seite/299498/wohnmobilplätze

*Im Museumshafen von Carolinensiel gibt es viel zu entdecken*

durch das Strandbad mit angrenzenden Camping- und Wohnmobilstellplätzen für geruhsame Entspannungstage am Meer bestens geeignet.

Der **Raddampfer Concordia II** (www.reederei-albrecht.de) schippert die zwei Kilometer auf der Harle ins bezaubernde **Carolinensiel.** Die Anlegestelle der Concordia liegt direkt im **historischen Museumshafen** mit sehenswerten Plattbodenschiffen und den pittoresken Museumshäusern **Groot Hus, Kapitänshaus** und **alte Pastorei** (Pumphusen 3, www.deutsches-sielhafenmuseum.de). Wer lieber eigenständig ein Kanu, Tret- oder Elektroboot steuert, ist beim Bootsverleih Tüdelpott richtig (www.tuedelpott.de).

Vorzüglichen, frischen Fisch direkt auf die Hand oder im Selbstbedienungsrestaurant gibt es in der **Küsten-Räucherei Albrecht** (Friedrichschleuse 17).

Im **Phänomania** (Bahnhof Carolinensiel 3, www.phaenomania.de) wird anhand von 80 Experimenten an Mitmachstationen die Wirkung von Naturgesetzen demonstriert.

Wer lieber sauniert, schwimmt oder einfach nur im Wasser entspannt, ist bestens im **Kurzentrum Cliner Quelle** (Nordseestraße, www.carolinensiel.de) aufgehoben.

**Tourist-Info Carolinensiel,**
Nordseestr. 1, 26409 Carolinensiel,
www.carolinensiel.de

### 96 Wohnmobilstellplatz Harlesiel/Carolinensiel an der Mole

GPS 53.71018, 7.80948

Zwischen Hafeneinfahrt und Sandstrand, teilweise mit schöner Sicht aufs Meer, kein Schatten, Freibad und Restaurant in der Nähe, Supermarkt 2,5 km, Spielplatz in der Nähe. **Lage/Anfahrt:** ausgeschildert; **Platzanzahl:** 56; **Untergrund:** Pflaster; **Service:** Strom, Trinkwasser, Abwasser, Chemie-WC, WLAN; **Preiskat.:** €€; **Geöffnet:** Mitte März–Okt.; **Kontakt:** Am Harlesiel 20, Tel. 04464 949398

### 95 Wohnmobilstellplatz Harlesiel/Carolinensiel vor dem Campingplatz

GPS 53.70709, 7.80493

In direkter Strand- und Freibadnähe. Kein Schatten, Spielplatz in der Nähe. **Lage/Anfahrt:** ausgeschildert; **Platzanzahl:** 93; **Untergrund:** Pflaster; **Service:** Strom, Trinkwasser, Abwasser, Chemie-WC, WLAN, Brötchenservice; **Preiskat.:** €; **Geöffnet:** Mitte März–Okt.; **Kontakt:** Schwerinsgroden, Tel. 04464 949398

## 97 Am Gulfhof, Wittmund

GPS 53.64213, 7.78381

Stellplatz, 8 km entfernt von der Küste, bei einem historischen Hof in sehr schöner und ruhiger Lage. Keine Einkaufsmöglichkeiten in der Nähe. Ideal für ruhige Tage und Fahrradausflüge. **Lage/Anfahrt:** von der B461 Richtung Wittmund hinter Altfunnixersiel rechts Richtung Westerdeich, dann ausgeschildert; **Platzanzahl:** 8; **Untergrund:** Wiese; **Service:** Strom, Trinkwasser, Abwasser, Chemie-WC; **Preiskat.:** €; **Geöffnet:** Apr.–Okt.; **Kontakt:** Am Gulfhof, Funnixer Riege 11, 26409 Wittmund, Tel. 0176 73463586

## 98 Ganzjahres-Campingplatz Neuharlingersiel

GPS 53.69559, 7.69023

Campingplatz in schöner Lage am Strand, zentrumsnah. Auch Komfortplätze mit Wasser/Abwasser/Strom, hinter der Schranke 5 Hundeplätze, sonst Hundeverbot. Das Meerwasserhallenbad BadeWerk ist direkt angrenzend. **Untergrund:** Schotterrasen, Wiese; **Service:** Strom, Trinkwasser, Abwasser, Chemie-WC, WLAN; **Preiskat.:** €€€–€€€€; **Geöffnet:** ganzjährig; **Kontakt:** Alt Addenhausen 4, 26427 Neuharlingersiel, www.neuharlingersiel.de

## Neuharlingersiel

Ein beliebtes Seebad, in dessen Herzstück, dem malerischen **Hafen,** heute noch Krabbenkutter liegen und die Netze zum Trocknen hängen. Dazwischen flanieren Touristen, nachdem sie den Tag am feinsandigen Strand verbracht haben. Wenn das Meer sich bei Ebbe zurückgezogen hat, bringt das **BadeWerk** (Edo-Edzards-Str. 1 www.badewerk.de) das Meerwassererlebnis zurück.

Wie kommen die detailgetreuen Schiffe nur in die Flasche? Diese Frage stellt man sich im **Buddelschiffmuseum** (Am Hafen West 7, www.buddelschiffmuseum.de), wenn man die 100 Ausstellungstücke bestaunt.

Auf dem Spielplatz beim **Herrensitz Sielhof** wartet auf Kinder (und Erwachsene) so manches kleine Abenteuer. Oder doch lieber eine kleine Schiffsreise zur **Insel Spiekeroog** (www.spiekeroog.de)?

**INFO BUDDELSCHIFFE**

Buddel- oder Flaschenschiffe nennt man Schiffsmodelle – häufig Segelschiffe –, die mittels einer ausgeklügelten Technik in eine Glasflasche verbracht werden. Um durch den engen Flaschenhals zu passen, werden die fertigen Modelle entweder zusammengefaltet und mittels Fäden im Flascheninnern aufgerichtet oder das fertige Schiff wird zersägt und in der Flasche wieder zusammengesetzt. Auch wenn man die Techniken kennt, ist es für den Betrachter immer wieder höchst faszinierend anzusehen.

**Tourist-Info Neuharlingersiel,** Edo-Edzards-Str. 1, 26427 Neuharlingersiel, www.neuharlingersiel.de

### 99 Strand- und Familiencamping, Bensersiel

GPS 53.67511, 7.56587

Familiencampingplatz in sehr schöner, ruhiger Lage direkt am Meer, Freibad, Abenteuerspielplatz, Indoor-Spielpark, freundliche Betreiber, Hundeverbot. **Lage/Anfahrt:** ausgeschildert; **Platzanzahl:** 32; **Untergrund:** Wiese; **Service:** Strom, Trinkwasser, Abwasser, Chemie-WC, WLAN (an der Rezeption), Brötchenservice, Restaurant; **Preiskat.:** €€€; **Geöffnet:** Ende März–Mitte Okt.; **Kontakt:** Am Strand 8, 26427 Bensersiel, www.bensersiel.de/camping

## Bensersiel

Bensersiel ist mit seinem guten, kinderfreundlichen Campingplatz besonders für Familien ein Anziehungspunkt. „Warmbader" finden in der **Nordseetherme** (Schulstr. 4, www.bensersiel.de/nordseetherme) angenehm temperiertes Wasser, eine Sauna, eine Rutsche und ein Kinderbecken.

Vom Hafen startet der **Fischkutter „Möwe"** (www.fischkutter-moewe.de) zum Hochseeangeln, Schaufischen oder zur Seehundbeobachtung.

## Dornumersiel

In Dornumersiel kann der Urlauber bei Spaziergängen um den Speichersee **Mahlbusen** oder am Strand entlang entschleunigen, herrlich entspannen und die gute Nordseeluft ge-

### 100 Campingplatz am Nordseestrand, Dornumersiel

GPS 53.68043, 7.48109

Platz in schöner, ruhiger Lage direkt am Strand. Beheiztes Freibad, Kitespot. Separate Hundeplätze. **Lage/Anfahrt:** ausgeschildert; **Platzanzahl:** 200; **Untergrund:** Schotter; **Service:** Strom, Trinkwasser, Abwasser, Chemie-WC, WLAN, Brötchenservice, Restaurant; **Preiskat.:** €€–€€€; **Geöffnet:** April–Sept.; **Kontakt:** Hafenstr. 7, 26553 Dornumersiel; www.campingplatz-am-nordseestrand.de

nießen. Und wie wäre es mit einem Tagesausflug zur Insel **Langeoog** (www.langeoog.de) oder einer Ausflugsfahrt mit der **MS Freia** (www.ms-freia.de)?

**Tourist-Info,** Hafenstr. 3, 26553 Dornumersiel, www.dornum.de

Das repräsentative Wasserschloss in Dornum ist heute eine Schule

### 101 Nordseeblick, Dornumersiel

GPS 53.67887, 7.47831

Parzellierter Stellplatz mit Meerblick, sehr schön gelegen, relativ ruhig, Freibadnutzung inkl. Für Fahrzeuge bis 10 m Länge. **Lage/Anfahrt:** Richtung Campingplatz und nach der Tourist-Info links über den Deich; **Platzanzahl:** 38; **Untergrund:** Rasengitter; **Service:** Strom, Trinkwasser, Abwasser, Chemie-WC, WLAN; **Preiskat.:** €€; **Geöffnet:** Mitte März–Okt.; **Kontakt:** Zum Schwimmbad, 26553 Dornumersiel, www.dornum.de/unterkuenfte-camping/wohnmobilstellplaetze/nordseeblick

## Abstecher nach Dornum

Ein kurzer Abstecher ins ruhige Hinterland nach Dornum lohnt allemal. Ein herrschaftliches **Wasserschloss,** die trutzige **Beninga-Häuptlingsburg,** die einzig erhaltene **Synagoge** Ostfrieslands von 1770, die **St.-Bartholomäuskirche** und gute Einkaufsmöglichkeiten hat das bezaubernde Städtchen in der ehemaligen Herrlichkeit Dornum zu bieten.

Das Skelett des 2003 gestrandeten Pottwalbullen im Waloseum

## Norddeich

Bereits bei der Anfahrt nach Norddeich weisen Schilder auf das **Waloseum** (Osterlooger Weg 3, www.seehundstation-norddeich.de) hin. Wo bis 1998 die Sendestation des legendären Norddeich-Radios residierte, bekommt der Besucher viele Informationen über Wale. Ihr einzigartiges Tauchver"halten, die weltweiten Wanderungen und die Gefahren durch Strandgut sind nur einige der interessant aufbereiteten Themen.

Verwaiste Seehunde und Kegelrobben zieht die **Seehundstation** (Dörper Weg 24, www.seehundstation-norddeich.de) groß und bereitet sie auf die Auswilderung und das Leben in Freiheit vor. Besucher können durch Fenster, auch unter Wasser, die putzigen Tiere mit ihren großen Kulleraugen beobachten.

Eine große Attraktion in Norddeich ist das Schwimmbad **OceanWave** (Dörper Weg 23, www.ocean-wave.de) mit diversen Becken, einer Saunalandschaft und angegliedertem Stellplatz. Der schöne Sand- und Grünstrand hat natürlich auch seinen besonderen Reiz.

Wer einmal die Ostfriesische Insel **Norderney** (www.reederei-frisia.de) besuchen möchte, kann am Hafen auf die Fähre umsteigen oder mit dem **Nostalgie-Fischkutter Nordmeer NOR225** zur Seehundbeobachtung losschippern (www.nordmeer-norddeich.de, Anmeldung unter 01525 1836286).

### INFO NORDDEICH RADIO

Rufzeichen DAN war von 1907 bis 1998 eine deutsche Küstenfunkstelle. So blieben die Schiffe auf allen Weltmeeren per Telegramm und später auch per Telefon in Kontakt mit den Reedereien und die Seeleute mit den Lieben daheim (mehr Infos unter www.norddeichradio.info oder im Museum Norddeich Radio e.V. in der Osterstr. 11a, 26506 Norden).

## 103 Ocean Wave, Norddeich

GPS 53.60995, 7.15689

Stellplatz auf separatem Teil des Parkplatzes eines Freizeitbads mit Sauna, zum Strand 700 m, Supermarkt 1 km. **Lage/ Anfahrt:** Ocean Wave ausgeschildert; **Platzanzahl:** 100; **Service:** Strom, Trinkwasser, Abwasser, Chemie-WC, WLAN; **Preiskat.:** €€; **Geöffnet:** ganzjährig; **Kontakt:** Dörper Weg 23, 26506 Norddeich, www.ocean-wave.de

*Ehemalige Mitarbeiter betreiben das Museum Norddeich-Radio in Norden*

## 102 Womopark, Norddeich

GPS 53.60182, 7.13493

Stellplatz in schöner, ruhiger Lage direkt hinterm Deich, Restaurant. Ideal für Hunde und Radfahrer. Reservierung möglich. **Lage/Anfahrt:** durch Norddeich hindurch Richtung Norden am Ortsende links, ausgeschildert; **Platzanzahl:** 48; **Untergrund:** Schotter; **Service:** Strom, Trinkwasser, Abwasser, Chemie-WC, WLAN, Brötchenservice , Restaurant; **Preiskat.:** €€; **Geöffnet:** März–Anf. Nov.; **Kontakt:** Deichstr. 24, 26506 Norddeich; Tel. 04931 9186478, www.womopark-norddeich.de

*Das „Schöningsche Haus" in Norden, ein üppig dekoriertes Renaissancegebäude aus dem 16. Jh.*

## Ausflug nach Norden

Von Norddeich lohnt sich, ob mit Bus oder Fahrrad, ein Besuch in **Norden.** Die nordwestlichste Stadt des deutschen Festlands hat einen mit 5 Hektar beeindruckend großen **Marktplatz.** An dessen Rand steht das **Alte Rathaus** mit seiner prächtigen Backsteinfassade. In ihm und im ehemaligen Kaufmannshaus daneben befindet sich das sehenswerte **Ostfriesische Teemuseum** (Am Markt 36, www.teemuseum.de). Reizvoll ist ein Bummel durch die Fußgängerzone mit Läden und Cafés bis zur **Deich-** und **Gnurre-Mühle.** Das **Museum Norddeich Radio** findet sich etwas versteckt in der Osterstr. 11a.

**LITERATURTIPP**

Ausführlichere Routenvorschläge findet man im Wohnmobil-Tourguide „Deutsche Nordseeküste" aus dem Reise Know-How Verlag.

Hartmut Engel

# Die Lüneburger Heide

Buxtehude
Neu Wulmstorf
Harburg
Rosengarten
Geesthacht
Winsen (Luhe)
Buchholz i.d. Nordheide
Seevetal
Stelle
Lüneburg
Tostedt
Naturpark Lüneburger Heide
Wilsede
Undeloh
Schneverdingen
Bispingen
Amelinghausen
Lüneburger Heide
Soltau
Munster
Uelzen
Bad Bevensen
Fallingbostel
Walsrode
Müden (Örtze)
Faßberg
Hermannsburg
Unterlüß
Bergen
Naturpark Südheide
Eschede
Winsen (Aller)
Celle
Wietzebruch
104
105
106
107
108
109
110
111
112
0 5 km
© Reise Know-How 2021

### TOUREN-ÜBERBLICK

**Routenempfehlung:** Rosengarten – Undeloh – Oberhaverbeck – Müden/Örtze – Hermannsburg – Celle
**Länge gesamt:** ca. 140 km
**Dauer:** ca. 6 – 10 Tage
**Reisezeit:** ganzjährig

Die Kulturlandschaft der Lüneburger Heide ist eine der bedeutendsten und am meisten besuchten Tourismusregionen Niedersachsens. Ursprünglich über weite Gebiete Norddeutschlands verbreitet, beschränkt sie sich heute – mit einigen Ausnahmen – auf ein breites Band zwischen der Elbe bei Hamburg und der Aller bei Celle und liegt für Besucher aus den drei großen Städten Hamburg, Hannover und Bremen quasi vor der Tür.

Eingebettet in die liebliche, hügelige Landschaft finden sich kleine, alte Dörfer wie das Vorzeigedorf Wilsede, die noch viel von ihrem historischen Ambiente erhalten haben. Daneben gibt es größere Orte wie Müden und moderne Städte wie Celle, die ebenfalls ihr geschichtliches Erbe bewahrt haben und unbedingt einen Besuch lohnen.

Einzigartig ist die Landschaft, die zur Zeit der Heideblüte an vielen Orten von einem kräftigen Violett überzogen ist. Sie wird von einem dichten Netz von kürzeren und längeren Wander- und Radwegen erschlossen, von denen der Heidschnuckenweg weit über die Grenzen der Region hinaus bekannt ist.

Für Wohnmobilisten stehen eine Fülle von Übernachtungsmöglichkeiten zur Verfügung, die von einfachen Stellplätzen ohne Serviceangebote bis zu komfortablen Campingplätzen reichen.

### TOUR HEIDSCHNUCKENWEG

Der erst 2012 eröffnete Heidschnuckenweg, der in Hamburg-Fischbek oder alternativ in Hamburg-Neugraben beginnt und sich über mehr als 200 km durch die Heide bis nach Celle schlängelt, hat sich in der kurzen Zeit zu einem der beliebtesten Langstreckenwanderwege Deutschlands entwickelt. Der vorbildlich ausgebaute und markierte Wanderweg führt an die schönsten Orte, Dörfer und Städte in der Heide. Er ist technisch nicht anspruchsvoll und erfordert weder Schwindelfreiheit noch Trittsicherheit. Wer den Weg oder einzelne Etappen wandern möchte, dem sei folgendes Buch empfohlen: **Heidschnuckenweg** von Hartmut und Friederike Engel in der Reihe „Der Weg ist das Ziel", erschienen im Conrad Stein Verlag.

*Eine Heidschnuckenherde mit ihrem Schäfer*

Reiter in der Fischbeker Heide

## Rosengarten

Die Einheitsgemeinde Rosengarten besteht aus zahlreichen, weit verstreuten Dörfern im südlichen Umland Hamburgs. Zwei Drittel des waldreichen Gemeindegebiets stehen unter Landschaftsschutz. Die **Fischbeker Heide** ist der nördlichste Ausläufer der Lüneburger Heide. Die hügelige Geestlandschaft war schon in früher Zeit besiedelt. Davon zeugen heute noch eine Reihe von 4000 bis 5000 Jahre alten Großsteingräbern, die über das ganze Gemeindegebiet verteilt sind. Um die Region zu erkunden, bietet sich für Wohnmobilfahrer das Dorf Vahrendorf an. Hier findet man eine gute Übernachtungsmöglichkeit und einige der Hauptattraktionen der Gemeinde. Das sind vor allem der **Wildpark Schwarze Berge** (Am Wildpark 1, https://wildpark-schwarze-berge.de), der in einem weitläufigen, waldreichen Gelände über tausend Exemplare von etwa 50 Tierarten präsentiert, darunter Wölfe und Luchse, und das renommierte **Freilichtmuseum am Kiekeberg** (Am Kiekeberg 1, https://kiekeberg-museum.de). Auf dem 12 ha großen Gelände des Freilichtmuseums werden zahlreiche Originalgebäude aus dem 17. bis 20. Jh. gezeigt, die alle aus der nördlichen

**TIPP REGIONALPARK-SHUTTLE**

Im Sommer verbindet an Wochenenden und Feiertagen ein kostenloser Freizeitbus mit Fahrradanhänger mehrere Dörfer und Gemeinden im Süden Hamburgs. Damit ist man auch ohne Auto in der Region mobil und kann sein Wohnmobil stehen lassen (https://regionalpark-rosengarten.de, Menüpunkt Service).

Lüneburger Heide und den angrenzenden Elbmarschen stammen. Im Freigelände gibt es mehrere alte Haustierrassen zu beobachten, regelmäßige Veranstaltungen demonstrieren alte Handwerkskunst und Handarbeit wie z. B. Schmieden und Spinnen. Auch die verschiedenen Veranstaltungen wie der historische Jahrmarkt, der Pflanzenmarkt, der Imkertag, der Tag des Bieres u. v. m. locken zahlreiche Besucher an.

Kletterfreaks können sich am Fuß des Kiekebergs im **Hochseilgarten Kiekeberg** (Am Kiekeberg 5, www.hochseilgarten-kiekeberg.de) austoben. Wer wandern oder Rad fahren möchte, findet ein ausgedehntes Netz markierter Routen. Besonders beliebt ist die Region bei Mountainbikern, die in dem Gelände mit seinen zum Teil steilen Abfahrten ideale

### TIPP AUSFLUG NACH HAMBURG

Wer einen Ausflug nach Hamburg plant, kann die gute Anbindung Vahrendorfs mit öffentlichen Verkehrsmitteln nutzen. Mit dem Bus (Linie 340) kommt man zum Bahnhof Hamburg-Harburg, von dort geht es mit der S-Bahn weiter zum Hauptbahnhof ins Zentrum der Hansestadt.

Besonders schön, aber etwas zeitaufwendiger ist folgende Möglichkeit: Mit dem Bus (Linie 340) zur S-Bahn Neugraben, dort weiter mit dem Bus (Linie 251) zum Fähranleger Finkenwerder und von dort mit der Hafenfähre (Linie 62) nach St. Pauli-Landungsbrücken. Diese Anreise bietet eine wunderbare Schifffahrt auf der Elbe vorbei an den großen Pötten ins Herz des Hamburger Hafens.

*Blick auf den Kiekeberg in Vahrendorf, im Vordergrund das Freilichtmuseum*

## 104 Wildpark-Camping Schwarze Berge

GPS 53.44234, 9.89043

Leicht geneigtes Wiesengelände direkt am Wildpark, kurzer Fußweg zum Freilichtmuseum Kiekeberg, idealer Ausgangspunkt für Wanderungen und Radtouren im Regionalpark Rosengarten. **Lage/Anfahrt:** die A7 an der Anschlussstelle Hamburg-Marmstorf bzw. die A261 an der Anschlussstelle Tötensen verlassen und den braunen Hinweisschildern zum Wildpark Schwarze Berge folgen, der Park ist weiträumig ausgeschildert; **Platzanzahl:** 72; **Untergrund:** Wiese; **Service:** Strom, Trinkwasser, Abwasser, Chemie-WC, Brötchenservice; **Preiskat.:** €€; **Geöffnet:** April–Okt., außerhalb der Sommerferien So. geschl.; **Kontakt:** Am Wildpark 1, 21224 Rosengarten/Vahrendorf, Tel. 040 81977470, https://wildpark-camping.de

Bedingungen vorfinden. Bei schönem Wetter lockt das **Waldfreibad** im Ortsteil Sieversen (Quellenweg 1), das idyllisch am Rande der Ortschaft liegt.

Das traditionsreiche **Gasthaus Zum Kiekeberg** am Fuße des Kiekebergs serviert passend zum nebenan liegenden Freilichtmuseum schmackhafte Speisen, die teils nach alten Rezepten zubereitet werden. Bei gutem Wetter kann man wunderbar auf der Terrasse mit schönem Blick nach Hamburg speisen (Am Kiekeberg 5, https://kiekeberg.de).

## Rund um Wilsede

**Wilsede** ist das Heidedorf schlechthin, der Besuch ein absolutes Muss. Es liegt etwas abgeschieden mitten im Naturschutzgebiet der Lüneburger Heide und kann nur zu Fuß, mit dem Fahrrad oder der Pferdekutsche erreicht werden. Kraftfahrzeuge bedürfen einer Sondergenehmigung. Am einfachsten kommt man von Undeloh (ca. 9 km) oder Niederhaverbeck bzw. Oberhaverbeck (ca. 5 km) in das Dorf.

Der Ort mit seinen reetgedeckten Bauernhöfen unter hohen, uralten Eichen und den Kopfsteinpflasterstraßen wirkt fast wie ein Museumsdorf und versetzt einen weit in vergangene Zeiten zurück. Im Dorf leben um die 50 Personen dauerhaft, von denen sich viele ganz auf den Tourismus eingestellt haben. An Spitzentagen fallen bis zu 10.000 Tagesgäste über das kleine Heidedorf her, in dem man mehrere empfehlenswerte Restaurants findet. Auch ein Blick in das **Heidemuseum Dat ole Hus** lohnt sich.

*Im Heide-ErlebnisZentrum in Undeloh kann man sich umfassend informieren*

Besonders schön ist ein Spaziergang (hin und zurück 3,2 km) auf den **Wilseder Berg,** der mit 169 m die höchste Erhebung in der Norddeutschen Tiefebene ist. Von seiner flachen Gipfelkuppe hat man einen wunderbaren Panoramablick in die Heide und kann bei klarer Sicht im Norden die Türme Hamburgs sehen.

Ein weiterer Spaziergang (hin und zurück gut 2 km) führt zu einem Aussichtspunkt über dem **Totengrund.** Das Tal ist einer der landschaftlichen Höhepunkte der Lüneburger Heide und gilt als Keimzelle des Naturschutzes in Deutschland.

**Undeloh** ist einer der Ausgangspunkte für den Besuch Wilsedes. Der Ort, der selbst einen Besuch wert und v. a. zu Zeiten der Heideblüte stark frequentiert ist, liegt etwa 9 km nördlich von Wilsede. Er bietet zahlreiche Restaurants und Cafés mit heidetypischen Spezialitäten und mit dem **Heide-ErlebnisZentrum** (Wilseder Straße 23, https://heide-erlebniszentrum.de) einen Ort, in dem man sich ausführlich über die Geschichte, Kultur und Ökologie der Heide informieren kann.

Sehenswert ist auch die im 12. Jh. erbaute **Kirche St. Magdalenen** mit ihrem freistehenden hölzernen Glockenturm, die das idyllische Dorfbild mit zahlreichen historischen Bauernhäusern abrundet.

**Nieder- und Oberhaverbeck,** die den Ortsteil Haverbeck der **Gemeinde Bispingen** bilden, liegen Wilsede am nächsten. Von den beiden winzigen Dörfern, die etwa fünf Kilometer entfernt liegen, kommt man ebenfalls nur zu Fuß, mit dem Fahrrad oder per Pferdekutsche nach Wilsede. In beiden Dörfern gibt

## INFO HEIDSCHNUCKEN

Heidschnucken sind die Charaktertiere der Lüneburger Heide. Die grauen, gehörnten Kurzschwanzschafe haben sich bestens an die Bedingungen der kargen Heidelandschaft angepasst. Fast ganzjährig verbringen sie die Tage als Landschaftspfleger im Freien und werden nur für die Nacht in den Stall geholt. Durch das Abweiden von Heidekraut verjüngen sie die Pflanzen und verhindern, dass sie zu hoch werden. Gleichzeitig fressen sie aufwachsende Bäume wie Birken und sorgen so dafür, dass aus der Heide kein Wald wird.

Neben ihrer Funktion als Landschaftspfleger dienen sie auch der Ernährung. Heidschnuckenfleisch schmeckt leicht wildartig, ist fettarm und sehr zart. In den meisten Heidedörfern kann man Heidschnuckenfleisch und -produkte erwerben.

es eine Reihe guter Restaurants, die typische Heidespezialitäten anbieten. Beide sind Ausgangspunkt schöner Wanderungen in die umliegenden Heidegebiete, von denen die Behringer Heide eine der schönsten ist. Wer sich für Bienen interessiert, dem sei die Ausstellung **Bienenwelten** (https://bispingen.de/poi/bienenwelten) in Niederhaverbeck empfohlen, wo man viel über die Heideimkerei erfährt.

**Verkehrsverein Undeloh und Umgebung,** Zur Dorfeiche 10, 21274 Undeloh, https://undeloh.de

**Bispingen Touristik,** Bahnhofstraße 19, 29646 Bispingen, https://bispingen.de

Das **Selbstbedienungsrestaurant Milchhalle** in Wilsede bietet warme und kalte

*Schafstall in der Lüneburger Heide bei Bispingen*

Erfrischungen, nach alten Rezepten selbstgebackene Kuchen und kleinere Speisen wie Erbsensuppe oder Heidschnuckenbratwurst und -frikadelle. Bei gutem Wetter kann man im Freien im Kaffeegarten sitzen.

Wer Honig mag, sollte unbedingt den dunklen **Heidehonig** probieren, den es außer in Undeloh auch an vielen anderen Orten zu kaufen gibt. Der leicht violette Honig ist zwar nicht billig, aber außerordentlich aromatisch und einzigartig im Geschmack. Wer die Möglichkeit hat, den raren Scheibenhonig (Honig mit Wabe) zu bekommen, sollte sich das nicht entgehen lassen.

### 105 Wohnmobilstellplatz Undeloh

GPS 53.19256, 9.97732

Stellplätze auf einem Großparkplatz im Wald am Rande Undelohs, stellenweise uneben und nach Regen matschig, tagsüber oft viel Betrieb, nachts ruhig, zur Heideblüte sehr voll, Restaurants in der näheren Umgebung, sehr guter Ausgangspunkt für eine Wanderung, Radtour oder Kutschfahrt nach Wilsede. **Lage/Anfahrt:** im Zentrum Undelohs an der Kreuzung an der Kirche nach Süden in die Wilseder Straße fahren, nach 550 m rechts; **Platzanzahl:** 30; **Untergrund:** Rasen, Waldboden; **Service:** keiner; **Preiskat.:** €; **Geöffnet:** ganzjährig; **Kontakt:** Wilseder Straße 24, 21274 Undeloh, Tel. 05198 987030

*Das verrückte Haus in Bispingen*

### TIPP FREIZEITANLAGEN IN BISPINGEN

Direkt an der Autobahnabfahrt Bispingen liegen einige Freizeiteinrichtungen mit Angeboten für die ganze Familie. Das **Abenteuer Resort** (Horstfeldweg 9, https://abenteuer-resort.de) bietet unter anderem eine Skihalle mit einer 300 m langen Piste für Rodler, Skifahrer und Snowboarder, eine Oldtimerausstellung und eine riesige Modelleisenbahn mit 20 km Schienen und 50 Themenwelten. Im **Ralf-Schumacher-Kartcenter** (Horstfeldweg 5, https://rs-kartcenter.de) finden Hobbyrennfahrer Kartbahnen und ein Bowlingcenter. Im auf dem Dach stehenden **Verrückten Haus** (Horstfeldweg 1, https://dasverrueckte haus-bispingen.de) muss man sich völlig neu orientieren und gegen die scheinbar umgekehrte Schwerkraft ankämpfen. Im **Abenteuer Land** (Gaußscher Bogen 2, https://abenteuerland.de) kann man sich in einem modernen Trampolin-Park austoben, eine Kletterwand oder einen Hochseilgarten bezwingen. Das **Abenteuer Labyrinth** (Gaußscher Bogen 4, https://abenteuer labyrinth.de) bietet einen 2800 m² großen Irrgarten mit 18 Stationen zum Hangeln, Klettern und Balancieren.

## 106 Wohnmobilstellplatz Oberhaverbeck

GPS 53.14283, 9.91994

Wunderschön in einem Kiefernwald gelegener Großparkplatz, für Wohnmobile extra ausgewiesenes Areal im hinteren Bereich, teilweise uneben und nach Regen stellenweise etwas matschig, tagsüber oft viel Betrieb, nachts ruhig, Imbiss an der Einfahrt, ausgezeichneter Ausgangspunkt für Wanderungen, Radtouren oder Kutschfahrten in die Heide und nach Wilsede. **Lage/Anfahrt:** die A7 an der Anschlussstelle Bispingen verlassen und auf der L211 (Behringer Straße) Richtung Behringen und weiter nach Oberhaverbek, dort links; **Platzanzahl:** ca. 50; **Untergrund:** Gras, Waldboden; **Service:** Strom (nur eine Säule mit 8 Anschlüssen), Trinkwasser, Abwasser, Chemie-WC, im Winter kein Service; **Preiskat.:** €; **Geöffnet:** ganzjährig; **Kontakt:** Großparkplatz an der L211, 29646 Bispingen/Oberhaverbeck

## 107 Camping Brunautal

GPS 53.10861, 9.96549

Die naturnahe, bestens gepflegte Anlage bietet großzügige Stellplätze auf einem ebenen, mit Laub- und Nadelbäumen bestandenen Wiesengelände, E-Bike-Verleih, kleiner Laden, mehrere Restaurants in unmittelbarer Nähe, nur wenige Schritte zum Brunausee mit Sandstrand, etwas mehr als 1 km zu den vielfältigen Freizeitattraktionen Bispingens. Achtung: bei Reisemobilen über 8 m Länge vorher telefonisch anfragen. **Lage/Anfahrt:** die A7 an der Anschlussstelle Bispingen verlassen und auf der L211 (Behringer Straße) Richtung Behringen, der Platz liegt noch vor der Ortschaft etwa 1 km hinter der Autobahn, Einfahrt rechts; **Platzanzahl:** ca. 100; **Untergrund:** Wiese; **Service:** Strom, Trinkwasser, Abwasser, Chemie-WC, WLAN; **Preiskat.:** €€€; **Geöffnet:** Mitte März–Anfang Nov.; **Kontakt:** Seestraße 17, 29646 Bispingen, Tel. 05194 4188022, https://camping-brunautal.de

Am Ufer der Örtze bei Müden

## Müden/Örtze

Müden, ein Ortsteil der Gemeinde Fassberg, ist eines der schönsten Dörfer in der Lüneburger Heide und trägt zu Recht den Beinamen **Perle der Südheide.** Schon der berühmte Heidedichter Hermann Löns (1866–1914) bezeichnete Müden als schönsten Ort der Südheide.

Das Dorfbild wird geprägt durch viele alte Gehöfte, die im ursprünglichen Baustil als Fachwerkgebäude erhalten und oft liebevoll restauriert wurden. Dazu passt die kleine **Pfarrkirche St. Laurentius,** deren etwas abseits stehender hölzerner Glockenturm typisch für die alten Heidekirchen ist. Nur 100 m entfernt steht auf dem alten Friedhof der über 200 Jahre alte **Treppenspeicher,** der auf den Höfen einst als Lagerraum diente und heute in einer Ausstellung über den Naturpark Südheide informiert.

Sehenswert ist die **historische Wassermühle,** in der heute die Touristinformation für die gesamte Gemeinde Fassberg untergebracht ist. Lohnend ist auch ein Besuch des **Wildparks Müden** (Heuweg 23, https://wildparkmueden.de), in dem zumeist einheimische Tiere auf einem großzügigen Gelände präsentiert werden. Darüber hinaus bietet Müden zahlreiche Freizeitangebote, dazu zählen Kutschfahrten in die Heide, Kanuwandern auf der Örtze, Angeln, Paddeln und Segeln auf dem Heidesee u. v. m.

**Tourist-Info Müden,** Unterlüßer Straße 5, https://mueden.lueneburger-heide.de

In dem Bauerncafé **Ole Müllern Schün** in einer ehemaligen Scheune werden ausgesprochen leckere Backwaren und Torten in gemütlichem Ambiente serviert. Die Auswahl ist riesig und das Preis-Leistungs-Verhältnis angemessen. Auch das Frühstück lässt nichts zu wünschen übrig (Alte Dorfstraße 6, https://ole-muellern-schuen.de).

## 108 Camping Sonnenberg

GPS 52.88814, 10.09914

Sehr schön an einem Hang im Tal der Wietze gelegener Campingplatz etwas außerhalb von Müden mitten in der Natur, teils lichter Wald, teils Wiese, sehr ruhig, etwa 1,7 km ins Zentrum. **Lage/Anfahrt:** An der Kreuzung im Zentrum auf der Sandstraße (L240) Richtung Norden (Munster) fahren, nach 400 m in dem leichten Rechtsknick der Landstraße geradeaus weiter, nach knapp 300 m links in die Straße Sonnenberg, nach weiteren 1,1 km rechts die Einfahrt, weiträumig ausgeschildert; **Platzanzahl:** ca. 100; **Untergrund:** Wiese; **Service:** Strom, Trinkwasser, Abwasser, Chemie-WC, WLAN (auf der Terrasse), Brötchenservice; **Preiskat.:** €€; **Geöffnet:** Mitte April–Mitte Okt.; **Kontakt:** Sonnenberg 3, 29328 Müden/Örtze, Tel. 05053 987174, https://campingsonnenberg.com

## 109 Wohnmobilstellplatz am Wildpark

GPS 52.87249, 10.10933

Sehr schöner Stellplatz neben einem größeren Parkplatz direkt am Wildpark Müden, für Wohnmobile abgetrennter Bereich, nachts sehr ruhig, tagsüber etwas Betrieb auf dem angrenzenden Parkplatz, ca. 700 m ins Zentrum. **Lage/Anfahrt:** Vom Zentrum auf der Hermannsburger Straße (L240) Richtung Hermannsburg, nach 250 m links in den Heuweg, 400 m weiter rechts und dann links, der Wohnmobilbereich befindet sich auf dem hinteren Abschnitt des Parkplatzes; Beschilderung zum Wildpark; **Platzanzahl:** 15; **Untergrund:** Wiese; **Service:** keiner; **Preiskat.:** kostenlos; **Geöffnet:** ganzjährig; **Kontakt:** Heuweg, 29328 Fassberg OT Müden/Örtze

## Hermannsburg

Hermannsburg, das durch die Örtze in zwei Hälften geteilt wird, blickt auf eine lange Geschichte zurück. Bereits 1059 wird der Ort erstmals schriftlich erwähnt. Weltweite Bedeutung erlangte er Mitte des 19. Jh., als Pastor Ludwig Harms (1808–1865) die **Hermannsburger Mission** gründete und Missionare in die ganze Welt schickte. Die Nachfolgeorganisation, das Evangelisch-lutherische Missionswerk in Niedersachsen, ist noch heute aktiv, sendet Personal in lutherische Kirchen nach Afrika, Asien und Lateinamerika und unterstützt sie finanziell.

Sehenswert ist die erst im letzten Jahrhundert vollständig erneuerte und erweiterte **Kirche St. Peter-Paul,** die mit ihren sechs Seitenschiffen und dem als Dachreiter ausgebildeten Glockenturm sehr ungewöhnlich für die Region ist.

Weithin sichtbar ist der 52 m hohe Turm der **Großen Kreuzkirche.** Hier lohnt sich ein Blick ins Innere der Kirche, die Platz für 1000 Personen bietet. Das Schiff mit seiner schönen Holzdecke hat keine tragenden Säulen und gehört zu den größten freitragenden Holzkirchenschiffen Europas.

Im **Heimatmuseum** (Harmsstraße 3, https://heimatbund-hermannsburg.de) kann man sich über das bäuerliche und handwerkliche Leben früherer Zeiten in der Lüneburger Heide informieren.

Auch Aktivurlauber kommen auf ihre Kosten. Die Örtze ist ein beliebtes Paddelrevier und die Heideflächen rund um den Ort bieten ausgezeichnete Wander- und Radwege. Besonders schön sind die Möglichkeiten im **Naturschutzgebiet Heideflächen Mittleres Lüßplateau** im Osten des Ortes.

**Tourist-Info Hermannsburg,** Am Markt 3, www.hermannsburg-urlaub.de

Im Ludwig-Harms-Haus, dem ehemaligen Missionshaus, kann man im **Fair Trade Weltladen** fair gehandelte Kunstgewerbeartikel und Lebensmittel aus Entwicklungs- und Schwellenländern erwerben. Mit dem Kauf trägt man dazu bei, den Erzeugern eine menschenwürdige Existenz aus eigener Kraft zu ermöglichen (Harmsstraße 2, https://ludwig-harms-haus.de).

*An der Örtze im Zentrum von Hermannsburg*

## ⓫⓪ Wohnmobilstellplatz am Waldbad

GPS 52.82681, 10.10806

Einige ausgewiesene Stellplätze auf dem Parkplatz am Waldbad, ca. 1,5 km ins Zentrum, nahe an der vielbefahrenen Straße. **Lage/Anfahrt:** Auf der Lotharstraße Richtung Unterlüß fahren, am Ortsende rechts zum Waldbad abbiegen; **Platzanzahl:** ca. 5; **Untergrund:** Pflaster; **Service:** Trinkwasser, Abwasser, Chemie-WC; **Preiskat.:** kostenlos; **Geöffnet:** ganzjährig; **Kontakt:** Lotharstraße 64, 29320 Hermannsburg

## 111 Wohnmobilstellplatz am Schützenplatz

GPS 52.82792, 10.10982

Sehr schöner, geräumiger Platz am Ortsrand mitten im Wald, sehr ruhig, ca. 1,5 km ins Zentrum. **Lage/Anfahrt:** Auf der Lotharstraße Richtung Unterlüß fahren, am Ortsende knapp 100 m hinter der Einfahrt zum rechts gelegenen Waldbad links zum Schützenplatz abbiegen; **Platzanzahl:** ca. 50; **Untergrund:** Wiese; **Service:** keiner; **Preiskat.:** €; **Geöffnet:** ganzjährig, während des Schützenfestes im August nicht nutzbar; **Kontakt:** Lotharstraße 74, 29320 Hermannsburg

## Celle

Die Residenzstadt Celle wird oft als Tor zur Südheide bezeichnet, ist aber viel mehr als das und lohnt unbedingt einen Besuch. Besonders beeindruckend ist die **Altstadt.** Fast 500 historische, aufwendig restaurierte Fachwerkhäuser aus der Zeit zwischen dem 16. und dem 18. Jh. bilden die Altstadt, in deren Westen sich der Schlosspark mit dem prunkvollen **Herzogschloss** (Schlossplatz 1, https://celle-tourismus.de/schloss-celle) befindet. Das Schloss war vom 15. Jh. bis zum Anfang des 18. Jh. ständige Residenz der Herzöge von Braunschweig-Lüneburg. Einige Räume wie die Schlossküche, die Staatsgemächer und die besonders beeindruckende **Renaissance-Schlosskapelle** können während einer Führung besichtigt werden. Darüber hinaus beherbergt das Schloss ein **Museum** und das älteste heute noch bespielte **Barocktheater** Europas.

In der **Stadtkirche,** die 1308 geweiht wurde, befinden sich die monumentalen Gräber der Welfenherzöge. Der Turm wurde erst Anfang des 20 Jh. errichtet. Er kann bis zu einer Aussichtsebene in über 50 m Höhe bestiegen werden und bietet eine grandiose Aussicht weit über die Altstadt hinaus.

Besonders sehenswert ist auch das **Bomann-Museum** (Schlossplatz 7, www.bomann-museum.de) gegenüber vom Schloss. Im Innern bietet es Sammlungen zur Kultur- und Stadtgeschichte sowie zur hannoverschen Landesgeschichte. Angegliedert ist das **Kunstmuseum** Celle.

*Celles Altstadt beeindruckt mit zahlreichen historischen Fachwerkbauten*

Schön ist ein Spaziergang im **Französischen Garten** gleich südlich der Altstadt. Die Ursprünge des Parks gehen auf das frühe 17. Jh. zurück. Im kreisrunden Teich auf der Westseite beeindruckt eine Fontäne, die abends schön angeleuchtet wird. Im Osten befinden sich ein 1611 errichtetes kleines Schloss, eine Freilichtbühne und das Marmordenkmal für die Dänenkönigin Caroline Mathilde. Die Ehefrau des dänischen Königs Christian VII. wurde nach einer Affäre mit ihrem Leibarzt Struensee 1772 nach Celle verbannt, wo sie drei Jahre später starb.

Badefreunde finden im **Celler Badeland** (https://celler-badeland.de) mit Hallenbad (u. a. Mehrzweck- und Solebecken, Saunen- und Wellnessbereich, Tunnelrutsche) und dem beheizten Freibad ausreichend Möglichkeiten.

**Tourist Info Celle im Alten Rathaus,** Markt 14–16, https://celle-tourismus.de

Im **Celler Ratskeller** aus dem Jahr 1378, dem ältesten Gasthaus Niedersachsens, kann man in historischem Ambiente vorzüglich speisen. Besonders empfehlenswert ist der Entenbraten Celler Art (Markt 14, https://rkcelle.de).

## 112 Womo-Stellplatz Celle

GPS 52.61776, 10.08312

Der sehr gut besuchte, moderne und komfortable Wohnmobilhafen liegt direkt neben dem Celler Badeland, nur wenige hundert Meter vom Französischen Garten und der Altstadt entfernt, Grillplatz, Brötchen- und Getränkeverkauf am Minigolfplatz. Da der Platz oft ausgebucht ist, wird eine frühe Anreise empfohlen. Besonders beliebt ist der Silvesterball, der jedes Jahr vom Stellplatzteam organisiert wird. **Lage/ Anfahrt:** Von der B5 (Hannoversche Straße) im Westen auf die Sägemühlenstraße, nach 500 m gleich hinter dem Badeland rechts; von der B214 im Osten an der Kirche St. Georg in die Straße Sankt-Georg-Garten einbiegen, am Ende weiter in die 77er Straße, nach 500 m links; **Platzanzahl:** 45, zusätzlich 10 einfache Plätze ohne Strom vor dem Minigolfgelände; **Untergrund:** Rasengitter; **Service:** Strom, Trinkwasser, Abwasser, Chemie-WC, WLAN; **Preiskat.:** €€; **Geöffnet:** ganzjährig; **Kontakt:** 77er Straße 36, 29221 Celle, Tel. 05141 9519388, https://womo-celle.de

Daniel Fort

# Ostharz und Kyffhäuser

Goslar
Oker
Harlingerode
Bündheim
Westerode
Nord-
Veckenstedt
Langeln
Danstedt
Ströbeck
Halberstadt
Aderstedt
Stapelburg
-harz
Schmatzfeld
Heudeber
Mahndorf
Wegeleben
Siedlung
Göttingerode
Bad
Harzburg
Ilsenburg
(Harz)
Drübeck
Reddeber
Derenburg
Klussiedlung
Harsleben
Naturpark
Langenstein
Ditfurt
Schulenberg
im Oberharz
Darlingerode
Wernigerode
Benzingerode
Heimburg
Börnecke
Westerhausen
-Zellerfeld
Altenau
Hasserode
Oesig
Blankenburg
(Harz)
Quedlinburg
Warnstedt
Wedderslebenr
Clausthal-
Harz
Nationalpark
Nationalpark
Hochharz
Elbingerode
(Harz)
Cattenstedt
Hüttenrode
Timmenrode
Wienrode
Schierke
Rübeland
Thale
Neinstedt
Rieder
Elend
Königshütte
(Harz)
Rappbode-
Stausee
Altenbrak
Bad
Suderode
Gernrode
Braunlage
Oberharz
am Brocken
Bode
Treseburg
Tanne
Hasselfelde
Sankt
Andreasberg
Sorge
Trautenstein
Allrode
Friedrichsbrunn
Benneckenstein
(Harz)
Stiege
Hohegeiß
Güntersberge
Alexisbad
Harzgerode
Naturpark
Harz
Bad Lauterberg
im Harz
Scharzfeld
Wieda
Zorge
Breitenstein
Siptenfelde
Silberhütte
Barbis
Sülzhayn
Straßberg
Königerode
Neudorf
Steina
Bad Sachsa
Walkenried
Ellrich
Harz-
Appenrode
Dankerode
Bartolfelde
Osterhagen
Ilfeld
Stolberg
(Harz)
Süd-
Hayn
(Harz)
Wipper
Silkerode
Neuhof
Neustadt
/Harz
Wolfsberg
Bockelnhagen
Tettenborn
Woffleben
-tor
Schwenda
Zwinge
Hohenstein
Gudersleben
Harzungen
Herrmannsacker
Rothа
Weißenborn-
Lüderode
Stöckey
Liebenrode
Niedersachswerfen
Rodishain
Dietersdorf
Breitenbach
Buchholz
Petersdorf
Stempeda
Jützenbach
Herreden
Nordhausen
Rottleberode
-harz
Trebra
Etzelsrode
Haferungen
Bischofferode
Steinrode
Friedrichsthal
Leimbach
Breitungen
Hainrode
Uftrungen
Questenberg
Holungen
Am Ohmberg
Groß-
wechsungen
Bielen
Großleinungen
Brehme
Kleinbodungen
Kehmstedt
Urbach
Wickerode
Sundhausen
Görsbach
Wallhausen
Großbodungen
Neustadt
Lipprechterode
Wipperdorf
Werther
Windehausen
Berga
Roßla
Bennungen
Haynrode
Kraja
Bleicherode
Uthleben
Heringen/
Helme
Helme
Talsperre
Kelbra
Kelbra
(Kyffhäuser)
Brücken
Worbis
Buhla
Hamma
Auleben
-Hackpfüffel
Kirchworbis
Breitenworbis
Niedergebra
Nohra
Wolkramshausen
Tilleda
(Kyffhäuser)
Sollstedt
Obergebra
Großlohra
Hainrode/
Hainleite
Kleinfurra
Badra
Kyffhäuser
Bernterode
Sondershausen
Kyffhäuser
Steinthaleben
Ichstedt
Gernrode
Friedrichsrode
Großfurra
Wipper
Naturpark
Kyffhäuser
Udersleben
Hausen
Gerterode
Rehungen
Kleinberndten
Bendeleben
Rottleben
Bad
Frankenhausen
/Kyffhäuser
Niederorschel
Immenrode
Vollenborn
Hainleite
-land
Kleinbartloff
Deuna
Holzthaleben
Großberndten
Berka
Hachelbich
Göllingen
Esperstedt
Keula
Großbrüchter
Schernberg
Seega
Hüpstedt
Helbedündorf
Toba
Günserode
Dünwald
Oberspier
Oldisleben
Beberstedt
Gundersleben
Hohenebra
Westerengel
Trebra
Oberbösa
Bilzingsleben
Gorsleben
Eigenrode
Menteroda
Holzsußra
Ebeleben
Kannawurf
Obermehler
Bellstedt
Otterstedt
Wasserthaleben
Frömmstedt
Kindelbrück
Etzleben
Saalfeld
Rockensußra
Abtsbessingen
Großenehrich
Topfstedt
Schlotheim
Allmenhausen
Clingen
Greußen
Günstedt
Griefstedt
Grabe
Körner
Wolferschwenda
Ottenhausen
Issersheilingen
Mittelsömmern
Leubingen
Bollstedt
Neunheilingen
Kirchheilingen
Bruchstedt
Kutzleben
0
4 km
© Reise Know-How 2021

### TOUREN-ÜBERBLICK

**Routenempfehlung:** Kyffhäuser/Bad Frankenhausen – Stolberg – Thale – Rappbodetalsperre – Rübeland – Schierke – Wernigerode – Ilsenburg
**Länge gesamt:** ca. 160 km
**Dauer:** ca. 4–7 Tage
**Reisezeit:** ganzjährig. Kulturelle Sehenswürdigkeiten, idyllische Städte, umfangreiche Freizeit- und Outdoorangebote sowie eine grandiose Natur mit schneesicheren Hochlagen machen den Ostharz für Urlaubsreisen ganzjährig attraktiv.

Als Ostharz wird der in den neuen Bundesländern – im Wesentlichen in Sachsen-Anhalt – gelegene Teil des Harzes bezeichnet. Trotz seiner relativ geringen Ausdehnung bilden im Ostharz Natur, Geschichte, Kultur, Mythen, Sagen und Legenden eine Symbiose, die Dichter wie Goethe, Heine, Fontane oder Kleist und romantische Landschaftsmaler wie Ludwig Richter und Caspar David Friedrich inspirierte.

Verschiedene Vegetations- und Klimazonen prägen den Harz. Schroffe Felsen und Klippen, düstere Moore, saftige Wiesen, von Buchen- und Eichenwäldern bewachsene Hügellandschaften, steile Täler mit rauschenden Gebirgsbächen, tundrenartige Heidevegetation und der baumlose, 1141 m hohe Gipfel des Brocken bilden ein Paradies für Naturfreunde und Wanderer. Der Hochharz rund um den Brocken ist zum Nationalpark Harz erklärt. Orte wie Ilsenburg oder Schierke und die romantische Schmalspur-Brockenbahn ermöglichen einen hervorragenden Zugang zum Nationalpark.

Ebenso umfangreich wie die Natur ist die Kulturlandschaft des Harzes. Fachwerkstädte wie Stolberg und Wernigerode mit dem prachtvollen, über der Stadt thronenden Schloss, das Kyffhäuserdenkmal oder das Panorama Museum in der sehenswerten Stadt Bad Frankenhausen lassen eine Harzreise zu einem spannenden Streifzug durch die deutsche Geschichte werden.

Außerdem garantieren das wunderschöne Bodetal, die beeindruckende Staumauer der Rappbodetalsperre, die surrealen Tropfsteinhöhlen in Rübeland, die außergewöhnlichen Besucherbergwerke oder die spektakuläre Barbarossahöhle im Kyffhäusergebirge jedem Reisenden einen ebenso vielfältigen wie außergewöhnlichen Aufenthalt in dieser Region.

i www.ostharz.de, www.harzinfo.de, www.harz-sehenswuerdigkeiten.de, www.harztourist.de

*Die Landschaft in der Umgebung des Großen Jägerkopfs ist typisch für den Nationalpark Harz*

Ruine der ehemaligen Reichsburg Kyffhäuser und das Kyffhäuserdenkmal

## Kyffhäusergebirge/ Bad Frankenhausen

Das nur 13 km lange und 6 km breite, von Eichen und Buchen bewaldete Mittelgebirge erhebt sich südlich des Harzes am Rande des Thüringer Beckens. Dem Harz geologisch ähnlich, ragt das kleine Gebirge mit seiner höchsten Erhebung, dem **Kulpenberg,** bis zu 474 m hoch aus der Ebene.

Östlich des Kulpenbergs befindet sich auf einem Bergvorsprung die Ruine der einst gewaltigen, 600 m langen **Reichsburg Kyffhäuser,** die Ende des 19. Jh. zu Ehren Kaiser Wilhelms I. durch das **Kyffhäuserdenkmal** (www.kyffhaeuser-denkmal.de) erweitert wurde.

Der **Naturpark Kyffhäuser** (www.naturpark-kyffhaeuser.de) und der **Geopark Kyffhäuser** (www.geopark-kyffhaeuser.com) bieten zahlreiche Gelegenheiten, die artenreiche Natur und geologisch faszinierende Landschaft zu entdecken. Gut ausgeschilderte **Rad- und Wanderwege** (www.naturpark-kyffhaeuser.de/1/wandern-radwandern) wie der 37 km lange **Kyffhäuserweg,** der **Salzpfad,** der **Walderlebnispfad,** verschiedene **Geopfade** (www.geopark-kyffhaeuser.com/geopfade.html) und eine ca. 50 km lange **Radtour** um das Gebirge führen durch diese vielfältige, mit kulturhistorischen Sehenswürdigkeiten versehene Landschaft.

**TIPP KÖNIGSPFALZ TILLEDA**

Die vollständig freigelegte Pfalzanlage gibt Einblicke in die früh- und hochmittelalterliche Zeit. Im Freilichtmuseum können Gebäude besichtigt, Pferdeschmuck bewundert oder mittelalterliches Handwerk ausprobiert werden. Kinder können an der Ausgrabungsstelle auf Schatzsuche gehen (Ernst-Thälmann-Straße, 06537 Kelbra, www.pfalz-tilleda.de).

### ⑪③ Seecamping Kelbra

GPS 51.42597, 11.00301

Am Stausee Kelbra, zu Füßen des Kyffhäusergebirges gelegen. Wanderwege des Naturparks Kyffhäuser sind in wenigen Gehminuten erreichbar. Gute Wassersportmöglichkeiten, Hafenanlage mit Mole, Sommer- und Winterliegeplätze für Boote und Surfbretter, Bootsverleih mit Ruder- und Tretbooten, Vogelbeobachtungsstation, angrenzendes Strandbad mit FKK-Strand, Restaurant, Wasserrutsche und Spielgeräten. **Lage/Anfahrt:** über B85 und L234/L1040; **Platzanzahl:** 150; **Untergrund:** Wiese; **Service:** Strom, Trinkwasser, Chemie-WC, WLAN, Imbiss und Kiosk; **Preiskat.:** €€; **Geöffnet:** ganzjährig; **Kontakt:** Lange Str. 150, 06537 Kelbra, Tel. 03465145290, www.stausee-kelbra.de

Die 13.000 m² große **Barbarossahöhle** (www.barbarossahoehle.de) im Südwesten des Kyffhäusergebirges ist eine von weltweit zwei zugänglichen Anhydrithöhlen. Sie wurde 1865 zufällig entdeckt und entführt den Besucher in eine faszinierende Welt aus ungewöhnlichen Formen und Farben.

Am Südrand des Kyffhäuser liegt die Stadt **Bad Frankenhausen.** Hier präsentiert das **Panorama Museum** (Am Schlachtberg 9, www.panorama-museum.de) das sehenswerte, 14 m hohe Monumentalgemälde „Frühbürgerliche Revolution in Deutschland" von Werner Tübke. Das in einem Rundbau untergebrachte Kunstwerk gehört zu den größten Tafelbildern der Welt. Im Wellnessbad **Kyffhäuser Therme** (August-Bebel-Platz 9, www.kyffhaeuser-therme.de) befindet sich u. a. auch eine Totes-Meer-Salzgrotte.

Bei einem Rundgang können das Wahrzeichen der Stadt – **der Schiefe Turm** (www.oberkirchturm.de) –, das **Regionalmuseum im Residenzschloss** (Schlossstr. 13, www.regionalmuseum-bfh.de) oder auch der **Hausmannsturm** besichtigt werden.

**Tourist-Info,** Schlossstr. 13, www.bad-frankenhausen.de, www.region-suedharz-kyffhaeuser.de

Die Manufaktur **Goethe Chocolaterie** produziert feinste Pralinen, Schokoladen, Konfitüren und Chutneys für eine Reihe von Gourmethändlern und Fünf-Sterne-Hotels und verzichtet dabei auf Konservierungsstoffe, künstliche Aromen und Farbstoffe. In der gläsernen Manufaktur kann die Produktion besichtigt werden und im Werksverkauf können die Produkte erworben werden (www.goethe-chocolaterie.de).

*Das Panorama Museum Bad Frankenhausen*

## 114 Wohnmobilstellplatz Kyffhäuser-Therme

GPS 51.35564, 11.10318

Zentrale Lage an der alten Stadtmauer, der Kyffhäuser-Therme und dem Kneippbecken. 5 Gehminuten ins Stadtzentrum. Anmeldung in der Therme. Ermäßigter Eintritt in die Therme. **Lage/Anfahrt:** A71, Ausfahrt 3 Heldrungen, L3086 Richtung Westen, B85 Richtung Zentrum Bad Frankenhausen; **Platzanzahl:** 15; **Untergrund:** Rasengitter; **Service:** Strom, Trinkwasser, Abwasser, Chemie-WC; **Preiskat.:** €€; **Geöffnet:** ganzjährig; **Kontakt:** Bornstr. 42, 06567 Bad Frankenhausen, Tel. 034671 5123, www.kyffhaeuser-therme.de/wohnmobilstellplatz

## Stolberg

Der etwa 1400 Einwohner zählende Ort ist als Luftkurort sowie **Historische Europastadt** bekannt. Zahlreiche Fachwerkhäuser im Renaissancestil prägen das Stadtbild. Das atmosphärische Städtchen liegt eingebettet in einer traumhaften Landschaft. Kriege hat der Ort weitestgehend unversehrt überstanden. Schon zu DDR-Zeiten stand das Stadtbild bereits unter Denkmalschutz. So hat sich ein großer Teil der Bebauung seit Jahrhunderten kaum verändert. Das **Stolberger Schloss,** das **Rathaus,** der **Marktplatz,** das **Kleine Bürgerhaus** oder die **Stadtkirche St. Martini** sind Zeugen der vergangenen Jahrhunderte und können besichtigt werden.

Ein berühmter Sohn der Stadt ist der Theologe, Reformator, Revolutionär und Bauernführer **Thomas Müntzer,** der im deutschen Bauern-

Die Altstadt von Stolberg mit Blick auf das Stolberger Schloss

krieg von 1524 bis 1526 für die Interessen des einfachen Volkes kämpfte. Nach anfänglichen Erfolgen führte Müntzer seine Anhänger 1525 in die entscheidende Schlacht auf dem Schlachtenberg bei Bad Frankenhausen. Hier erlitten die Bauern eine vernichtende Niederlage und Müntzer wurde wenige Tage nach seiner Gefangennahme hingerichtet. Das **Thomas-Müntzer-Denkmal** von Klaus Messerschmidt wurde 1989 anlässlich des 500. Geburtstags Müntzers auf dem Markt von Stolberg errichtet.

**Tourist-Info,** Niedergasse 17, www.stadt-stolberg.de, www.tourismus-suedharz.de

Die Delikatesse und Spezialität **Stolberger Lerchen** sind Würstchen, die vorzugsweise zu Grünkohl und Salzkartoffeln serviert werden. Im urigen **Gasthaus Kupfer** sollen sie ursprünglich entstanden sein und werden dort nach altem Rezept hergestellt (www.gasthaus-kupfer.de).

### TOUR AUSFLUG ZUM JOSEPHSKREUZ

Das größte eiserne Doppelkreuz der Welt befindet sich nahe Stolberg auf dem 580 m hohen Großen Auerberg. Der Aussichtsturm wurde 1896 eingeweiht, ist 38 m hoch, 125 t schwer und wird von 100.000 Nieten zusammengehalten. Am Kreuz befindet sich die Gaststätte Bergstüb'l Josephskreuz (www.stolberger-museen.de/josephskreuz, www.bergstuebl-josephs-kreuz.de).

### 115 Wohnmobilstellplatz am Rittertor

GPS 51.57621, 10.94590

Gebührenfreier Stellplatz am nordwestlichen Stadtrand. **Lage/Anfahrt:** über K2354, am Markt geradeaus in Rittergasse fahren; **Platzanzahl:** 5; **Untergrund:** Asphalt, Pflaster; **Service:** keiner; **Geöffnet:** ganzjährig; **Kontakt:** Rittergasse 77, 06536 Südharz

## Thale und das Bodetal

Als **Bodetal** wird der zehn Kilometer lange und unter Naturschutz stehende, schluchtartige Abschnitt zwischen Treseburg und Thale bezeichnet. Die Schlucht ist bei **Thale** bis zu 280 m tief. Die am Brocken entspringende Bode hat sich hier in den harten Ramberggranit eingeschnitten.

Einige bekannte und spektakuläe Natursehenswürdigkeiten des Harzes finden sich hier auf engstem Raum. Die wilde, schroffe Natur mit gewaltigen Felswänden und grandiosen Ausblicken in die Schlucht macht diese Region zu einem beliebten Ausflugsziel.

Der **Hexentanzplatz** (www.bodetal.de/poi/hexentanzplatz-1) und die auf der anderen Schluchtseite gelegene **Rosstrappe** (www.bodetal.de/poi/rosstrappe-1) sind die beeindruckendsten Aussichtspunkte im Bodetal. Die Felsen des Hexentanzplatzes und der Rosstrappe sind über eine **Kabinenbahn** bzw. einen **Sessellift** (www.seilbahnen-thale.de) von Thale aus erreichbar. Zusätzlich sind der Hexentanzplatz über die L240 und die Rosstrappe über die K1350 mit dem Auto zugänglich. Das **Harzer Bergtheater** (www.bodetal.de/poi/harzer-bergtheater-1) präsentiert auf dem Platz in einmaliger Kulisse mystische Geschichten, Märchen u. A. In der **Walpurgishalle auf dem Hexentanzplatz** (www.bodetal.de/poi/walpurgishalle-auf-dem-hexentanzplatz-1) sind fünf große Wandgemälde des Malers **Hermann Hendrich** mit Motiven aus Goethes Faust und anderen Walpurgissagen zu sehen.

*Blick vom Hexentanzplatz in das Bodetal*

Schroffe Felsformationen: die Teufelsmauer bei Weddersleben

Über einen zehn Kilometer langen **Wanderweg** (www.bodetal.de/wandernaktiv/wandern-im-harz) kann die **Bodeschlucht** zwischen Thale und Treseburg erlaufen werden.

Die bizarre Felslandschaft im Bodetal inspirierte seit jeher sowohl Bewohner als auch Besucher dieser Harzregion und ließ eine Vielzahl an Sagen und Mythen entstehen. Auf dem **Thalenser Mythenweg** (www.bodetal.de/bodetalurlaub/mythenweg) werden diese thematisiert.

Nördlich von Thale verläuft zwischen Blankenburg und Ballenstedt im Harzvorland die insgesamt 20 km lange **Teufelsmauer** (www.bodetal.de/poi/die-teufelsmauer-1). Der markanteste Teil dieser Felsformation aus hartem Sandstein befindet sich östlich von Thale bei Weddersleben. Über ca. 4 km lange Wanderwege können die Felsen von Thale aus erreicht werden.

**Tourist-Info,** Bahnhofstr. 1, www.bodetal.de

## 116 Klostercamping Thale

GPS 51.75505, 11.05001

An der Bode, am nordöstlichen Stadtrand gelegener Platz, schön gestaltet und von Bäumen eingerahmt. Ein Seitenarm der Bode fließt durch das Gelände. 15 Gehminuten zum Rathausplatz und ca. 30 Gehminuten ins Bodetal. **Lage/ Anfahrt:** über L240, in Thale bis Kreisverkehr an der Bode, hier nach Norden, dann über Schmiedestr. und Wendhusenstr.; **Platzanzahl:** ca. 100; **Untergrund:** Schotter, Wiese; **Service:** Strom, Trinkwasser, Abwasser, Chemie-WC, WLAN an der Rezeption, Brötchenservice, kleiner Laden; **Preiskat.:** €€€; **Geöffnet:** Campingplatz März–Nov., Stellplatz ganzjährig; **Kontakt:** Wendhusenstr. 3, 06502 Thale, Tel. 03947 63185, www.klostercamping-thale.de

Die Staumauer der Rappbodetalsperre mit der spektakulären Hängebrücke

## Rappbodetalsperre

Die 1959 fertiggestellte **Rappbodetalsperre** (www.talsperren-lsa.de) ist mit ihrer 106 m emporragenden Staumauer die höchste Deutschlands. Die Talsperre ist Teil des großflächigen Talsperrensystems im Ostharz. Vorrangig als Trinkwasserspeicher genutzt, dient der Stausee ebenso als Hochwasserschutz und zur Stromgewinnung.

Über das Bode-Staubecken spannt sich die 458,5 m lange Hängebrücke **Titan-RT** (www.titan-rt.de). Sie gehört zu den längsten Fußgängerhängebrücken der Erde. Besucher können ohne Sicherheitsausrüstung, aber mit festem Schuhwerk die 100 m über dem Wasser hängende Konstruktion betreten und die atemberaubende Aussicht auf das Rappbodetal genießen. Eine dezente Beleuchtung ermöglicht das Überqueren auch nach Sonnenuntergang.

Unterhalb der Hängebrücke können sich Adrenalinjunkies am Bungeeseil per **Gigaswing** (www.harzdrenalin.de/gigaswing.html) 75 m in die Tiefe stürzen. Mit der größten Doppelseilrutsche Europas, der **Mega Zipline** (www.harzdrenalin.de/megazipline.html), geht es 120 m über dem Abgrund in rasanter Fahrt abwärts. Die Talsperre Wendefurth kann beim **Wallrunning** (www.harzdrenalin.de/wallrunning.html) aus einer ganz besonderen Perspektive erlebt werden.

Über den **Wendefurther Bootsverleih** (www.erlebnis-talsperre-harz.de) können 1½-stündige Floßfahrten gebucht, und Tret-, Ruder-, Drachen- oder Wikingerboote ausgeliehen werden. Frisch duftende Räucherforellen

### TIPP HARZKÖHLEREI STEMBERGHAUS

Jährlich werden hier ca. 50 t reine Buchenholzkohle in Handarbeit gewonnen. Im für Deutschland einzigartigen Köhlereimuseum kann die traditionsreiche Verkohlung des Holzes kennengelernt werden. Neben der Vermittlung des Köhlerhandwerks kann hier nach Köhlerart gespeist und Harzer Kultur genossen werden. Im Köhlerladen gibt es Spezialitäten aus der Harzregion (Stemberghaus 1, 38899 Hasselfelde, www.harzkoehlerei.de).

und andere Fischgerichte oder auch Kuchen können in der zum Bootsverleih gehörenden schwimmenden Gaststätte und Räucherei **Zum Hecht** genossen werden.

**Tourist-Info,** www.bodetal.de/poi/rappbodetalsperre-1

## 117 Campingstell- und Zeltplatz an der Talsperre

GPS 51.73441, 10.90774

Der Platz liegt ca. 1 km von der Rappbodetalsperre entfernt. Eine Gaststätte mit Frühstücksbuffet und Brötchenservice befindet sich im Hotel an der Talsperre. **Lage/Anfahrt:** über B81 und L96; **Platzanzahl:** 50; **Untergrund:** Schotter, Schotterrasen, Wiese; **Service:** Strom, Trinkwasser, Abwasser, Chemie-WC, WLAN an der Rezeption; **Preiskat.:** €€; **Geöffnet:** April–Okt.; **Kontakt:** Oberbecken 1, 06502 Thale OT Wendefurth, Tel. 039456 56950, www.campingstellplatz-talsperre.de

*In den Rübeländer Tropfsteinhöhlen*

## Rübeland

Im Tal der Bode gelegen, ist der kleine, unscheinbare Ort Rübeland vor allem für seine Tropfsteinhöhlen **Hermannshöhle** und **Baumannshöhle** (www.harzer-hoehlen.de) bekannt. Einer Legende nach wurde die Baumannshöhle von einem Bergarbeiter namens Baumann im 16. Jh. entdeckt und bereits im 17. Jh. erteilte der Braunschweiger Herzog einem Wirt namens Wagner das Privileg, Besucher durch die Höhle zu führen. Steinzeitliche Funde lassen vermuten, dass die Höhle jedoch schon weitaus früher betreten wurde. Die Höhlen gehören zu den ältesten Natur-Schauhöhlen Deutschlands. Den Besucher erwartet eine faszinierende, farbenprächtige, mit fantasievollen Tropfsteinen bewachsene Untertagewelt. Höhlenbewohner wie die Fledermaus sowie der seltene, in Deutschland nur in der Hermannshöhle vorkommende Grottenolm sind hier zu Hause.

**Tourist-Info,** www.harzer-hoehlen.de, www.oberharzinfo.de/die-region/ruebeland

## TIPP SCHAUBERGWERK ELBINGERODE

Während einer ca. 60-minütigen Führung taucht der Besucher in die Welt der Harzer Bergleute ein und erfährt, wie bis 1970 die wertvollen Erze abgebaut wurden. Der Zugang ist auch für Rollstuhlfahrer geeignet (Büchenberg 2, 38875 Elbingerode, www.schaubergwerk-elbingerode.de).

## TIPP HISTORISCHE RÜBELANDBAHN

An Wochenenden fährt die historische Rübelandbahn, von einer Dampflokomotive angetrieben, über den höchsten Eisenbahnviadukt des Harzes. Die Strecke wird zwischen Blankenburg und Rübeland befahren (www.arbeitsgemeinschaft-ruebelandbahn.de).

### 118 Wohnmobilstellplatz Hents Stellplatz in Rübeland

GPS 51.75458, 10.84929

Stellplatz teils mit schattenspendenden Bäumen, ruhig und etwas abseits gelegen, 1,5 km zur Rübeländer Tropfsteinhöhle. Betonierte Stellflächen. **Lage/Anfahrt:** an der L96 kurz vor den Serpentinen; **Platzanzahl:** 9; **Untergrund:** Wiese, fest; **Service:** Strom, Trinkwasser, Abwasser, Chemie-WC, WLAN, Brötchenservice; **Preiskat.:** €€; **Geöffnet:** ganzjährig; **Kontakt:** Hasselfelder Str. 5, 38889 Rübeland, hente11111@gmail.com

### 119 Camping am Brocken

GPS 51.77561, 10.79615

Direkt am Waldrand, nördlich des Zentrums von Elbingerode gelegener Platz. Ein Naturbad befindet sich in der Nähe. **Lage/Anfahrt:** über B27 und B244, Bruchstr. und Heinrich-Heine-Str.; **Platzanzahl:** 140; **Untergrund:** Schotter, Wiese; **Service:** Strom, Trinkwasser, Abwasser, Chemie-WC, Brötchenservice, Kiosk; **Preiskat.:** €€€; **Geöffnet:** ganzjährig; **Kontakt:** Schützenring 6, 38875 Elbingerode, Tel. 039454 42589, www.campingambrocken.de

## Schierke und der Brocken

Der Luftkurort Schierke ist die letzte Ortschaft unter dem **Brocken.** Von hier aus sind es auf Wanderwegen nur noch wenige Kilometer bis auf die höchste Erhebung im Harz. Seine exponierte Lage macht den Brocken zu einem Ort extremer Wetterbedingungen. Das Klima entspricht einer alpinen Lage von 1600 bis 2200 Metern. Die gemessenen Niederschlagsmengen gehören zu den höchsten im nördlichen Mitteleuropa und die mittlere Jahrestemperatur liegt bei 3,5 °C.

Schierke grenzt im Norden an den **Nationalpark Harz** (www.nationalpark-harz.de) und liegt auf etwa 580 bis 640 m Höhe. Teilweise eingepfercht im Bodetal, umgeben von steilen Berghängen, die mit gewaltigen Felsblöcken übersät sind, wirkt Schierke wie das Harzer Gebirgsdorf schlechthin. Die **Brockenbahn** (www.hsb-wr.de) hält hier ein letztes Mal, bevor sie auf dem Gipfel des Brockens ihre Endstation erreicht.

Der **Eckerlochstieg** (www.nationalpark-harz.de/de/natur-erleben/wandern/w4eckerloch) ist der steilste, allerdings auch einer der schönsten und beliebtesten Brockenzustiege. Vom Bahnhof Schierke führt ein Wanderweg direkt zur **Feuersteinklippe,** einem Wahrzeichen des Ortes. Die Klippe ist Namensgeber des Kräuterlikörs **Schierker Feuerstein** (siehe Infokasten Folgeseite).

Für Wanderer, die den mystischen Brocken zum ersten Mal zu Fuß erklimmen möchten, ist das **Nationalparkhaus Schierke** (www.nationalpark-harz.de/de/besucherzentren/nlp-haus-schierke) ein wichtiger Anlaufpunkt. Hier erhält man wichtige Informationen zu den verschiedenen Routen und den jeweils aktuellen Zuständen der Wege. Auf dem Gipfel des Brockens erwartet den Wanderer das **Nationalpark-Besucherzentrum Brockenhaus** (www.nationalpark-harz.de/de/besucherzentren/brockenhaus).

Die Bob- und Rodelbahn Brocken Coaster (Hagenstraße 6, www.brocken-coaster.de)

*Die Brockenbahn kurz vor ihrer Endstation am Gipfel des Brockens*

## ⓬⓪ Harz-Camping am Schierker Stern

GPS 51.75712, 10.68338

Direkt am Nationalpark kurz vor Schierke gelegen, ideal als Ausgangspunkt, um den Brocken und den Hochharz zu erkunden. Feuerstelle, Grillplatz, finnische Fasssauna. **Lage/Anfahrt:** über B27, L100 und K1356; **Platzanzahl:** 40; **Untergrund:** Schotter; **Service:** Strom, Trinkwasser, Abwasser, Chemie-WC, WLAN, Brötchenservice, Kiosk; **Preiskat.:** €€; **Geöffnet:** ganzjährig; **Kontakt:** Am Stern 1, 38875 Elend, Tel. 039455 58817, www.harz-camping.com

bietet Freizeitspaß für Groß und Klein und auf geführten Segwaytouren mit dem Segway zum Brocken (Brockenstr. 45c, www.brocken-express.de) geht es hinauf zum Brocken oder auf eine Rundtour durch Schierke.

Im **Winter** (www.wintersport.harzinfo.de) hat Schierke ebenfalls so einiges zu bieten. Ein umfangreiches Loipennetz beginnt am Parkhaus **Am Winterbergtor** und erreicht teilweise Höhen von 1000 m NHN. An vielen Hängen ist das Rodeln möglich, empfehlenswert sind die Rodelbahn vor der Tourist-Info oder der kleine Rodelhang hinter der Jugendherberge. Eine **Natureisrennschlittenbahn** ist bei entsprechender Wetterlage und bestimmten Anlässen auch von mutigen Gästen befahrbar. Für alpines Skifahren empfiehlt sich das unweit von Schierke gelegene **Skigebiet am Wurmberg** (Am Amtsweg 5, 38700 Braunlage/Wurmberg, www.wurmberg-seilbahn.de). Zum Eislaufen lädt die **Schierker Feuerstein Arena** (Am Winterbergtor 2, www.schierker-feuerstein-arena.de), in der auch im Sommer eine Kletterwand, eine Rollschuhbahn, eine Slackline-Anlage, eine Hüpfwelt und zwei Stockschießbahnen genutzt werden können.

ⓘ **Tourist-Info,** Brockenstr. 10, 38879 Wernigerode OT Schierke, www.schierke-am-brocken.de

### INFO SCHIERKER FEUERSTEIN

Vor über 100 Jahren entwickelte der Apotheker Willy Drube die Rezeptur des Schierker Feuersteins, um Magenbeschwerden der Kurgäste zu lindern. Noch heute wird der Kräuter-Halb-Bitter nach dem Originalrezept hergestellt. Ein Rundgang durch das Stammhaus – die Apotheke Zum Roten Fingerhut – bietet Einblicke in die Geschichte des Kräuterlikörs und erläutert, was der Granit der Feuersteinklippe mit dem Schnaps zu tun hat. In einem Shop finden sich Produkte rund um den Schierker Feuerstein (Brockenstr. 3, www.schierker-feuerstein.de).

Das über der Fachwerkstadt thronende Schloss von Wernigerode

## Wernigerode

Das bunte, von kunstvollen Fachwerkhäusern geprägte Stadtbild und das reichhaltige touristische Angebot veranlassten bereits 1907 den Schriftsteller, Dichter und Naturforscher **Hermann Löns,** Wernigerode als die **Bunte Stadt** zu bezeichnen; dieser Beiname ist geblieben. Prachtvolle mittelalterliche **Fachwerkfassaden,** das über der Stadt thronende **Schloss** (www.schloss-wernigerode.de), die historische, dampfgetriebene **Harzquerbahn** (www.hsb-wr.de), die Wernigerode mit Nordhausen und die Brockenbahn verbindet, das **Harzmuseum** (Klint 10, www.harzmuseum.de), eines der schönsten **Rathäuser** Deutschlands sowie ein reichhaltiges gastronomisches Angebot machen den Ort zu einem Touristenmagneten.

Dieser Umstand kann einen Besuch der Stadt zur Herausforderung werden lassen, denn am Wochenende oder zur Ferienzeit kann es zu dichtem Gedränge kommen.

Überregional bekannt ist Wernigerode auch aufgrund seiner Musik- und Chorszene und wird deshalb gerne als **Chorstadt** bezeichnet. Das Landesgymnasium für Musik mit seinen vier Chören, darunter der international bekannte Rundfunk-Jugendchor Wernigerode, ist hier beherbergt. Alle zwei Jahre findet das **Johannes-Brahms-Chorfestival** (www.interkultur.com/de/events) statt und jedes Jahr warten die **Wernigeroder Schlossfestspiele** (www.pkow.de) mit Opernaufführungen und Konzerten auf.

Die **Gartenträume-Parks** (www.gartentraeume-sachsen-anhalt.de) mit den dazugehörigen Terrassengärten auf dem Schloss, dem

Der Maßstab täuscht im Bürger- und Miniaturenpark Wernigerode

Lustgarten am Fuße des Schlosses und dem Fürstlichen Tiergarten, der das Schloss umgibt, laden zu Streifzügen ein. Im **Bürger- und Miniaturenpark** Wernigerode (www.buerger-und-miniaturenpark-wr.de) können mehr als 60 Harzer Sehenswürdigkeiten im Maßstab 1:25 bewundert werden.

**TIPP HARZRUNDFAHRTEN**

Die Wernigeröder Schlossbahn bietet Rundfahrten mit einem „Saurer Alpenwagen" aus dem Jahr 1959 an. Verschiedene Touren werden in Wernigerode sowie in den West- und Ostharz angeboten. Mit den Kleinbahnen Wernigeröder Bimmelbahn und Schlossbahn kann man sich zum Schloss Wernigerode bringen lassen. Kutsch- oder Planwagenfahrten und im Winter Schlittenfahrten zum Schloss werden ab Marktstraße an der Blumenuhr angeboten (www.wernigerode-tourismus.de/planen/rundfahrten).

Auf dem gut ausgebauten **Radwegenetz** (www.wernigerode-tourismus.de/erleben/rad-und-mountainbike) sind verschiedene Radtouren im Harzvorland rund um Wernigerode möglich. Sie führen z. B. zu den sehenswerten Orten **Kloster Drübeck, Ilsenburg** und **Blankenburg.**

**Tourist-Info,** Marktplatz 10, www.wernigerode-tourismus.de

Am Stadtrand von Wernigerode liegt das **Harzer Baumkuchenhaus.** Im Café können über 40 verschiedene Varianten an Baumkuchen probiert werden. Ein kleines Museum informiert über Geschichte und Verbreitung. Bei Interesse kann bei der Herstellung zugesehen werden (Neustadter Ring 17, www.harzer-baumkuchen.de).

### 121 Camping Alte Waldmühle

GPS 51.81472, 10.81430

Am Zillerbach im Mühlental, südöstlich von Wernigerode gelegen, Anbindung an den Citybusverkehr von Wernigerode. **Lage/Anfahrt:** an der B244; **Platzanzahl:** ca. 70; **Untergrund:** Schotter, Wiese; **Service:** Strom, Trinkwasser, Abwasser, Chemie-WC, WLAN, Brötchenservice; **Preiskat.:** €€; **Geöffnet:** März–Okt.; **Kontakt:** Mühlental 118, 38855 Wernigerode, Tel. 03943 266399, www.altewaldmuehle.de

## Ilsenburg

Der kleine Ort liegt idyllisch, an drei Seiten von bewaldeten Bergen umgeben, am Eingang zu einem der schönsten Täler des Harzes, dem **Ilsetal. Heinrich Heine** erwanderte 1824 die Region und veröffentlichte daraufhin seinen ersten großen Publikumserfolg **Die Harzreise.** Um seinen Aufenthalt in dieser Region zu würdigen, wurde der ca. 24 km lange **Heinrich-Heine-Weg** angelegt (www.ilsenburg-tourismus.de/wandern).

Die Lage am **Nationalpark Harz** (www.nationalpark-harz.de) eröffnet gute Anbindungen an ein umfangreiches Wanderwegenetz. Das **Nationalparkhaus Ilsenburg** (Ilsetal 5) informiert über die Buchenwälder rund um Ilsenburg und gibt nützliche Hinweise für einen Aufenthalt in den Wäldern des wildromantischen Ilsetals und des Hochharzes. Der leicht zu erwandernde Granitfelsen **Ilsestein** lockt mit traumhaftem Blick auf den Brocken und das gesamte Ilsetal. Die Ilse fließt südwestlich als plätschernder Gebirgsbach über natürliche Wasserfälle. Die sogenann-

### TOUR ENTDECKUNGSTOUR MIT DEM NATIONALPARK-RANGER

Am Nationalparkhaus Ilsetal beginnen geführte Wanderungen durch die Harzer Bergwildnis. Für Kinder gibt es ein Entdeckerheft, in dem Rätsel gelöst werden müssen, um das Abzeichen des Junior-Rangers zu erhalten (Ilsetal 5, www.nationalpark-harz.de/de/besucherzentren/nlp-haus-ilsenburg).

*Herbstlicher Ausblick vom Ilsestein Richtung Brocken*

ten **Ilsefälle** liegen am Heinrich-Heine-Weg, ca. 4 km vom Nationalparkhaus entfernt. Ein beliebtes Wanderziel ist die **Waldgaststätte Plessenburg** (www.plessenburg.de). Mitten im Nationalpark, am Fuß der **Scharfensteinklippe,** liegt die **Rangerstation Scharfenstein.** Die Ranger geben gerne Auskunft über Wetter, Wege und die Bergwildnis des Harzes. Doch auch Ilsenburg selbst lockt mit seinem reizvollen Ortsbild. Alte Hammerschmieden, romantische Klostermauern, traditionsreiche Gasthäuser und schöne Parkanlagen laden zu einem Bummel durch schmale Gassen ein.

**Tourist-Info,** Marktplatz 1, www.ilsenburg-tourismus.de

LITERATURTIPP

Ausführliche Informationen zur Region in all ihren Facetten findet man im umfassenden Reiseführer „Harz" des Reise Know-How Verlags.

## 122 Wohnmobilstellplatz Ilsenburg Ilsetal

GPS 51.85467, 10.67022

Am Eingang zum Ilsetal am südlichen Ende von Ilsenburg gelegen, bewaldete Hänge umrahmen den Platz. Ideal als Ausgangspunkt für Wanderungen im Nationalpark Harz und Touren auf den Brocken. ÖPNV-Anschluss. Das Zentrum von Ilsenburg ist fußläufig erreichbar. Zum Nationalparkhaus sind es ca. 200 m. **Lage/Anfahrt:** über L85, in Ilsenburg ca. 300 m nach Ortseingang in Schloßstr. fahren, dann Pfarrstr. und Mühlenstr. folgen; **Platzanzahl:** 90, davon 60 mit Strom; **Untergrund:** Schotter, Schotterrasen, Wiese; **Service:** Strom, Trinkwasser, Abwasser, Chemie-WC, WLAN, Brötchenservice; **Preiskat.:** €€; **Geöffnet:** ganzjährig; **Kontakt:** Ilsetal 16a, 38871 Ilsenburg, Tel. 0151 56113983, www.wanderlust-ilsetal.de/wohnmobilstellplatz-ilsenburg-ilsetal

Daniel Fort

# Der Thüringer Wald

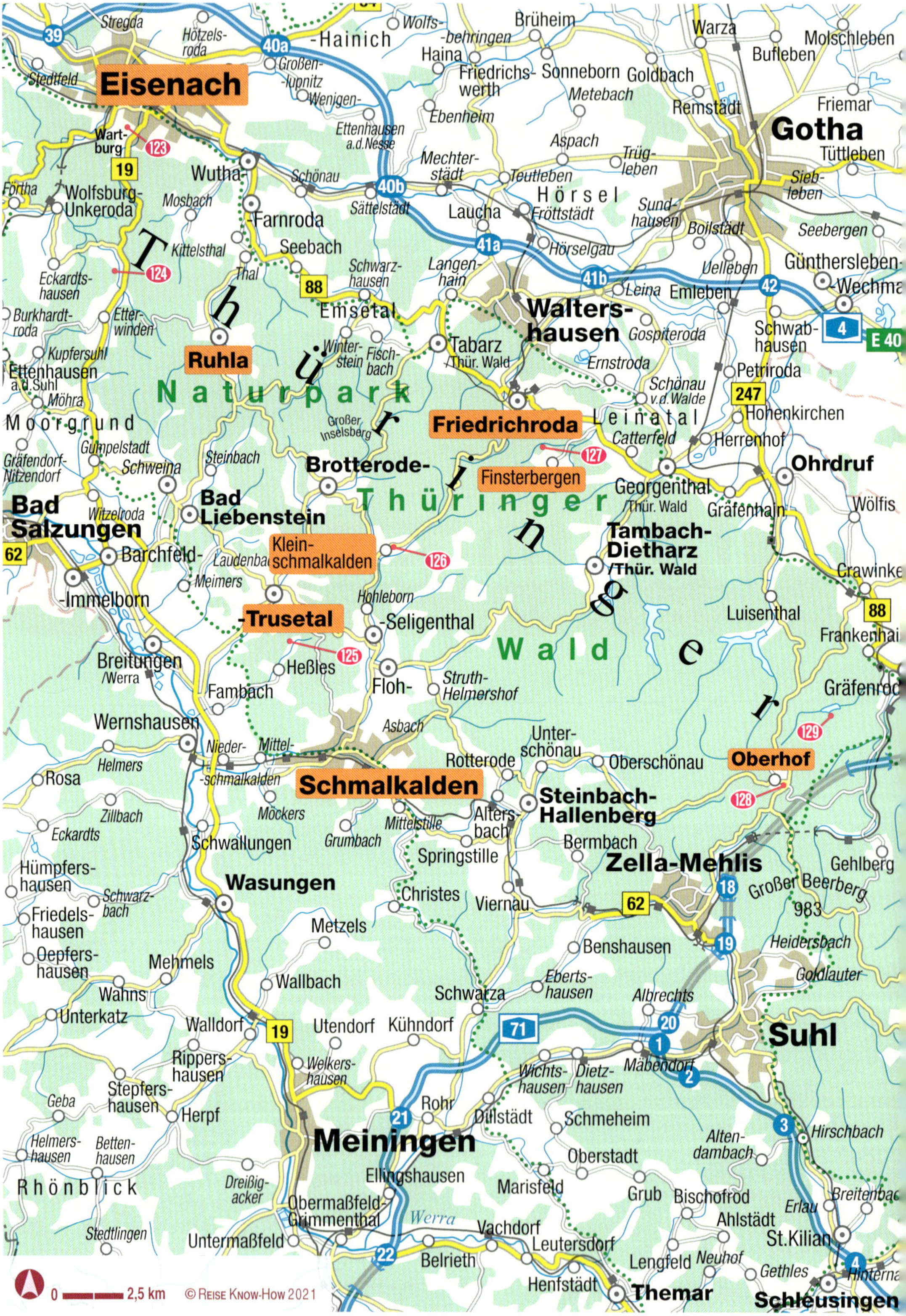

Eisenach
Stregda
Hötzelsroda
Hainich
Wolfsbehringen
Brüheim
Warza
Molschleben
Bufleben
Haina
Friedrichswerth
Sonneborn
Goldbach
Großenlupnitz
Wenigen-
Metebach
Remstädt
Friemar
Gotha
Stedtfeld
Ebenheim
Ettenhausen a.d.Nesse
Aspach
Trügleben
Tüttleben
Siebleben
Wartburg
Wutha-
Schönau
Mechterstädt
Teutleben
Hörsel
Sundhausen
Förtha
Wolfsburg-Unkeroda
Mosbach
Farnroda
Sättelstädt
Laucha
Fröttstädt
Boilstädt
Seebergen
Kittelsthal
Seebach
Hörselgau
Thal
Schwarzhausen
Langenhain
Uelleben
Günthersleben-Wechmar
Eckardtshausen
Emsetal
Leina
Emleben
Waltershausen
Burkhardtroda
Etterwinden
Gospiteroda
Schwabhausen
Kupfersuhl
Winterstein
Fischbach
Tabarz /Thür. Wald
Ernstroda
Petriroda
Ettenhausen a.d.Suhl
Ruhla
Naturpark
Schönau v.d.Walde
Möhra
Hohenkirchen
Moorgrund
Großer Inselsberg
Friedrichroda
Leinatal
Catterfeld
Herrenhof
Gumpelstadt
Gräfendorf-Nitzendorf
Schweina
Steinbach
Brotterode-
Finsterbergen
Georgenthal /Thür. Wald
Ohrdruf
Bad Salzungen
Witzelroda
Bad Liebenstein
Thüringer
Gräfenhain
Wölfis
Tambach-Dietharz /Thür. Wald
Barchfeld-
Laudenbach
Kleinschmalkalden
Meimers
Immelborn
Crawinkel
Trusetal
Hohleborn
Seligenthal
Luisenthal
Frankenhain
Breitungen /Werra
Heßles
Wald
Floh-
Struth-Helmershof
Fambach
Gräfenroda
Thüringer Wald
Wernshausen
Asbach
Nieder-
Mittel-
schmalkalden
Unterschönau
Rotterode
Oberschönau
Oberhof
Helmers
Rosa
Schmalkalden
Steinbach-Hallenberg
Möckers
Zillbach
Altersbach
Mittelstille
Eckardts
Grumbach
Schwallungen
Springstille
Bermbach
Zella-Mehlis
Gehlberg
Hümpfershausen
Wasungen
Christes
Viernau
Großer Beerberg
983
Schwarzbach
Friedelshausen
Metzels
Benshausen
Heidersbach
Oepfershausen
Mehmels
Wallbach
Goldlauter
Wahns
Schwarza
Ebertshausen
Albrechts
Unterkatz
Walldorf
Utendorf
Kühndorf
Suhl
Rippershausen
Welkershausen
Wichtshausen
Dietzhausen
Mäbendorf
Geba
Stepfershausen
Rohr
Herpf
Dillstädt
Schmeheim
Hirschbach
Helmershausen
Bettenhausen
Meiningen
Altendambach
Oberstadt
Rhönblick
Ellingshausen
Dreißigacker
Marisfeld
Grub
Bischofrod
Breitenbach
Obermaßfeld-Grimmenthal
Werra
Erlau
Ahlstädt
St.Kilian
Stedtlingen
Vachdorf
Untermaßfeld
Leutersdorf
Lengfeld
Neuhof
Gethles
Belrieth
Hinternah
Henfstädt
Themar
Schleusingen
0 2,5 km
© Reise Know-How 2021

## TOUREN-ÜBERBLICK

**Routenempfehlung:** Eisenach – Ruhla – Trusetal – Schmalkalden – Großer Inselsberg – Kleinschmalkalden – Friedrichroda/Finsterbergen – Oberhof – UNESCO-Biosphärenreservat Thüringer Wald

**Länge gesamt:** ca. 200 km

**Dauer:** ca. 4–7 Tage

**Reisezeit:** ganzjährig. Kulturelle Sehenswürdigkeiten, die Höhenlage und Wintersportorte wie Oberhof machen die Region auch im Winter empfehlenswert.

Das fast 1000 Quadratkilometer große und mit dem Großen Beerberg bis zu 983 m ü. NHN hohe Mittelgebirge ist als Naturpark Thüringer Wald unter Schutz gestellt. Das Biosphärenreservat Thüringer Wald, südöstlich von Oberhof, bildet den strenger geschützten Kernbereich. Die stark bewaldete Region eignet sich hervorragend für diverse Outdoor-Aktivitäten wie Wandern oder Mountainbiken. Der 170 km lange Rennsteig, Deutschlands beliebtester Weitwanderweg, führt über die gesamte Kammlinie des Gebirges. Die Höhenlage und die Positionierung des Gebirgsrumpfs zur Hauptwetterrichtung sorgen an den westlichen Hängen und den Kammlagen im Winter für hohe Niederschlagsmengen. Somit sind für winterliche Aktivitäten wie Skilanglauf, Schneeschuhwandern, Abfahrtsski- oder Schlittenfahren beste Bedingungen gegeben. So ist zum Beispiel Oberhof auf 815 m ü. NHN als deutsches Wintersportzentrum weithin bekannt.

Um in die Tiefen des Thüringer Walds einzutauchen oder weit über seine Täler und Wälder hinwegzublicken, eignen sich die Drachenschlucht nahe Eisenach, die Tropfsteinhöhle Kittelsthal und zahlreiche Stauseen wie z. B. die Talsperre Lütsche oder der Große Inselsberg.
Im Gebirge finden sich nur wenige Besiedlungen. Die Bergstadt Ruhla ist einer der wenigen Orte nahe der Kammlinie mitten im Thüringer Wald. Den Großteil der Siedlungen findet man an den Rändern: Da wären Eisenach mit dem UNESCO-Weltkulturerbe Wartburg, Trusetal, Friedrichroda und Schmalkalden zu nennen.
Die Routenempfehlung folgt teilweise der Naturparkroute Thüringer Wald.

ⓘ www.naturpark-thueringer-wald.de, www.thueringen.info/thueringer-wald.html, www.thueringer-wald.com

## Eisenach und UNESCO-Weltkulturerbe Wartburg

Eisenach liegt am Nordrand des Thüringer Walds und ist eine der sog. Lutherstädte. Von 1498 bis 1501 soll Martin Luther in Eisenach als Schüler gelebt haben. Das **Lutherhaus** (Lutherplatz 8, www.lutherhaus-eisenach.de), eines der schönsten und ältesten Fachwerkhäuser Thüringens, erinnert an die Reformation. Im Erlebnisrestaurant **Lutherstuben** (Katharinenstr. 13, www.lutherstuben.de) kann der Gast bei Musik und Gaukelei speisen wie zu Luthers Zeiten und dem Koch in der offenen Küche über die Schulter schauen.
1685 wurde Johann Sebastian Bach in Eisenach geboren und verbrachte hier die ersten zehn Jahre seines Lebens. 1907 entstand mit dem **Bachhaus Eisenach** (Frauenplan 21, www.

bachhaus-eisenach.de) das erste Bach-Museum und erhielt den Auftrag, alles Erdenkliche zu Bach und seinem Lebenswerk zu sammeln. Heute gehört es zu den größten Musikermuseen Deutschlands. Verschiedene Konzerte und Installationen machen Bachs Musik erlebbar. Seit 2017 wird von der Evangelisch-Lutherischen Kirchengemeinde Eisenach jährlich um den Reformationstag am 31. Oktober das **Bachfest** (www.bachfest-eisenach.de) veranstaltet. An verschiedenen Standorten finden Konzerte, Ballettvorstellungen, Gottesdienste, Vorträge und Sonderführungen statt.
In der oberhalb der Stadt thronenden **Wartburg** (www.wartburg-eisenach.de) übersetzte Martin Luther 1521 das Neue Testament ins Deutsche. Als erste deutsche Burg wurde sie 1999 ins **UNESCO-Weltkulturerbe** aufgenommen.

Die urigen Laubmischwälder des **Naturschutzgebietes Wälder mit Schluchten zwischen Wartburg und Hohe Sonne** umgeben die Burg und eignen sich hervorragend für ausgedehnte

## 123 Wohnmobilstellplatz an der Wartburg

GPS 50.96766, 10.30066

Der Stellplatz liegt auf dem Parkplatzgelände der Wartburg. Toiletten sind vorhanden. Zur Burg sind es ca. 650 m. **Lage/Anfahrt:** über die B19 und Wartburgallee; **Untergrund:** Schotter; **Service:** Trinkwasser; **Preiskat.:** €; **Geöffnet:** ganzjährig; **Kontakt:** Auf der Wartburg 2, 99817 Eisenach

Der Marktplatz von Eisenach

*Das berühmte UNESCO-Weltkulturerbe Wartburg*

### TOUR WANDERUNG DURCH DIE DRACHENSCHLUCHT

Die Drachenschlucht liegt südlich von Eisenach an der B19. Trittfeste Stege führen durch die teilweise weniger als einen Meter breiten, mit Moos bewachsenen Felsdurchbrüche. Die Einstiege befinden sich in Mariental (Norden) oder am Parkplatz Hohe Sonne (Süden). Es werden diverse geführte Wanderungen angeboten (www.eisenach.info/aktiv-und-sport/wandern/drachenschlucht).

### TIPP AUTOMOBILMUSEUM EISENACH

Seit über 120 Jahren werden in Eisenach Autos gebaut. Die lange Geschichte der Fahrzeugfertigung kann anhand von klassischen Fahrzeugen der Marken DIXI, BMW, EMW und Wartburg nachvollzogen werden (Friedrich-Neumann-Str. 10, www.awe-museum.de).

Wanderungen. Der **Luthererlebnispfad** (www.eisenach.info/aktiv-und-sport/wandern/luthererlebnispfad) beginnt am Predigerkloster in Eisenach und endet an der Eselstation Wartburg. Im **Burgcafé Gadem** (www.wartburghotel.de/essen-trinken/burgcaf-gadem) lassen sich verbrauchte Kalorien bei einem Stück Original Wartburg-Torte ersetzen und der Ausblick auf den Thüringer Wald genießen.

Eisenach-Wartburgregion Touristik GmbH, Markt 24, www.eisenach.info

Das bereits um 1900 gegründete thüringische Familienunternehmen **Herbacin** hat sich der Herstellung von natürlicher hochwertiger Kräuterkosmetik ohne tierische Rohstoffe verschrieben. Die Produkte werden in Deutschland hergestellt. Einer von drei Markenshops in Deutschland befindet sich in Eisenach (Querstr. 4, www.herbacin.com).

## 124 Campingpark Eisenach

GPS 50.90843, 10.30054

Abgelegen, ruhig und umgeben von Wäldern am Altenberger See. Der ca. 2 m tiefe See lädt zum Baden, Angeln und Bootsfahren ein (Bootsverleih vor Ort). Die ca. 10 km entfernte Wartburg ist auf Wanderwegen gut zu erreichen. Der berühmte Rennsteig ist ca. 2 km entfernt. Zum Einstieg in die Drachenschlucht sind es 4 km. Es verkehren Linienbusse nach Eisenach und zur Wartburg (Fahrpläne an der Rezeption/Einfahrt). Die Gaststätte Seeblick bietet schmackhafte, gutbürgerliche Thüringer Spezialitäten. **Lage/Anfahrt:** über B19; **Platzanzahl:** 50; **Untergrund:** Schotter, Schotterrasen, Wiese; **Service:** Strom, Trinkwasser, Abwasser, Chemie-WC, Minimarkt mit Brötchenservice; **Preiskat.:** €€€; **Geöffnet:** ganzjährig; **Kontakt:** Am Altenberger See, 99834 Gerstungen OT Wilhelmsthal, Tel. 036929 798007, www.campingpark-eisenach.de

*Der idyllisch gelegene Ort Ruhla aus der Vogelperspektive*

## Ruhla

Idyllisch gelegen und von 600–700 m hohen Bergen und ausgedehnten Wäldern umgeben, bietet die Bergstadt vielfältige touristische Angebote. Die Kammhöhe des Thüringer Walds und der berühmte **Rennsteig** liegen nur ca. 2 km entfernt.

„Die Ruhl", wie der Ort von den Einwohnern genannt wird, ist in das enge Erbstromtal gebettet. Mit wunderschönem Blick auf das Tal

### TIPP TROPFSTEINHÖHLE KITTELSTHAL

Ein ehemaliges Bergwerk ist bis in eine Tiefe von 48 m begehbar. Bis zu 3,5 m hohe Tropfsteingebilde in der Großen Grotte können während einer 30-minütigen Führung bestaunt werden (Bergstr., www.thueringen.info/tropfsteinhoehle-kittelsthal).

und die Umgebung werden Wanderer belohnt, die sich auf den wenige Kilometer vom Ortszentrum gelegenen, 21 m hohen **Carl-Alexander-Turm** begeben.

Ursprünglich Industriestandort, spielte zunächst die Eisenverarbeitung und das Messerschmiedehandwerk eine Rolle, später etablierte sich die Tabakpfeifenherstellung. Weithin bekannt ist der Ort für seine Uhrenindustrie. Um die Industrie- und Stadtgeschichte zu erkunden, bieten sich das **Uhrenmuseum** (Bahnhofstr. 20), das **Orts- und Tabakpfeifenmuseum** (Obere Lindenstr. 29/31), die **Industrieroute** und die historische **Köhlergasse** an.

Wanderwege im Sommer, darunter Rundwanderwege wie der **Naturerlebnispfad,** die **Kneipp-Anlage Thal** (Burgstraße) oder **Winteraktivitäten** wie Skilanglauf oder Rodeln (Schanzenanlage Alte Ruhl) bieten viel Raum zum Entdecken.

In der Nähe des Rennsteigs befinden sich mit der **Erlebnisrodelbahn Ruhla** (Geschwister-Scholl-Straße 32, www.sommerrodelbahn-ruhla.de) und dem **Miniaturen- und Freizeitpark mini-a-thür** (Geschwister-Scholl-Str. 32, www.mini-a-thuer.de) zwei Attraktionen in direkter Nachbarschaft. Der 18.000 m² große Miniaturenpark zeigt Thüringer Bauwerke detailgetreu im Maßstab 1: 25.

**Tourist-Info,** Neuer Markt 1, www.ruhla.de

**TIPP FALKNEREI AM RENNSTEIG**

Während einer Flugshow können Adler, Eulen und Falken aus nächster Nähe erlebt werden (Liebensteiner Str. 108, 99891 Waltershausen OT Winterstein, www.rennsteig falknerei.de).

Der Trusetaler Wasserfall

## Trusetal

Die Bergbautradition des Thüringer Walds hat auch in Trusetal seine Spuren hinterlassen. Im **Besucherbergwerk Hühn** (Eisensteinstraße 91, www.besucherbergwerk-trusetal.de) wurden bis 1990 Schwer- und Flussspat abgebaut. Heute können die Gänge und Katakomben bei Führungen erkundet werden.

Von Bergarbeitern erbaut wurde der weithin bekannte **Trusetaler Wasserfall** (Brotteroder Str. 49). Von April bis Ende Oktober wird ein Teil des Flusses Truse umgeleitet. Durch einen Graben fließt das Wasser auf 3,5 km durch die Waldlandschaft, bevor es in drei Kaskaden 58 m tief in ein Sammelbecken stürzt und wieder dem natürlichen Flusslauf der Truse zugeführt wird. Über den **Wasserfallgraben-Rundwanderweg** kann das Gebiet rund um den künstlich angelegten Wasserfallgraben erkundet werden.

In unmittelbarer Nähe zum Wasserfall befindet sich der **Zwergenpark Trusetal** (Brotteroder Str. 55, www.zwergen-park.de). Mit einer kleinen Eisenbahn kann der Park befahren werden. Zahlreiche große und kleine Gartenzwerge säumen die Gleise und das Thüringer Gartenzwerg-Museum informiert über die mehr als 140-jährige Geschichte der Zwerge.

**Tourist-Info,** Rathausstraße 7, www.brotterode-trusetal.de/tourismus

## Schmalkalden

Auch in der Fachwerk- und Hochschulstadt Schmalkalden hat Martin Luther Spuren hinterlassen. Im orangefarbenen **Lutherhaus** wohnte er im Februar 1537 während einer Tagung des Schmalkaldischen Bundes. Führungen können über die Tourist-Info gebucht werden. Am Lutherhaus beginnt der 17 km lange Lutherweg, der dem Reiseweg Luthers von 1537 folgt und in Tambach-Dietharz endet.
Die Fachwerkarchitektur des Ortes kann im **Fachwerkerlebnishaus** (Weidebrunner Gas-

### 125 Campingplatz Nüßleshof

GPS 50.76347, 10.41584

Mitten im Wald, abgelegen und ruhig im Tal des Fambachs gelegen, gehört der Campingplatz zum 1170 erstmals erwähnten Nüßleshof, dessen Gastfreundschaft man in Anspruch nehmen darf (Brötchenservice, Frühstück im Grünen, Imbiss, Gasthaus). Wanderwege führen nach Trusetal (3,5 km), Schmalkalden (7 km) und bei Bedarf bis auf den Hauptkamm des Thüringer Walds (13 km). Für den Campingplatz wird eine Reservierung empfohlen. **Lage/Anfahrt:** über B19, bei Fambach auf K2517 bis Heßles, weiter auf Nüßleser Str.; **Platzanzahl:** 9; **Untergrund:** Schotterrasen, Wiese; **Service:** Strom, Trinkwasser, Abwasser, Chemie-WC; **Preiskat.:** €; **Geöffnet:** ganzjährig; **Kontakt:** Nüßleser Str. 11, 98597 Fambach, Tel. 03683 6539237, www.campingplatz-nuessleshof.de

*Fachwerkarchitektur in Schmalkalden: Markt und Stadtkirche*

**TIPP VIBA NOUGAT-WELT**

In der Nougat-Welt von Viba kann man während verschiedener Kurse eigene Pralinen herstellen, in der gläsernen Confiserie-Manufaktur einen Einblick in die Herstellung feiner Schokolade erhalten, im Restaurant mediterrane und regionale Küche genießen oder im großen Shop einkaufen (Nougat-Allee 1, www.viba-schmalkalden.de).

**TIPP BARFUSS-ERLEBNIS-PARK**

Im Barfuß-Erlebnis-Park am Waldhaus (Waldhausstr., ca. 2,5 km zu Fuß bis Camping Nüßleshof) sind Parcours mit verschiedenen Untergründen eingerichtet, die barfuß erlaufen und erspürt werden wollen. Der **Rundwanderweg 5** verbindet ein nahe gelegenes Wildgehege mit dem Park (www.schmalkalden.com/sehenswert/parks-gaerten/barfusserlebnispark).

se 13, www.schmalkaldischergeschichtsverein.de) hautnah erlebt werden. Der Besucher hat die Möglichkeit, im seit 2013 zugänglichen Haus Gewölbekeller, Wohnräume, Treppenaufgänge u. v. m. zu erkunden. Im Erdgeschoss befindet sich eine Galerie, in der regionale Künstler ausstellen.

Ab dem 14. Jh. bildeten reiche Erzvorkommen, Bergbau und eisenverarbeitendes Handwerk die Grundlage für eine florierende Wirtschaft. Als „Schmalkalder Artikel" wurden Werkzeuge und Kleineisenwaren ins Ausland exportiert. Diese Vergangenheit kann im **Besucherbergwerk Finstertal** (Talstr. 145, www.museumwilhelmsburg.de/museen/besucherbergwerk-finstertal) und im Technischen Museum Neue Hütte (Neue Hütte 1, www.hochofenmuseum.de) ergründet werden.

**Tourist-Info,** Auer Gasse 6–8, www.schmalkalden.com

Auf dem Gipfelplateau des Großen Inselsbergs

**TIPP WALDBADEN**
Stress abbauen und die Seele baumeln lassen kann man beim sog. Waldbaden mit Silke Grieger. Gebadet wird nur im übertragenen Sinne, in der Atmosphäre des Walds. Termine werden regelmäßig angeboten. Treffpunkte sind u. a. das Aktiv-&-Vital-Hotel im Alten Ehrental oder das Waldhaus (www.waldbaderei.de).

**TIPP FUNPARK INSELSBERG**
Ein Hochseilgarten mit Kletter- und Seilrutschenpassagen, ein Abenteuerspielplatz und eine Sommerrodelbahn bieten Abenteuer für Kinder und Erwachsene (Kleiner Inselsberg 3, 98596 Brotterode-Trusetal, www.sommerrodelbahn-inselsberg.de).

## Großer Inselsberg

Mit 916,5 m ü. NHN bildet der Große Inselsberg die höchste Erhebung des westlichen Thüringer Walds. Der Fernblick reicht bei klarem Wetter bis zur Wasserkuppe in der Rhön und zum Brocken im Harz. Er ist der vierthöchste Gipfel Thüringens und als Landmarke von Norden und Westen in einem Umkreis von bis zu 50 km zu erkennen.

Bereits im Jahr 1649 ließ Herzog Ernst der Fromme auf dem Gipfel eine Hütte errichten. Um 1750 ließ Herzog II. von Sachsen-Gotha und Altenburg ein kleines Observatorium für astronomische Beobachtungen und Landvermessungen erbauen. Die Sichtverbindung zum Hohen Hagen und zum Brocken nutzte der Mathematiker **Carl Friedrich Gauß** 1821 bis 1825 für die Gaußsche Landesaufnahme.

Rund um das Bergplateau erstreckt sich ein 148 Hektar großes Landschaftsschutzgebiet. Direkt über die Bergkuppe führt der berühmte **Rennsteig.**

Vom 21 m hohen **Aussichtsturm** bietet sich eine grandiose Rundumsicht. Im unteren Teil des Turms kann die originale Übertragungstechnik des ehemaligen Fernmeldeturms besichtigt werden. An der Außenfassade befinden sich eine 17 m hohe Kletter- und eine drei Meter hohe Boulderwand. Etwas unterhalb des Aussichtsturms liegt der **Berggasthof Stöhr** (www.berggasthof-stoehr.de), auf dessen Panoramaterrasse bei beeindruckender Fernsicht gespeist werden kann.

Für Wanderer gut zu erreichen sind die zwischen Großem und Kleinem Inselsberg am Rennsteig gelegenen, freiliegenden Felsen der Reitsteine. Die durch Witterung freigelegten Vulkanite bieten beeindruckende Aussichten. Das Gipfelplateau ist mit dem Wohnmobil über die L1024 und die Inselsbergstraße erreichbar.

Der Nordhang des Bergs ist für **Wintersport** präpariert. Er verfügt über einen Skilift und 2,1 km Pisten. Rund um den Inselsberg und auf dem gesamten Rennsteig werden bei ausreichender Schneelage Loipen gespurt, die auch nach Brotterode, Ruhla oder Oberhof führen.

## Kleinschmalkalden

Der Ort liegt, umgeben von ausgedehnten Wäldern, nahe der Kammlinie des Thüringer Walds. Durch die naturnahe Lage findet man als Wanderer oder Mountainbiker schnell auf die Waldwege und -pfade. Der Aussichtspunkt

**Hohe Warte** oder die **Gaststätte Schöne Aussicht** (Schulzenwiese 1) auf dem Pfefferberg liegen 20 bis 30 Gehminuten vom Stellplatz (s. r.) entfernt. Ein lohnendes Wanderziel ist der ca. 6 km entfernte **Bergsee Ebertswiese** (www.ferienparkebertswiese.de).

Neben den gut beschilderten **Wanderwegen,** die auf über 85 Kilometern durch die Natur um den Ort führen, ist in Kleinschmalkalden traditionelles Handwerk angesiedelt. So widmet sich das Unternehmen **Venter-Glocken** (Ebersbach 18, www.venter-glocken.de) bereits seit über 200 Jahren der Schellenschlosserei. Der seit Jahrhunderten rege Weidebetrieb an den saftigen Bergwiesen des Thüringer Walds erforderte die Herstellung von Herdenglocken. Im Werksverkauf findet sich eine große Auswahl an Produkten und auf Anfrage werden Betriebsführungen durchgeführt.

Im Zentrum des Ortes ist die mit 3,28 m Höhe und 920 kg Gewicht wohl größte Kuhglocke der Welt zu bestaunen.

Die starke Verbreitung von Rot- und Damwild führte dazu, dass die Hirschhornverarbeitung im Thüringer Wald Tradition hat. Die **Manufaktur Funk-Hirschhorn** (Brotteroder Straße 8, www.funk-hirschhorn.de) bietet Einblicke in dieses Handwerk. Im Ausstellungsraum finden sich aus Hirschhorn gefertigte Wandleuchten, Möbel, Kausnacks für Hunde, Besteck, Gehstöcke, Trachtenmesser und vieles mehr.

ⓘ **Tourist-Info,** Bahnhofstraße 4, www.kleinschmalkalden.de

### 126 Wohnmobilstellplatz im Schneidmühlengrund

GPS 50.80235, 10.49551

Der moderne, barrierefreie Stellplatz liegt in der Nähe eines Waldbads am Ostrand von Kleinschmalkalden mitten im Thüringer Wald. Ein Grillplatz und ein Kinderspielplatz stehen zur Nutzung bereit. In der Nähe finden sich Wanderwege und Skilanglaufloipen. Orte wie Schmalkalden, Trusetal oder der Große Inselsberg liegen nur wenige Kilometer entfernt. **Lage/ Anfahrt:** an der L1026; **Platzanzahl:** 8; **Untergrund:** Asphalt, Rasengitter, fest; **Service:** Strom, Trinkwasser, Abwasser, Chemie-WC, WLAN, Brötchenservice; **Preiskat.:** €€; **Geöffnet:** ganzjährig; **Kontakt:** Schneidmühlengrund, 98593 Floh-Seligenthal, Tel. 03683 408848, www.floh-seligenthal.de

*Ladenstraße von Friedrichroda*

## Friedrichroda/Finsterbergen

Friedrichroda und Finsterbergen sind zertifizierte heilklimatische Kurorte. Eine gemeinsame Kurkarte garantiert zahlreiche Vergünstigungen. Eingebettet in ein kleines Seitental, das vom Bach Schilfwasser gebildet wurde, liegt Friedrichroda im nordwestlichen Thüringer Wald. Tradition haben das umfassende markierte **Wanderwegenetz** sowie zahlreiche **Naturlehrpfade** und **Terrainkurwege.** Auch geführte (Themen-)Wanderungen werden in der Umgebung von Friedrichroda und Finsterbergen angeboten.

Das in einem denkmalgeschützten Fuhrmannshaus untergebrachte **Heimatmuseum** (www.thueringen.info/finsterbergen-heimatmuseum) bietet Einblicke in die Geschichte des ehemaligen Fuhrmanns- und Puppenmacherdorfes Finsterbergen. Die Ausstellungsräume informieren über die Kultur und Lebensweise der Fuhrleute und zeigen die Werkstatt eines Puppenmachers.

Die fast 1000-jährige Geschichte des **Schlosses Reinhardsbrunn** (Reinhardsbrunn 1, www.schloss-reinhardsbrunn.de), nur einen Steinwurf von Friedrichroda entfernt, kann bei einer Besichtigung des Geländes nachvollzo-

### ⓫ Rennsteig-Caravaning Valentinsteich

GPS 50.84072, 10.58152

Ein am Waldrand zwischen Friedrichroda und Finsterbergen gelegener, gemütlicher kleiner Campingplatz. Sauna, Badefass und ein Ski- und Trockenraum ermöglichen auch im Winter einen angenehmen Aufenthalt. Ein nahe gelegener Freizeitpark bietet Spaß für alle Altersgruppen. Finsterbergen ist in ca. 15 Gehminuten zu erreichen. Nach Friedrichroda sind es auf Wanderwegen durch den Wald ca. 45 Gehminuten. **Lage/Anfahrt:** über B88 und K9; **Platzanzahl:** 36; **Untergrund:** Wiese; **Service:** Strom, Trinkwasser, Abwasser, Chemie-WC, WLAN; **Preiskat.:** €€; **Geöffnet:** ganzjährig; **Kontakt:** Friedrichrodaer Weg 3a, 99894 Friedrichroda OT Finsterbergen, Tel. 03623 310775, www.rennsteig-caravaning.de

gen werden. Das Kaminzimmer, der Ahnensaal, das Kavaliershaus und der Schlosspark sind beeindruckende Zeitzeugen. Im **Thüringer KloßTheater** (Hauptstr. 4, Friedrichroda, www.klosstheater.de) werden während einer Theatervorstellung Gerichte rund um den Kloß und selbstgebrautes Bier serviert.

**Kur- und Tourismusamt Friedrichroda,** Hauptstraße 55, www.friedrichroda.info

**Tourist-Info Finsterbergen,** Rennsteigstr. 17, http://finsterbergen.ictourismus.de

Der sagenumwobenen, mystischen Welt des Thüringer Walds widmet sich der **Holzbildhauer und Maskenschnitzer Markus Völlmer.** Kulissen und Figuren des Puppentheaters Magisches Holztheater oder die Masken der Theatergruppe Thüringer Bergteufel demonstrieren sein Können. Auftragsarbeiten nach Vorgaben und Wünschen der Kunden werden gerne ausgeführt. Im kleinen Shop können diverse Holzarbeiten erworben werden (Nelkenweg 13, www.markus-voellmer.de).

Panoramablick auf Oberhof

## Oberhof

Der auf 815 m ü. NHN am Kamm des Thüringer Walds gelegene Ort ist als deutsches **Wintersportzentrum** bekannt. Für Sportarten wie Biathlon, Rodeln, Skilanglauf und Nordische Kombination gibt es hier besonders gute Trainingsbedingungen. Olympiamedaillengewinner wie Jens Filbrich trainierten hier.

Auf engstem Raum konzentrieren sich **Wintersportanlagen** wie die Schanzenanlage im Kanzlersgrund, die Jugendschanze Oberhof, das Biathlonstadion LOTTO Thüringen ARENA am Rennsteig und die Rennrodelbahn Oberhof. Die Rodelbahn kann im Winter für Ice Rafting oder zum Bobfahren genutzt werden, von Mai bis September können Sommerbobfahrten durchgeführt werden. Im **Snowpark Oberhof** (Alte Ohrdrufer Str. 6a) befinden sich eine 800 m lange Skipiste mit Liftanlagen und ein angeschlossener **Funpark** für Snowboarder. Im **Winterlernland** der Kinderskischule können Kinder ihre ersten Schwünge im Schnee erproben. Die **Skisporthalle Oberhof** (Tambacher Str. 44, www.oberhof-skisporthalle.de) bietet auf 10.000 m² eine ganzjährig nutzbare Langlaufloipe. Im **Winterfunpark Oberhof** (Dr.-Curt-Weidhaas-

*Bis zu 50 km gespurte Loipen schlängeln sich durch die Winterlandschaft*

**TIPP RENNSTEIGGARTEN OBERHOF**

In dem botanischen Garten für Gebirgsflora sind rund 4000 Pflanzenarten auf 70.000 m² angesiedelt. Durch die Kammlage und eine Jahresdurchschnittstemperatur von 4,2 °C entwickeln die Gebirgspflanzen ihren typischen Wuchs und Blütenflor. Führungen für Gruppen sind möglich (Am Pfanntalskopf 3, www.rennsteiggartenoberhof.de).

Str. 1, www.winterfunpark.de) finden sich eine Schlittschuh- und eine Naturrodelbahn und es kann Adventuregolf, Eisstockschießen und Schneeschuhwandern betrieben werden.

### 128 Wohnmobilstellplatz Oberhof

GPS 50.70238, 10.72721

Stellplatz am Südrand von Oberhof, von Baumbestand umgeben. Ein Aufenthaltsraum mit TV und einer kleinen Bibliothek ist vorhanden. In der Wintersaison reservierungspflichtig. **Lage/Anfahrt:** an der L3247; **Platzanzahl:** 60, davon 48 mit Strom; **Untergrund:** Asphalt; **Service:** Strom, Trinkwasser, Abwasser, Chemie-WC; **Preiskat.:** €€; **Geöffnet:** ganzjährig; **Kontakt:** Jahnstr. 7, 98559 Oberhof, Tel. 036842 575012, www.wohnmobilstell platz-oberhof.de

### 129 Oberhof Camping Lütsche Stausee

GPS 50.73045, 10.75559

Der Campingplatz liegt 5 km von Oberhof entfernt. Seine Lage an der Lütschetalsperre bietet für Wasseraktivitäten beste Voraussetzungen. Über zahlreiche markierte Wanderwege lässt sich die Region um den Campingplatz erkunden. Im Winter finden sich in der Region um Oberhof kilometerlange gespurte Skilanglaufloipen und Skihänge. In der Gaststätte und am Imbiss direkt am See ist für das leibliche Wohl gesorgt. **Lage/Anfahrt:** über B88; **Platzanzahl:** 130; **Untergrund:** Schotter, Schotterrasen, Wiese; **Service:** Strom, Trinkwasser, Abwasser, Chemie-WC; **Preiskat.:** €€€; **Geöffnet:** ganzjährig; **Kontakt:** Am Stausee 9, 99330 Frankenhain, Tel. 036205 76518, www.oberhof camping.de

Bergbach im Vessertal des UNESCO-Biosphärenreservats

Bis zu 50 km gespurte Loipen schlängeln sich durch die Winterlandschaft, ebenso wie Ski- und Winterwanderwege.
Mit dem **Großen Beerberg** (983 m) und dem **Schneekopf** (978 m) befinden sich nur wenige Kilometer entfernt die beiden höchsten Gipfel Thüringens.
Im Sommer hat man auf kilometerlangen Waldwegen als Wanderer, Trailrunner oder Mountainbiker viel Raum für Bewegung.

**Oberhof Freizeit und Tourismus GmbH,** Crawinkler Str. 2, www.oberhof.de

Das Vessertal im UNESCO-Biosphärenreservat

## UNESCO-Biosphärenreservat Thüringer Wald

Das Waldbiosphärenreservat Thüringer Wald wurde bereits 1979 von der UNESCO anerkannt und ist somit eines der ältesten in Deutschland. Hier finden sich ausgedehnte Wälder, klare Bergbäche, artenreiche Bergwiesen und Hochmoore.
Auf geführten Touren können die Geheimnisse und die Charakteristik des Naturraums entdeckt werden.

Im **Informationszentrum Biosphärenreservat** (Brunnenstraße 1, 98528 Suhl OT Schmiedefeld, www.biosphaerenreservat-thueringerwald.de) werden interessante Einblicke in die Welt der Wälder, Wiesen, Bäche und Moore gewährt. Den Besucher erwartet eine Mischung aus emotionalen und informativen Elementen. In den Ferien wird für Kinder ein abwechslungsreiches und kostenloses In- und Outdoorprogramm angeboten. Eine Anmeldung in der Tourist-Info, die sich im selben Gebäude befindet, ist erforderlich.

Ganzjährig werden mehrmals wöchentlich verschiedene Wanderungen mit Rangern und zertifizierten Natur- und Landschaftsführern angeboten.

**Tourist-Info Schmiedefeld,** Brunnenstr. 1, 98528 Suhl OT Schmiedefeld, www.schmiedefeld.de

### 130 Campingplatz Meyersgrund

GPS 50.65163, 10.84367

Im Tal der Ilm gelegener Campingplatz. Guter Ausgangspunkt, um das Biosphärenreservat Thüringer Wald zu besuchen. Für Pilzsammler wird eine Pilzberatung an der Rezeption angeboten. **Lage/Anfahrt:** von Oberhof über L1129, L2632 und L3004; **Platzanzahl:** 60; **Untergrund:** Wiese; **Service:** Strom, Trinkwasser, Abwasser, Chemie-WC; **Preiskat.:** €€€; **Geöffnet:** ganzjährig; **Kontakt:** Schmücker Str. 91, 98693 Ilmenau, Tel. 036784 50636, www.meyersgrund.de

### 131 Campingplatz am Waldbad

GPS 50.54748, 10.77890

Am Waldrand, nahe dem Breitenbach gelegener Platz. Mit Hecken, Büschen und teils höheren Bäumen bewachsen. Eingangstor zum Biosphärenreservat Vessertal. Im kleinen Streichelzoo sind zwei Ziegen zu Hause. **Lage/Anfahrt:** A73, Ausfahrt 4 Schleusingen, L3247 folgen, dann rechts auf K517 bis Breitenbach; **Platzanzahl:** 60; **Untergrund:** Wiese; **Service:** Strom, Trinkwasser, Abwasser, Chemie-WC, WLAN; **Preiskat.:** €€€; **Geöffnet:** ganzjährig; **Kontakt:** Zum Campingplatz 7, 98553 Schleusingen, Tel. 036841 41153, www.campingbreitenbach.de

Daniel Fort

# Das Werratal

Ermschwerd
Neu-Eichenberg
Hohengandern
Birkenfelde
Uder
Heilbad Heiligenstadt
D
Witzenhausen
133
132
134
451
Röhrig
Lenterode
Geisleden
Kreuzebra
Kallmerode
247
Werleshausen
Gerbershausen
Lutter
Heuthen
Dingelstädt
27
136
Naturpark
Wüstheuterode
Flinsberg
O b e r e i c h
Kefferhausen
Wendershausen
Lindewerra
Dohrenbach
Oberrieden
Wahlhausen
Eichstruth
Bernterode (bei H.Heiligenst.)
Eichsfeld-
Wachstedt
Hundelshausen
Trubenhausen
Bad Sooden-
-Allendorf
137
Schwobfeld
Martinfeld
Rüstungen
S c h i m b e r g
Küllstedt
Büttstedt
Weißenbach
Kammerbach
Volkerode
Ershausen
Großbartloff
Frankenhain
Sickerode
Effelder
Laudenbach
Naturpark
Berkatal
Albungen
Kella
Geismar
Hainich-
Struth
Abterode
Jestädt
Lengenfeld unterm Stein
Rodeberg
Meinhard
Eigenrieden
Hausen
Meißner
Schwebda
Faulungen
135
Germerode
249
Südeichsfeld
Küchen
Meißner-
Eltmannshausen
138
Werra
Frieda
Aue
Wanfried
Diedorf
452
Eschwege
Harmuthsachsen
Wendehausen
Heyerode
27
Reichensachsen
Altenburschla
Wer
Waldkappel
7
Oetmannshausen
Langenhain
Treffurt
Bischhausen
Wehretal
Großburschla
Friemen
Weißenborn
Falken
Wichmannshausen
Schnellmannshausen
139
Schemmern
Röhrda
Probstei Zella
Gehau
Krauthausen
Netra
Rittmannshausen
Thurnhosbach
Grandenborn
250
Diemerode
Ringgau
7
Berneburg
Sontra
Breitau
Renda
Creuzburg
Königswald
Altefeld
Ifta
Lindenau
Ulfen
Archfeld
141
Cornberg
Uetteroda
Weißenhasel
Nesselröden
Pferdsdorf
Unhausen
Willershausen
Krauthausen
Dens
400
37
Asmushausen
Solz
Nentershausen
Wölfterode
Wommen
38
39
Stregda
Herleshausen
Hörschel
Braunhausen
Neustädt
Lauchröden
Neuenhof-
Stedtfeld
Gilfershausen
Süß
4
Naturpark
Iba
Machtlos
Richelsdorf
Gerstungen
Bebra
36
Unterellen
Ronshausen
W i l d e c k
35
Untersuhl
Oberellen
Thüringer
Bosserode
Herda
Förtha
Wolfsburg-Unkeroda
Weiterode
Obersuhl
Berka /Werra
34
Großensee
Wünschensuhl
Dankmarshausen
Horschlitt
Dippach
Marksuhl
Eckardtshausen
19
0 2,5 km
© Reise Know-How 2021

![Routen-Icon] **TOUREN-ÜBERBLICK**

**Routenempfehlung:** Witzenhausen – Lindewerra – Bad Sooden-Allendorf – Eschwege – Probstei Zella – UNESCO-Weltnaturerbe Nationalpark Hainich – Creuzburg
**Länge gesamt:** ca. 175 km
**Dauer:** ca. 4–7 Tage
**Reisezeit:** ganzjährig. Idyllische Landschaften, malerische Orte und ganzjährig geöffnete Sehenswürdigkeiten ermöglichen zu jeder Jahreszeit einen erlebnisreichen Aufenthalt.

Wild mäandernd sucht sich die Werra ihren Weg durch teils schmale Täler. Dörfer und Orte, geprägt von Fachwerkarchitektur, säumen ihre Ufer, u. a. Witzenhausen, Bad Sooden-Allendorf, Eschwege und Frankenroda. Burgen und Schlösser wie die Burg Ludwigstein, Schloss Rothestein, Burg Normannstein oder die Creuzburg thronen über der Landschaft und bieten grandiose Ausblicke. In bunten Farben leuchten im Herbst die bergigen Mischwälder, zu deren Füßen die Werra fließt. Das glitzernde Band der Werra zieht sich durch die nordhessische Heimat der Brüder Grimm, somit stößt man unweigerlich in den Landschaften und Orten auf ihr märchenhaftes Vermächtnis. So ist z. B. der Hohe Meißner – die höchste Erhebung im Geo-Naturpark Frau-Holle-Land – der Hausberg der Märchenfigur Frau Holle. Der Naturpark gehört zu den schönsten Naturlandschaften Deutschlands und bietet auf gut ausgeschilderten Wegen, die zu Aussichtspunkten und Sehenswürdigkeiten führen und über Naturschutz und Nutzung der Natur informieren, zahlreiche Möglichkeiten, aktiv unterwegs zu sein. Neben dem Naturpark sind das Grüne Band, der Naturpark Eichsfeld-Hainich-Werratal und das UNESCO-Weltnaturerbe Nationalpark Hainich weitere Naturhighlights.

www.werratal-tourismus.de,
www.werratal.de

## Witzenhausen

Die Kleinstadt, die seit 1225 im Besitz des Stadtrechts ist, gehört zu den kleinsten Universitätsstädten Deutschlands. So ist Witzenhausen Sitz des Fachbereichs Ökologische Agrarwissenschaften der Uni Kassel, der unter anderem den Studiengang Ökologische Landwirtschaft anbietet. Außerdem befindet sich im Ort eine Lehranstalt für Umwelt und Technologie, Landwirtschaft, Gartenbau und Garten-/Landschaftsbau.

*Abendstimmung in der Altstadt von Witzenhausen*

Dies zeigt sich an den verschiedenen, nachhaltig orientierten Angeboten der Bio- und Hofläden, gastronomischen Betriebe, Biohöfe und regionalen Wochenmärkte, die in und um die zertifizierte **Bioregion** (www.biostaedte.de/bio-staedte/witzenhausen) und **Fairtrade-Town** (www.fairtrade-towns.de) Witzenhausen zu finden sind. Bio- und Secondhand-Läden gibt es in der von Fachwerk geprägten historischen Altstadt. So befindet sich hier z. B. der kleine Laden **Hanglage** (Obere Mühlstraße 4, www.lanfry.de) mit Bioprodukten wie Wein, Tee, Kaffee, Gewürzen, Naturseifen, Wollkleidung, Fellen u. v. m. Ebenfalls in der Altstadt lädt **Schinkels Brauhaus** (Oberburgstraße 10, www.schinkels-brauhaus.de) zur Verkostung der Witzenhausener Bio-Braukunst und regionaler Spezialitäten. Die **Schinkels Brauerei** (Am Sande 9, www.schinkels-brauhaus.de/brauerei) liegt etwas abseits der Altstadt und bietet Führungen und Bierseminare. Ebenfalls etwas abseits der Altstadt findet sich die **Bioland-Imkerei Curic** (In der Aue 10, www.meisterhonig.de) mit einer Auswahl an ungewöhnlichen Honigkreationen.
Im Umland von Witzenhausen liegen zahlreiche Biohöfe wie das idyllische **Gut Fahrenbach mit Hofladen** (Fahrenbach 2, www.gutfahrenbach.de). Das Gebiet um Witzenhausen gilt als größtes geschlossenes Kirschanbaugebiet Europas. Rund um das Thema informieren z. B. ein **Kirscherlebnispfad,** ein **Kirschwanderweg** und der **Kirschradweg** (www.kirschenland.de/erleben, www.kirschbluetefrauholle.land), die sich über mehrere Kilometer in und um Witzenhausen schlängeln. Verschiedene Veranstaltungen wie die jeden Juli stattfindende **Kesperkirmes** sind ebenfalls der Kirsche gewidmet.

**TIPP AUF DEM HOHEN MEISSNER**

**Wintersportaktivitäten** wie Skilanglauf, Rodeln, Skifahren oder Winterwandern sind auf dem nahe Witzenhausen gelegenen Hohen Meißner bei entsprechender Schneelage möglich (www.werratal-tourismus.de/de/aktivitaeten, www.naturparkfrauholle.land/tourismus/aktiv-unterwegs-sein). Der **Barfußpfad Hoher Meißner** (Barfußpfad am Hohen Meißner, Jugenddorf 1, www.naturparkfrauholle.land/barfusspfad), ist von Mai bis Okt. und der **Bergwildpark Meißner** (Am Wildpark 1, www.bergwildpark-meissner.de) ganzjährig geöffnet.

Neben den zahlreichen historischen Gebäuden, die während eines Altstadtrundgangs zu besichtigen sind, können sich Kulturinteressierte im **Gewächshaus für tropische Nutzpflanzen** (Steinstraße 19, www.tropengewaechshaus.de) und im **Völkerkundemuseum** (Steinstraße 19, www.ditsl.org/de/kultur-kunst/ethnographische-sammlung) auf Weltreise begeben. Im **Tabakmuseum** (Walburger Str. 8, www.grimm-triepel.de/museum-2) erhält man Einblicke in die einzige und älteste Kautabakmanufaktur Deutschlands, die bis 2016 in Betrieb gewesen ist.

**Tourist-Info,** Am Markt 12, www.witzenhausen.eu, www.kirschenland.de

Freitags 8–13 Uhr findet ein **Wochenmarkt** mit rund 20 regionalen Anbietern auf dem Marktplatz statt. April–September gibt es an jedem letzten Dienstag im Monat von 16 bis 20 Uhr einen **Biofeierabendmarkt** auf dem Marktplatz.

### 132 Wohnmobilstellplatz Oberburgstraße

GPS 51.34087, 9.85440

Zentral, direkt an der historischen Altstadt am Diebesturm gelegen. **Lage/Anfahrt:** an der B451, Parkplatz Oberburgstraße; **Platzanzahl:** 4; **Untergrund:** Schotter; **Service:** Strom, Trinkwasser, Abwasser, Chemie-WC; **Preiskat.:** €; **Geöffnet:** ganzjährig; **Kontakt:** Oberburgstr. 10, 37213 Witzenhausen, www.kirschenland.de/camping-und-reisemobile

### 133 Wohnmobilstellplatz Josef-Pott-Platz

GPS 51.34489, 9.85374

An einer Kleingartenanlage gelegener Platz. Das Stadtzentrum liegt 6 Min. entfernt. Lebensmittelmärkte befinden sich in der Nähe. **Lage/Anfahrt:** nördlich der Altstadt, nahe der B80; **Platzanzahl:** 10; **Untergrund:** Schotterrasen; **Service:** Strom, Trinkwasser, Abwasser, Chemie-WC; **Preiskat.:** €; **Geöffnet:** ganzjährig; **Kontakt:** Hinter dem Deich 9, 37213 Witzenhausen, www.kirschenland.de/camping-und-reisemobile

### 134 Campingplatz Werratal

GPS 51.34779, 9.86888

Am Ortsrand, stadtnah und an der Werra gelegener Platz. Überwiegend Wiesengelände mit Baumbestand, von landwirtschaftlichen Flächen umgeben, überwiegend unparzelliert. Kanu- und Fahrradverleih sowie geführte Mehrtagestouren im Angebot. **Lage/Anfahrt:** nordöstlich der Altstadt am Werrabogen; **Platzanzahl:** ca. 130; **Untergrund:** Wiese; **Service:** Strom, Trinkwasser, Abwasser, Chemie-WC, WLAN; **Preiskat.:** €€; **Geöffnet:** ganzjährig; **Kontakt:** Am Sande 11, 37213 Witzenhausen, Tel. 05542 1465, www.campingplatz-werratal.de

### 135 Wohnmobilstellplatz in Germerode am Hohen Meißner

GPS 51.19201, 9.90157

Kostenloser, ruhiger und von Bäumen geschützter Stellplatz, ca. 5–6 km zum Gipfel des Hohen Meißners, 1 km bis zum Bergwildpark Hoher Meißner und 3,5 km zum Barfußpfad. **Untergrund:** Schotterrasen, Wiese; **Service:** Strom, Trinkwasser, Abwasser; **Geöffnet:** ganzjährig; **Kontakt:** www.gemeinde-meissner.de

Die imposante Burgruine Hanstein

## Lindewerra

Wenn man der Werra abseits der Bundesstraßen folgt, kommt man in den Genuss der malerischen Landschaft des Werratals und seiner idyllisch gelegenen Dörfer.

Zu Füßen der Teufelskanzel und des Höhebergs liegt das kleine Dorf Lindewerra an einem Werrabogen. Die **Teufelskanzel** (www.teufelskanzel.de) ist von Lindewerra auf einem ca. 2,5 km langen Wanderweg zu erreichen. Das hier bereits seit 1882 bestehende urige und sehr gemütliche Wirtshaus und der Sandsteinfelsen, der einen beeindruckenden Panoramablick über das Werratal bietet, sind die Mühen des Aufstiegs wert.

Ein weiteres, lohnenswertes Ausflugsziel für Wanderer und Mountainbiker ist die **Burgruine Hanstein** (www.burgruine-hanstein.de). Sie ist von Lindewerra über einen ca. 4 km langen Wanderweg zu erreichen.

Zahlreiche (Rund-)Wanderwege sind ganzjährig begehbar und bieten immer wieder wunderbare Aussichten.

In Lindewerra lädt das bekannte **Stockmachermuseum** (Am Rasen 14a, www.stockmacherei.de) zu einer Besichtigung ein. Hier begann 1836 der Stockmacher Wilhelm Ludwig Wagner mit der Herstellung von Gehhilfen aus heimischen Eichenschösslingen. Das angrenzende Gasthaus **Zur Alten Stockmacherei** (www.zur-alten-stockmacherei.de) lädt zum Einkehren nach einem ereignisreichen Tag ein.

i www.lindewerra.de

### 136 Wohnmobilstellplatz Lindewerra

GPS 51.31310, 9.94522

Direkt an der Werra, sehr idyllisch gelegener Stellplatz. Kanuanlegestelle vorhanden. Der Stellplatz liegt direkt am Werratal-Radweg. Bad Sooden-Allendorf und Witzenhausen sind somit per Rad gut zu erreichen. Der direkt angrenzende Naturpark Eichsfeld-Hainich-Werratal bietet unzählige Wandermöglichkeiten. Der Aussichtspunkt Teufelskanzel mit Waldgaststätte oder die Burgruine Hanstein sind von hier aus gut zu erreichen. **Lage/Anfahrt:** an der Werrabrücke; **Platzanzahl:** 8; **Untergrund:** Rasengitter; **Service:** Strom; **Preiskat.:** €; **Geöffnet:** ganzjährig; **Kontakt:** Str. zur Einheit, 37318 Lindewerra, www.lindewerra.de/Gastgewerbe/Wohnmobilstellplatz

## Bad Sooden-Allendorf

Der direkt an der Grenze zu Thüringen, nahe dem geografischen Mittelpunkt Deutschlands gelegene Ort besteht mindestens seit dem Ende des 8. Jahrhunderts und wurde zunächst durch die Salzgewinnung geprägt. Die prachtvollen, von Fachwerkhäusern gesäumten Straßenzüge wie der **Fischerstad** – auch **Klein-Venedig** genannt, und die **Weinreihe** zeugen von den wohlhabenden Bürgern und der erfolgreichen Geschichte der Salzgewinnung und des Salzhandels im Mittelalter. Noch heute spielt das Salz eine Rolle. So kann man die heilende Wirkung des Salzes am **Gradierwerk** oder bei einem Besuch der **WerratalTherme** (Am Gradierwerk 2a, www.werrataltherme.de) auf sich wirken lassen.

Im **Salzmuseum im Söder Tor** (www.salzmuseum.heimatkunde-bsa.de) erhält man Informationen zur Salzquelle, zu Salzgewinnung und dem Transport des „weißen Goldes“.

Die Nähe zur thüringischen Grenze wird im **Grenzmuseum Schifflersgrund** (Platz der Wiedervereinigung 1, 37318 Asbach/Sickenberg, www.grenzmuseum.de) thematisiert. Nur wenige Kilometer von Bad Sooden-Allendorf entfernt verlief bis 1990 die innerdeutsche Grenze. Im Grenzmuseum, das zugleich Gedenkstätte, Denkmal und Lernort ist, sind Teile des Grenzzauns, ein Beobachtungsturm und diverse militärische Fortbewegungsmittel ausgestellt. Im Museum werden Vorträge, Lesungen und Gedenkveranstaltungen angeboten.

Zu Ehren des Märchens „Frau Holle" feiert die an der Deutschen Märchenstraße gelegene Stadt jedes Jahr von Ostersonntag an die **Märchenwoche** (www.maerchenwoche.de). Vor der Fachwerkkulisse der Altstadt begeis-

## TOUR WANDERN RUND UM BAD SOODEN-ALLENDORF

**Wanderung zum Aussichtsturm Roßkopf:** Der Aussichtsturm befindet sich ca. 6–7,5 km vom Stellplatz Franzrasen entfernt. Der Werra-Burgen-Steig X5H führt den Wanderer zum 482 m hohen Roßkopf (www.bad-sooden-allendorf.de/freizeit-kultur-urlaub/aktivitaeten/wandern).

**Premiumwanderweg P7:** Der Wanderweg ist vom Wohnmobilstellplatz in ca. 15 Gehminuten zu erreichen und bildet eine 15 km lange Rundtour. Zumeist naturbelassene Wege schlängeln sich durch die westlich des Ortes gelegenen Berge. Aussichtspunkte wie der Meißnerblick und Rabenstein, Teiche und Quellen laden zum Verweilen ein (Website s. oben).

Der Marktplatz von Bad Sooden-Allendorf

Das Gradierwerk von Bad Sooden-Allendorf

tern Theaterstücke, Märchenlesungen, Spiele, Märkte, Feuerwerk und Festzug besonders Familien und Kinder. Das **Brunnenfest** (www.brunnenfest-in-bsa.de), das seit Jahrhunderten gefeiert wird und der mehr als 1000 Jahre alten Salzgeschichte der Stadt gewidmet ist, findet jedes Jahr zu Pfingsten statt.

**Tourist-Info,** Landgraf-Philipp-Platz 1–2, www.bad-sooden-allendorf.de. Außerhalb der Öffnungszeiten findet sich allgemeines Infomaterial in der Pfennigstube im Kurpark und in der WerratalTherme am Gradierwerk.

**TIPP BIOHOF SICKENBERG MIT HOFCAFÉ**

Das direkt am sogenannten Grünen Band idyllisch gelegene, denkmalgeschützte Fachwerkensemble bietet verschiedene Veranstaltungen wie Koch- und Handwerkskurse, Backen im historischen Lehmofen, Feste, Märkte, Wanderungen und Weinproben an. Im Café werden saisonale Produkte aus eigenem Anbau serviert (Sickenberg 9, 37318 Asbach/Sickenberg, www.hof-sickenberg.de, www.bfn.de/themen/biotop-und-landschaftsschutz/gruenes-band).

**TIPP BESUCHERBERGWERK GRUBE GUSTAV**

Der Bergbau im Meißnervorland wurde für ca. 500 Jahre, bis Mitte des 19. Jahrhunderts, betrieben. Führungen geben Einblick in den Kupferschiefer-Bergbau. Die Beleuchtungsanlage mit gezielt platzierten Farbleuchten, Lichträumen, Text und Musik macht die Grube hautnah erlebbar (Kupfergasse 19c, 37290 Meißner-Abterode, www.grube-gustav.de).

### 137 Wohnmobilstellplatz Franzrasen

GPS 51.27202, 9.97249

Direkt am Fluss auf einer Werrainsel gegenüber der historischen Altstadt gelegen. Die WerratalTherme liegt nur 10 Min. fußläufig entfernt. **Platzanzahl:** 100; **Untergrund:** Schotter, Schotterrasen; **Service:** Strom, Trinkwasser, Abwasser, Chemie-WC, WLAN; **Preiskat.:** €; **Geöffnet:** ganzjährig; **Kontakt:** Franzrasen 4, 37242 Bad Sooden-Allendorf, www.bad-sooden-allendorf.de/freizeit-kultur-urlaub/wohnmobil-stellplatz-franzrasen

## Eschwege

„Eskinivvach", so heißt es in der ersten Erwähnung des Ortes im Jahre 974. Diese Namensgebung ist auf eine alte germanische Sprache zurückzuführen und bedeutet so viel wie „Siedlung bei den Eschen am Wasser". Ältere Leute aus der Umgebung sprechen von „Eschewei oder „Ischewei". Das in der Innenstadt liegende Burgerrestaurant **Eskinivvach** (Sperlingsgasse 2, www.eskinivvach-eschwege.de), das regional inspirierte Burger mit Produkten aus der Region kreiert, hat sich nach dem Gründernamen des Ortes benannt.

Auch in Eschwege findet der Besucher einen gut erhaltenen mittelalterlichen Stadtkern mit sehenswerter, geschlossener Fachwerkbebauung vor. Hier befindet sich das liebevoll gestaltete **Zinnfigurenkabinett** (In der Kemenate/Hospitalstr. 7, www.werratal-tourismus.de/de/freizeittipps/zinnfigurenkabinett.php) mit mehr als 15.000 Figuren in 200 Dioramen. Thematisiert werden 5000 Jahre Kulturgeschichte, deutsche Geschichte und Eschweger Stadtgeschichte. Mehrmals im Jahr finden Sonderausstellungen statt. Weitere Museen wie die **GartenRemise mit historischem Gartenkabinett** (Eschenweg 3, www.werratal-tourismus.de/de/freizeittipps/gartenremise.php) oder das **Stadtmuseum Eschwege** (Vor dem Berge 14a, www.werratal-tourismus.de/de/freizeittipps/stadtmuseum-eschwege.php) empfangen den interessierten Besucher.

Jährlich stattfindende Veranstaltungen wie das **Johannisfest** (www.eschwege.de/stadt/stadtportraet/johannisfest.php), das **Open-Flair-Festival** (www.open-flair.de) oder die **Puppen-Festtage** (www.puppen-festtage.de)

*Das ehemalige Industrieviertel Brückenhausen in Eschwege an der Werrabrücke*

### 138 KNAUS Campingpark Eschwege

GPS 51.19133, 10.06960

Am Werratalsee gelegen, ca. 1,5 km von der Altstadt entfernt. Ideal für Wasserliebhaber, diverse Wasseraktivitäten wie Kanufahren, Segeln und Angeln (Verkauf von Angelscheinen). Bootsliegeplätze, Badestrand und Liegewiese befinden sich wenige Meter entfernt. Beachvolleyballfeld und Spielplatz liegen gegenüber der Rezeption. Vom Anleger am Campingplatz startet eine Erlebnisrundfahrt auf dem Werratalsee (www.werranixe.de) und in nur 25 Gehminuten erreicht man einen Kletterwald (www.kletterwald-eschwege.de). **Lage/Anfahrt:** auf einer Halbinsel zwischen Werra und Werratalsee, nordöstlich der Altstadt; **Platzanzahl:** 171; **Untergrund:** Schotterrasen, Rasengitter, Wiese; **Service:** Strom, Trinkwasser, Abwasser, Chemie-WC, WLAN, Bistro, Minishop; **Preiskat.:** €€€€; **Geöffnet:** März–8. Nov.; **Kontakt:** Am Werratalsee 2, 37269 Eschwege, Tel. 05651 338883, www.knauscamp.de/eschwege

lassen einen die besondere Atmosphäre der Stadt spüren. Auf dem 110 ha großen und 2000 m langen Werratalsee können sich große und kleine Wasserratten austoben. Ob auf dem 7 km langen Werratalsee-Rundweg, an den Badestränden am Süd- und Ostufer, beim Beachvolleyball, Angeln, Surfen, Stehpaddeln, Segeln oder Kanufahren: Es ist für jeden etwas dabei. Bei **Werra-Kanu** (Torwiese 4, www.werra-kanu.de) lassen sich Kanus, Schlauchboote und SUP-Boards ausleihen.

**Tourist-Info,** Hospitalplatz 16, www.eschwege.de

**TIPP FAHRT MIT DER ERLEBNIS-DRAISINE**

Am Bahnhof des Ortes Lengenfeld unterm Stein beginnt die Fahrt mit der Draisine. Die Strecke der Kanonenbahn stellt eine der schönsten Eisenbahnlinien Deutschlands dar und führt über den Lengenfelder Viadukt, durch Tunnel, über Berge und durch Täler. Es besteht die Möglichkeit, zwischen einer Fahrt mit einer muskelgetriebenen Fahrraddraisine oder der elektrischen Kanonenbahn zu wählen (Bahnhofstraße 43, 99976 Lengenfeld unterm Stein, www.erlebnis-draisine.de).

## Probstei Zella

Dieses Kleinod liegt an einer der engsten Stellen des Werratals, eingebettet zwischen bewaldeten Hängen an einem Werrabogen direkt am Wasser. Für Liebhaber der Ruhe und Natur ist diese Ansiedlung ein idealer Urlaubsort.

### TOUR WANDERUNGEN RUND UM ESCHWEGE

**Wandern auf dem Premiumwanderweg P3:** Für Wanderfreunde empfiehlt sich der durch die Innenstadt und das Umland von Eschwege und über das Naturdenkmal Blaue Kuppe führende, 19 km lange Premiumwanderweg P3. Der Rundwanderweg vereint Natur und Kultur auf besondere Weise. Zunächst durch die Altstadt führend, leitet er den Wanderer immer wieder zu wunderbaren Aussichtspunkten außerhalb der Stadt (www.naturparkfrauholle.land/wandern/premiumwege).

**Die Hessische Schweiz auf dem Premiumwanderweg P4 entdecken:** Der 15,5 km lange Wanderweg führt zu den schönsten Stellen des 245 Hektar großen Waldnaturschutzgebiets Hessische Schweiz. Dieses ist Teil des Europäischen Schutzgebietsnetzes Natura 2000 und wichtiges Bindeglied im **Biotopverbund Grünes Band,** der der ehemaligen innerdeutschen Grenze folgt. Immer wieder führt der Wanderweg an Aussichtspunkte mit wunderschönen Ausblicken in das Werratal. Die Sehenswürdigkeiten Wolfstisch, Pferdeloch, Salzfrau, Hörne, Schöne Aussicht und Silberklippe werden erwandert. Teilweise steile und schmale Waldpfade erfordern – vor allem in der „Hörnelücke" – Trittsicherheit, Wanderschuhe sind also notwendig (www.naturparkfrauholle.land/wandern/premiumwege).

### 139 Campingplatz Probstei Zella

GPS 51.10628, 10.29623

Uriger, ruhiger, naturnah und direkt an der Werra gelegener, von bewaldeten Hängen umgebener Platz. Im zugehörigen Landgasthof wird ein Frühstücksbuffet angeboten. Die Plätze sind unparzelliert, es besteht freie Platzwahl. **Lage/Anfahrt:** von der L1016 nach Westen abbiegen, Richtung Ebenshausen und Frankenroda, später auf sehr enger, asphaltierter Straße; **Platzanzahl:** 35; **Untergrund:** Wiese; **Service:** Strom, Trinkwasser, Abwasser, Chemie-WC; **Preiskat.:** €€; **Geöffnet:** April–Okt.; **Kontakt:** Landgasthof Probstei Zella, 99826 Frankenroda, Tel. 036924 41976, www.zella.de

Zahlreiche Wanderwege führen in den **Naturpark Eichsfeld-Hainich-Werratal** (www.naturpark-ehw.de) mit seinen herrlichen Buchenbeständen. Der **Werratal-Radweg** (www.adfc-radtourismus.de/werratal-radweg) und der **Herkules-Wartburg-Radweg** (www.naturparkfrauholle.land/tourismus/Rad fahren/herkules-wartburg-radweg) führen direkt durch **Probstei Zella** (www.zella.de).

Es gibt zahlreiche touristische Angebote. Der **Reiterhof** mit Campingplatz z. B. bietet Reitunterricht, Ausritte, Kutsch- und Kremserfahrten, Urlaub mit eigenem Pferd, Kanu- und Radverleih und einen Schwimmteich. Im Biergarten und in der Gaststätte des **Landgasthofs** kann man sich nach einem ereignisreichen Tag mit Thüringer Spezialitäten verwöhnen lassen.

*Der Baumkronenpfad am Nationalparkzentrum Thiemsburg*

## UNESCO-Weltnaturerbe Nationalpark Hainich

Der seit 1998 bestehende **Nationalpark Hainich** (www.nationalpark-hainich.de) war viele Jahrzehnte militärisches Sperrgebiet. Große Teile des Walds wurden daher kaum betreten, sodass sich dort die Buchenwälder ungestört entwickeln konnten. Seit 2011 ist der Hainich Teil der UNESCO-Weltnaturerbestätte Alte Buchenwälder und Buchenurwälder der Karpaten und anderer Regionen Europas.

Als Ausgangspunkt für eine Erkundung des Nationalparks eignet sich am besten der **Campingplatz am Tor zum Hainich** bei **Weberstedt.** Von hier aus sind es ungefähr 3,5 km zum **Baumkronenpfad** (www.baumkronenpfad.de) und zu dem **Nationalparkzentrum Thiemsburg** (www.nationalpark-hainich.de/de/ausflugsziele/nationalparkzentrum.html). Weitere **Nationalpark-Informationen** befinden sich in **Kammerforst** (Straße der Einheit), **Harsberg bei Lauterbach** (Harsberg 4) und im **Wildkatzendorf Hütscheroda** (www.wildkatzendorf.com). Von hier ist auch über den 7 km langen Wildkatzenpfad ein 20 m hoher, hölzerner **Aussichtsurm** zu erreichen, von dem man einen wunderbaren Ausblick über den Hainich, das Werrabergland, den Thüringer Wald und Eisenach mit der UNESCO-Welterbestätte Wartburg hat.

Über 20 markierte **Wanderwege** (www.nationalpark-hainich.de/de/ausflugsziele/wanderwege) mit einer Gesamtlänge von mehr als 120 km führen durch den Hainich. Die meisten sind als Rundwanderwege und oft themenbezogen angelegt. Am Wochenende bieten Mitarbeiter der Nationalparkverwaltung und ehrenamtliche Nationalparkführer Führungen, Wildnistouren und Fachexkursionen durch die Buchenwälder an. Verschiedene Fernwanderwege wie der Hainichlandweg, der Lutherweg, der Rennsteig (nicht zu verwechseln mit dem Rennsteig im Thüringer Wald) der Waagebalkenweg oder die Via Porta erschließen weitläufig diese Region. Es führen auch verschiedene barrierefreie Wege durch den Nationalpark und ermöglichen Rollstuhlfahrern einen komfortablen und stressfreien Rundgang durch die Natur.

Es gibt im Nationalpark auch mehr als 50 km gut ausgebaute **Radwege** (www.nationalpark-hainich.de/de/ausflugsziele/radwege). Einer davon ist der 25 km lange Nationalpark-Rundweg. Unterwegs finden sich Einkehrmöglichkeiten am Craulaer Kreuz (www.hainichbaude.de), an der Thiemsburg oder an der Fuchsfarm.

Verschiedene Anbieter aus der Region stellen individuelle **Kremserfahrten** (von Pferden gezogene, gefederte Planwagen mit Längsbänken) durch den Hainich zusammen. Wenn es die Schneelage im Winter erlaubt, sind auch Schlittenfahrten mit einem Pferdegespann möglich (www.nationalpark-hainich.de/de/ausflugsziele/reiter-kremser).

Auf dem **Erlebnisspielplatz Wildkatzenkinderwald Wikakiwa** können große und kleine Kinder auf Schnecken reiten, auf einer Spechtschaukel Spechte zum Klopfen bringen, sich durch ein Eichhörnchenlabyrinth hangeln, den Urwald erkunden und vieles mehr erleben.

**Information Nationalparkzentrum Thiemsburg,** Thiemsburg 1, 99947 Schönstedt, www.baumkronen-pfad.de

### 140 Campingplatz am Tor zum Hainich

GPS 51.10271, 10.50880

Direkt am Nationalpark Hainich gelegener, ruhiger Platz mit weitem Blick gen Nordosten. Unparzelliert, freie Platzwahl, Kiosk vorhanden. Idealer Ausgangspunkt für Wanderungen und Radtouren in und um den Hainich. Ca. 3,5 km zum Baumkronenpfad und Nationalparkzentrum Thiemsburg; **Lage/Anfahrt:** südlich von Weberstedt, über die L1042 Richtung Weberstedt; **Platzanzahl:** 51; **Untergrund:** Schotterrasen, Wiese; **Service:** Strom, Trinkwasser, Abwasser, Chemie-WC, WLAN; **Preiskat.:** €€€; **Geöffnet:** ganzjährig; **Kontakt:** Am Hainich 22, 99991 Unstrut-Hainich OT Weberstedt, Tel. 03602 298690, www.camping-hainich.de

**Nationalpark-Verwaltung,** Bei der Marktkirche 9, 99947 Bad Langensalza, www.nationalpark-hainich.de

Das gemütliche Gasthaus **Brotzeit an der Fuchsfarm** im Blockhausstil mit Außenbereich hat rustikale Brotzeiten und Speisen wie Wild und Gänsebraten auf der Speisekarte. Die Fuchsfarm ist ein guter Ort, um eine Wanderpause einzulegen, eine Wanderung zu beginnen oder sie ausklingen zu lassen (Trift Chaussee, 99947 Mülverstedt, www.fuchsfarm-brotzeit.de).

## Creuzburg

Die kleine Stadt Creuzburg, an der Werra gelegen, blickt auf eine über 1000-jährige Geschichte zurück und bietet für seine Größe eine stattliche Anzahl an Sehenswürdigkeiten. Die **Burg Creuzburg** (Burgberg 1, www.burg-creuzburg.de), Namensgeber der Stadt, ist an erster Stelle zu nennen. Sie wurde um 1170 erbaut und zählt zu den größeren romanischen Burganlagen Deutschlands. Heute beherbergt sie ein Restaurant mit Terrasse. Besichtigt werden können ein Burgmuseum mit Elisabeth-Kemenate, ein Folterkeller und eine Töpferwerkstatt. Einen besonders schönen Anblick bietet das vor den Toren der Stadt liegende Arrangement der alten **Werrabrücke** mit der **Liboriuskapelle.** Die 1223 errichtete siebenbogige Brücke gehört zu den besterhaltenen Sandsteinbrücken in Deutschland.

Weitere Sehenswürdigkeiten des Ortes sind Teile der **Stadtmauer,** die **Marienkirche (Gottesackerkirche)** und das **Stiftsgut Wilhelmsglücksbrunnen,** eine ehemalige Saline, die etwas außerhalb südwestlich der Stadt liegt. Nach der Wende entstand hier ein Biohof mit Biomarkt und die **Creuzburger-Bio-Käsemanufaktur** (www.creuzburger-kaesemanufaktur.de). Im angeschlossenen **Restaurant & Café Saline** (Wilhelmsglücksbrunn 1, www.wilhelmsgluecksbrunn.de) kann die biologische, saisonale und regionale Küche mit Produkten aus eigenem Anbau genossen werden. Ein Stück flussabwärts flankieren zwei imposante Felsformationen aus Muschelkalk – die **Ebenauer Köpfe** und die **Nordmannssteine** – am **Creuzburger Werradurchbruch** den mäandernden Fluss. Ein markierter Rundwanderweg mit Start an der Gottesackerkirche führt über die Ebenauer Köpfe und im Tal an der Werra entlang.

**Tourist-Info,** Auf der Burg Creuzburg, www.creuzburg-online.de

**TIPP MITTELALTERFEST BURG CREUZBURG**

Jedes Jahr zu Pfingsten findet auf der Creuzburg ein Burgfest mit Mittelaltermarkt statt. Im mittelalterlichen Ambiente der alten Burgmauern präsentieren Gaukler, Ritter, Musikanten und Geschichtenerzähler ein buntes Programm (www.burgfestcreuzburg.simplesite.com).

### 141 Werratal-Camping Creuzburg

GPS 51.05004, 10.23299

Kleiner Campingplatz an der Werra, ca. 15 Gehminuten ins Stadtzentrum von Creuzburg, Barzahlung erforderlich. Der Betreiber bietet diverse Tages- und Mehrtagestouren mit dem Kajak, Kanu und Schlauchboot an. Auch kombinierte Bike & Boat Touren sind im Angebot. Touren werden auch für Personen mit Handicap angeboten. **Lage/Anfahrt:** an der B7, westlich des Ortszentrums; **Untergrund:** Wiese; **Service:** Strom, Trinkwasser, Abwasser, Chemie-WC; **Preiskat.:** €€; **Geöffnet:** April–Okt.; **Kontakt:** Am Trockenbagger 1, 99831 Amt Creuzburg, Tel. 036926 72464, www.werratal-tours.de/campingplatz

Daniel Fort

# Das Weserbergland

Wesergebirge
Süntel
Rinteln
Hessisch Oldendorf
Bad Münder am Deister
Springe
Hameln
Weserbergland-
Schaumburg-
Hameln
Elze
Nordstemmen
Gronau (Leine)
Bad Salzdetfurth
Aerzen
Emmerthal
Salzhemmendorf
Bad Pyrmont
Barntrup
Blomberg
Lügde
Bodenwerder
Alfeld (Leine)
Duingen
Schieder-Schwalenberg
Steinheim
Polle
Rühle
Eschershausen
Stadtoldendorf
Delligsen
Bad Gandersheim
Holzminden
Einbeck
Dassel
Nieheim
Marienmünster
Höxter
Silberborn
Naturpark
Solling-Vogler
Bad Driburg
Brakel
Northeim
Moringen
Beverungen
Uslar
Hardegsen
Bad Karlshafen
Bodenfelde
Willebadessen
Nörten-Hardenberg
Trendelburg
Weißehütte
Bovenden
Borgentreich
Adelebsen
Sababurg
Göttingen
Hofgeismar
Naturpark
Warburg
Liebenau
Reinhardshagen
Dransfeld
Münden
Hannoversch
Grebenstein
Immenhausen
Hann. Münden
Friedland
Volkmarsen
Bad Arolsen
Zierenberg
Naturpark
Vellmar
Kassel
Witzenhausen
Habichtswald
0 5 km
© Reise Know-How 2021

### TOUREN-ÜBERBLICK

**Routenempfehlung:** Hameln – Bodenwerder – Rühle – Polle – Höxter – Silberborn – Weser-Skywalk – Weißehütte – Sababurg – Hann. Münden
**Länge gesamt:** ca. 195 km
**Dauer:** ca. 4–7 Tage
**Reisezeit:** ganzjährig. Reizvolle Landschaften und kulturelle Höhepunkte sorgen zu jeder Jahreszeit für spannende Erlebnisse.

In einer Landschaft aus sanften, bewaldeten Hügeln, Seen, ausgedehnten Wäldern und kleinen Flusstälern liegen zahlreiche malerische Orte, geprägt von Fachwerk und der Architektur der Weserrenaissance. Höhepunkte für Naturliebhaber bilden die Rühler Schweiz, der Naturpark Solling-Vogler, der Weser-Skywalk und der sagenumwobene Reinhardswald mit dem Urwald Sababurg. Zahlreiche Wander- und Radrouten führen durch diese Landschaften und die Weser lädt zu ausgedehnten Kanutouren oder einer Fahrt mit dem Ausflugsdampfer ein.

Burgen, Schlösser, Museen und historische Städte bieten für Kulturinteressierte viel Raum für Entdeckungen. Die Geschichte des Weserberglands reicht weit in das Mittelalter zurück. Nicht zuletzt ist es die Heimat zahlreicher Märchen und Sagen, die unter anderem in den Erzählungen der Gebrüder Grimm niedergeschrieben sind. Am bekanntesten sind vermutlich die Sage des Rattenfängers von Hameln und die Geschichten rund um den Lügenbaron von Münchhausen, dessen Heimat die Stadt Bodenwerder war.

Weitere kulturelle Höhepunkte sind das Schloss Hämelschenburg, ein Hauptwerk der Weserrenaissance, die Burgruine Polle, das UNESCO-Weltkulturerbe Schloss Corvey, die Porzellanmanufaktur Fürstenberg, die „Dornröschenschloss" genannte Ruine der Sababurg und die historische Altstadt von Hannoversch Münden mit ihrer Fachwerkarchitektur.

Landschaftlich sehr reizvoll, ist das östliche Ufer der Weser als Fahrroute zu empfehlen.

www.weserbergland-tourismus.com

*Blick vom Ebersnackenturm in der Rühler Schweiz*

Architektur der Weserrenaissance in Hameln

## Hameln

Die Sage vom Rattenfänger von Hameln machte die Stadt weltweit bekannt. Erste dörfliche Strukturen im Hamelner Raum werden auf das 8. Jahrhundert zurückgeführt. Der älteste Teil des Hamelner Münsters blickt auf eine mehr als 1200-jährige, wechselvolle Geschichte zurück.

In der Altstadt finden sich prächtige Bauten der Weserrenaissance, erbaut im Auftrag von Kaufleuten, die im 16. Jh. mit dem Landadel wetteiferten. Die imposanten Fachwerk- und Sandsteinhäuser tragen zum besonderen Flair der Innenstadt bei.

Die Rattenfängersage und die Geschichte der Stadt lassen sich während eines 30-minütigen **Freilichtspiels** (Bühne am Hochzeitshaus, 12 Uhr), das in den Sommermonaten an jedem Sonntag stattfindet, während einer **Führung mit dem Rattenfänger** (www.hameln.de, Treffpunkt: Tourist-Info), bei einem Besuch des **Hamelner Museums** (Osterstr. 8–9, www.museum-hameln.de) und beim Betrachten des **Rattenfänger-Figurenspiels** (tägl. 13.05, 15.35 und 17.35, www.hameln.de) am Westgiebel des **historischen Hochzeitshauses** (Osterstr. 2) nachvollziehen.

Doch Hameln hat mehr zu bieten als die Sage des Rattenfängers. Im Herzen der Stadt bietet z. B. die **Schauglasbläserei** (Am Pulverturm 1, www.glasblaeserei-hameln.de) einen spannenden Einblick in die Geschichte der Glasherstellung. Nach der Glasbläsershow gibt es an der Seite eines Glaskünstlers die Möglichkeit, sich selbst als Glasmacher zu

## 142 Campingplatz Hameln

GPS 52.10949, 9.34745

An der Weser gelegener Campingplatz mit dazugehörigem Stellplatz. Ca. 1,5 km bis ins Stadtzentrum von Hameln. **Lage/ Anfahrt:** direkt an der Weser, nordwestlich der Innenstadt, über B83 oder L433 Richtung Hameln; **Platzanzahl:** ca. 75; **Untergrund:** Schotter, Wiese, fest; **Service:** Strom, Trinkwasser, Abwasser, Chemie-WC, WLAN, Tapas-Grill & Bar direkt am Campingplatz; **Preiskat.:** €€€€; **Geöffnet:** März–Okt.; **Kontakt:** Uferstraße 80, 31787 Hameln, Tel. 05151 67489, www.campingplatz-hameln.de

versuchen. Im Glasmarkt können zahlreiche außergewöhnliche Glasobjekte bestaunt und erworben werden. Eine der bedeutsamsten Renaissanceanlagen Deutschlands lädt unweit von Hameln zu einem Zwischenstopp ein. Zwischen Hameln und Bodenwerder liegt das vollständig erhaltene **Schloss Hämelschenburg** (Schlossstr. 1, 31860 Emmerthal, www.schloss-haemelschenburg.de), das man als Kulturfan auf jeden Fall besichtigen sollte.

**Tourist-Info,** Deisterallee 1, www.hameln.de, www.museen-hameln-pyrmont.de

Schloss Hämelschenburg

## Bodenwerder

Vielen ist die literarische Figur des Lügenbarons von Münchhausen ein Begriff, doch weniger bekannt ist die historische Person Hieronymus Carl Friedrich Freiherr von Münchhausen, der am 11.5.1720 in Bodenwerder geboren wurde und das historische Vorbild für die Sagenfigur ist. Sehenswürdigkeiten wie das **Münchhausen-Museum,** das **Münchhausen-Geburtshaus,** das **Brennereihaus** oder die **Münchhausen-Grotte** informieren über den bekanntesten Sohn der Stadt und die abenteuerlichen Geschichten des Lügenbarons. Weitere historische Bauten wie die **Bastion,** der **Torturm,** der **Festungsturm im Hagen** sowie zahlreiche sehenswerte Fachwerkbauten und Kirchen lohnen einen Besuch. **Stadtführungen** (Startpunkt Münchhausen-Museum, Dauer 1 Std.) und das **Münchhausen-Spiel** lassen einen Aufenthalt in Bodenwerder zu einem unvergesslichen Erlebnis werden (www.muenchhausenland.de).

ⓘ **Tourist-Info,** Münchhausenplatz 1, www.muenchhausenland.de

### 143 Wohnmobilstellplatz am Mühlentor

GPS 51.98061, 9.51809

Direkt an der Weser, Tickets zur Nutzung des Platzes sind am Kiosk zu erwerben. **Lage/Anfahrt:** nördlich der Altstadt von Bodenwerder angrenzend; **Platzanzahl:** 60; **Untergrund:** Schotterrasen, Rasengitter; **Service:** Strom, Trinkwasser, Abwasser, Chemie-WC; **Preiskat.:** €€; **Kontakt:** Am Mühlentor, 37619 Bodenwerder, Tel. 05533 40562 (außerhalb der Öffnungszeiten ist der Platzwart unter 0176 80067395 zu erreichen), www.muenchhausenland.de/camping/wohnmobil-stellplatz.html

## Rühle – Rühler Schweiz

Der an der Weser und zu Füßen des Mittelgebirgszugs Vogler gelegene Ort Rühle wurde vermutlich zwischen den Jahren 1079 und 1174 gegründet. Die ersten Bewohner wurden von dem Hildesheimer Bischof Bernhard in dieser waldreichen Region angesiedelt. Sie ka-

men aus Flandern und gehörten überwiegend der Leineweberzunft an.
Im Ortskern befinden sich gut erhaltene Fachwerkhäuser. Die historischen Gebäude sind mit Tafeln markiert. Oberhalb von Rühle bildet der 220,5 m hohe **Weinberg** mit seinem gleichnamigen Naturschutzgebiet und dem 1908–1909 errichteten **Herzog-Wilhelm-Denkmal** ein Ausflugsziel. Von hier blickt man weithin über den Weserbogen und das umliegende Land.
Die Rühler Schweiz bietet während der Kirschblüte im Frühjahr einen eindrucksvollen Anblick. An einem der letzten Wochenenden im April findet hier das **Kirschblütenfest** (www.verkehrsverein-reileifzen.de) mit Informationsständen und geführten Wanderungen statt. An Ständen bieten Imker, Kunsthandwerker und Maler ihre Produkte an. Obsthöfe in Rühle und in Golmbach reichen ihren Kirschwein zur Verkostung. Die jährliche Wahl der Kirschblütenkönigin gehört ebenfalls zu den Festlichkeiten.

## 144 Camping Brader Rühler Schweiz

GPS 51.94189, 9.51026

Der Platz liegt direkt an der Weser mit Blick auf die umliegenden bewaldeten Hügel und ist ein hervorragender Ausgangspunkt für Wanderausflüge in den nördlichen Naturpark Solling-Vogler sowie Kanu- und Radtouren. **Lage/Anfahrt:** an der Weser gelegen, ca. 500 m vom Ort Rühle entfernt, über die B83 Richtung Bodenwerder, L580 Richtung Rühle; **Platzanzahl:** ca. 100; **Untergrund:** Wiese; **Service:** Strom, Trinkwasser, Abwasser, Chemie-WC, WLAN, solarbeheiztes Freibad und Gaststätte am Platz; **Preiskat.:** €€€€; **Geöffnet:** April–Okt.; **Kontakt:** Im Großen Tal 0, 37619 Bodenwerder OT Rühle, Tel. 05533 2486, www.brader-ruehler-schweiz.de

**TOUR** **WANDERN IN DER RÜHLER SCHWEIZ**

**Wanderung auf den Weinberg und zum Herzog-Wilhelm-Denkmal:** Ausgangspunkt Campingplatz Brader, ca. 2 km, 112 Höhenmeter Aufstieg. Dauer: ca. 30 Min. bis zum Denkmal. Der Weg ist beschildert.

**Wanderung zum Ebersnackenturm (460 m):** Ausgangspunkt Camping Brader, ca. 6 km, bzw. 7 km (über Rühle) und 390 Höhenmeter Aufstieg. Dauer: 1,5–1,75 Std. bis zum Gipfel. Der Weg ist beschildert. Eine Wanderkarte ist hier hilfreich.

**Wanderung zum Bodoturm (412 m):** Ausgangspunkt Camping Brader, ca. 4,5 km und 340 Höhenmeter Aufstieg. Dauer: 1,25 Std. bis zum Gipfel. Der Weg ist teilweise beschildert. Eine Wanderkarte ist hier hilfreich.

Die Rühler Schweiz und der angrenzende nördliche **Naturpark Solling-Vogler** (www.naturpark-solling-vogler.de, www.solling-vogler-region.de) bieten zahlreiche Möglichkeiten für ausgedehnte Rad- und Wandertouren.

Burgruine Polle und die Gierseilfähre von Polle

**Tourist-Info,** Heimat- und Verkehrsverein Rühle e. V., Am Breitenstein 1, www.ruehler-schweiz.de

Der familiengeführte **Biohof Bossow** wird seit 1997 nach Bioland-Richtlinien bewirtschaftet. Im Hofladen finden sich Produkte aus der hauseigenen Landwirtschaft und Tierzucht. Der Hofladen ist mit dem Auto oder Fahrrad über Bodenwerder und die B83 (10,5 km) zu erreichen. Ein Radweg begleitet die B83. Mit dem Fahrrad ist die reizvolle, 12,8 km lange Route über die Solarfähre in Grave (www.kulturverein-grave.de) eine Alternative (Hauptstraße 73, 37619 Pegestorf, www.biohof-bossow.de).

## Polle

Die über der Weser thronende **Burgruine von Polle** (Amtsstr. 4a, www.polle-weser.de) ist die Heimat des historischen Grafen von Everstein und angeblich des märchenhaften Aschenputtels. Auf der Freilichtbühne bietet die **Laienspielgruppe Polle** (www.lsgp.de) mit über 1000 Kostümen für Märchenfans und die Besucher der Burgfestspiele ein zauberhaftes Spektakel. Im **Aschenputtelzimmer** sowie im **Burg-Museum** kann man sich auf eine Reise in die Vergangenheit begeben.
Unterhalb der Burg verbindet seit 1905 die **Gierseilfähre von Polle** (www.polle-weser.de) das östliche mit dem westlichen Weserufer.

**Tourist-Info,** Amtsstr. 4a, www.muenchhausenland.de/mitgliedsgemeinden/polle-weser/sub,12_10.html

## 145 Weserbergland Camping Heinsen

GPS 51.88506, 9.44257

Platz mit überwiegend Wiesengelände und etwas Baumbestand, direkt an der Weser gelegen, 3,5 km zur Burgruine Polle, schöner Blick auf das umliegende Bergland und die Heinsener Klippen, Plätze nicht parzelliert. **Lage/Anfahrt:** am östlichen Ortsrand von Heinsen, über die B83; **Untergrund:** Wiese; **Service:** Strom, Trinkwasser, Abwasser, Chemie-WC, WLAN, Café und Schwimmbad zum Platz zugehörig; **Preiskat.:** €€€; **Geöffnet:** 15. April–15. Okt.; **Kontakt:** Weserstraße 66, 37649 Heinsen, Tel. 05535 8733, www.weserbergland-camping.com

*UNESCO-Weltkulturerbe Schloss Corvey, im Hintergrund der Solling*

## Höxter

Direkt vor den Toren der Stadt **Höxter** lädt das im 9. Jh. gegründete ehemalige Benediktinerkloster und heutige **UNESCO-Weltkulturerbe Schloss Corvey** (www.corvey.de) zu einem Besuch ein. Nicht nur die karolingische Architektur der Anlage ist eine Besichtigung wert, Corvey war stets ein Zentrum des Wissens, der Bildung und der Kultur. So beherbergt die barocke Klosteranlage neben dem Kreuzgang und dem Kaisersaal mit prunkvollen Einrichtungsgegenständen auch die Fürstliche Bibliothek mit mehr als 70.000 Bänden. Neben den historischen Darbietungen und ganzjährigen Führungen bietet das Museum auch einmalige Kulturveranstaltungen.

Die zu den ältesten Städten Norddeutschlands zählende **Altstadt von Höxter** sollte man ebenfalls bei einem Besuch einplanen. Neben den historischen Entdeckungen bietet Höxter ein vielfältiges gastronomisches Angebot mit zahlreichen Biergärten und Cafés.
Unweit von Höxter liegt das **Museum Schloss Fürstenberg** (Meinbrexener Str. 2, 37699 Fürstenberg, www.fuerstenberg-schloss.com), in dem die im Weserbergland 300 Jahre alte Tradition der Porzellankunst gepflegt wird. Im Museum haben die Besucher sogar die Möglichkeit, ihr eigenes Geschirrstück zu gestalten. Im **Manufaktur-Werksverkauf** befindet sich das weltweit größte Fachgeschäft für Porzellan von Fürstenberg und die komplette Fürstenberg-Kollektion.

**Tourist-Info,** Historisches Rathaus, Weserstr. 11, www.hoexter-tourismus.de

## 146 Wesercamping Höxter

GPS 51.76617, 9.38385

Campingplatz mit Stellplätzen direkt an der Weser. Der Weserradweg verläuft direkt neben den Stellplätzen. Ca. 20 Min. zu Fuß ins Zentrum von Höxter und ca. 40 Min. zu Fuß zum Schloss Corvey. Kiosk, Biergarten, Gasflaschenverkauf, E-Bike-Verleih, Kanuverleih und Angelkartenverkauf. **Lage/Anfahrt:** südlich der Innenstadt von Höxter; **Platzanzahl:** ca. 70; **Untergrund:** Wiese; **Service:** Strom, Trinkwasser, Abwasser, Chemie-WC, WLAN; **Preiskat.:** €€€; **Geöffnet:** ganzjährig; **Kontakt:** Sportzentrum 4, 37671 Höxter, Tel. 05271 2589, www.wesercamping-hoexter.de

## 147 Wohnmobilstellplatz am Floßplatz

GPS 51.77373, 9.38731

Stellplatz an der Weser mit Blick auf die Innenstadt von Höxter. Der Weserradweg verläuft in unmittelbarer Nähe. Ca. 10 Min. zu Fuß in die Innenstadt von Höxter und ca. 30 Min. zu Fuß zum Schloss Corvey. **Lage/Anfahrt:** östlich der Altstadt von Höxter; **Platzanzahl:** ca. 60; **Untergrund:** Schotter, Schotterrasen, Wiese; **Service:** Strom, Trinkwasser, Abwasser, Chemie-WC; **Preiskat.:** €; **Geöffnet:** ganzjährig; **Kontakt:** Im Brückfeld, 37671 Höxter, Tel. 05271 2589, www.wesercamping-hoexter.de

Hochmoor Mecklenbruch nahe Silberborn im Hochsolling

## Silberborn im Hochsolling/Solling

Inmitten eines der größten Waldgebiete Norddeutschlands, dem **Naturpark Solling-Vogler,** liegt auf 432 m Höhe Silberborn im Hochsolling. Urige Wanderwege durch Mischwälder und über sanfte Hügel führen zu einem der größten Hochmoore in Niedersachsen, dem **Mecklenbruch.** Verschiedene Wege führen zum 33 m hohen **Aussichtsturm Hochsolling,** der einen herrlichen Rundblick über das Weserbergland bietet. Im **Hochseilgarten TreeRock** (Schießhäuser Str. 8, www.treerock.de) können sich Besucher auf 58 Kletterstationen ins Abenteuer stürzen.

Einen Einblick in die Tier- und Pflanzenwelt des Sollings bieten neben dem **Erlebniswald Solling** (www.erlebniswald.de) der **Wildpark Neuhaus** (www.landesforsten.de/erleben/unsere-naturtalente/wildpark-neuhaus) und das **Wildpark-Haus.** Aktivurlauber haben z. B., je nach Jahreszeit, die Wahl zwischen geführten Wanderungen, Mountainbiketouren und Schneeschuhtouren. Gespurte Loipen und zwei Rodelhänge ergänzen das winterliche Angebot. Hier hat man auch die Möglichkeit, sich über die vielseitigen Aktivitäten, die in der Region angeboten werden, zu informieren: Im Wildpark-Haus befindet sich neben dem Eingang in den Wildpark auch ein Besucherzentrum mit einer interaktiven Ausstellung zu Themen rund um den Solling. Der Eintritt ist kostenlos. Im Café und Bistro ist auch für das leibliche Wohl gesorgt.

ⓘ **Tourist-Info Hochsolling im Wildpark-Haus,** Wildpark 1, 37603 Holzminden-Neuhaus, www.naturpark-solling-vogler.de, www.hochsolling.de. In der touristischen Informationsstelle der Hochsolling Touristik können Wanderer und Mountainbiker unter anderem verschiedene Karten erwerben.

## TIPP SPORTLICHE AKTIVITÄTEN IM HOCHSOLLING

**Mountainbiken im Hochsolling:** Auf einem Streckennetz mit einer Länge von insgesamt 760 km und 17.000 Höhenmetern finden Mountainbiker ideale Bedingungen. Die verschiedenen Touren sind nach ADFC-Standard ausgeschildert. Es werden auch geführte Touren angeboten. Ein kostenloser Flyer bietet Infos auf einen Blick: www.hochsolling.de/prospektanfrage.html

**Wandern im Hochsolling:** Das gut ausgeschilderte Streckennetz ist ein Genuss für Wanderer. Urige Pfade, milde Anstiege und weite Aussichten laden zu ausgedehnten Touren ein. Auch geführte Touren werden angeboten (www.hochsolling.de/wandern.html).

**Wintersport:** In Silberborn und Neuhaus haben Skilangläufer die Möglichkeit, ein umfassendes Loipennetz zu erkunden. Auf 50 km geht es auf Loipen, die von ehrenamtlichen Helfern unterhalten werden, durch den Solling. Maschinell gespurte Loipen gibt es erst ab einer Schneehöhe von 20 cm. Auf den beiden Rodelhängen in Neuhaus und Silberborn gibt es ausreichend Platz für ausgelassenen Rodelspaß. Geführte Schneeschuhtouren sind für Naturliebhaber ein besonderes Erlebnis. Anmeldung über die Tourist-Info. Langlaufausrüstung, Schneeschuhe und Schlitten können im **Dorfgemeinschaftshaus** in Silberborn (Am Kurgarten 1) geliehen werden. Informationen zur Schneelage gibt es unter Tel. 05536 805 (Dez.–März).

*Historische Trockenmauer am Trakehnerweg nahe Neuhaus im Solling*

Das ganze Jahr über findet einmal monatlich in Neuhaus im Haus des Gastes ein **Bauern- und Kreativmarkt mit Musik** statt, auf dem Bio-Obst und -Gemüse, Weine, Antiquitäten, Dekoartikel, Bücher, Floristik, Honig u. v. m. erstanden werden können. Ab dem Nachmittag begleitet ein Konzert das bunte Treiben (Lindenstr. 8, 37603 Holzminden).

### 148 Campingplatz Silberborn im Hochsolling

GPS 51.77100, 9.54823

Campingplatz mitten im Hochsolling gelegen, mit guter Anbindung an Wander- und Mountainbikerouten durch den Naturpark Solling-Vogler. Im Winter gespurte Langlaufloipe in unmittelbarer Nähe des Platzes. Schlüsselpfand 35 €. **Lage/Anfahrt:** im nordöstlichen Teil von Silberborn, über B241, B497, L549; **Untergrund:** Wiese; **Service:** Strom, Trinkwasser, Abwasser, Chemie-WC, Fahrradverleih, Gaststätte „Wilddieb“ angeschlossen; **Preiskat.:** €€; **Geöffnet:** ganzjährig; **Kontakt:** Glasshüttenweg, 37603 Holzminden OT Silberborn, Tel. 05536 664, www.campingplatzsilberborn.de

## Weser-Skywalk/ Hannoversche Klippen

Die rund 80 m über der Weser aufragenden **Hannoverschen Klippen mit dem Skywalk** (www.kulturland.org/Aktivitaeten/Erlesene-Natur/Erlebnisgebiete/Weser-Skywalk-und-Hannoversche-Klippen) bieten einen einmaligen Blick über das Flusstal. Sie sind von einem alten Mischwaldbestand umgeben, somit lohnt auch eine Erkundung der ausgeschilderten Wanderwege rund um die Klippen.

Im nahe gelegenen Bad Karlshafen sind ein Besuch der **Wesertherme** (Kurpromenade 1, 34385 Bad Karlshafen, www.wesertherme.de) und des **Deutschen Hugenotten-Museums** (Hafenplatz 9a, 34385 Bad Karlshafen, www.hugenottenmuseum.de) gute Schlechtwetter-Alternativen.

### 149 Wohnmobilstellplatz Alte Linde

GPS 51.64484, 9.41794

Stellplatz an der Weser. Liegewiese angeschlossen. Weser-Skywalk ca. 2 km entfernt. Brötchenservice vorhanden. Frühstücksverpflegung sowie Halbpension möglich. **Lage/Anfahrt:** am Landhotel Alte Linde; **Platzanzahl:** 16; **Untergrund:** Schotterrasen, Wiese; **Service:** Strom, Trinkwasser, Abwasser, Chemie-WC; **Preiskat.:** €; **Geöffnet:** ganzjährig; **Kontakt:** Würrigser Str. 4, 37688 Beverungen-Würgassen, Tel. 05273 375140, www.alte-linde.de

In der **Straußenfarm Reinhardswald** gibt es Fleisch und Wurstwaren vom Strauß, frische Straußeneier, Straußeneierlikör, Straußeneinudeln, Straußeneilampen und vieles mehr rund um den Strauß. Führungen werden auf Anfrage angeboten (Wülmersen 6, 34388 Trendelburg, www.straussenfarm-reinhards wald.de).

## Weißehütte

Der kleine, ruhige Ort, idyllisch und nahe der Weser gelegen, und der ebenfalls direkt an der Weser gelegene Campingplatz eignen sich hervorragend als Ausgangspunkt für diverse Outdooraktivitäten und sind ein Muss für Liebhaber von Stille und Natur. Für Wasserratten ist die gut zugängliche Weser ein nahezu unendlicher Spielplatz. Der an beiden Ufern der Weser entlangführende **Weserradweg** (www.weserradweg-info.de) lädt zu ausgedehnten Radtouren flussauf- oder abwärts. Achtung, manche Fähren verkehren nur am Wochenende!

Außerdem bietet der an den Ort Weißehütte angrenzende **Naturpark Reinhardswald** (www.reinhardswald.de, www.naturpark-reinhardswald.de) für Wanderer und Mountainbiker eine Vielzahl an Möglichkeiten. Auf Wanderwegen sind es zur **Sababurg** (www.grimmheimat.de) und dem **Tierpark Sababurg** (www.tierpark-sababurg.de) ca. 7 km.

### 150 Campingplatz Weißehütte

GPS 51.56672, 9.59603

Überwiegend Wiesenplatz direkt an der Weser gelegen. Ideal für Kanutouren, Radtouren und Wanderungen in den Reinhardswald und zur Sababurg. Plätze überwiegend nicht parzelliert. Nahe gelegenes Gasthaus Zum Lindenwirt an der B80. **Lage/Anfahrt:** Wiesengelände, von landwirtschaftlichen Flächen umgeben, über die B80 in den Ort Weißehütte einbiegen und Richtung Weserufer durchfahren; **Untergrund:** Schotterrasen, Wiese; **Service:** Strom, Trinkwasser, Abwasser, Chemie-WC, WLAN; **Preiskat.:** €€; **Geöffnet:** 15. Mai–15. Okt.; **Kontakt:** Weißehütte 1, 34399 Oberweser, Tel. 05574 9989994, www.weissehuette.com

Ungarische Steppenrinder im Tierpark Sababurg

## Sababurg, Tierpark Sababurg, Urwald Sababurg

Die **Sababurg** (Sababurg 12, 34369 Hofgeismar, www.naturpark-reinhardswald.de, www.grimmheimat.de, www.erlebnis-sababurg.de), im 14. Jh. errichtet, diente zunächst dem Schutz der Pilger des nahen Wallfahrtsortes Gottbüren. 1490 ließ Landgraf Wilhelm I. die Burg in ein prächtiges Jagdschloss umbauen. Heute gehört das Schloss dem Land Hessen und beherbergt seit 1960 ein Hotel mit Restaurant und Café. Dem Schloss wurde das Märchen vom Dornröschen angedichtet, und so kann von April bis Okt., jeweils an den Sonn- und Feiertagen, während einer ca. 15-minütigen Vorführung die Geschichte von Dornröschen und ihrem Prinzen erlebt werden.

Der **Tierpark Sababurg** (Sababurg 1, www.tierpark-sababurg.de) ist der älteste in seinem ursprünglichen Gelände erhaltene Tiergarten Europas. Im Jahre 1571 begann Landgraf Wilhelm IV., zu Füßen der Sababurg den Tierpark zu gestalten. Heute sind hier über 80 Tierarten mit rund 900 einzelnen Tieren zu sehen. Während der Schaufütterungen, der Greifvogel-Flugschau und in den begehbaren Anlagen lassen sich die Tiere hautnah erleben. Der Park ist ganzjährig geöffnet. Am Eingangsbereich des Tierparks bietet das **Gasthaus Zum Thiergarten** (Sababurg 1, www.thiergarten-sababurg.de) in einem gemütlichen Fachwerkhaus ganzjährig regionale und saisonale Speisen, Fleisch aus der Region und Wildspezialitäten aus dem Reinhardswald an.

**TIPP DER MÜHLENPLATZ**

Wenn man von der Weser kommend von der B80 auf die L763 Richtung Sababurg abbiegt, kann man einen Zwischenstopp am Mühlenplatz in Gieselwerder einlegen. Es handelt sich hierbei um eine Anlage mit ca. 60 liebevoll gestalteten Miniaturen von historischen Bauwerken, originalgetreu nachgebildeten Wassermühlen, Burgen, Schlössern, Kirchen und Rathäusern im Maßstab 1:25 und 1:40 (www.muehlenplatz-gieselwerder.de).

Der **Urwald Sababurg** (www.naturpark-reinhardswald.de/erleben/urwald-sababurg) ist eines der Natur-Highlights im Naturpark Reinhardswald. Im ältesten Schutzgebiet Hessens, das bereits im Jahr 1907 eingerichtet wurde, lassen sich jahrhundertealte Eichen bestaunen. Dieser 92 ha große Teil des Reinhardswalds wird sich nunmehr seit über 100 Jahren weitestgehend selbst überlassen. Drei ausgeschilderte Rundwege mit Holzstegen führen an bis zu 600 Jahre alten sogenannten Hute-Eichen, Buchen, Hainbuchen, Birken und Adlerfarnen vorbei. Führungen werden an Sonntagen von Juni bis November angeboten, Anmeldung ist erforderlich (Tel. 05671 999222).

## Hann. Münden

Die südlichste Stadt Niedersachsens, Hann. Münden (gesprochen Hannoversch Münden), liegt wunderschön am Zusammenfluss von Werra und Fulda zur Weser. Dieser wird durch den **Weserstein** am **Tanzwerder** markiert. Erste urkundliche Erwähnungen sprechen bereits im Jahre 1183 von einer Stadt. Der bekannte deutsche Handwerkschirurg und Starstecher Johann Andreas Eisenbarth hat hier seine Grabstätte. Verschiedene **Erlebnisführungen,** unter anderem mit „Doktor Eisenbarth", eben dem berühmten Wanderarzt der Barockzeit, bringen dem Besucher jene Zeit näher.

Die Altstadt von Hann. Münden

## 151 Wohnmobilstellplatz am Weserstein

GPS 51.42016, 9.64854

Stellplatz direkt am Zusammenfluss von Fulda und Werra gelegen. Ca. 350 m entfernt von der historischen Altstadt. **Lage/ Anfahrt:** über L496 Richtung Zentrum; **Platzanzahl:** 30; **Untergrund:** Asphalt; **Service:** Strom, Trinkwasser, Abwasser, Chemie-WC; **Preiskat.:** €; **Geöffnet:** ganzjährig; **Kontakt:** Gustav-Blume-Weg, Unterer Tanzwerder, https://hann.muenden-erlebnisregion.de/aktivurlaub-camping/camping

Zeugen der Vergangenheit sind auch zahlreiche historische Bauten wie das **Rathaus Münden** im Stil der Weserrenaissance, die **St.-Blasius-Kirche,** Reste der Stadtbefestigung mit **Rotunde,** die **Alte Werrabrücke,** die **Historischen Packhöfe** oder das **Welfenschloss.**

Die historische, autofreie Altstadt mit ihrem geschlossenen Bestand an Fachwerkhäusern und malerisch verwinkelten Gassen lädt zum Bummeln und Einkaufen in urigen **Antiquitätenläden** und kleinen Fachgeschäften ein. Auf dem **Wochenmarkt** (Mi. und Sa. vor dem historischen Rathaus) findet man ein reichhaltiges Angebot an lokalen Waren.

Zur Stärkung nach ausgiebigen Erkundungstouren kann man z. B. im **Ratsbrauhaus** (Markt 3, www.ratsbrauhaus.de) einkehren und die Mündener Braukultur erleben.

Die Lage am Wasser ermöglicht ein breites Angebot an Wasseraktivitäten mit Kanu, Was-

### TIPP AUF DEM WASSER RUND UM HANN. MÜNDEN

Beim Wasserskiverein WMC können sich Gäste bei einem Schnupperkurs im **Wasserskilaufen** versuchen (Heckenweg 7f, 32246 Vellmar, an der B80, unterhalb der Werratalbrücke der A7, www.wmc-hann muenden.de).

Neben **Kanuwandern** bietet der Mündener Kanu-Club e. V. Besuchern die Möglichkeit, auf den ruhigen Gewässern der Fulda das **Stand-up-Paddling** zu erlernen (Walter-Diestel-Weg 1, www.mkc-muenden.de).

Ein- oder mehrtägige **Kajak- und Kanutouren** auf Weser, Werra, Diemel und Fulda bieten KanuTouristik-Mitte (www.kanu touristik-mitte.de) und Kanu Schumacher (www.kanu-hannmuenden.de).

Mehrmals wöchentlich wird eine **Schiffsrundfahrt auf Fulda und Weser** angeboten, Abfahrten von Mai bis Mitte Okt. ab Eduard-Wüstenfeld-Weg in Hann. Münden (https://hann.muenden-erlebnisregion.de/entdecken/schiffsrundfahrten).

serski oder SUP-Boards. Die umliegenden Hügel und Wälder laden zu Erkundungen mit dem Fahrrad oder zu Fuß ein. Im **Naturpark Münden** (www.naturpark-muenden.de) können z. B. auf dem **Mündener Wasserpfad** oder im **Forstbotanischen Garten** Historisches und Natur hautnah erlebt werden.

Ein wunderbarer Blick über die Stadt zeigt sich vom historischen **Turm Tillyschanze** mit Gaststätte (Bierweg 1, www.tillyschanze.de), der gut zu Fuß von der Altstadt aus zu erreichen ist.

**Tourist-Info im Rathaus,** Lotzestraße 2, www.hann.muenden-erlebnisregion.de

### 152 Camping Hann. Münden

GPS 51.41669, 9.64728

Auf einer Insel nahe dem Zusammenfluss von Fulda und Werra, direkt an der historischen Altstadt (100 m) gelegener Platz. Stellplatz angeschlossen. Baumbestände und der Blick auf die umliegenden bewaldeten Berghänge lassen vergessen, dass sich der Platz direkt am Stadtzentrum befindet. Fahrzeuge über 3 Tonnen dürfen den Platz zurzeit nicht anfahren, aktuelle Infos siehe Website. **Lage/Anfahrt:** über B3 oder B80, auf L496 Richtung Altstadt abbiegen. Am Ende der Brücke links abbiegen; **Platzanzahl:** 40; **Untergrund:** Wiese; **Service:** Strom, Trinkwasser, Abwasser, Chemie-WC, WLAN; **Preiskat.:** €€€; **Geöffnet:** April–Mitte Okt.; **Kontakt:** Tanzwerder 1, 34346 Hann. Münden, Tel. 05541 12257, www.camping-und-kanu.de

Daniel Fort

# Entlang der Deutschen Märchenstraße nach Bremen

BREMEN
Delmenhorst
Ganderkesee
Stuhr
Weyhe
Achim
Rotenburg
Verden (Aller)
Kirchlinteln
Syke
Wildeshausen
Naturpark Wildeshauser Geest
Bassum
Twistringen
Hoya
Bruchhausen-Vilsen
Rethem (Aller)
Sulingen
Nienburg (Weser)
Liebenau
Stolzenau
Loccum
Rehburg-
Neustadt am Rübenberge
Naturpark Steinhuder Meer
Steinhuder Meer
Wunstorf
Rahden
Espelkamp
Petershagen
Wiedensahl
Stadthagen
Bad Nenndorf
Lübbecke
Preußisch Oldendorf
Minden
Bückeburg
Obernkirchen
Barsinghausen
Porta Westfalica
Bünde
Löhne
Bad Oeynhausen
Rinteln
Vlotho
Hiddenhausen
Springe
Bad Münder am Deister
0 5 km
© Reise Know-How 2021

### TOUREN-ÜBERBLICK

**Routenempfehlung:** Bad Oeynhausen – Wiedensahl – Rehburg Loccum – Naturpark Steinhuder Meer – Nienburg (Weser) – Grafschaft Hoya – Verden (Aller) – Bremen
**Länge gesamt:** ca. 200 km
**Dauer:** ca. 4–7 Tage
**Reisezeit:** ganzjährig. Romantische Städte, die malerische Landschaft der Mittelweser und eine hohe Dichte an kulturellen Sehenswürdigkeiten machen eine Reise zu jeder Jahreszeit zu einem einprägsamen Erlebnis.

Die insgesamt 600 km lange Ferienstraße führt seit 1975 von Hanau in Hessen bis nach Bremen in Norddeutschland und beschreibt überwiegend die Lebensstationen der Gebrüder Grimm sowie Orte und Landschaften, in denen die Handlungen ihrer Märchen verwurzelt sind. Das hier beschriebene Teilstück umfasst die Region zwischen Bad Oeynhausen mit dem Deutschen Märchen- und Wesersagenmuseum und Bremen mit den zum UNESCO-Weltkulturerbe erklärten Bauwerken Bremer Rathaus und Rolandstatue. Die Bremer Stadtmusikanten vor dem Ratskeller bilden den Abschluss der Route. Bis dahin führt die Straße durch unterschiedliche Natur- und Kulturlandschaften, malerische Dörfer, idyllische Fachwerkstädte und urbane Kulturzentren. Auf der Route begleiten den Reisenden die Phantasiewelt der Märchen und die Welt der Sagen und Legenden. Um die Grenzen zwischen Fiktion und historischem Bezug zu ergründen und die Verbindung der Geschichten zu den Orten und Regionen nachzuvollziehen, führt die Deutsche Märchenstraße den Besucher auf eine Reise voller spannender Entdeckungen.

Neben der Märchen- und Sagenwelt finden sich entlang der Route auch vielfältige Landschaftsformen in der Mittelweser-Region. Weite Geestflächen, Wälder, bunte Felder, Fluss- und Seenlandschaften sowie weitläufige Moor- und Heidegebiete prägen die Landschaft. Zu Fuß, mit dem Fahrrad, zu Pferde, bei einer Schifffahrt oder per Kanu lässt sich diese Region auf unterschiedlichen Wegen erkunden.

ⓘ www.deutsche-maerchenstrasse.com, www.mittelweser-tourismus.de

*Die Weser bei Nienburg*

*Das Kaiserpalais im Kurpark von Bad Oeynhausen*

## Bad Oeynhausen

Die junge Stadtgeschichte des Ortes beginnt mit der Gründung eines Kurbads im 19. Jh., nachdem hier Quellen zur Salz- und Thermalsolegewinnung entdeckt wurden. Im Lauf der Jahre entwickelte sich die Stadt zu einem überregional bekannten Kurort mit einem von Peter Joseph Lenné gestalteten **Kurpark.**
Heute noch wird die Sole aus der Kurdirektor-Dr.-Schmid-Quelle, dem Oeynhausen-Sprudel im Badehaus II (Westkorso 22, www.rehaconcept.de) und dem Alexander-von-Humboldt-Sprudel in der Klinik Porta Westfalica genutzt. Das Wellness-Bad **Bali-Therme** (Morsbachallee 5, www.balitherme.de) wird teilweise mit Sole aus dem Gert-Michel-Sprudel und dem Jordan-Sprudel gespeist.
Der Bülow-Brunnen (Sielallee 2d) versorgt heute noch das **Gradierwerk im Sielpark** (Sielallee). Hier verdunstet das Solewasser und reichert die Luft rund um das Gradierwerk mit wohltuenden Soletröpfchen und Salzaerosolen an. Beim Sole-Ausschank in der **Wandelhalle** (Am Kurpark) kann das Heilwasser kostenlos probiert werden. Das **Staatsbad Orchester** gibt regelmäßig **Kurkonzerte** und das **Deutsche Märchen- und Wesersagenmuseum** (Am Kurpark 3) präsentiert Sammlungen zu Märchen, Sagen und Fabeln.

**Tourist-Info,** Im Kurgarten 1, www.badoeynhausen.de, www.staatsbad-oeynhausen.de

Eine Besonderheit ist das Angebot an **solehaltigen Produkten.** Die Bäckerei Brante (www.feinbaecker-brante.de) bietet Gebäck an, das mit mineralhaltigem Wasser verfeinert ist. Der Sole Abacate, ein solehaltiger Eierlikör der Likörproduzentin Sabine Rust (www.abacate.de), ist ein besonderes Souvenir. In der Tourist-Info im Haus des Gastes ist Sole-Seife und Sole-Handcreme erhältlich.

## 153 Wohnmobilstellplatz Kanalstraße

GPS 52.20599, 8.79983

Kostenloser Stellplatz am Freibad. Das Deutsche Märchen- und Wesersagenmuseum liegt 10 Min. entfernt. **Lage/Anfahrt:** über die B61; **Platzanzahl:** 4; **Untergrund:** Asphalt; **Service:** keiner; **Geöffnet:** ganzjährig; **Kontakt:** Kanalstr., 32543 Bad Oeynhausen, info@badoeynhausen.de

## 154 Campingpark Grosser Weserbogen

GPS 52.22194, 8.83830

Der Platz besticht durch die wassernahe Lage auf einer Halbinsel. Die Nähe zur Weser und ein Strandbad machen ihn für Familien und Wassersportler besonders attraktiv. Die Touristenplätze sind mit Bäumen, Hecken und Sträuchern bewachsen. Mit dem Fahrrad sind es ca. 20 Min. ins Zentrum. **Lage/Anfahrt:** A2 von Hannover oder Dortmund, Abfahrt 33 Porta Westfalica/Minden, dann Richtung Vennebeck; **Platzanzahl:** 100; **Untergrund:** Wiese; **Service:** Strom, Trinkwasser, Abwasser, Chemie-WC, WLAN, Gas-Service; **Preiskat.:** €€€; **Geöffnet:** ganzjährig; **Kontakt:** Zum Südlichen See 1, 32457 Porta Westfalica, Tel. 05731 6188, www.grosserweserbogen.de

## Wiedensahl

In Wiedensahl wurde am 15. April 1832 **Wilhelm Busch** geboren. 40 Jahre seines Lebens verbrachte er in seinem Heimatdorf. Hier entstanden die Geschichten „Die Fromme Helene", „Der Affe Flips" sowie „Max und Moritz". Dem Leben und Schaffen Buschs kann man zunächst im **Wilhelm Busch Geburtshaus** (Hauptstr. 68a, www.wilhelm-buschland.de) nachspüren. Das Haus beherbergt einen musealen und medialen Erlebnisraum, eine biografische Ausstellung mit Objekten aus dem Besitz des Künstlers sowie originale Zeichnungen und Gemälde von Busch. Die **Wilhelm Busch Bibliothek** enthält das gedruckte Werk von Busch. Ebenso sind Biografien über Wilhelm Busch zu finden. Kinder können sich in eine Bücherhöhle zurückziehen. Das **Museum im Alten Pfarrhaus** zeigt historische Räume, die Busch in den 1870er-Jahren bewohnte und eine Ausstellung entführt in das Wiedensahl vergangener Jahrhunderte. Am Eingang zum Alten Pfarrhaus lädt das **Wilhelm Busch Denkmal** zum Verweilen ein. Weitere Stationen auf der Museumsmeile sind die originellen **Scherenschnitte** und **Witwe Boltes Hühnerwiese.**

Das Wilhelm Busch Geburtshaus

Zwischen den Museumsbesuchen lohnt ein Spaziergang durch das zweiteilige **Hagenhufendorf** mit seinen zahlreichen historischen Bauernhöfen, die die Dorfstraße säumen. Ein beschilderter Weg „Auf den Spuren von Wilhelm Busch" schlängelt sich durch die nähere Umgebung Wiedensahls und lässt sich per Planwagen (nach Anmeldung in der Touristeninformation) erkunden.

ⓘ **Tourist-Info,** Hauptstr. 68a, www.wiedensahl.de, www.wilhelm-busch-land.de

Der Wilhelmsturm bei Bad Rehburg

## Rehburg-Loccum

**Bad Rehburg** war einst Kurort und Staatsbad der Könige von Hannover, die ihm den Beinamen „Madeira des Nordens" verliehen. Das zur Blütezeit des Kurbads 34 km lange Wegenetz war Vorbild für die Teilrekonstruktion des heute rund vier Kilometer langen Rundwegs **Historische Promenaden Romantik Bad Rehburg** mit Ruheplätzen und Ausblicken.
Das aufwendig restaurierte **Badehaus** und die **Wandelhalle** bilden zusammen mit der **Parklandschaft** das einzige erhaltene **Kurbad der Romantik** (Friedrich-Stolberg-Allee 4, www.badrehburg.de) in Deutschland. Im Badehaus ist eine Ausstellung zum Kurleben des 18. und 19. Jh. untergebracht. Zeitgenössische Künstler zeigen hier sowie in der Wandelhalle in Wechselausstellungen ihre Werke. Auch Führungen werden angeboten.
Am südlichen Ende der **Friedrich-Stolberg-Allee** erinnert der beschilderte, ca. 5 km lange **Gebrüder Grimm Märchenweg** an die beiden Sprachwissenschaftler und Volkskundler. Aussichtspunkte, geschnitzte Figuren und Ruhebänke warten auf Märchenfreunde. Am südlichsten Punkt des Weges befindet sich der historische **Wilhelmsturm** mit freier Sicht über das Schaumburger Land.

**TIPP DINOSAURIERPARK MÜNCHEHAGEN**

Der Park bietet 300 versteinerte Dinosaurierspuren und einen Rundweg mit über 230 lebensgroßen Nachbildungen von Dinosauriern. Im Shop finden sich Artikel rund um die Themen Dinosaurier, Mineralien und Dinosaurierfossilien (Alte Zollstr. 5, www.dinopark.de).

**TOUR** **DINO-RADTOUR**
Die 30 km lange, beschilderte Rundtour bietet Informationen über die Kreidezeit, als hier noch Saurier lebten, und Einblicke in die Zeit des Frühmittelalters bis zur Romantik (www.rehburg-loccum-tourismus.de).

Im Ortsteil **Loccum** liegt das 1163 gegründete **Kloster Loccum** (Im Kloster 2, www.kloster-loccum.de). Das Kloster mit Stiftskirche und Kreuzgang ist eines der besterhaltenen Zisterzienserklöster Deutschlands. Es beherbergt die **Klosterbibliothek** mit mehr als 80.000 Bänden, Führungen und Konzerte werden veranstaltet.

**Tourist-Info,** Friedrich-Stolberg-Allee 4, OT Bad Rehburg, www.rehburg-loccum-tourismus.de

### 155 Camping Erlengrund

GPS 52.42806, 9.20707

Ruhig und naturnah gelegen am Südhang der Rehburger Berge. Das leicht hügelige Gelände bietet Schatten und Sonne. Naturschwimmbad, Sauna, Spielplatz, Ponyreiten für Kinder. Das Gasthaus „Harrys Wildes Eck" gehört zum Platz. **Lage/ Anfahrt:** südwestlich von Bad Rehburg, ca. 2 km entfernt; **Platzanzahl:** 10; **Untergrund:** Wiese, fest; **Service:** Strom, Trinkwasser, Abwasser, Chemie-WC; **Preiskat.:** €€; **Geöffnet:** ganzjährig; **Kontakt:** Zum Erlengrund 7, 31547 Rehburg-Loccum OT Münchehagen, Tel. 05037 300582, www.camping-erlengrund.de

Meerbruchswiesen am Steinhuder Meer

## Naturpark Steinhuder Meer

Der Sage nach soll das Steinhuder Meer, passend zur Märchenstraße, der Fußabdruck eines Riesen sein, gefüllt mit dem Wasser der Tränen, die weinende Zwerge vergossen, als sie einem Artgenossen nachtrauerten, der durch den Riesen ums Leben kam.
Der See ist das Zentrum des **Naturparks Steinhuder Meer** (www.naturpark-steinhuder-meer.de), der aufgrund seiner geschützten Naturbereiche und vielfältigen Erholungs- und Wassersportmöglichkeiten ein überregionales Ausflugsziel darstellt. Zwei **Naturparkhäuser** (Uferweg 118, OT Mardorf, Am Graben 4, OT Steinhude) am Nord und Südufer geben Auskunft über das Schutzgebiet. Das östliche und westliche Ufer nehmen Naturschutzgebiete wie das Tote Moor, die Meerbruchswiesen und das Hagenburger Moor ein. Das **Tote Moor** kann über einen 7 km langen Pfad und bei Führungen von Mai bis Oktober (Anmeldung im Naturparkhaus Mardorf) erkundet werden. Zu Vogelbeobachtungen in das Brut- und Rastgebiet **Meerbruchswiesen** können Naturfreunde von Winzlar aus aufbrechen. Vom Winzlarer Turm und vom Mardorfer Turm reicht der

Blick über die ausgedehnte Wiesenlandschaft. Das Team der **Ökologischen Schutzstation Steinhuder Meer** (Hagenburger Str. 16, Winzlar) führt Wanderungen in das Naturschutzgebiet. Wer auf das Wasser möchte, kann eine **Bootsfahrt** mit dem **Auswanderer** unternehmen (Meerstr. 2, www.steinhuder-personenschifffahrt.de). „Auswanderer" sind traditionelle, offene Holzsegelboote, die zum Personentransport genutzt werden.

**Tourist-Info Mardorf,** Mardorfer Str. 8b, 31535 Neustadt-Mardorf, www.steinhuder-meer.de, www.mardorf-erleben.de

**Tourist-Info Steinhude,** Meerstr. 15–19, 31515 Wunstorf-Steinhude, www.steinhude-am-meer.de

## 156 Wohnmobilstellplatz Steinhude

GPS 52.44870, 9.35454

Von Bäumen und Feldern umgeben, am südlichen Ortseingang von Steinhude. Ca. 10 Min. zum Ortskern. Ein kleines Stellplatzteam ist täglich anwesend. **Lage/Anfahrt:** über B441und K331; **Platzanzahl:** 164; **Untergrund:** Schotterrasen; **Service:** Strom, Trinkwasser, Abwasser, Chemie-WC, Brötchenservice Mai–Sept.; **Preiskat.:** €€; **Geöffnet:** ganzjährig; **Kontakt:** Bruchdamm, 31515 Wunstorf-Steinhude, Tel. 05033 390810, www.steinhuder-meer.de/wohnmobilstellplatz

**TOUR STEINHUDER MEER RUNDWEG**
Der 32 Kilometer lange Radwanderweg führt einmal rund um den See. Immer wieder laden Aussichtsplattformen, Türme, Stege und Beobachtungshütten zum Verweilen ein (www.naturpark-steinhuder-meer.de/ausflugsziele/steinhuder-meer-rundweg).

**TIPP DER SCHWIMMENDE BRIEFKASTEN**
In der Nähe des östlichen Ufers befindet sich eine gelbe Boje mit einem Briefkasten – mitten auf dem Wasser. Der Kasten wird regelmäßig vom Segelclub Garbsen geleert und mit einem Sonderstempel versehen von der Wunstorfer Post zugestellt. Briefe einwerfen kann man natürlich nur per Boot (GPS-Position: 52.48532, 9.36667, www.segelclub-garbsen.de).

Ein „Auswanderer" auf dem Steinhuder Meer

Die besondere Art des Räucherns über Buchenholz macht den **Steinhuder Rauchaal** zur Spezialität. Nach wie vor wird der Aal im Steinhuder Meer mithilfe von Reusen gefangen. Der Aal kann in Geschäften der Steinhuder Fischer wie der Aalräucherei Schweer (Alter Winkel 6, www.schweers-fischerei.de) oder in den Restaurants des Ortes probiert und erworben werden.

### 157 Camping Mardorf

GPS 52.49035, 9.32133

Direkt am Steinhuder Meer gelegen, hohe Laubbäume, Büsche und Hecken gliedern das Gelände. Fahrrad- sowie SUP-Board-Verleih am Platz. **Lage/Anfahrt:** Zufahrt über Weidenbruchsweg; **Platzanzahl:** 80; **Untergrund:** Pflaster, Wiese, fest; **Service:** Strom, Trinkwasser, Abwasser, Chemie-WC, WLAN an der Rezeption, Brötchenservice; **Preiskat.:** €€€; **Geöffnet:** ganzjährig; **Kontakt:** Uferweg 68, 31535 Neustadt am Rübenberge, Tel. 05036 529, www.camping-steinhuder-meer.de

### 158 Nordufer Camping

GPS 52.49652, 9.33025

Großzügig angelegter Platz mit idyllischen Stellplätzen, hohe Laub- und Nadelbäume spenden Schatten, Hecken und Büsche trennen teilweise die Stellplätze, ca. 5 Min. zum Strand, Freizeitanlagen am Platz; **Lage/Anfahrt:** Zufahrt über K347; **Platzanzahl:** ca. 127; **Untergrund:** Wiese, fest; **Service:** Strom, Trinkwasser, Abwasser, Chemie-WC, WLAN, Kiosk, Brötchenservice; **Preiskat.:** €€€; **Geöffnet:** ganzjährig; **Kontakt:** Pferdeweg 5, 31535 Mardorf, Tel. 05036 2361, www.nordufercamping.de

## Nienburg (Weser)

Die ursprüngliche Ortsbezeichnung, die „Neue Burg" bedeutet, lässt vermuten, dass hier am wichtigen Weserübergang einmal eine Burg stand. Die Bronzestatue von Nienburgs Symbolfigur, der **Kleinen Nienburgerin** (Georgstr. 22), kann hinter dem Posthof besucht werden. Das Lied „Ich bin die kleine Nienburgerin" war zu Anfang des 20. Jahrhunderts ein beliebtes Volkslied und erklingt wochentäglich dreimal aus dem Glockenspiel, das am Posthof angebracht ist. Die Sagengestalten Dat Wählige Rott (www.dat-waehlige-rott.de) treten alljährlich beim **Nienburger Scheibenschiessen** (www.scheibenschiessen.de/unser-fest) Ende Juni auf und erinnern an die Belagerung der Stadt durch den Feldherren Tilly im Dreißigjährigen Krieg.

Marktplatz und St. Martinskirche in Nienburg

Bei einem Rundgang kann man einer Bärenspur folgen, die an 32 Sehenswürdigkeiten entlangführt, u. a. am **Rathaus** (Marktplatz 1), der **St.-Martinskirche** (Kirchpl., www.martin-nienburg.de), dem **Fresenhof** (Leinstr. 48, www.museum-nienburg.de/ausstellungen/dauerausstellungen/fresenhof) dem **Quaet-Faslem-Haus** (Leinstr. 4, www.museum-nienburg.de/ausstellungen/dauerausstellungen), dem **Spargelmuseum** und dem **Polizeimuseum Niedersachsen** (www.polizeigeschichte-niedersachsen.de). Das Biskuitgebäck **Nienburger Bärentatzen** ist bereits seit 1791 eine hiesige **Spezialität** (www.spezialitaeten-aus-niedersachsen.de) und wird noch heute von Nienburger Bäckereien hergestellt.

**Tourist-Info,** Lange Str. 18, www.nienburg.de

Der **Nienburger Wochenmarkt** wurde von der Stiftung Lebendige Stadt mit dem Titel „Europas schönster Wochenmarkt" ausgezeichnet. Hohe Qualität, eine ansprechende Warenpräsentation sowie ökologische und wirtschaftliche Aspekte waren wichtige Kriterien. Zweimal in der Woche präsentieren rund 60 Händler auf der Langen Straße ihre Waren (www.nienburg.de/kultur-freizeit/wochenmarkt/europas-schoenster-wochenmarkt).

**TIPP CAMPING UND REITEN AUF DEM RITTERGUT BROKELOH**

Das Rittergut südlich von Nienburg bietet Ausritte, Baden mit dem Pferd, Ponyreiten für Kinder und Reitunterricht an. Im August wird jährlich das LARP-Fest ausgerichtet. Zu dem Live-Action-Rollenspiel finden sich bis zu 7000 Rollenspieler und Fantasyfans auf dem Gelände ein und lassen das Mittelalter lebendig werden. Für Camper steht ein ruhiger Bereich mit Wasser- und Stromanschluss zur Verfügung, die Zufahrt zur Campingwiese ist jedoch etwas ungewöhnlich (Rittergut Brokeloh 1, 31628 Landesbergen, www.rittergut-brokeloh.de).

## 159 Wohnmobilstellplatz am Weserufer

GPS 52.64192, 9.20134

Direkt an der Weser, mit Blick ins Grüne, etwa 10 Min. vom Stadtzentrum entfernt. **Lage/Anfahrt:** westlich des Zentrums, von Süden über B6 oder B215 und K3; **Platzanzahl:** 25; **Untergrund:** Schotter; **Service:** Strom, Trinkwasser, Abwasser, Chemie-WC; **Preiskat.:** €; **Geöffnet:** ganzjährig; **Kontakt:** Oyler Str. 9, 31582 Nienburg/Weser, www.deutsche-maerchenstrasse.com/poi/stellplatz-nienburgweser

## 160 Wohnmobilstellplatz Wassersport Weser

GPS 52.69472, 9.20104

Der Stellplatz liegt in Flussnähe, abgelegen und ruhig an einem Campingplatz, nordwestlich von Drakenburg. Liegeplätze und eine Slipanlage für Boote sind vorhanden. Die Altstadt von Nienburg ist mit dem Fahrrad in ca. 30 Min. zu erreichen. **Lage/Anfahrt:** K2 Richtung Drakenburg, vor dem Weserstauwerk auf den Marschweg biegen, der Beschilderung folgen; **Platzanzahl:** ca. 25; **Untergrund:** Schotterrasen, Wiese; **Service:** Strom, Trinkwasser, Abwasser, Chemie-WC, WLAN; **Preiskategorie:** €€; **Geöffnet:** April–Mitte Okt.; **Kontakt:** Zum Campingplatz 1, 31623 Drakenburg, Tel. 01525 2844546, www.wassersport-weser.de

Das ehemalige Grafenschloss Hoya

Weserpromenade und St. Martini-Kirche in Hoya

## Hoya und die Grafschaft Hoya

Zur Samtgemeinde Grafschaft Hoya gehören insgesamt zehn Gemeinden. Sitz der Grafschaft ist die an der Weser gelegene Stadt Hoya. Den Sagen und Märchen der 800 Jahre alten Grafschaft kann man bei einer **Mondscheinführung** durch die Altstadt Hoyas oder im **Grafenschloss** (Schloßpl. 4) nachspüren. Der **Zwergenbrunnen** (Lange Str. 14) erinnert an die Grimm'sche Sage „Die Zwerge im Schlosse zu Hoya". Im **Heimatmuseum Grafschaft Hoya** (Im Park 1, www.museum-hoya.de) im Staffhorst'schen Gutshaus werden die Stadtgeschichte von Hoya und die Geschichte des Grafenhauses behandelt. Wechselausstellungen thematisieren Kunst und Kultur des Hoyaer Landes. Quer durch die Gemeinde führen zahlreiche **Radwege** (www.mittelweser-tourismus.de/mittelweser-entdecken/radfahren) wie der Grafen-Ring, die Achter-Tour und die Route „ALLERhand am WESERstrand". Teilweise beziehen sich die Touren auf örtliche Sa-

**TIPP WOLFCENTER DÖRVERDEN**
Das parkartig angelegte Gelände ist ganz dem Wolf und seinem Lebensraum gewidmet. Reguläre Führungen werden angeboten und unter bestimmten Voraussetzungen kann an der Seite enes Mitarbeiters ein Wolfsgehege betreten werden. Eine multimediale Ausstellung, ein Shop und ein Restaurant sind Teil des Areals. Wohnmobile mit eigener Toilette dürfen auf dem Parkplatzgelände über Nacht stehen (Kasernenstraße 2, 27313 Dörverden, www.wolfcenter.de).

gen und Geschichten. Vom Ort aus ließe sich auch der **Bauerngarten Hoyerhagen** (Zum Burbrink 3, www.bauerngarten-hoyerhagen.de) einfach erradeln. Frische regionale und saisonale Lebensmittel können hier genossen werden. Im idyllisch gelegenen Hofcafé im Fachwerkstil werden herzhafte Gerichte sowie Kuchen und Torten serviert.

**Tourist-Info,** Schloßplatz 2, www.grafschaft-hoya.de

Es gibt diverse Anbieter **regionaler Produkte** in der Umgebung. Die Hofkäserei Bünkemühle (Helzendorf 33, 27333 Warpe, www.rzbderboven.de) mit eigener Rinderzucht und Hofladen ist einen Besuch wert. Die Senf- und Essigproduktion der Senfmühle Leman (Alexanderweg 75, 27324 Eystrup, www.leman-feinkost.de) stellt auf traditionelle Art ihre Produkte her. Der Wasserbüffelhof Warpe (Warpe 9, 27333 Warpe, www.wasserbueffelhof-warpe.de) bietet Büffelfleisch und Büffelmozzarella aus eigener Produktion. In der privaten Kaffeerösterei Catucho (An den Eichen 9, 27333 Bücken, www.catucho.de) werden Kaffee und Kakao aus ökologischem Anbau veredelt. Es werden auch Kaffeeseminare und Röstvorführungen angeboten.

## 161 Wohnmobilstellplatz Weserblick

GPS 52.80006, 9.14628

Am südlichen Ortsrand in Flussnähe gelegenes Wiesengelände mit offener Platzgestaltung, ruhige Lage und teilweise Blick auf die Weser, kaum Schatten, Ortszentrum ca. 700 m entfernt. **Lage/ Anfahrt:** von Süden über L351, vor dem Bahnübergang rechts; **Platzanzahl:** ca. 30; **Untergrund:** Schotter, Wiese; **Service:** Strom, Trinkwasser, Abwasser, Chemie-WC; **Preiskat.:** €; **Geöffnet:** ganzjährig; **Kontakt:** Stettiner Str., 27318 Hoya, Tel. 04251 81547, tourismus@hoya-weser.de

## Verden (Aller)

Verden gilt als Zentrum der Pferdezucht und des Pferdesports. So kann die Stadt zu Pferde auf dem **Verdener Reitwegenetz** (www.verden.de) oder bei einer **Planwagenfahrt** durch die historische Altstadt erkundet werden. Das **Deutsche Pferdemuseum** (Holzmarkt 9, www.dpm-verden.info) zeigt, welchen Einfluss das Pferd auf die gesellschaftliche Entwicklung hatte und wie es über Jahrhunderte als Helfer eingesetzt wurde. Eine Vielzahl an **Veranstaltungen** rund um das Pferd (www.verden.de/leben-in-verden/ueber-verden/reiterstadt/veranstaltungen) macht die Stadt für Pferdeliebhaber zu einem lohnenden Ziel. Kulinarisch steht Verden ebenso im Zeichen des Pferdes: Die Konditoreidelikatesse **Verdener Pferdeäpfel** kann z. B. im **Café Erasmie** (Große Str. 110, www.cafe-erasmie.de) probiert werden.

Der **Störtebeker Brunnen** (Untere Str.) ist dem legendären Seeräuber gewidmet. An der Außenwand des **Doms St. Maria und Cäcilia** (Lugenstein 10–12, www.dom-verden.de), einem Wahrzeichen der Stadt, wird die Sage vom **Steinernen Mann** nacherzählt. Zum Abschluss einer märchenhaften Stadtbesichtigung kann der **Ritter Rost Magic Park** (Heideweg 3–7, www.ritterrost-magicpark.de) besucht werden. Verschiedene Zaubershows und Fahrgeschäfte bieten für große und kleine Gäste abenteuerliche Erlebnisse. Für Wanderfreunde führen zahlreiche ausgeschilderte Wege durch den **Verdener Stadtwald und die Verdener Dünen,** die auf einem gekennzeichneten Er-

*Die alte Aller und der Dom St. Maria und Cäcilia zu Verden*

lebnispfad entdeckt werden können. Ein Waldlehrpfad endet an der **Stadtwaldfarm** (Am Bürgerpark 33, www.fokus-verden.de).

**Tourist-Info,** Große Str. 40, www.verden.de

**INFO DIE LEHRINGER FUNDE**

Bei Ausgrabungen nahe Lehringen wurde 1948 das Skelett eines Europäischen Waldelefanten gefunden. Zwischen seinen Rippen steckte ein über 2 m langer Speer aus Eibenholz. Analysen ergaben, dass die Funde aus dem letzten Interglazial vor 128.000  115.000 Jahren stammen. Sie werden somit dem Mittelpaläolithikum zugeordnet, der Zeit, als in Europa ausschließlich der Neandertaler lebte. Durch das Inventar konnte erstmals nachgewiesen werden, dass der Neandertaler die Fähigkeit besaß, aktiv auf Großwildjagd zu gehen. Die sogenannte „Lanze von Lehringen" und weitere Fundstücke der Elefantenjagd können im Historischen Museum Domherrenhaus Verden besichtigt werden (Untere Straße 13, www.domherrenhaus.de).

### 162 Wohnmobilstellplatz Verden

GPS 52.92566, 9.22754

Zentrale Lage, 200 m von der Aller und 550 m vom Stadtzentrum entfernt. **Lage/Anfahrt:** 50 m von der B215 entfernt; **Platzanzahl:** 14; **Untergrund:** Schotterrasen; **Service:** Strom, Trinkwasser, Abwasser, Chemie-WC; **Preiskat.:** €; **Geöffnet:** ganzjährig; **Kontakt:** Conrad-Wode-Str., 27283 Verden (Aller), Tel. 04231 12345, www.verden.de/tourismus/uebernachten

**TIPP MUSEUMS-EISENBAHN KLEINBAHNEXPRESS**

Die historische Museumsbahn verbindet die Orte Verden und Stemmen und ist wie gemacht für eine Ausflugsfahrt. Fahrräder können kostenlos befördert werden, sodass man die Fahrt mit einer Radtour kombinieren kann. Der Fahrkartenkauf erfolgt im Zug beim Schaffner (www.kleinbahnexpress.de).

Luftbild der historischen Innenstadt von Bremen

## Bremen

Wer kennt sie nicht, die **Bremer Stadtmusikanten?** Die von Gerhard Marcks geschaffene Bronzeplastik an der Westseite des **Bremer Rathauses** (Am Markt 21, www.rathaus.bremen.de) ist das wohl bekannteste Denkmal von ihnen. Zusätzlich kann man die Stadtmusikanten im Handwerkerhof der **Böttcherstraße** (www.boettcherstrasse.de) oder im ältesten Viertel **Schnoor** (www.bremen-schnoor.de) antreffen. Überdies erzählen die Musikanten persönlich von Mai bis September, immer sonntags, auf dem **Domshof** ihre Geschichte. Im **Geschichtenhaus** (Wüstestätte 10, www.bremer-geschichtenhaus.de) präsentieren Darsteller in historischen Kostümen Bremer Stadtgeschichten und lassen lokale Berühmtheiten und Märchen lebendig werden.

Mit dem **St. Petri Dom** (Sandstr. 10–12, www.stpetridom.de), dem **Focke-Museum** (Schwachhauser Heerstr. 240, www.focke-museum.de) oder dem ehemaligen Uferhafen **Schlachte** (www.schlachte.de) mit seinen zahlreichen Bars und Restaurants wie dem Restaurantschiff **Alexander von Humboldt** (Martinianleger, www.alex-das-schiff.de) hat Bremen einiges zu bieten. Das **Übersee-Museum** (Bahnhofsplatz 13, www.uebersee-museum.de) mit seiner einzigartigen Sammlung zur Völker-, Handels- und Naturkunde, das interaktive Science Center **Universum Bremen** (Wiener Str. 1a, universum-bremen.de), das **Airbus-Besucherzentrum** (www.werksfuehrung.de/de/airbus-touren) und die aufwendig arrangierte Pflanzenschau **Botanika** (Deliusweg 40, www.botanika-bremen.de) sind weitere Highlights.

Bremen ist eine grüne Stadt, die sich mit dem **Fahrrad** (www.bremen.de/leben-in-bremen/fahrradstadt) oder zu Fuß gut erkunden lässt. Mit seinen sehenswerten Parks (www.bremen.

Die sehenswerte Böttcherstraße

de/tourismus/erlebnisse/top-parks), idyllischen Gärten sowie Natur- und Landschaftsschutzgebieten gehört Bremen zu den grünsten Großstädten Deutschlands. Natürlich lässt sich die Stadt auch zu Wasser bei einer **Hafen- oder Weserrundfahrt** (www.hal-oever.de) erfahren. Verschiedene Rund- und Eventfahrten werden angeboten.

**Tourist-Info,** Böttcherstr. 4, www.bremen-tourismus.de, www.bremen.de, www.erlebnisraum-natur.de

In unvergleichlichem Ambiente lässt es sich im altehrwürdigen **Bremer Ratskeller** speisen. Außerdem befindet sich hier ein traditionsreicher, renommierter Weinhandel. Es werden Weinverkostungen und Führungen durch das Kellergewölbe angeboten (Am Markt, www.ratskeller-bremen.de).

Science Center Universum Bremen

## 163 Wohnmobilstellplatz am Kuhhirten

GPS 53.06516, 8.81908

Der Platz befindet sich stadtnah auf dem Stadtwerder an einer Kleingartenanlage im Grünen und ist mit schattenspendenden Bäumen bewachsen. Das Rathaus liegt ca. 1,8 km entfernt. Man erreicht die Innenstadt auf verschiedenen Wegen durch die anliegenden Gärten oder entlang der Weser. In der Nähe des Platzes gibt es eine Weserfähre. Ein Badestrand liegt etwa 500 m entfernt. Ein Shuttle in die Stadt steht zur Verfügung. **Lage/Anfahrt:** A1, Abfahrt 56 Bremen-Arsten, B6 bis Friedrich-Ebert-Str., an Wilhelm-Kaisen-Brücke rechts auf die Werderstraße; **Platzanzahl:** ca. 100; **Untergrund:** Schotter, fest; **Service:** Strom, Trinkwasser, Abwasser, Chemie-WC; **Preiskat.:** €€; **Geöffnet:** ganzjährig; **Kontakt:** Kuhhirtenweg, 28201 Bremen, Tel. 0173 9850092, www.stellplatz-bremen.de

## 164 Hanse Camping Bremen

GPS 53.11443, 8.83335

Der Platz liegt im Norden des Stadtzentrums in einem Erholungsgebiet am Stadtwaldsee und einem Naturschutzgebiet. Die Altstadt ist ca. 6 km entfernt und kann über verschiedene Wege durch den Stadtwald und den Bürgerpark erreicht werden, Tauchschule am Platz, direkt angrenzend befinden sich Strände mit FKK-Bereich, barrierefreie Anlagen. **Lage/Anfahrt:** A27, Ausfahrt 18 Bremen-Überseestadt, dann erste Ausfahrt auf den Hochschulring; **Platzanzahl:** ca. 90; **Untergrund:** Wiese; **Service:** Strom, Trinkwasser, Abwasser, Chemie-WC, teilweise WLAN, Kiosk, Brötchenservice, Restaurant; **Preiskat.:** €€€€; **Geöffnet:** ganzjährig; **Kontakt:** Hochschulring 1, 28359 Bremen, Tel. 0421 30746825, www.hansecamping.de

Gaby Gölz

# Das Münsterland

Münsterland und Radfahren gehören einfach zusammen. Die Topografie und das gute Radwegenetz sprechen dafür, mit dem Womo einen schönen Platz anzusteuern, um anschließend die Region mit dem Rad zu erkunden. Eine interessante Alternative ist eine Kanutour auf der Ems oder Werse. Das Münsterland wird geprägt von landwirtschaftlich genutzten Flächen, aber auch von idyllischen Heide- und Moorgebieten, Flussauen, kleineren Wäldern und interessanten Naturschutzgebieten. Die Davert, Hohe Ward, Rieselfelder und die Steverauen sind Lebensräume seltener Tiere. In der Münsterländer Parklandschaft verstecken sich einige faszinierende Wasserburgen, Schlösser und Herrenhäuser. Da sind

*Der Prinzipalmarkt ist das malerische Zentrum der Stadt Münster*

**TOUREN-ÜBERBLICK**

**Routenempfehlung:** Münster – Telgte – Nordkirchen – Dülmen – Steinfurt
**Länge gesamt:** ca. 124 km
**Dauer:** ca. 5–8 Tage
**Reisezeit:** Frühjahr bis Herbst, Münster ganzjährig

z. B. Schloss Nordkirchen, Burg Hülshoff – Geburtsort von Annette von Droste-Hülshoff – oder die wehrhafte Burg Vischering. Also auf zur Entdeckung von einigen der 100 Schlösser! Münster ist eine liebenswerte, jung gebliebene Stadt mit vielen historischen Gebäuden und einer langen, spannenden Geschichte. Kleiner, beschaulicher, aber nicht weniger anziehend ist Telgte. Besichtigen, bummeln, genießen, relaxen, Rad fahren: Klingt das nicht nach einem guten Plan für eine erholsame Auszeit?

## Münster

Was fällt dem Leser zu Münster ein? Vermutlich der Westfälische Friede, vielleicht die Wiedertäufer und ganz bestimmt der „Tatort" und „Wilsberg". Die Keimzelle der Stadt lag in einem Kloster, das der friesische Missionar Liudger im Jahr 793 hier errichtete. Ein weiterer Meilenstein der Geschichte ist die Zeit um 1534, als die radikale, reformatorische Täufersekte für 16 Monate die Macht in der Stadt übernahm. Zwischen 1643 und 1648 verhandelte der Westfälische Friedenskongress auch in Münster. Er brachte mit dem Friedensschluss 1648 das Ende des Dreißigjährigen Krieges.
Beim Stadtspaziergang fallen dem aufmerksamen Beobachter immer wieder Serienschauplätze auf: Standen hier nicht schon mal Thiel und Boerne? Auch das Antiquariat Solder in der Frauenstraße 49 kommt dem Krimifan bestimmt bekannt vor: Tritt hier nicht immer

Das Rathaus wurde in den 1950er-Jahren wieder originalgetreu aufgebaut

Wilsberg vor die Tür? Auf einem Stadtrundgang gibt es auch sonst viel zu entdecken. 48 Giebelhäuser mit den charakteristischen Bogengängen reihen sich entlang des **Prinzipalmarkts** auf. Das reizvollste Gebäude ist sicherlich das gotische **Rathaus** aus dem 14. Jh. Hier lohnt sich ein Blick auf die mit schönen Engels- und Prophetenfiguren besetzten Fialen am Giebel. Der Festsaal des Rathauses wurde zum Symbol des Westfälischen Friedens und erhielt den Namen **Friedenssaal,** obwohl der Vertragsabschluss am 24.10.1648 nicht hier stattfand. Eindrucksvoll ist die reiche Vertäfelung und die wertvolle Einrichtung aus dem 16. Jh., die die Zerstörung im Zweiten Weltkrieg überstand.

Die spätgotische **Lambertikirche** ist berühmt wegen ihrer drei eisernen Käfige am Kirchturm. Drei Anführer der Täuferbewegung wurden darin nach ihrer Hinrichtung zur Abschreckung der Bevölkerung zur Schau gestellt.

Hinter der Kirche steht das beeindruckende **Krameramtshaus.** 1589 im Renaissancestil erbaut, diente es als Versammlungs- und Lagerhaus der Einzelhändler (Alter Steinweg 6/7).

Der Meister des Barock, der Architekt Johann Conrad Schlaun, hat 1757 den durch seine geschwungene, üppig verzierte Fassade herausstechenden **Erbdrostenhof** konzipiert. Besonders gelungen ist bei diesem Adelspalast die Fassadengestaltung durch den Wechsel von Sand- und Backstein. Als Drosten wurden im Mittelalter bestimmte Beamte bezeichnet, ein dem Adel vorbehaltenes, erbliches Amt am Hof. Der Name Droste floss in Westfalen in viele Adelsfamiliennamen ein.

Imposant steht seit dem 13. Jh. der **St.-Paulus-Dom** mit einer Länge von 109 m und 56 m hohen Türmen auf dem Domplatz. Durch das sogenannte Paradies betritt man den dreischiffigen, wohlproportionierten Innenraum. Kostbare Heiligenstatuen, Altäre und Epitaphien (Grabinschriften) aus Gotik, Renaissance und Barock prägen das Innere der Basilika. Das Triumphkreuz von 1270–1280 ist die älteste Skulptur und wie die Astronomische Uhr von 1540 eine der wertvollen Kostbarkeiten (www.paulusdom.de). Immer mittwochs und samstags geht es rund um den ehrwürdigen Dom auf dem großen, vielfältigen **Wochenmarkt**

### INFO DAS WABENSYSTEM FÜR RADFAHRER

Unter www.muensterland.com/tourismus/themen/radfahren-muensterland/service-radfahren-muensterland/radwege wird das im Münsterland geläufige Wabensystem erklärt. Es dient dazu, einfacher individuelle Fahrradtouren zu planen.

sehr lebhaft zu. Käse, Fleisch, Wild, Fisch, Blumen, Backwaren, Kunsthandwerk, Süßwaren, Gewürze und viel mehr bieten die Marktbeschicker an.

Das **Kunstmuseum Pablo Picasso** (Picassoplatz 1, www.kunstmuseum-picasso-muenster.de) widmet sich dem genialen Künstler der Moderne, aber auch seine Weggefährten haben Platz in den häufig wechselnden Ausstellungen. Zwischen 1767 und 1787 erbaute Johann Conrad Schlaun aus hellem Sand- und rotem Backstein die elegante dreiflügelige Anlage des **Schlosses** in Münster. Die ehemalige fürstbischöfliche Residenz wird heute von der Universitätsverwaltung genutzt. Sehenswert ist im Schlosspark der 4,6 ha große **Botanische Garten** mit seiner großen Artenvielfalt, die Ökosysteme vom Hochgebirge über Halbwüsten bis zur Kapflora in Südafrika abdeckt. Ein reizvoller Hort der Ruhe und Erholung mitten

Bekannt in ganz Deutschland durch die Wilsberg-Krimis

Ein ruhiges Plätzchen im quirligen Münster findet man beim Schloss

## 165 Campingplatz Münster

GPS 51.94658, 7.69121

Campinglatz in schöner, ruhiger Lage, mit Kinderbad und Kinderspielhaus. Ein Freibad befindet sich in der Nähe. Separater Wohnmobilstellplatz, Benutzung aller Einrichtungen des Campingplatzes inklusive. Busanbindung ins Zentrum (4,5 km). **Lage/Anfahrt:** A1 bei Münster Süd verlassen, auf B51 bis zur Ausfahrt Freckenhorst/MS-Wolbeck, ausgeschildert; **Platzanzahl:** auf dem Campingplatz 20, Stellplatz 22; **Untergrund:** Schotter, Wiese; **Service:** Strom, Trinkwasser, Abwasser, Chemie-WC, WLAN, Fahrradverleih, Brötchenservice, Restaurant; **Preiskat.:** €€–€€€€; **Geöffnet:** ganzjährig; **Kontakt:** Laerer Werseufer 7, 48157 Münster, Tel. 0251 311982, www.campingplatz-muenster.de

### TOUR FAHRRADTOUR „INS GRÜNE RUND UM MÜNSTER"

Bei dieser 27 km langen Rundtour in und um Münster radelt man zu den wichtigsten Sehenswürdigkeiten in der Innenstadt und im nahen Umland (Download unter www.muensterland.com).

*Der Dortmund-Ems-Kanal ist ein Eldorado für Freizeitkapitäne*

**TOUR KANUVERLEIH PLEISTERMÜHLE**

Auf der Werse paddelt man 7 km nach Sudmühle (Pleistermühlenweg 196, www.kanuverleih-pleistermuehle.de).

in der lebhaften Stadt. Umschlossen wird die Altstadt von Münster von der **Promenade,** einer 4,5 Kilometer langen Lindenallee. Herrlich schattig im Sommer und ideal für Radfahrer und Fußgänger folgt sie dem Verlauf der ehemaligen Befestigungsanlagen. Am Rande der Altstadt liegt der **Aasee** inmitten eines 95 Hektar großen Naherholungsgebiets.
Was ist im **Allwetterzoo** (Sentruper Str. 315, www.allwetterzoo.de) anders als in anderen Zoos? Überdachte Wege verbinden die einzelnen Tierhäuser und man kann einigen Tieren ganz nah kommen. Unter Anleitung füttert man Pinguine mit Fisch, kleine Papageien mit Nektar oder Elefanten mit Obst. Ein hautnahes, unvergessliches Erlebnis.
Das **Freilichtmuseum Mühlenhof** (Theo-Breider-Weg 1, www.muehlenhof-muenster.org) lädt zu einer Reise in vergangene Zeiten im Münster- und Emsland ein. 30 historische Gebäude sind hier errichtet, von verschiedenen Mühlenarten, Back- und Bienenhäusern sowie Scheunen bis zum Dorfkrug ist alles da, um auf Zeitreise zu gehen.

**Tourist-Info,** Syndikatplatz 3, 48143 Münster, www.stadt-muenster.de

Wer einmal typisch westfälische Speisen probieren will, sollte das urige **Alte Gasthaus Leve** besuchen (Alter Steinweg 37, 48143 Münster, gasthaus-leve.de).

## 166 Reisemobilhafen Camp Marina, Greven

GPS 52.04527, 7.68555

Platz in sehr schöner, ruhiger Lage (erste Reihe direkt am Dortmund-Ems-Kanal), nach Münster 12 km. **Lage/Anfahrt:** A1 bei Greven verlassen und auf Schiffahrter Damm fahren, ab Ausfahrt Fuestrup ausgeschildert; **Platzanzahl:** 90; **Untergrund:** Schotterrasen; **Service:** Strom, Trinkwasser, Abwasser, Chemie-WC, WLAN, Brötchenservice, Restaurant, Lebensmittelwagen kommt zum Platz; **Preiskat.:** €€; **Geöffnet:** ganzjährig; **Kontakt:** Fuestruper Str. 31, 48268 Greven, Tel. 02571 3896, www.fuestrup.de

*Einladung zu einer lauschigen Rast im Botanischen Garten*

## Auf den Spuren von Annette von Droste-Hülshoff

Entweder mit dem Wohnmobil oder, noch besser, mit dem Fahrrad (Rundfahrt vom Campingplatz Münster ca. 37 km, Stellplatz Marina ca. 44 km) geht es zunächst zur **Burg Hülshoff** (Schonebeck 6, 48329 Havixbeck, www.burg-huelshoff.de). Die Wurzeln dieser typisch Münsterländer Wasserburg reichen bis ins 11. Jh. zurück. Zunächst eine Fliehburg, erbaute 1540 Heinrich I. von Droste-Hülshoff das Herrenhaus im Stil der Renaissance mit hohem Dreistaffelgiebel. 1797 auf der Burg geboren, verbrachte die Poetin Annette von Droste-Hülshoff hier bis 1826 ihre Kindheit. Das Museum lässt den Besucher das Leben des Adels im Münsterland zwischen Klassizismus und Biedermeier erleben. Einige persönliche Gegenstände erinnern an die – Zeit ihres Lebens für ihre Unabhängigkeit kämpfende – Annette von Droste-Hülshoff.

Einfach und zurückgezogen war das Leben für Annette von Droste-Hülshoff im Rüschhaus

Als 1826 der Vater von Annette starb, zog die Mutter mit ihren Töchtern ins fünf Kilometer entfernte **Rüschhaus.** Johann C. Schlaun erbaute es um 1745 als seinen privaten Landsitz. In diesem spätbarocken Anwesen lebte Annette in drei kleinen Zimmern im Zwischengeschoß. Im „Schneckenhäuschen", dem Wohn- und Arbeitszimmer, verfasste sie die Novelle „Die Judenbuche".

Burg Hülshoff ist umgeben von einem weitläufigen Park

# Telgte

Günter Grass nannte die Kleinstadt in seiner Erzählung „Das Treffen in Telgte" ein „trauliches Städtchen" und wer einmal hier war, kann dies bestätigen. Heimelig sind der Marktplatz und die angrenzenden schmalen Straßen mit kleinen, inhabergeführten Geschäften und ansprechender Gastronomie.

Seit vielen Jahrhunderten schon ist Telgte jährlich Ziel von bis zu 100.000 Pilgern und somit der bedeutendste Wallfahrtsort des Münsterlandes. Der geistige Mittelpunkt der Stadt sind die **Kirche St. Clemens** mit ihrem 65 Meter hohen Turm und, direkt daneben, die **Wallfahrtskapelle** mit dem Gnadenbild der Schmerzhaften Muttergottes (Pietà von 1370). Das Museum **RELiGIO** (Herrenstraße 1–2, https://museum-telgte.de) bietet Einblicke in die religiöse Vielfalt und in das Zusammenspiel von Religion und Alltagsleben in der Region. Das **Telgter Hungertuch** von 1623, eine Filetstopfarbeit (eine Stickerei auf netzartigem Untergrund) mit 33 Bildtafeln, ist das wertvollste Ausstellungsstück der Sammlung.

Rote Pflastersteine führen 2,5 km auf der **KulturSpur** zu den schönsten Plätzen und den vielen Skulpturen des Städtchens.

ⓘ **Tourismus und Kultur Telgte,** Kapellenstraße 2, 48291 Telgte, www.telgte.de

**TOUR KANUVERLEIH EMS**

Auf der Ems kann man das Teilstück ab Telgte bis Gelmer oder Handorf mit dem Kanu befahren. Infos und Anmeldung unter 02504 690100, www.telgte.de

Das wunderschöne Ensemble von St. Clemens-Kirche und Gnadenkapelle

Die Ems ist ein ideales Kanurevier

## 167 Gasthus Lauheide, Telgte

GPS 51.99694, 7.75454

Weitläufiges Gelände bei einem Gasthaus in sehr schöner, ruhiger Lage. Restaurant mit westfälischer Küche, ins Zentrum 3 km. **Lage/Anfahrt:** A1 bei Münster Süd verlassen, auf B51 Richtung Telgte, dann auf die Lauheider Straße abbiegen, ausgeschildert; **Platzanzahl:** 100; **Untergrund:** Schotterrasen; **Service:** Strom, Trinkwasser, Abwasser, Chemie-WC; **Preiskat.:** €€; **Geöffnet:** ganzjährig; **Kontakt:** Lauheide 3, 48291 Telgte, Tel. 02504 9334211, www.gasthus-lauheide.de

### TOUR FAHRRADTOUR „VON TELGTE ZU DEN RIESELFELDERN"

Die 45 km lange Tour entlang der Ems führt ins malerische Gimbte und in die interessanten Rieselfelder. Wo früher die Abwässer von Münster gereinigt wurden, ist heute das Europareservat Rieselfelder. Hier leben unzählige Wasservögel wie Gänsesäger, Brand- und Blessgänse, Kraniche u. v. m. (Download unter www.muensterland.com). Diese Fahrradtour kann auch vom Stellplatz Camp Marina gestartet werden.

## Nordkirchen

Schon in der Selbstbezeichnung „Schlossgemeinde" steckt der Hinweis auf deren herausragende Sehenswürdigkeit: **Schloss Nordkirchen** (www.schloss.nordkirchen.net), das Versailles des Münsterlands. Grundsteinlegung war 1703, Fürstbischof Friedrich Christian von Plettenberg wollte in Nordkirchen eine perfekte Schlossanlage erbauen lassen. Die Fertigstellung der Barockanlage durch den berühmtesten Architekten des Münsterlands, Johann Conrad Schlaun, gelang jedoch erst 1734. Auf einer Insel, umschlossen von einem Wassergraben, liegt der u-förmige Schlosskomplex mit dem Ehrenhof. Der im französischen Stil angelegte Park hat die beeindruckende Größe von 71 Fußballfeldern. Sicherlich der reizvollste Teil ist die Venusinsel, ein von Schlaun geplanter Barockgarten mit faszinierender, nicht enden wollender Blickachse und detailreich gestalteten Putten und Amoretten im Broderieparterre. Um die weitgehend aus dem 18. Jh. stammenden Innenräume zu besuchen, muss man sich einer Führung anschließen.

**Tourist-Info,** Schloßstraße 11, 59394 Nordkirchen, www.nordkirchen.de

### TOUR MIT DEM FAHRRAD NACH LÜDINGHAUSEN

Diese 57 km lange Route ist eine ideale Möglichkeit, um vom Stellplatz Nordkirchen mit dem Rad durch die schönen Wälder nach Lüdinghausen und Ascheberg zu kommen (Markierung Kleeblatt-Route 2: Start im Ortskern Nordkirchen).

Schloss Nordkirchen, auch „Versailles des Münsterlands“ genannt

**TOUR PÄTTKESTOUREN**

Pättken werden mundartlich kleine Pfade und Feldwege genannt. Entlang solchen Wegen sind malerische Fahrradrouten ausgeschildert.

**Entlang der Steverauen:** durch die natürliche Auenlandschaft mit Heckrindern, Störchen und Eseln. Länge: 40 km; Markierung: Pättkestour 3; Start: Ludwig-Becker-Platz im Zentrum von Nordkirchen.

**Wald- und Wiesentour:** durch die Wälder und Wiesen zum Schloss Cappenberg, einem barocken ehemaligen Chorherrenstift. Länge: 37 km; Markierung: Pättkestour 4; Start: Ludwig-Becker-Platz Nordkirchen.

**Nach Lüdinghausen:** durch die Parklandschaft nach Lüdinghausen mit seinen Burgen und zum Rosengarten in Seppenrade. Länge: 38 km; Markierung: Pättkestour 8; Start: Ludwig-Becker-Platz Nordkirchen.

## 168 Wohnmobilstellplatz Nordkirchen

GPS 51.74019, 7.53398

Parzellierte Plätze in schöner, ruhiger Lage am Ortsrand, mit viel Liebe fürs Detail angelegt, Begrüßungstee und Betthupferl, Infomaterial im Fasshaus, geführte Radtouren, 850 m zum Schloss, 500 m ins Zentrum mit Restaurant, Bäcker, Eisdiele, Supermarkt. **Lage/Anfahrt:** vom Zentrum über Schloßstraße und Am Gorbach; **Platzanzahl:** 23; **Untergrund:** Schotterrasen; **Service:** Strom, Trinkwasser, Abwasser, Chemie-WC, WLAN; **Preiskat.:** €; **Geöffnet:** ganzjährig; **Kontakt:** Am Gorbach 10a, 59394 Nordkirchen, Tel. 0171 4367707, www.wohnmobilstellplatz-nordkirchen.de

Meister Adebar gefällt es im Münsterland

## Lüdinghausen

**Burg Vischering** ist eine der repräsentativsten Wasserburgen im Münsterland. Ab 1271 war sie, geschützt durch eine hohe Ringmauer, Stützpunkt des Bischofs von Münster. Auf Eichen- und Eschenpfählen mitten in der Gräfte gebaut, diente sie bis zum Brand von 1521 als Verteidigungsbollwerk. Der Wiederaufbau unter dem Droste zu Vischering als Wohnburg erfolgte im Renaissancestil. Besonders schön gestaltet ist die Auslucht (ein mit Fenstern versehener Gebäudevorsprung) mit dem dekorativen Giebel und der gelungenen Fassadengliederung. Bei der Besichtigung sieht man auch das zwei Kilogramm schwere, sechseckige eiserne Halsband, das Lambert von Oer angelegt bekam, um ihn zum Einlenken in einem Landbesitzstreit zu zwingen.

Ein **Geschichtspfad**, den Bronzebüsten von Persönlichkeiten zieren, die für den Ort von Bedeutung waren, verbindet Burg Vischering und die **Burg Lüdinghausen.** Von den Rittern von Lüdinghausen im 11. Jahrhundert erbaut, kam sie 1509 zum Domkapitel von Münster, das sie im Renaissancestil umbauen ließ. Seit 1879 gehört die Burg der Stadt und wird inzwischen als soziokulturelles Zentrum genutzt.

Die Altstadt rund um den Marktplatz mit **St. Felizitaskirche,** der **Borgmühle,** dem **Hake-Haus** und der Hermannstraße mit ihren hübschen Häusern und vielen gastronomischen Betrieben sorgt für einen gemütlichen Ausklang des Besuches.

**Das Lüdinghaus,** Borg 4, www.lhmarketing.de

*Sehr beliebt als Ausflugsziel: Burg Vischering*

## Abstecher zum Rosengarten

4,5 km sind es zum Rosengarten in Seppenrade. Mit Fahrrad oder Womo lohnt sich ein Besuch im 20.000 $m^2$ großen Gelände mit 600 Rosensorten und 24.000 Rosenstöcken. Gepflegt wird dieses farbenfrohe und wunderbar duftende Idyll ehrenamtlich von 54 Rosenfrauen und 63 Rosenmännern. Zwischen Rosengarten und Parkplatz kommt man an Abgüssen der beiden größten Ammoniten der Welt vorbei. Sie haben 1,36 und 1,74 m Durchmesser und wurden in Seppenrade gefunden. Die Originale befinden sich im LWL-Museum in Münster.

**169 Stellplatz Am Rosengarten**

GPS 51.76444, 7.39723

Auf diesem offiziell für zwei Wohnmobile ausgewiesenen Parkplatz kann man auch übernachten. Kein Service.

## Dülmen

Am Rande des **Naturparks Hohe Mark** liegt Dülmen: ein guter Ausgangspunkt, um die so unterschiedliche Natur mit dem Rad zu erkunden.

Im weitläufigen **Naturschutzgebiet Merfelder Bruch** leben seit Mitte des 19. Jh. in einem 400 Hektar großen Reservat Wildpferde. Die ca. 400 Tiere sind die letzten sich selbst überlassenen Wildpferde in Europa. Ein besonderes Spektakel findet immer am letzten Samstag im Mai statt, wenn die geschlechtsreif werdenden Hengste aus der Herde heraus gefangen und anschließend verkauft werden. Dies ist

Blühende Pracht im Rosengarten

### TOUR RADTOUREN IN DER UMGEBUNG

**Kleeblatt-Tour 4:** zu den Borkenbergen. Neben dem Vogelschutzgebiet Borkenberge fährt man auch zum Rosengarten in Seppenrade, zum Hullerner Stausee, zum Schloss Sythen und zur barocken Kapelle Visbeck. Länge: 51 km; Markierung: Kleeblatt mit Nr. 4; Start: Burg Lüdinghausen oder Parkplatz Rosengarten in Seppenrade.

**Fahrradtour Lüdinghauser Acht, Nordroute:** durch die weite Landschaft und eine wunderschöne Birkenallee zur Wasserburg Kakesbeck. Länge: 23 km; Markierung: blaue Acht auf grünem Grund; Start: Parkplatz Vischering oder Parkplatz Rosengarten in Seppenrade.

**Kleeblatt-Tour 1:** zum Venner Moor. In die historische Moorlandschaft, durch Heiden und Moorwälder. Länge: 40 km; Markierung Kleeblatt Nr. 1; Start: Parkplatz Burg Vischering

**Kleeblatt-Tour 3:** In die Olfener Stever- und Lippeauen. Radelvergnügen durch das Naturschutzgebiet Stever- und Lippeauen mit Heckrindern, Konikpferden und Katalanischen Rieseneseln. Länge: 38 km; Markierung Kleeblatt Nr. 3; Start: Parkplatz Rosengarten.

notwendig, um Rivalitätskämpfe zu vermeiden. Immer am Wochenende ist für jedermann ein Besuch der Wildpferdebahn möglich (Mühlenweg 9, https://wildpferde.de).
Ein weiterer Grund, nach Dülmen zu fahren, ist das attraktive Freizeitbad **Düb** (Nordlandwehr 99, dueb.de). Spaß in der WasserErlebniswelt, Entspannen in der 1000 m² großen Saunalandschaft und Sole mit Becken innen und außen: Das Düb bieten für jeden das Passende.

**TOUR RADREISE DRAHTESEL UND WILDPFERDE**

Eine 40 km lange, geführte und informative Radtour inklusive Mittagessen bringt die Teilnehmer in den Wildpark und zu den Wildpferden (Anmeldung unter www.muensterland.com oder Tel. 02594 12345).

### 170 Camping Tannenwiese, Dülmen

GPS 51.78788, 7.27145

Platz in schöner, ruhiger Lage, gepflegte Sanitärausstattung. Gutes Radwegenetz, 5 km zur Wildpferdebahn, 8 km zum Badesee Silbersee. **Lage/Anfahrt:** in Dülmen ausgeschildert; **Platzanzahl:** 45; **Untergrund:** Schotterrasen, Wiese; **Service:** Strom, Trinkwasser, Abwasser, Chemie-WC, WLAN (an der Rezeption); **Preiskat.:** €€; **Geöffnet:** März–Sept.; **Kontakt:** Borkenbergstr. 217a, 48249 Dülmen, Tel. 0259 4991759, www.camping-tannenwiese.de

*Farbenspektakel im Spätsommer in der Heide*

Ganz in der Nähe liegt der besonders an den Wochenenden als Naherholungsgebiet beliebte **Halterner Stausee.** Das große Strandbad mit 800 m Sandstrand und 30.000 m² Wasserfläche bietet genügend Platz für vielfältige Aktivitäten.
Die ca. 90 Hektar große **Westruper Heide** ist ein Überbleibsel aus dem 19. Jh. Das leicht hügelige Gelände ist überzogen von zartrosa bis lila blühender Besen- und der selteneren Glockenheide. Vier ausgeschilderte Themenwege von 3 bis 4 Kilometer Länge führen durch das schönste Zwergstrauchheidegebiet Westfalens. Da sowohl am Badesee als auch in der Heide die Parkplätze knapp sind, ist zu empfehlen, die unten genannte Radtour zu nutzen.

**TOUR RADTOUR HALTERNER STAUSEE UND WESTRUPER HEIDE**

Ein guter Ausgangspunkt, um den Halterner Badesee und die Westruper Heide zu erradeln (Rundfahrt ca. 24 km), ist der Campingplatz Tannenwiese. Parken kann man auch am Wanderparkplatz Flaesheimer Damm in der Westruper Heide oder am Strandbad Halterner Stausee.

# Steinfurt

Wehrhaft steht **Schloss Steinfurt,** umschlossen von einer Ringmauer, seit 1129 auf einer Insel in der Steinfurter Aa. Da auch heute noch die fürstliche Familie das Anwesen bewohnt, kann man die fotogene Kulisse mit dem Torhaus nur von außen genießen.

Im 18. Jh. hatte Graf Karl Paul Ernst zu Bentheim-Steinfurt die Idee, den Lustgarten **Bagno** als Sommersitz mit typischen Gebäuden aus der ganzen Welt zu erschaffen. Ein chinesischer Salon, eine türkische Moschee, ein ägyptischer Turm, eine maurische Hütte, ein Amphitheater, die Konzertgalerie und das kreuzförmig angelegte Bagno-Quadrat mit vier Pavillons machten die Parklandschaft auch für die Bevölkerung zu einem faszinierenden Erlebnis. Spaziergänger, die heute auf dem 3,5 km langen Rundweg durch das kleine Paradies lustwandeln, finden noch das Bagno-Quadrat, die Ruineninsel, die Neue Wache und die wieder bespielte Konzertgalerie.

Die **Altstadt** von Steinfurt mit dem von einem stattlichen Giebel geschmückten Rathaus von 1561 hat durchaus ihren Reiz. Bei einem Rundgang gibt es viele malerische Ecken und einige kleine Geschäfte und Einkehrmöglichkeiten zu entdecken.

**Steinfurt Marketing und Touristik e. V.,** Markt 2, 48565 Steinfurt, www.steinfurt-touristik.de

### TOUR FAHRRADTOUR „DIE STEINFURTER ACHT"

Mit dem Fahrrad zu allen Sehenswürdigkeiten der Region. Die 54 km lange Streckenführung zum Bagno, Kreislehrgarten und Haus Welbergen gleicht einer Acht mit dem Mittelpunkt Steinfurt. Download unter www.muensterland.com

*Am historischen Marktplatz in Steinfurt*

LITERATURTIPP

Ausführliche Informationen zur Region findet man im umfassenden Reiseführer „Münsterland" aus dem Reise Know-How Verlag.

## 171 Wohnmobilstellplatz, Steinfurt

GPS 52.14806, 7.34778

Platz in ruhiger, zentraler Lage an der Polizeistation, zur Burg 500 m, gute Anbindung an Radwege. **Lage/Anfahrt:** im Ort ausgeschildert; **Platzanzahl:** 30; **Untergrund:** Schotter; **Service:** Strom, Trinkwasser, Abwasser, Chemie-WC; **Preiskat.:** kostenlos, Spende erbeten, Strom und Wasser ggn. Gebühr; **Geöffnet:** ganzjährig; **Kontakt:** Liedekerker Straße 70, 48565 Steinfurt, Tel. 02551 1383

## 172 Naturcamping Hof Köninck, Steinfurt

GPS 52.12616, 7.32872

Großzügiger Campingplatz in schöner, ruhiger Lage an einem alten Bauernhof, Badesee, Feuerschalen, ideal für Kinder und Fahrradtouren. Etwas für Naturliebhaber und autarke Womos. Einkauf 5 km Burgsteinfurt. **Lage/Anfahrt:** Steinfurt auf der Leererstraße verlassen, nach 1,6 km links; **Platzanzahl:** 40; **Untergrund:** Wiese; **Service:** Strom nur in den Gebäuden; **Preiskat.:** €€; **Geöffnet:** ganzjährig; **Kontakt:** Veltrup 10, 48565 Steinfurt, Tel. 0160 7722354, www.hof-koeninck.de

Daniel Fort

# Das Sauerland

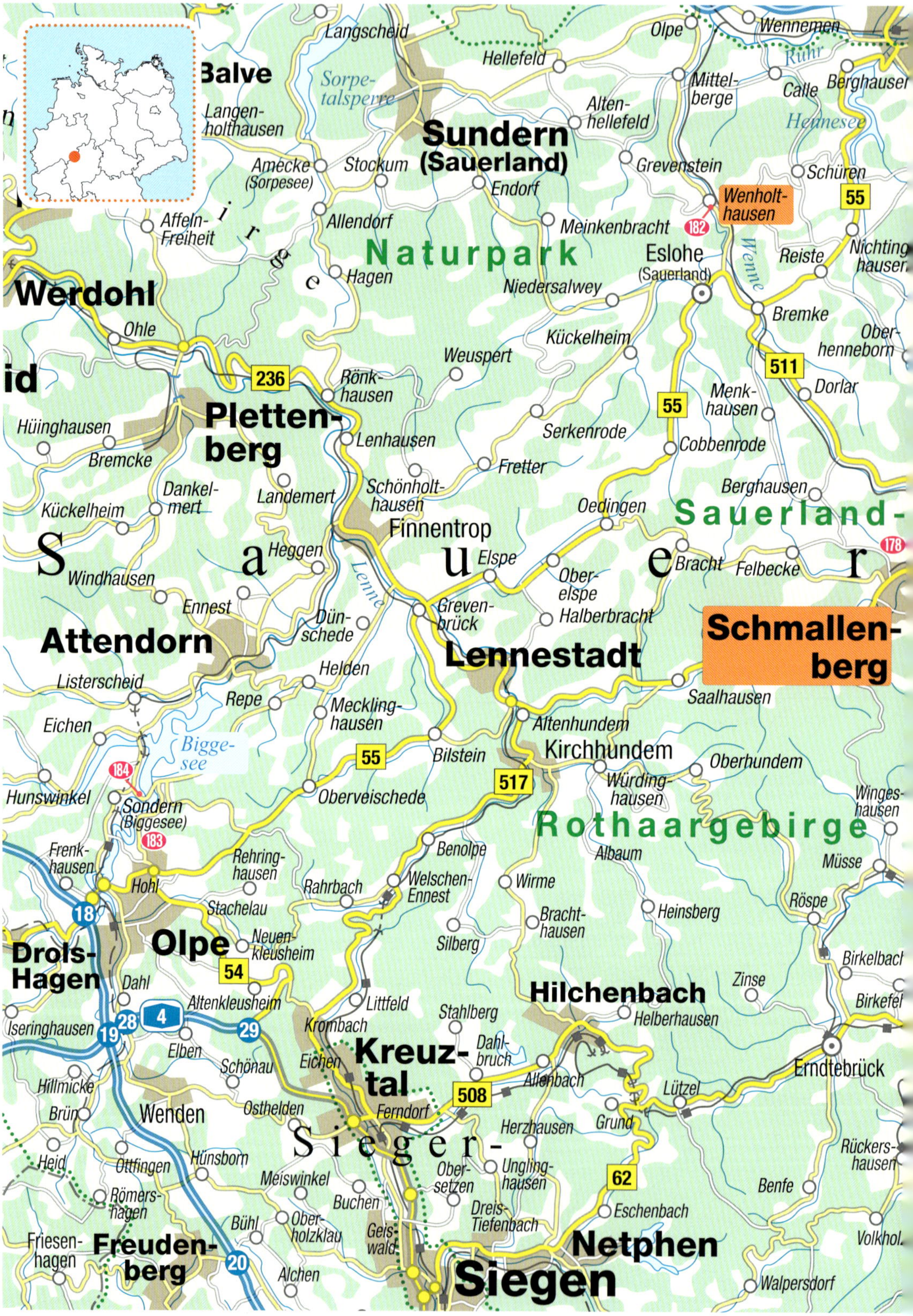
Balve
Langen-holthausen
Amecke (Sorpesee)
Affeln-Freiheit
Werdohl
Ohle
Langscheid
Sorpe-talsperre
Stockum
Allendorf
Hagen
Sundern (Sauerland)
Endorf
Hellefeld
Alten-hellefeld
Olpe
Mittel-berge
Wennemen
Ruhr
Calle
Berghausen
Hennesee
Grevenstein
Schüren
Wenholt-hausen
Meinkenbracht
Eslohe (Sauerland)
Reiste
Nichting-hausen
Naturpark
Niedersalwey
Wenne
Bremke
Ober-henneborn
Kückelheim
Weuspert
236
511
Dorlar
Rönk-hausen
Plettenberg
Hüinghausen
Bremcke
Lenhausen
Serkenrode
Menk-hausen
55
Cobbenrode
Dankel-mert
Landemert
Schönholt-hausen
Fretter
Berghausen
Kückelheim
Finnentrop
Oedingen
Sauerland-
Heggen
Elspe
Ober-elspe
Bracht
Felbecke
Windhausen
Ennest
Lenne
Dün-schede
Greven-brück
Halberbracht
Schmallen-berg
Attendorn
Lennestadt
Listerscheid
Helden
Repe
Meckling-hausen
Saalhausen
Altenhundem
Eichen
Bigge-see
Bilstein
Kirchhundem
Oberhundem
184
Hunswinkel
Sondern (Biggesee)
Oberveischede
517
Würding-hausen
Winges-hausen
183
Rothaargebirge
Frenk-hausen
Rehring-hausen
Benolpe
Albaum
Müsse
Hohl
Rahrbach
Welschen-Ennest
Wirme
Stachelau
Röspe
18
Drols-Hagen
Olpe
Neuen-kleusheim
Silberg
Bracht-hausen
Heinsberg
Birkelbach
54
Dahl
Altenkleusheim
Littfeld
Hilchenbach
Zinse
Birkefehl
Iseringhausen
28
4
19
29
Krombach
Stahlberg
Helberhausen
Elben
Dahl-bruch
Erndtebrück
Hillmicke
Schönau
Eichen
Kreuz-tal
Allenbach
Lützel
Brün
Wenden
Osthelden
Ferndorf
508
Grund
Herzhausen
Heid
Ottfingen
Hünsborn
Sieger-
Ober-setzen
Ungling-hausen
Rückers-hausen
Meiswinkel
62
Benfe
Römers-hagen
Buchen
Dreis-Tiefenbach
Eschenbach
Bühl
Ober-holzklau
Geis-wald
Friesen-hagen
Freuden-berg
20
Alchen
Netphen
Volkhol.
Siegen
Walpersdorf
Sauerland
Gebirge
178
182

Meschede
Wehrstapel
Olsberg
Bontkirchen
Diemelsee
Naturpark Diemelsee
Geveling-hausen
Giebring-hausen
Ellering-hausen
Bruchhausen
Deisfeld
Wulmering-hausen
Schwalefeld
Eimelrod
Rembling-hausen
Ramsbeck
Assinghausen
Willingen (Upland)
Usseln
Neerdar
Rhena
Wiemering-hausen
Elpe
Niedersfeld
Western-bödefeld
Kirch-rarbach
Siedling-hausen
Refering-hausen
Nieder-Schleidern
Altenfeld
Ruhr
Hildfeld
Deifeld
Silbach
Küstelberg
Hillershausen
Rehsiepen
Altasten-berg
Fredeburg
Goddelsheim
Medebach
Lichten-
Winterberg
Nordenau
Medelon
Gleidorf
Ober-kirchen
Westfeld
Neuasten-berg
Wink-hausen
Rothaargebirge
Sauerland
Hochsauerland
Upland
Mündern
Dalwigks-thal
Grafschaft
Langewiese
Züschen
Hesborn
Liesen
fels
Neukirchen
Sachsenberg
Girkhausen
Hallenberg
Rengers-hausen
Wundert-hausen
Vier-münden
Bromskirchen
Somplar
Schüllar
Diedenshausen
Schreufa
Eder
Osterfeld
Frankenberg
Röddenau
Bad Berleburg
Alertshausen
Allendorf (Eder)
Haine
Berg-hausen
Schwarzenau
Dodenau
Rennerts-hausen
Birken-bringhausen
Homschlar
Biebig-hausen
Elsoff
Battenberg (Eder)
Botten-dorf
Rinthe
Dotzlar
Arfeld
Reddig-hausen
Wiesenfeld
Balde
Laisa
Berghofen
Burgwald
Sassenhausen
Hatzfeld (Eder)
Richstein
Holzhausen
Wollmar
Ernst-hausen
Roda
Holzhausen
Eifa
Frohn-hausen
Ober-asphe
Münchhausen
Saßmanns-hausen
Puderbach
Weifenbach
Feudingen
Bad Laasphe
Dexbach
Niederasphe
Simtshausen
Mellnau
Wallau (Lahn)
Engelbach
Biedenkopf
Toden-hausen
Banfe
Wiesenbach
Breiden-stein
480
251
236
253
485
252
62
173
174
175
176
177
179
180
181
0 2,5 km
© Reise Know-How 2021

### TOUREN-ÜBERBLICK

**Routenempfehlung:** Willingen – Bruchhausen – Winterberg – Schmallenberger Sauerland – Wenholthausen – Biggesee
**Länge gesamt:** ca. 170 km
**Dauer:** ca. 4–7 Tage
**Reisezeit:** ganzjährig. Viel Natur und Aktivitätsangebote auf dem Wasser, beim Wandern, Mountainbiken, Skifahren, Langlauf oder Schneeschuhwandern, Einkehrmöglichkeiten in gemütlichen Gasthäusern und Wellnessangebote machen das Sauerland zu jeder Jahreszeit zu einem lohnenden Ausflugsziel.

Die Mittelgebirgsregion Sauerland liegt zum größten Teil im Südosten von Nordrhein-Westfalen bzw. im Süden Westfalens. Die höchste Erhebung der Region bildet mit 843,2 m ü. NHN der im Rothaargebirge gelegene Langenberg bei Willingen. Manchmal als „Land der tausend Berge" bezeichnet, ist das vergleichsweise stark bewaldete Sauerland überwiegend von Buchen- und Fichtenwäldern geprägt. Durch systematische Forstwirtschaft ist das Sauerland zum größten Anbaugebiet für Weihnachtsbäume in Europa geworden.

Seit dem Zweiten Weltkrieg entwickelt sich das Sauerland zu einem Tourismuszentrum. Der Naturpark Sauerland-Rothaargebirge umfasst den größten Teil des Mittelgebirges und gehört zu den größten Naturparks Deutschlands. Die Wälder, Hügel und kleinen Orte machen die Region für Wanderer, Mountainbiker und Radfahrer attraktiv. Talsperren wie der Diemelsee oder der Biggesee haben auch für Wassersportler viel zu bieten. Durch seine höheren Lagen sind Willingen oder Winterberg beliebte Wintersportorte. In den Tourismus wurde stark investiert und es entstanden die Wintersport-Arena Sauerland, die Bike-Arena und der 155 km lange Wanderweg Rothaarsteig. Große Freizeitparks wie der Panorama-Park oder das Fort Fun Abenteuerland bieten Abwechslung in der Freizeitgestaltung.

Für Spaß und Entspannung sorgen Badeanstalten wie das Lagunen-Erlebnisbad in Willingen oder die Sauerlandtherme Aqua Olsberg mit Saunalandschaften und Wellness. In gemütlichen Gasthäusern und Restaurants mit regionalen Spezialitäten kann man den Tag ausklingen lassen.

ℹ www.sauerland.com, www.naturpark-sauerland-rothaargebirge.de, www.sauerland-wanderdoerfer.de

Wintervergnügen im Skigebiet Willingen

Blick auf Willingen vom Ettelsberg aus

## Willingen (Upland)

Im nordöstlichen Teil des Rothaargebirges gelegen, gehört Willingen zum nordhessischen Landkreis Waldeck-Frankenberg. Die Gemeinde ist Verwaltungssitz des **Naturparks Diemelsee** (www.naturpark-diemelsee.de) und vor allem als Wintersportort international bekannt. Jährlich findet auf der **Mühlenkopfschanze** das **Weltcup-Skispringen der FIS** statt. Das Gelände der Skisprunganlage ist für Besucher zugänglich, der Schanzenturm kann mit einem Glasaufzug erreicht werden. Der Ski-Club Willingen bietet Führungen an. Im Café (www.cafe-aufwind.de) bietet sich ein herrlicher Ausblick auf die Schanze. Im **Upländer Milch Muhseum** (Korbacher Straße 6, www.muhseum.de) dreht sich alles um die Milch. Historisches über den Rohstoff Milch wird anhand diverser Exponate erläutert und im Milchcafé kann der Gaumen verwöhnt werden. Unterhalb des Eisenbahnviadukts von Willingen liegt der **Abenteuer-Minigolfplatz** (Am Golfplatz 4, www.abenteuergolf-willingen.de) mit 18 Bahnen. Im **Lagunen-Erlebnisbad** (Am Hagen 9–10, www.lagunenerlebnisbad.de) mit Themensaunen und Rutschenpark kann man bestens schlechtes Wetter aussitzen.

Willingen liegt zu Füßen des 838 m hohen **Ettelsbergs,** auf dessen Gipfel der **Hochheideturm** mit einer Aussichtsplattform auf 875 m Höhe weite Blicke über das Rothaargebirge ermöglicht. An seiner Seite befindet sich die höchste künstliche **Kletterwand** Europas (www.kletterhalle-willingen.de). Der Turm

### TIPP BESUCHERBERGWERK/ SCHIEFERGRUBE CHRISTINE

Als Bestandteil des Nationalen GeoParks Grenzwelten kann die Schiefergrube Christine besichtigt werden. Der Schiefer wurde im Upland zum Decken von Häusern und Kirchen verwendet. In den gefluteten Stollen können Höhlentaucher an einer 1,2 km langen Führungsleine auf Entdeckungstour gehen (Schwalefelder Str. 28, www.willingen.de/bergwerk).

## 173 Wohnmobilpark Willingen

GPS 51.28920, 8.61270

Der Stellplatz liegt am Fuße des Ettelsbergs an der Eissporthalle Willingen und dem Lagunen-Erlebnisbad. Das Zentrum von Willingen ist in 10 Gehminuten zu erreichen. Direkt am Stellplatz führen Wanderwege wie der Uplandsteig und Zustiege zum Rothaarsteig. **Lage/Anfahrt:** B251, am Willinger Viadukt Richtung Eissporthalle und Lagunenbad abbiegen; **Platzanzahl:** 55; **Untergrund:** Schotter; **Service:** Strom, Trinkwasser, Abwasser, Chemie-WC, WLAN, Gas-Service, Brötchenservice; **Preiskat.:** €€; **Geöffnet:** ganzjährig; **Kontakt:** Am Hagen 8, 34508 Willingen (Upland), Tel. 05632 960719, www.wohnmobilpark-willingen.de

### TIPP WILD- UND FREIZEITPARK WILLINGEN

Verschiedene Wildtiergehege, eine Greifvogel- und Eulenstation mit Flugshow, ein Freizeitpark, das Dinoland, der Papageiendschungel und ein Märchen- und Wichtelwald sorgen für Kurzweil (Am Ettelsberg 2, www.wildpark-willingen.de).

ist über die **Ettelsberg-Seilbahn** (www.ettelsberg-seilbahn.de) und auf Wanderwegen zu erreichen. Kult-Hüttenwirt Siggi serviert in der rustikalen **Siggi's Hütte** (www.siggishuette.de) an der Bergstation der Ettelsberg-Seilbahn Spezialitäten wie Erbsensuppe im Bierglas oder brennenden Hüttengeist.

Durch die Höhenlage finden sich in der Region um Willingen unter Naturschutz stehende Hochheiden. **Hochheidegebiete** sind auf den Gipfeln von **Ettelsberg, Osterkopf, Kahler Pön** und am **Neuen Hagen** vorzufinden. Auf den höchsten Gipfel Nordrhein-Westfalens, den **Langenberg,** führen von Willingen ca. 5 km lange Wanderwege.

Neben sommerlichen Ausflügen in die **Bike-Arena** (www.bike-arena.de), auf Wanderwegen und Pfaden wie dem 66 km langen **Uplandsteig** und auf die 700 m lange **Sommerrodelbahn Willingen** (Am Hoppern 2a, www.sommerrodelbahn-willingen.de) mit elf Kurven und drei Jumps bietet Willingen vor allem Wintersportlern mit dem **Skigebiet Willingen** (www.skigebiet-willingen.de) umfangreiche Möglichkeiten. Sieben Pistenkilometer werden im Winter künstlich beschneit und sichern somit ein garantiertes Skivergnügen.

**Tourist-Info,** Am Hagen 10, www.willingen.de

Die beeindruckenden Bruchhauser Steine aus der Vogelperspektive

## Bruchhausen (Bruchhauser Steine)

Das Fachwerkdorf Bruchhausen ist vor allem aufgrund des Naturmonuments und Naturschutzgebiets **Bruchhauser Steine** eine Reise wert. Die Felsformation befindet sich auf dem 728 m hohen **Istenberg** östlich des Dorfes. Auf Wanderwegen, die zwischen den vier imposanten Felsen Bornstein, Goldstein, Feldstein und Ravenstein führen, lässt sich der Lebensraum seltener und gefährdeter Blütenpflanzen, Flechten, Moose und seltener Vogelarten wie des Wanderfalken erkunden. Es gibt Themenpfade und Führungen können in Anspruch genommen werden.

Im Ort bietet die idyllisch gelegene Anlage **Gutshof Schloss Bruchhausen** (Gaugreben'scher Weg 1, www.rosenbogen-heidrich.de) mit ihrer Fachwerkbebauung allerlei zum Genießen und Entspannen. Beim Flanieren im bunten Blütengarten gibt es Lehrreiches und Informatives zu entdecken. Im kleinen Laden Rose-Cottage finden Feinschmecker verschiedene Rosenprodukte aus eigener Produktion, u. a. Chutneys, Aufstriche und Gelees. Im Gutscafé werden selbstgebackener Kuchen, Tartes und kleine saisonale Gerichte serviert.

Im **Compass Naturcamp** (Zur Hammerbrücke 1, www.compass-naturcamp.de) finden unter anderem Workshops für große und kleine Abenteurer, Erlebniswanderungen und

**TIPP FORT FUN ABENTEUERLAND**

Zahlreiche Attraktionen im Stile des Wilden Westens sind hier auf und teilweise in den Berghang gebaut. Fahrgeschäfte wie eine Stromschnellen-Wasserbahn, eine Minen-Achterbahn, ein Free-Fall-Tower, eine Goldwaschanlage und vieles mehr laden zum Ausprobieren ein (Aurorastraße 50, 59909 Bestwig, www.fortfun.de).

Eltern-Kind-Aktionen statt. Auf dem Gelände gibt es einen Niedrigseilgarten und einen Abenteuerspielplatz.

**Informationscenter Bruchhauser Steine,** 59939 Olsberg, www.bruchhauser-steine.de

**TIPP SAUERLANDTHERME AQUA OLSBERG**

Das Aqua Olsberg vereint Freizeitbad, Sauna, Solebad, Kneippanwendungen und Gastronomie unter einem Dach. Für Spaß, Entspannung und Wohlgefühl ist somit gesorgt. Zur Therme gehören zehn Wohnmobilstellplätze, die alle über Stromversorgung verfügen (Zur Sauerlandtherme 1, 59939 Olsberg, www.aquaolsberg.de).

### 174 Campingplatz Bruchhauser Steine

GPS 51.31217, 8.53512

Der kleine Campingplatz liegt am Südrand des kleinen Ortes Bruchhausen. Der Rothaarsteig verläuft in unmittelbarer Nähe und die sehenswerten Bruchhauser Steine sind über Wanderwege in ca. 45 Gehminuten zu erreichen. **Lage/Anfahrt:** über B251, L743 und K47; **Platzanzahl:** ca. 15; **Untergrund:** Wiese; **Service:** Strom, Trinkwasser, Abwasser, Chemie-WC; **Preiskat.:** €€; **Geöffnet:** ganzjährig; **Kontakt:** Am Medebach 96, 59939 Olsberg/Bruchhausen, Tel. 02962 3000, www.campingplatz-bruchhauser-steine.de

## Winterberg

Als Austragungsort von Weltcuprennen im Bob- und Rennrodeln ist der auf der Winterberger Hochfläche in 670 m Höhe gelegene Wintersportort international bekannt. Die erste Europameisterschaft im Bobsport fand hier bereits 1914 statt. Die Wettkämpfe werden heute in der **Veltins-EisArena Winterberg** (Kappe 3, www.veltins-eisarena.de) ausgerichtet, die auch besichtigt werden kann.

Das Zentrum von Winterberg liegt unweit des **Kahlen Astens,** der mit 841,9 m ü. NHN die dritthöchste Erhebung des Rothaargebirges und die zweithöchste Nordrhein-Westfalens ist.

Bereits seit Beginn des 20. Jahrhunderts wird in Winterberg Skitourismus betrieben und kontinuierlich ausgebaut. So ist das **Skiliftkarussell Winterberg** (www.skiliftkarussell.de) ein großräumiges Wintersportgebiet, das sich mit benachbarten Skigebieten wie Altastenberg, dem Skidorf Postwiese und dem Skigebiet Willingen zum Ticketverbund **Wintersport-ArenaCARD** der Wintersport-Arena Sauerland (www.wintersport-arena.de) zusammengeschlossen hat. Zwischen den Skigebieten verkehrt an Wochenenden und Feiertagen ein **SkiBus.**

Neben dem alpinen Skisport bietet Winterberg auch allerlei Möglichkeiten für Langläufer, Rodler, Winterwanderer oder Schneeschuhwanderer. Wenn es die Schneelage zulässt, stehen Dutzende Kilometer an Loipen zur Verfügung. Elf beschneite Rodelhänge, drei davon beleuchtet, hat Winterberg zu bieten. Winterwanderer finden teilweise geräumte Wege vor und Schneeschuhe können gemietet werden. Im seit 1998 bestehenden **Westdeut-**

**schen Wintersport Museum** (Neuastenberger Str. 17, www.skimuseum-winterberg.de) wird auf einer Fläche von 250 m² anhand verschiedener Exponate die Entwicklung des Wintersports in der Region veranschaulicht.

Im Sommer kann die Hochsauerländer Landschaft auf verschiedenen Wanderwegen wie dem direkt durch Winterberg führenden **Rothaarsteig** (www.rothaarsteig.de) entdeckt werden. Der **Schluchten- und Brückenpfad Winterberg** z. B. startet am Kurpark von Winterberg. Der 4,1 km lange Pfad durch eine Mittelgebirgsklamm entführt zu schroffen Felswänden, Wasserfällen und Bachläufen. Für **Radfahrer** stehen mehrere Hundert Kilometer ausgewiesener Radwege zur Verfügung. Downhill-Fahrer und Mountainbiker kommen im **Bikepark Winterberg** (www.bikepark-winterberg.de) und im **Trailpark Winterberg** (www.trailpark-winterberg.de) auf ihre Kosten.

Nach einem erlebnisreichen Tag kann z. B. im **Brabander Sauna & Spa** (www.saunawinterberg.de) entspannt oder in der **Salzgrotte Winterberg** (Im Orketal 33, www.salzgrotte-winterberg.de) in salzhaltiger Luft relaxt werden.

**Tourist-Info,** Am Kurpark 4, www.winterberg.de

*Beste Bedingungen im Wintersportgebiet Winterberg*

### 175 Wohnmobilstellplatz Winterberg

GPS 51.18841, 8.51343

Von hohen, schattenspendenden Bäumen umgebener Platz. Der Bikepark ist ca. 400 m entfernt, das Skiliftkarussell liegt ca. 200 m entfernt; **Lage/Anfahrt:** über B236/480; **Platzanzahl:** 16; **Untergrund:** Schotter, Schotterrasen; **Service:** Strom, Trinkwasser, Abwasser, Chemie-WC, WLAN; **Preiskat.:** €€; **Geöffnet:** ganzjährig; **Kontakt:** Schneilstr. 6a, 59955 Winterberg, Tel. 02981 5089650, www.wohnmobil-winterberg.de

### 177 Campingplatz Winterberg

GPS 51.18574, 8.50444

Der Campingplatz liegt direkt am Bikepark und dem Skiliftkarussel. Eine Bike-Waschstation ist vorhanden. Im Winter stehen eine Sauna und ein Ski- und Trockenraum mit Skischuhheizung zur Verfügung. **Lage/Anfahrt:** im Westen Winterbergs, über B236/480; **Platzanzahl:** 20; **Untergrund:** Schotter, Schotterrasen, Wiese; **Service:** Strom, Trinkwasser, Abwasser, Chemie-WC, WLAN, Hundedusche; **Preiskat.:** €€; **Geöffnet:** ganzjährig; **Kontakt:** Kapperundweg 1, 59955 Winterberg, Tel. 02981 1776, www.campingplatz-winterberg.de

### 176 Campingpark Hochsauerland

GPS 51.19868, 8.52308

Der Platz zu Füßen des Poppenbergs, nordwestlich des Zentrums von Winterberg, ist in Terrassen angelegt. Es gibt einen dazugehörigen, räumlich abgegrenzten Wohnmobilpark. Der Bikepark liegt ca. 1,5 km entfernt. Im Winter kann von der direkten Anbindung an das Skiliftkarussell und dem platzeigenen Skiverleih profitiert werden. Der Ortskern von Winterberg ist in ca. 10 Gehminuten erreichbar. **Lage/Anfahrt:** über B480, am zweiten Kreisverkehr im Ort Richtung Westen; **Platzanzahl:** 35; **Untergrund:** Schotterrasen, Wiese; **Service:** Strom, Trinkwasser, Abwasser, Chemie-WC, WLAN; **Preiskat.:** €€€; **Geöffnet:** ganzjährig; **Kontakt:** Remmeswiese 10, 59955 Winterberg, Tel. 02981 3249, www.camping-hochsauerland.de

Unterwegs auf dem Rothaarsteig

Blick auf das idyllische Schmallenberger Sauerland

## Schmallenberger Sauerland

Mit 303 $km^2$ gehört Schmallenberg zu den flächengrößten Städten Deutschlands. Im Mittelalter war die Handelsstadt, deren Schwerpunkt schon damals im Textilgewerbe lag, Mitglied in der Vereinigung der Hanse. Später konzentrierte man sich zunehmend auf die Herstellung von Strumpfwaren und die „Strumpfstadt" Schmallenberg wurde zum Zentrum der Sauerländer Textilindustrie.

Aufgrund der wald- und bergnahen Lage haben heute neben der Textilindustrie unter anderem die Holz- und die Tourismuswirtschaft einen hohen Stellenwert. Der **Holzerlebnisparcours Schmallenberg** (Poststr. 7) erklärt auf acht Stationen, warum viele Musikinstrumente aus Holz sind, weshalb Bäume wachsen und wie viel Holz binnen zwei Stunden im Sauerland wächst. Der größtenteils flache Rundweg beginnt an der Touristeninformation und ist auch mit geländegängigen Kinderwagen befahrbar.

**TIPP PANORAMAPARK SAUERLAND**

Im PanoramaPark hat man u. a. die Wahl zwischen Fichtenflitzer, Mega-Hüpfkissen, Rutschen-Paradies, Pferdchen-Karussell, Kettcarbahn und Labyrinth. Im zugehörigen Wildpark lassen sich zahlreiche, teils heimische Tierarten beobachten. Mietbare Grillplätze, das Restaurant Strohkiste und der Imbiss am See bilden das gastronomische Angebot (Rinsecker Straße 100, 57399 Kirchhundem, www.panopark.de).

Durch seine räumliche Ausdehnung finden sich viele dem Stadtgebiet zugehörige **idyllische Dörfer,** die rund um die Kernstadt Schmallenberg verstreut in den Tälern liegen. Das Schmallenberger Sauerland lässt sich hervorragend auf der neuen **Schmallenberger Sauerland Reisemobil-Route** (www.schmallenberger-sauerland.de/uebernachten/camping) entdecken. Sie wurde als Abschlussprojekt ihrer Ausbildung von Kaufleuten für Tourismus und Freizeit konzipiert

**TIPP WISENT-WILDNIS AM ROTHAARSTEIG**

Seit 2013 kann man sich dem vom Aussterben bedrohten größten Landsäuger Europas auf einem ca. 3 km langen Wanderpfad nähern. Die Wisent-Wildnis ist Teil eines Artenschutzprojekts, im Rahmen dessen im Rothaargebirge auch frei lebende Wisente herumstreifen (Weidiger Weg 100, 57319 Bad Berleburg, www.wisent-welt.de).

und realisiert. Zur Route gehören auch die fünf nachfolgend beschriebenen Stellplätze. Die Stellplätze sind zumeist an einen gastronomischen Betrieb angeschlossen und bieten somit eine hervorragende Möglichkeit, **regionale Küche und Produkte** des Sauerlands kennenzulernen.

**Tourist-Info,** Poststr. 7, www.schmallenberger-sauerland.de

## 178 Wohnmobilstellplatz Freizeitwelt Sauerland

GPS 51.16318, 8.28875

Der Stellplatz gehört zur **Freizeitwelt Sauerland** (www.freizeitwelt-sauerland.de) und liegt in Schmallenberg auf einer Anhöhe mit schöner Aussicht gen Süden. Im Freizeitpark bieten verschiedene Themenwelten wie Kinderland, Kletterhalle, Jump und Hologate im Innen- und Außenbereich Abwechslung für Groß und Klein. **Lage/Anfahrt:** über B236, L737 und K31; **Platzanzahl:** 8; **Untergrund:** Schotter; **Service:** Strom, Trinkwasser, WLAN; **Preiskat.:** €; **Kontakt:** Auf dem Loh 12, 57392 Schmallenberg, Tel. 02972 978555, www.freizeitwelt-sauerland.de/wohnmobilstellplaetze

### 179 Almhütte Schanze

GPS 51.13071, 8.36843

An einem Skihang mit südlicher Ausrichtung gelegen, bietet die Almhütte Schanze einen weiten Blick über die Sauerländer Wälder. Der Wohnmobilstellplatz befindet sich direkt an der Hütte. Zahlreiche Wanderwege führen direkt vorbei. In der urigen Hütte, die mit allerlei Fundstücken und Sammelsurium dekoriert ist, kann bei deftigen Brotzeiten und warmen Gerichten geschlemmt werden. Für Selbstversorger ist eine Grillstelle vorhanden. **Lage/Anfahrt:** über B236 und K17, im Zentrum von Grafschaft Richtung Süden auf „Am Stünzel" fahren; **Platzanzahl:** 10; **Untergrund:** Schotter, Wiese; fest; **Service:** Strom, Trinkwasser, Abwasser, Chemie-WC, Gas-Service, Brötchenservice; **Preiskat.:** €; **Geöffnet:** ganzjährig; **Kontakt:** Schanze 24, 57392 Schmallenberg-Schanze, Tel. 02975 400, www.skihuette-schanze.de

**TIPP KYRILL-PFAD SCHANZE**

Auf dem ca. 1 km langen Pfad im Ort Schanze kann der Besucher die Sturmschäden des Orkans Kyrill nachvollziehen. Der Pfad beginnt an der Ranger-Station. Es können Führungen beim Landesbetrieb Wald und Holz NRW angefragt werden (Forstamt Oberes Sauerland, Tel. 02972 97020).

### 180 Hotel Kleins Wiese

GPS 51.21035, 8.32327

Mitten im Schmallenberger Sauerland, von weitläufigem Grün eingerahmt, liegt der Stellplatz in unmittelbarer Nähe zum Hotel Kleins Wiese. Auf dem hoteleigenen Stellplatz kann bei Nutzung des gastronomischen Angebots (Frühstück oder Restaurantbesuch) kostenlos übernachtet werden. Lediglich Strom wird mit 2 €/Tag berechnet. **Lage/Anfahrt:** über B236, B511 und L776; **Platzanzahl:** ca. 20; **Untergrund:** Schotter; **Service:** Strom, Trinkwasser; **Preiskat.:** €; **Geöffnet:** ganzjährig; **Kontakt:** Kleins Wiese 1, 57392 Schmallenberg, Tel. 02974 96960, www.hotel-kleins-wiese.de

## 181 Wohnmobilstellplatz Hotel & Gasthof Hubertushöhe

GPS 51.11496, 8.33551

Der Stellplatz liegt ruhig, ohne Durchgangsverkehr am Ende eines Tales im Dorf Latrop. Die Gastronomie im Hotel kann in Anspruch genommen werden. Ideal für ausgedehnte Wanderungen. **Lage/Anfahrt:** über B236, in Fleckenburg Richtung Südosten auf die Latroper Str.; **Platzanzahl:** 8; **Untergrund:** Schotter, fest; **Service:** keiner; **Preiskat.:** €; **Geöffnet:** ganzjährig; **Kontakt:** Latrop 11, 57392 Schmallenberg, Tel. 02972 97110, www.hubertushoehe-latrop.de

# Wenholthausen

Der Luftkurort Wenholthausen ist der zweitgrößte Ort der Gemeinde Eslohe. In dem kleinen Ort finden sich überraschend viele gastronomische Angebote. Im **Backhaus Wenholthausen** (Südstraße 33, www.sauerland.com/Media/Attraktionen/Backhaus-in-Wenholthausen, um Anmeldung wird gebeten) kann man dem Bäckermeister einmal wöchentlich beim Brotbacken über die Schulter sehen. Es wird Kaffee, Kuchen und frisches Steinofenbrot angeboten.

Die Region um Wenholthausen und Schmallenberg wurde mehrfach mit dem Prädikat „Bundesgolddorf“ ausgezeichnet. Diese Auszeichnung erhalten besonders schön gepflegte, gut erhaltene Dörfer. Zwölf gekennzeichnete **Golddorf-Routen** führen um die Dörfer. Um Wenholthausen schlängelt sich eine ca. 11 km lange Route, auf der man die Natur, Kultur und Gastronomie der Region entdecken kann. Am **Wanderportal** (Königstraße 3, 59889 Eslohe) an der **historischen Wennebrücke** befinden sich Info-Tafeln und Wegweiser für weitere Wanderwege.

Für einen entspannten Spaziergang empfiehlt sich ein Besuch der 80 m langen **Erdenklang**

### TIPP BRAUEREIBESICHTIGUNG BEI VELTINS

Im nur 6 km entfernten Grevenstein ist die bekannte Brauerei Veltins ansässig. Wie ein frisches Veltins entsteht, kann bei einer Brauereiführung in Erfahrung gebracht werden. Die Anmeldung erfolgt über die Internetseite (An der Streue, 59872 Meschede-Grevenstein, www.veltins.de/frisches-veltins/brauerei-besichtigung).

Der Hennesee in malerischer Landschaft

**Hecke** (Habbeckestraße 18, 59889 Eslohe) am Erdenklang Haus, aus der leise Musik klingt. Nach einer ca. 2,5 km langen Wanderung kann der **Esmecke-Stausee** erreicht werden. An dem von Wald umgebenen Badesee mit Liegewiese lässt es sich entspannen.

Direkt durch den Ort führt der teilweise auf alten Bahntrassen verlaufende 84 km lange **Sauerland Radring** (www.sauerlandradring.de), genauer gesagt, die 43 km lange **HenneseeSchleife,** die den Radring nach Meschede und zum Hennesee erweitert. Kleine Museen, naturnahe Bäder und ein 700 m langer Fledermaustunnel können auf dieser Tour besucht werden.

Im **Dampf Land Leute Museum Eslohe** (Homertstraße 27, 59889 Eslohe, www.museum-eslohe.de) werden mithilfe von modernen Präsentationsmitteln und einer Sammlung alter Maschinen und Gebrauchsgegenstände die Geschichte der Dampfmaschine um die Jahrhundertwende und das frühere Leben und Arbeiten der Sauerländer dargestellt.

**Tourist-Info,** Schultheißstr. 2, www.ferienregion-eslohe.de

## 182 Campingplatz Landgasthof Seemer

GPS 51.28806, 8.17787

Idyllisch und ruhig an einem Bach gelegener Platz mit Blick in die Natur. Ein Besuch der Gaststätte sollte eingeplant werden. Der Saunabereich des Gasthofs steht auch den Campern zur Verfügung. **Lage/Anfahrt:** über B511, B55 und L541; **Platzanzahl:** 6; **Untergrund:** Schotter, Wiese, fest; **Service:** Strom, Trinkwasser, je nach Stellplatz ist eine Kabellänge von 30 m erforderlich, Brötchenservice; **Preiskat.:** €€; **Geöffnet:** ganzjährig; **Kontakt:** Südstraße 4, 59889 Eslohe-Wenholthausen, Tel. 02973 570, www.seemer.de/camping

Der 52 Meter hohe Bigge-Staudamm nahe Attendorn

## Biggesee

Der Biggesee gehört mit seinen 8,76 km² und einem maximalen Volumen von 171 Mio. Kubikmetern zu den größten Stauseen in Deutschland. Er dient der Regulierung von Bigge, Lenne und Ruhr sowie der Wasserversorgung des Ruhrgebiets. Zusätzlich wird die Talsperre für den Hochwasserschutz und zur Stromgewinnung durch ein ca. 22-Mio.-kWh-Wasserkraftwerk genutzt.

Das **Naturerlebnisgebiet Biggesee-Listersee** hat eine hohe touristische Anziehungskraft. Die Wasserqualität wird von der EU-Kommission als ausgezeichnet eingestuft. Neben zahlreichen Wassersportangeboten wie Segeln, Surfen, Rudern, Paddeln, Angeln und Tauchen ist auch im Uferbereich eine touristische Infrastruktur entstanden. So führt z. B. der **Bigge-Lister-Wanderweg** (www.sauerland.com/Media/Touren/Bigge-Lister-Wanderweg) auf 46 Kilometern teils direkt am See oder über Höhenstrecken um die Bigge- und Listertalsperre. Die Wegebahn **Biggolino** (www.biggolino.de) verbindet am nördlichen Ufer die **Atta-Höhle** in Attendorn mit dem **Bigge-Staudamm.** Mit den Ausflugsdampfern MS Bigge und MS Westfalen der **Weißen Flotte** (www.biggesee.de) kann der See von April

### TOUR BIGGE-LISTER RADRING

Verschiedene Routen stehen zur Wahl, z. B. die 50 km lange Seenroute für den gemütlichen Fahrradausflug mit der Familie oder die anspruchsvollere 64 km lange Höhenroute für Mountainbiker oder E-Biker. Die Seenroute kann durch gekennzeichnete Alternativstrecken verkürzt werden (www.biggesee-listersee.com/de/erlebnisse/raderlebnis).

**TIPP ATTA-HÖHLE**

1800 m der insgesamt 6700 m langen Atta-Höhle sind für die Öffentlichkeit zugänglich. Die Tropfsteinhöhle ist die größte bekannte Höhle Nordrhein-Westfalens und ihr Gangsystem gehört zu den längsten in Deutschland. Ein Wohnmobilstellplatz mit acht Plätzen befindet sich auf dem Parkplatz (Finnentroper Straße 39, 57439 Attendorn, www.sauerland.com/media/attraktionen/attendorner-tropfsteinhoehle).

**TIPP ELSPE FESTIVAL**

Die menschlichen und tierischen Darsteller zeigen bei Veranstaltungen wie den berühmten Karl-May-Festspielen im Sommer oder der 4-Gang-Dinnershow im Winter ihr Können. Auf der Naturbühne, der Festival-Halle und weiteren Locations im Western-Stil finden das ganze Jahr über Events, Workshops und Konzerte statt (Zur Naturbühne 1, 57368 Lennestadt-Elspe, www.elspe.de).

bis Oktober im regulären Linienverkehr oder im Rahmen einer Eventfahrt befahren werden. Am südlichen Ortsrand von **Sondern,** 550 m von einem großen Parkplatz entfernt, befindet sich der **Bootsverleih Biggesee** (Strandweg 2). Es können Tret-, Bade-, und Elektroboote ausgeliehen werden. Angler können Ruder- und Elektroboote mit Echolot mieten. Über den Ruhrverband (www.angeln-im-sauerland.de/aktuell) können unterschiedliche **Angelerlaubnisse** und Bootsplaketten für den Biggesee und Listersee erworben werden.

**Tourist-Info Attendorn,** Schüldernhof 17, www.biggesee-listersee.com

**Tourist-Info Olpe,** Westfälische Str. 11, www.olpe-erleben.de

*Der Biggesee kann per Schiff erkundet werden*

## 183 Naturcamping Kessenhammer Biggesee

GPS 51.06012, 7.85745

An einem Seitenarm des Biggesees am Ostufer gelegen, ist der Platz besonders für aktive Naturfreunde geeignet. Wassersport, Wandern und Radfahren können gut kombiniert werden. **Lage/Anfahrt:** über B55 oder K17 und L563; **Platzanzahl:** 30; **Untergrund:** Wiese; **Service:** Strom, Trinkwasser, Abwasser, Chemie-WC, Restaurant; **Preiskat.:** €€€€; **Geöffnet:** ganzjährig; **Kontakt:** Kessenhammer 3, 57462 Olpe, Tel. 02761 94420, www.naturcamping-biggesee.de

## 184 Vier Jahreszeiten – Camping-Biggesee

GPS 51.07427, 7.85730

Auf einer Halbinsel gelegene Camping- und Freizeitanlage mit Badestelle (Strandbad mit Aufsicht und Bade- und Eventinsel sind gebührenpflichtig), Freizeitraum, Spielplatz, Animationsprogramm für Kinder, Minimarkt, Restaurant Taverne am See, Sauna, Tauchschule, Sportplatzanlage mit Kunstrasen u. v. m. **Lage/Anfahrt:** über B55 oder K17 und L563; **Platzanzahl:** ca. 130; **Untergrund:** Schotter, Schotterrasen, Wiese, fest; **Service:** Strom, Trinkwasser, Abwasser, Chemie-WC, WLAN, Gas-Service; **Preiskat.:** €€€€; **Geöffnet:** ganzjährig; **Kontakt:** Am Sonderner Kopf 3, 57462 Olpe-Sondern, Tel. 02761 944111, www.biggesee.freizeit-oasen.de

Barbara und Hans Otzen

# Die Vulkaneifel

Bad Neuenahr-
Sinzig
Bad Breisig
Bad Hönningen
Neuwied
Andernach
Weißenthurm
Mülheim-Kärlich
Vallendar
Bendorf
Koblenz
Lahnstein
Maria Laach
Mendig
Mayen
Polch
Münster-maifeld
Boppard
Adenau
Hillesheim
Gerolstein
Daun
Ulmen
Kaisersesch
Cochem
Mosel
Gillenfeld
Manderscheid
Zell (Mosel)
Kastellaun
Wittlich
Traben-Trarbach
Bernkastel-Kues
Kirchberg (Hunsrück)
Simmern /Hunsrück
Schweich
Trier
Morbach
Kirn
Idar-Oberstein
Hermeskeil
Birkenfeld
Eifel
Hunsrück
Moselberge
Idarwald
Soonwald
185
186
187
188
189
190
0 5 km
© Reise Know-How 2021

*Kreisrund erstreckt sich das Pulvermaar inmitten eines bewaldeten Kraterrandes*

### TOUREN-ÜBERBLICK

**Routenempfehlung:** Maria Laach – Daun – Ulmen – Gillenfeld
**Länge gesamt:** ca. 76 km
**Dauer:** ca. 5 Tage
**Reisezeit:** Frühjahr bis Spätherbst. Wetterkapriolen im Winter können die Straßenverhältnisse zum Problem machen.

Die Eifel ist hoch explosiv. Im Lauf von Jahrmillionen hat der Vulkanismus dieses Mittelgebirge im wahrsten Sinne des Wortes durchlöchert. Vulkankuppen und die einzigartigen Maare sind das Ergebnis des zornigen Erdinnern. Doch hat eine Wohnmobiltour in die Eifel über diese Seen hinaus noch mehr zu bieten. Da gibt es altehrwürdige Gotteshäuser, Burgen aus früheren Zeiten, Museen zur Historie der Eifel, leckeres Essen, Spiel und Spaß und vor allem viel Natur. Maria Laach ist dank dem See und der Abtei eine der bedeutendsten Sehenswürdigkeiten der gesamten Eifel. Hier lohnt es sich auch, längere Zeit zu verweilen, um Natur und Kultur in aller Ruhe zu genießen. Die Straßenverhältnisse sind gut, aber kurvig – wie auch nicht anders zu erwarten. Alle Campingplätze sind problemlos zu erreichen. Einzig etwas knifflig kann die Begegnung mit Motorradfahrern werden, die oftmals in Gruppen die kurvigen Straßen für sich einnehmen, was breiten Wohnmobilen Probleme bereiten kann. Also: Aufgepasst!

### INFO HOCH EXPLOSIV: DIE MAARE DER EIFEL

Die Eifel ist eine naturgeprägte Landschaft. In erdgeschichtlichen Zeiträumen hob und senkte sich das Gebiet, das zeitweise auch vom Meer überflutet war, und ließ ein Rumpfgebirge entstehen, das in der letzten Eiszeit durch die anschwellenden Flüsse strukturiert wurde. In mehreren Perioden durchlöcherte der Vulkanismus das Gebiet. So entstanden Vulkankegel, von denen die Hohe Acht (747 m) der höchste, der Nürberg (678 m) – mit der Nürburg und der dort herumführenden Autorennstrecke – der bekannteste ist. In jüngster Zeit prägte eine besondere Form des Vulkanismus das Eifelgebiet aufs Neue. Immer dann, wenn aufsteigendes Magma mit Grundwasser zusammentraf, gab es Wasserdampfexplosionen von ungeheurer Energie, die Trichter hinterließen, die sich mit der Zeit mit Wasser füllten. So entstanden die Maare, die „Augen der Eifel", wie sie die Eifel-Schriftstellerin Clara Viebig einmal nannte. Die meisten der über 70 Maare der Vulkaneifel verlandeten im Lauf der Zeit, zwölf von ihnen sind als Maarseen immer noch mit Wasser gefüllt – einmalig in Deutschland!

Majestätisch erhebt sich die Abteikirche Maria Laach am Laacher See

## Maria Laach

Malerisch erhebt sich die altehrwürdige Abteikirche Maria Laach über dem See. Der Vulkanausbruch, der diesen See entstehen ließ, hat erst vor weniger als 12.000 Jahren stattgefunden, erdgeschichtlich ein Wimpernschlag. Sein Auswurfmaterial, genannt Tephra, schüttete nicht nur das Rheintal zu, sondern verbreitete sich über weite Teile Mittel- und Nordeuropas. Noch heute brodelt es unter dem Laacher See, wie die perlenden Kohlendioxyd-Austritte (sogenannte Mofetten) in seinem Wasser zeigen.

Am Nordrand des Sees stiftete Pfalzgraf Heinrich zusammen mit seiner Gemahlin Adelheid von Meißen-Orlamünde im Jahr 1093 die **Abtei Maria Laach** (www.maria-laach.de), die nach über hundertjähriger Bauzeit im romanischen Stil fertiggestellt wurde. Den Abschluss der Bauarbeiten bildete der zwischen 1220 und 1230 erfolgte Vorbau des sogenannten **Paradieses** an der Westfront der Kirche. Die Einwölbung wurde erst später im 13. Jahrhundert vorgenommen. Mächtig zeigen sich das jeweils mit Türmen versehene Ost- und Westwerk, harmonisch verbunden durch das Langhaus. Das Ostwerk mit der Krypta darunter war den Mönchen vorbehalten, mit dem geradezu festungshaft ausgebauten Westwerk wollte der Herrscher den kirchlichen Ansprüchen im Heiligen Römischen Reich Deutscher Nation entgegentreten. In dieser Architektur kommt der im Lauf des Mittelalters zunehmende Gegensatz zwischen weltlicher Macht und kirchlichem Anspruch zur Geltung. Besondere Beachtung sollte das Paradies mit seinen skulptierten Friesen finden, die auch weltliche Themen verarbeiten, wie z.B. der „Haarraufer", der Figuren darstellt, die sich streitend in den Haaren liegen. Auch der Teufel kommt vor, der die *peccata populi,* die Sünden des Volkes, notiert. Die barocken Nebengebäude der Abtei Maria Laach sind bis auf einen 1775 errichteten Flügel und ein Gartenhaus aus dem 19. Jahrhundert nicht mehr vorhanden. Die heutigen Abteigebäude stammen aus dem 20. Jahrhundert.

## TOUR RUNDWANDERWEGE UM DEN LAACHER SEE

**Seeuferweg:** Auf der 8 km langen, auf gut begehbaren Wanderwegen verlaufenden Strecke sind kaum Steigungen zu bewältigen (bis auf den Aufstieg zum Haus Waldfrieden).

**Kraterrandweg:** Auf 13 Kilometern weitgehend gut begehbaren Wanderwegen sind viele Höhenunterschiede mit einigen kräftigen Steigungen zu überwinden.

Der Verlauf beider Wanderwege findet sich unter www.maria-laach.de/laacher-seetal/wanderwege.html.

### 185 Campingplatz Laacher See

GPS 50.423358, 7.267264

Ruhige Lage im Naturschutzgebiet Laacher See, lang gestrecktes terrassiertes Gelände, Liegewiese direkt am See, von fast allen Plätzen Blick auf den See, teilweise auf die Abtei, mit Gastronomie, Bademöglichkeit, behindertengerecht. **Lage/Anfahrt:** A 61 Abfahrt Mendig, L173 Richtung Maria Laach, an der Abtei vorbei, nach 2 km Zufahrt zum Platz; **Platzanzahl:** 120 Plätze für Kurzurlauber (Wohnmobile bis 8 m Länge); **Untergrund:** überwiegend Wiese, auch Schotter, Pflaster; **Service:** Strom, Trinkwasser, Abwasser, Chemie-WC, WLAN; **Preiskat.:** €€€; **Geöffnet:** April–Sept.; **Kontakt:** Am Laacher See L113, 56653 Wassenach, Tel. 02632 490017, www.camping-laacher-see.com

## TIPP ABSTECHER NACH MAYEN UND MONREAL

Auf dem Weg von Maria Laach nach Ulmen (42 km) kommt man an Mayen und Monreal vorbei, zwei sehenswerten Orten, die einen Zwischenstopp lohnen.

**Mayen** bietet mit der Genovevaburg und dem darin untergebrachten Museum Deutsches Schieferbergwerk Einblicke in die Entstehung der Eifellandschaft und das Alltagsleben der Bewohner. Es geht hinab in den Stollen unter der Burg, wo man mit dem Schieferabbau vergangener Tage vertraut gemacht wird (Mario-Adorf-Burgweg 1, 56727 Mayen www.mayen.de).

**Monreal** ist ein reizvolles Bauensemble aus prächtig renovierten Fachwerkhäusern mit spätgotischer Kirche unter zwei Burgruinen. Reizvolle Cafés bieten Einkehr bei Kaffee und Kuchen, wie z. B. das Café Plüsch (www.monrealeifel.de, www.cafe-plüsch-monreal.de).

*In der Eingangshalle der Abtei Maria Laach*

Dem Besucher bietet die Abtei Maria Laach ein Seehotel mit Restaurant, eine Gaststätte, einen Buchladen (www.maria-laach.de/buchhandlung), eine Gärtnerei, eine Kunstschmiede, eine Bildhauerei und einen Bio-Hofladen (www.klostergut-maria-laach.de), in dem die Produkte des verpachteten Landwirtschaftsbetriebs verkauft werden. Die Kirche ist tagsüber geöffnet.

ⓘ **Tourist-Info,** Maria Laach, www.vulkanregion-laacher-see.de

## Ulmen und das Ulmener Maar

Unmittelbar an der Autobahn A 48 liegt Ulmen. Der Ort am **Ulmener Maar** wird vo einer um das Jahr 1000 errichteten **Burg** au dem Kraterrand des Sees überragt. Ihr berühmtester Ritter war Heinrich von Ulmen der im vierten Kreuzzug (1200–1204) mi den Staufern nach Palästina zog und aus Byzanz eine wertvolle Staurothek (eine Lade zu Aufbewahrung einer Reliquie) mitbrachte, di heute noch im Dom zu Limburg zu besichtigen ist. Später entwickelte sich Daun zu einen Raubritternest, sodass sich der Trierer Bischo Balduin veranlasst sah, dem Treiben ein End zu setzen – und er sich die Herrschaft Dau einverleibte. Im 19. Jahrhundert wurde die ruinöse Burg auf Abbruch verkauft. So entstanden viele Häuser des Orts aus den Steinen de Ulmener Burg. Diese zeigen heute zusamme mit der Ortspfarrkirche ein malerisches Bil über dem Ulmener Maar. In zweijährigen Rhythmus, immer in den ungeraden Jahren findet im Juli auf dem Gelände der Ulmene Burgruine ein **Burgfest** statt.

Der Vulkanausbruch, der das Ulmener Maa erschuf, erfolgte vor 10.000 Jahren und hinterließ einen kreisrunden Krater, der heut 37 Meter tief mit Wasser gefüllt ist. Es handel sich dabei um den jüngsten Vulkankrater Mit

**TOUR SPAZIERGANG UM DAS ULMENER MAAR**

Der 2 km lange Rundweg um den See, vor der Ortskulisse mit Pfarrkirche, führt zur Burg hinauf, auch am Campingplatz Jungferweiher vorbei und natürlich in das Städtchen mit seinem alten Postplatz hinein.

teleuropas. An den Kraterrand schmiegt sich heute der Ort Ulmen an. Zur Seeregulierung wurde im 18. Jahrhundert ein Zu- und Abfluss eingerichtet. Nördlich des Orts und der Autobahn erstreckt sich mit dem **Jungferweiher** übrigens noch ein weiterer Maarsee. Dieser wurde von den Dauner Burgherren und ihren kurfürstlichen Nachfolgern als Fischteich genutzt. Dann verlandete der See zum Trockenmaar. In den 1940er-Jahren wurde es wieder vernässt. Heute ist der kaum einen Meter tiefe Jungferweiher mit seinen Schilfgürteln ein wahres Vogelparadies.

ⓘ **Tourismusamt Ulmen,** Marktplatz, www.gesundland-vulkaneifel.de

## 186 Campingplatz Jungferweiher

GPS 50.218588, 6.974194

1,5 ha großer, landschaftlich reizvoll und ruhig am Rand des Jungferweihers gelegener Platz. **Lage/Anfahrt:** A61 Abfahrt Ulmen, auf B257 Richtung Kelberg, erste Abfahrt rechts L101 bis zum nächsten Kreisel, dann zweite Ausfahrt Ladestraße zum Campingplatz; **Platzanzahl:** 37 Plätze für Kurzurlauber, davon einige für Wohnmobile, mit freiem Blick auf den See; **Untergrund:** überwiegend Wiese, auch Schotter; **Service:** Strom, Trinkwasser, Abwasser, WLAN, Imbiss; **Preiskat.:** €€; **Geöffnet:** ganzjährig; **Kontakt:** Am Jungferweiher 4, 46766 Ulmen, Tel. 02676 9519113, www.campingplatz-jungferweiher.de

## Daun und die Dauner Maare

Die Ursprünge von Daun gehen auf eine schon vor dem Jahr 1000 errichtete Burg der Herren von Duna zurück. Das Rittergeschlecht starb aus, die Erzbischöfe von Trier übernahmen die Herrschaft. Die Burganlage wurde Ende des 17. Jh. von französischen Truppen zerstört. Heute sind nur noch die Ringmauer mit dem Wächterhaus und eine Bastei verblieben. 1712 wurde auf dem Burgareal das Kurtrierische Amtshaus teilweise aus Mauersteinen der alten Burg errichtet. 1980 wurde es durch den Anbau eines dritten Traktes zu einer dreiflügeligen Anlage erweitert und firmiert heute als **Hotel Kurfürstliches Amtshaus.** Unterhalb der Burg sind noch historische **Burgmannenhäuser** erhalten. Die romanische **Ortspfarrkirche** mit dem Turm aus dem 10. Jahrhundert zählt zu den ältesten Kirchen der Eifel. Heute stellt sich Daun als heilklimatischer **Kur- und Kneipport** inmitten der Eifeler Waldlandschaft mit den drei reizvollen Maaren Gemündener Maar, Weinfelder Maar und Schalkenmehrener Maar dar. Die Dauner Maare gruppieren sich mit ganz unterschiedlichem Charakter um den südlich von Daun gelegenen **Mäuseberg.** Sie entstanden vor ca. 20.000–30.000 Jahren. In 407 m Höhe erstreckt sich das **Gemündener Maar** (Maarstraße) nur zweieinhalb Kilometer südlich von Daun. Baden ist im Freibad (www.dauner-bäder.de/gemuendener-maar) möglich, es gibt Liegewiesen und einen Bootsverleih.

*Wie Augen stechen die Maare aus den Wäldern hervor*

## TIPP WILD- UND ERLEBNISPARK DAUN

Anregungen für Groß und Klein bietet der Wild- und Erlebnispark Daun am Wendsberg. Hier kann man heimisches Rotwild, Damwild und Mufflons auf einer acht Kilometer langen Straße durch den 200 Hektar großen Wildpark, nur durch das Autofenster getrennt, erleben. Dazu gibt es eine Affenschlucht mit Berberaffen, Wildyaks, Lamas und Nandus sowie ein Greifvogelgehege. Spiel und Spaß bieten zusätzlich ein Abenteuerspielplatz und eine Sommerrodelbahn (Wildparkstraße 1, www.wildpark-daun.de, geöffnet Mitte März bis Mitte Nov.).

Das **Weinfelder Maar** wird im Volksmund auch Totenmaar genannt. Am Maar lag früher der kleine Ort Weinfeld, dessen Bewohner infolge einer Pestepidemie ausstarben. Der Ort wurde nie wieder besiedelt, aber die Ortskapelle, die auf das 14. Jahrhundert zurückgeht, erhebt sich noch am Kraterrand. Der Friedhof der Kirche ist noch in Benutzung, daher auch die volkstümliche Bezeichnung des Maars. Das Weinfelder Maar weist eine Fläche von 16,8 Hektar auf und ist 51 Meter tief – damit ist es das tiefste der drei Dauner Maare. Ein Rundweg führt um das Maar, hier angesiedelte Esel und Ziegen beweiden den Kraterrand, um die Kulturlandschaft im ursprünglichen Zustand mit viel Ginsterbewuchs zu erhalten. Das südlichste der Dauner Maare ist das **Schalkenmehrener Maar** (Pitt-Kreuzberg-Weg, 54552 Schalkenmehren, www.schalkenmehren-eifel.de), benannt nach dem Dorf am See. Sein Seespiegel erstreckt sich 65 Meter unter dem des Weinfelder Maars. Die Maarfläche besteht aus zwei Ausbruchszentren, die

### 187 Wohnmobilpark Vulkaneifel

GPS 50.170035, 6.871294

Oberhalb der Verbindungsstraße von Mehren nach Schalkenmehren gelegener Platz, angelegt auf einer ehemaligen Bahntrasse unweit des vormaligen Schalkenmehrener Bahnhofs – die Strecke ist längst stillgelegt. Barrierefrei, kein Schatten, ebenes Gelände mit einem Funktionsgebäude. **Lage/Anfahrt:** A1 Abfahrt Mehren, auf B421 Richtung Mehren, am Ortsbeginn links in die Schalkenmehrener Straße einbiegen, nach gut 1 km rechts Auffahrt zum Wohnmobilpark; **Platzanzahl:** 37 Plätze in zwei Reihen, maximale Länge 10 m; **Untergrund:** Die vorderen fünf Plätze auf Pflaster, ansonsten auf Schotter; **Service:** 31 Plätze mit Stromversorgung, Trinkwasser, Abwasser, Chemie-WC, WLAN; **Preiskat.:** €€; **Geöffnet:** ganzjährig; **Kontakt:** Schalkenmehrener Straße 18, 54552 Schalkenmehren, Tel. 0176 72853544, www.wohnmobilpark-vulkaneifel.de

## 188 Camping am Maar

GPS 50.166798, 6.857026

Direkt am Maar gelegener, ortsnaher Platz für Wohnmobile, Wohnwagen und Zelte in unmittelbarer Nachbarschaft zum Naturfreibad am Gemündener Maar, mit herrlicher Aussicht über den See, zum Hotel Schneider zugehörig. **Lage/ Anfahrt:** A1 Abfahrt Mehren, auf B421 Richtung Mehren, am Ortsbeginn links in die Schalkenmehrener und in der Fortsetzung Mehrener Straße nach Schalkenmehren einbiegen, im Ortskern am Hotel Schneider die Einfahrt zum See herunterfahren – sehr eng und steil; **Stellplätze:** 40; **Untergrund:** Wiese, teils uneben, teils schattig; **Service:** Strom, WLAN, gastronomische Versorgung im fußläufig zu erreichenden Hotel; **Preiskat.:** €€; **Geöffnet:** ganzjährig; **Kontakt:** Maarstraße 22, 54552 Schalkenmehren, Tel. 06592 95510, www.hotelschneider.de

nur durch eine 400 Meter breite Gesteinsmauer voneinander getrennt sind. Der ältere Maarkessel ist bereits vermoort, wozu der Ausbruch des jüngeren Kessels beigetragen hat, denn seine Tephra schüttete den älteren Kessel zu. An seinem Südufer erstreckt sich der reizvolle Urlaubsort **Schalkenmehren,** in dem der Be-

sucher reichlich Gelegenheit findet, sich zu erholen, zu übernachten und einzukehren. Angeln, Schwimmen, Bootfahren, Surfen und Baden sind im Naturfreibad erlaubt.

**Tourismusbüro Daun:** Leopoldstr. 5, www.gesundland-vulkaneifel.de.

## Gillenfeld und seine Maare

Der Ursprung von Gillenfeld liegt im Koblenzer St. Floriansstift, das hier seit dem 11. Jahrhundert die Landesherrschaft innehatte. Mit einer im Jahr 1066 unter Kaiser Heinrich II. ausgestellten Urkunde wurde dem Stift das Markt-, Münz- und Zollrecht zu *Gilliveld* übertragen. Das Stift belehnte die Herren von Kerpen mit der Herrschaft Gillenfeld. Später ging die Herrschaft an die Herzöge von Arenberg über. Bis zum Ende der Feudalzeit übten so das Floriansstift und die Arenberger gemeinsam die Grundherrschaft in Gillenfeld aus. Heute ist Gillenfeld ein attraktiver Ferienort, in dessen Umfeld sich eine Vielzahl vulkanischer Eruptionsstellen unterschiedlichster Art anzuschauen lohnt. Dazu zählt in erster Linie das östlich gelegene **Pulvermaar** mit Römerberg und Strohner Märchen, dessen trichterförmige Gestalt noch durch die steilen, bewaldeten Uferhänge unterstrichen wird. Das fast

**TIPP EIFELER GLOCKENGIESSEREI**

In der Glockengießerei Brockscheid werden seit 1620 Glocken (und auch Kanonen) gegossen. Hier kann man heute noch hautnah miterleben, wie die Form aus Lehm, versetzt mit Rinderhaaren und Pferdemist, hergestellt wird (Eifeler Glockengießerei, Glockenstraße 51, 54552 Brockscheid, Mo.–Sa. stündlich 10–12 und 14–16 Uhr, Führungen Nov.–März Mo.–Fr. 15 Uhr (außer feiertags).

*Von den drei Dauner Maaren sind rechts das Weinfelder Maar und links das Schalkenmehrener Maar zu sehen*

Im Herbst spiegelt sich das bunte Laub auf der glatten Oberfläche der Maare

kreisrunde Maar und die umliegenden Seen sind zwar Naturschutzgebiet, aber Baden, Bootfahren und Angeln sind möglich. (Naturschwimmbad Pulvermaar, www.feriendorf-pulvermaar.de). Wie der Name schon sagt, handelt es sich bei dem **Strohner Märchen** nur um eine kleine vulkanische Erscheinung. Tatsächlich ist es kein Maar, sondern ein Vulkankrater, der sich mit Wasser füllte, verlandete und in dem heute ein Hochmoor wächst. Seine ausgeworfene Schlacke bildet den zwischen Pulvermaar und Strohner Märchen gelegenen **Römerberg.**

Nochmals südwestlich liegt das **Immerather Maar.** Es handelt sich um ein tatsächlich durch Dampfexplosion entstandenes Maar. Es wurde um 1750 durch Anlage eines Abflusses trockengelegt. Doch während des Ersten Weltkriegs, als keine landwirtschaftliche Verwendung des feucht gewordenen Gebiets mehr gegeben war, versumpfte der Bach und das Maar füllte sich wieder. Heute beträgt seine durchschnittliche Tiefe 2 Meter.

Westlich von Gillenfeld, an der L16 reizvoll inmitten eines Waldareals gelegen, befindet sich das **Holzmaar.** Seine heutige Fläche von fast 7 Hektar bei einem Durchmesser von 325 Metern und einer Tiefe von 21 Metern verdankt es der Aufstauung eines Quellbaches, der das Maar durchläuft, die einst dazu diente, eine unterhalb gelegene Wassermühle zu speisen. Im gleichen Waldareal befindet sich das **Dürre Maar.** Hier ist der Verlandungsprozess schon weit fortgeschritten. Die einstige Wasserfläche ist längst einem Hochmoor mit vielfältiger Flora und Fauna gewichen.

## 189 Pulvermaar Camping

GPS 50.134755, 6.923502

Kleiner, länglich zum See hin gestreckter, 3 Hektar großer Platz, herrliche Lage mit Panoramablick auf den See, Pulvermaar Badeanstalt fußläufig erreichbar, Schwimmen, Bootfahren, Spielgeräte. **Lage/ Anfahrt:** A1 Abfahrt Mehren, auf B421 Richtung Ürzig/Mosel, nach wenigen Kilometern dem Hinweisschild Pulvermaar rechts folgen; **Stellplätze:** 95, darunter besondere Wohnmobilstellplätze; **Untergrund:** Wiese, zum See hin abfallend; **Service:** Strom, Trinkwasser, Abwasser, Chemie-WC, WLAN, Kiosk, Café; **Preiskat.:** €€€; **Geöffnet:** April–Okt.; **Kontakt:** Am Pulvermaar 1, 54558 Gillenfeld, Tel. 06573 311, www.pulvermaarcamping.de

*Inmitten der waldreichen Eifel findet man das Holzmaar in der Nähe von Gillenfeld*

Zwischen Mehren und Brockscheid nahe der Autobahn A1 gelegen, wurde der **Sangweiher** im 19. Jahrhundert durch die Anlage von Entwässerungsgräben trockengelegt, um seine Fläche als Weide landwirtschaftlich zu nutzen. Durch Renaturierung erfolgte die Wiedervernässung. Heute bietet der Sangweiher zahlreichen Wasser- und Zugvögeln Lebens- und Ruheraum und ist deswegen zum Vogelschutzgebiet erklärt worden.

**Gemeinde- und Verkehrsbüro:** Am Markt 5, www.gillenfeld.de.

LITERATURTIPP

Ausführliche Informationen zu der attraktiven Ferienregion findet man im umfassenden Reiseführer „Eifel" aus dem Reise Know-How Verlag.

## 190 Wohnmobilhafen des Feriendorfs Pulvermaar

GPS 50.133416, 6.932002

Teil des Feriendorfs mit Campingplatz, Gelände auf dem Kraterwall des Pulvermaars vor hohem Buchenwald mit Blick über die Landschaft der Vulkaneifel, Gästehaus und Kiosk mit Brötchendienst im benachbarten Feriendorf, Kinderspielplatz, Tischtennisplatte. **Lage/Anfahrt:** A1 Abfahrt Mehren, auf B421 Richtung Ürzig/Mosel, nach wenigen Kilometern dem Hinweisschild Pulvermaar rechts folgen; **Stellplätze:** 40; **Untergrund:** weitgehend eben, teilweise befestigt; **Service:** Trinkwasser, Abwasser, Chemie-WC, WLAN in der Rezeption; **Preiskat.:** €; **Geöffnet:** ganzjährig; **Kontakt:** Auf der Maarhöhe, Vulkanstraße, 54558 Gillenfeld, Tel. 06573 287, www.feriendorf-pulvermaar.de

Sylke Liehr, Achim Rümmler

# Der Spreewald

Naturpark
Dahme-Heideseen
Klein Köris
Groß Köris
179
Dahme
Groß Eichholz
Kehrigk
Ahrensdorf
Limsdorf
Falkenberg
Kohlsdor
Tauch
Görsdorf b. Beeskow
Stremmen
Giesens-dorf
Münchehofe
Märkisch Buchholz
Halbe
Alt-Schadow
Werder
Kossen-blatt
Briescht
Ranzig
Neuendorf am See
Spree
Unter-
Hohenbrück-Neu Schadow
Pretschen
Wittmanns-dorf
Trebatsch
Teurow
Leibsch
spreewald
Neu Lübbenau
Wiese
Mittwei
Freidorf
Oderin
-Groß Wasserburg
Märkische
Gröditsch
Schwieloch
Kuschkow
Resser
Briesen
Krausnick-
Schlepzig
Krugau
Groß Leuthen
Neukrug
-Staakow
194
Dürrenhofe
Dollgen
Heide
Goya
6
Rietz-Neuendorf-
Unterspreewald
Siegadel
Groß Leine
Biebersdorf
Waldow /Brand
Hartmanns-dorf
87
Klein Leine
Waldow
Schön-walde
Groß-lubolz
Caminchen
Briesensee
Spreewaldheid
Freiwalde
115
7
Radensdorf
Laasow
Butzen
Zützen
Schiebsdorf
Lübben (Spreewald)
195
Neu Zauche
Niewitz
-Wußwerk
Jetsch
Kasel-Golzig
13
Neuendorf
Alt Zauche-
Straupitz
96
Kreblitz
115
Oberspree
Biosphären-reservat
Byhleguhr
Duben
8
E 36
Ragow
Lübbenau /Spreewald
Rüdings-dorf
E 55
Zieckau
Karche-Zaacko
Groß Radden
193
Gießmanns-dorf
192
Zöllmersdorf
Cahnsdorf
9
Spreewald
Burg (Spreewald)
Groß Beuchow
10
1
Boblitz
191
Luckau
Willmers-dorf
11
2
Naundorf
Langen-grassau
Freesdorf
Radduschs
Groß Lübbenau
Naturpark
Suschow
Heide-
Goßmar
Görlsdorf
Schlaben-dorf
Babow
Riedebeck
Bischdorf
15
Dubrau
Gehren
Beesdau
Zinnitz
3
Vetschau /Spreewald
blick
12
Koßwig
Eichow
Niederlausitzer
Groß Jehser
Wald-drehna
Borns-dorf
Mallenchen
Saßleben
E 36
Repten
Kriescho
Bergen
Calau
Buckow
Fürstlich Drehna
Bolschwitz
Landrücken
Klein Mehßow
Kemmen
Missen
Briese
Gahro
Crinitz
13
Werchow
Gahlen

## TOUREN-ÜBERBLICK

**Routenempfehlung:** Burg – Lübbenau/ Spreewald – Schlepzig – Lübben

**Länge gesamt:** ca. 70 km

**Dauer:** ca. 4–7 Tage

**Reisezeit:** Um in den vollständigen Genuss der besonderen Landschaft zu kommen, empfiehlt sich ein Besuch des Spreewalds von Frühjahr bis Herbst, wenn man per Fahrrad bzw. Boot draußen unterwegs sein kann.

Im Süden Brandenburgs liegt mit dem Spreewald eine einzigartige Kultur- und Naturlandschaft, die zu Fuß oder mit dem Rad erkundet werden kann. Am schönsten und intensivsten allerdings erschließt sich die Schönheit der Gegend vom Wasser aus. Ein weit verzweigtes Netz von „Fließen" (so wurden früher und werden hier noch heute Wasserläufe bezeichnet) ermöglicht es, per Paddelboot die Natur zu erleben, bunt schillernde Libellen und Enten beim Brüten zu sehen oder sogar Biber und Fischotter zu entdecken. An den Ufern findet man gelebte Traditionen, seien es errichtete Heuschober oder Fässer mit den berühmten Spreewaldgurken. Außerdem tragen die hier lebenden Sorben ihre kunstvollen Trachten mit Stolz und der Besucher kann ihnen z. B. in der Osterzeit beim kunstvollen Verzieren der Eier über die Schulter blicken und sich selbst daran probieren. Neben ganz viel Natur besticht der Spreewald mit kleinen Dörfern und Städtchen, in denen v. a. am Wasser quirliges Leben vorherrscht und viele Gasthäuser typische Gerichte der Spreewaldküche anbieten.

Kleinere Museen findet man hier ebenso wie Einkaufsmöglichkeiten und Handwerk. Übrigens sind alle Straßen- und Ortsschilder im Spreewald zweisprachig, was auf die lange Tradition der hier lebenden Sorben hinweist.

Der Spreewald umfasst ein überschaubares Gebiet, weshalb es sich anbietet, Ausflüge ganz ohne Auto zu unternehmen. Vieles kann erlaufen bzw. dank des sehr gut ausgeschilderten Radwegenetzes per Fahrrad erkundet werden. In fast jedem Ort gibt es Kanu-Ausleihstationen, an denen man aufs Wasser umsteigen und unter Aufbietung von etwas Muskelkraft die Perspektive wechseln kann. Camping- und Stellplätze im Spreewald sind wunderbare Ausgangsorte, um tiefer in die jeweilige Umgebung einzutauchen – und das auf ganz entspannte Art und Weise.

i www.spreewald.de,
www.spreewald-info.de

## Burg (Bórkowy)

Burg wurde schon 1325 erstmals urkundlich erwähnt und bis heute zeigt sich hier der Spreewald von seiner ursprünglichen Seite. Das hängt sicher auch damit zusammen, dass neben dem ältesten Ortsteil Burg-Dorf die Ortsteile Burg-Kauper und Burg-Kolonie als Streusiedlungen entstanden. Wegen des Wasserspiegels sowie der Bodenbeschaffenheit wurden hier die Häuser auf kleinen Erhebungen (Kaupen) errichtet. Am besten besteigt man einen der traditionellen Holzkähne im **Spreehafen Burg** (Am Hafen 1, www.spreehafen-burg.de) oder ab **Bootshaus Am Leineweber** (Hauptstraße 1, www.spreewald-paddeln.de), um unter kundiger Führung der Kahnfahrer diese Besonderheit zu entdecken. Natürlich bieten diese zwei Häfen neben einer Vielzahl kleinerer Anlegestellen in und um Burg die Möglichkeit, ein Kanu oder Paddelboot

*Vom Bismarckturm bietet sich ein guter Überblick über die Umgebung*

auszuleihen und die Umgebung auf eigene Faust zu erkunden. Will man auf dem festen Land bleiben, lohnt es sehr, den 27 m hohen **Bismarckturm** (Byhleguhrer Straße) zu erklimmen, um sich einen Überblick über die Landschaft zu verschaffen. Ebenso attraktiv ist ein Spaziergang durch den großen Kur- und Sagenpark, denn der beherbergt neben thema-

*Die alte „Kräutermühle" ist heute ein beliebtes Restaurant in Burg*

## 191 Kneipp- und Erlebniscamping an den Spreewaldfließen Burg

GPS 51.82559, 14.13918

Einer der schönsten Campingplätze im Spreewald, sehr naturnah, gepflegt und mit direktem Zugang zum Wasser, eigener Bootsanlegestelle, Kneippanlagen, Sauna, eigener Gaststätte und Bootsverleih. Die Ortschaft Burg mit ihren vielfältigen Angeboten lässt sich bequem auch per Rad oder zu Fuß erreichen. **Lage/Anfahrt:** Der Campingplatz liegt an einem Nebenarm der Spree wenige Hundert Meter südlich der Ortschaft Burg auf von Bäumen umsäumten Wiesenflächen. Die Zufahrt erfolgt über die Hauptstraße/Burg und die Vetschauer Straße; **Platzanzahl:** 80; **Untergrund:** Wiese, Sand, fest; **Service:** Strom, Trinkwasser, Abwasser, Chemie-WC; **Preiskat.:** €€€; **Geöffnet:** März–Dez.; **Kontakt:** Vetschauer Straße 1, 03096 Burg, Tel. 035603 750966, www.caravan-kurcamping.de

## TIPP INSELDORF LEIPE

Leipe gilt als ein Geheimtipp für Naturfreunde. Das Dorf mit seinen ca. 130 Einwohnern ist eines der ganz typischen und ursprünglichen Spreewaldorte. Es liegt auf einer etwa 800 m langen und 400 m breiten Schwemmsandinsel (auch Kaupe genannt), nur zwei Meter über der Spree, und war bis 1936 nur mit dem Kahn zu erreichen. Die Fließe waren einst die Straßen des Ortes, weswegen die Giebel der Häuser dem Wasser zugewandt sind. Manche der Häuser können auch heute nur von den Fließen aus angefahren werden. Zu jedem Hof gehört ein kleiner Hafen, die Restaurants können teilweise auch direkt mit dem Boot angesteuert werden. Mittlerweile führt auch eine Straße in den Ort, auf der es sich sehr gut mit dem Fahrrad ins Dorf radeln lässt.

tisch geordneten Gärten auch Skulpturen aus der sorbischen Sagenwelt. In der **Spreewälder Sagennacht** wird jedes Jahr zu Pfingsten ein Musikspektakel aufgeführt, das den Zuschauer auf eine Reise in die mystische Welt des Spreewalds mitnimmt. Immer am letzten Augustwochenende findet das **Heimat- und Trachtenfest** statt, auf dem man Einblicke in die Spreewälder Kultur mit ihren Bräuchen und ihrem Handwerk erhält.

**Tourist-Info Burg im Spreewald,** Am Hafen 6, www.burgimspreewald.de

Bei **Urban's Eis & Kaffeeladen** gibt es bis zu 16 frisch zubereitete Eisvarianten, darunter finden sich traditionelle Sorten, aber auch so ausgefallene Kreationen wie Gurkeneis oder Quarkeis mit Leinöl (Hauptstraße 39, www.cafe-urban.de).

Im Inseldorf Leipe

**TIPP SLAWENBURG RADDUSCH**

Am Originalstandort erinnert heute der Nachbau einer Slawenburg an eine längst vergangene Kultur. Die Burg mit ihrem neun Meter hohen Schutzwall kann besichtigt werden. In ihrem Innern informieren viele Ausstellungsstücke über das Leben der Slawen an diesem Ort vor rund tausend Jahren. Im Rundkino werden Filme über die Entwicklung der Region, vor allem den Kohleabbau, gezeigt und für Kinder gibt es jede Menge Mitmachangebote (Zur Slawenburg 1, 03226 Vetschau/Spreewald OT Raddusch, https://slawenburg-raddusch.de).

Das **Deutsche Haus** bietet typische Spreewälder Küche! Angeboten werden verschiedene regionale Gerichte, die man in der Gaststube und bei schönem Wetter auch im Biergarten genießen kann. Es können hier auch Paddelboote und Fahrräder ausgeliehen werden (Hauptstraße 2, https://spreewald-deutscheshaus.de).

Im Mühlenladen der **Spreewald mühle** werden über 200 verschiedene Artikel angeboten, darunter hochwertige Mehle, Vollkornflocken sowie Gewürze und Backsaaten. Die eigentliche Mühle existiert bereits seit dem 14. Jahrhundert und verarbeitet heute nur Produkte regionaler Vertragslandwirte. So ist die Produktionskette vom Korn bis zum fertigen Bäckerprodukt stets nachvollziehbar (Hauptstraße 31, www.spreewaldmuehle.de).

**INFO SORBEN**

Die Sorben sind eine kleine slawische Volksgruppe, die hauptsächlich in der Lausitz, genauer gesagt im Südosten des Landes Brandenburg (Niederlausitz) und im Nordwesten des Freistaats Sachsen (Oberlausitz), lebt. Slawische Stämme besiedelten schon vor über 1400 Jahren dieses Gebiet und ihre Kultur und Sprache sind bis heute lebendig geblieben. Sachsen und Brandenburg garantieren sogar in ihren Verfassungen den Schutz der sorbischen Sprache und Kultur.
In zahlreichen Verbänden und Vereinen kümmert man sich um die Erhaltung von sorbischen Bräuchen. Verschiedene, althergebrachte Trachten werden als äußeres Zeichen der Zugehörigkeit – vor allem von älteren Frauen – auch im Alltag getragen, zu besonderen Ereignissen tragen aber Sorben aller Altersgruppen ihre Festtrachten.
Überall im Spreewald stößt man auf Zeugnisse sorbischer Kultur. Feste wie das Osterreiten am Ostersonntag oder das Feiern der „Vogelhochzeit" werden gepflegt. Letztere wird vor allem in Kindergärten und Schulen begangen, wobei die Kinder sich als Vögel verkleiden und mit Tänzen, Liedern und Umzügen die Vogelhochzeit feiern. Der Tag endet mit einer „Abendhochzeit" für die Erwachsenen. Hintergrund dieses Brauches ist der Umstand, dass sich schon Ende Januar einige Vogelarten zu Paaren zusammenfinden und mit dem Nestbau beginnen. Immer am 25. Januar laden die Vögel als Dank für die Winterfütterung durch die Menschen diese zu ihrer Hochzeit ein.

*Im Großen Spreewaldhafen legen die Kähne an*

## Lübbenau/Spreewald (Lubnjow/Błota)

Lübbenau ist touristisch sehr gut erschlossen und hat für den Besucher so einiges zu bieten. Gleich zehn Anbieter laden zum Kahnfahren und Paddeln ein. So lockt der **Große Spreewaldhafen** (Dammstraße 77a, www.grosser-kahnhafen.de) mit Kahnfahrten, aber auch mit allerlei kleinen Geschäften und Imbissen sowie der „Gurkenmeile", wo man verschiedene eingelegte Gurken kosten und kaufen kann. Lübbenau ist die heimliche Gurkenhauptstadt des Spreewalds, denn nirgends sonst gibt es so viele Gurken verarbeitende Betriebe. Nur ca. 500 m vom Hafen entfernt findet man das **Spreewald Museum** (Topfmarkt 12, www.spreewald-info.de/ausflugsziele/museen/spreewald-museum-luebbenau). Hier wird gezeigt, wie Läden und Handwerksbetriebe einer florierenden Stadt des Spreewalds im 19. Jahrhundert aussahen. Außerdem kann man einen Blick in die originale Spreewaldbahn werfen, mit der früher Besucher anreisten. Ebenfalls nur wenige Minuten dauert es, bis man den **Schlosspark** erreicht hat, der von Fließen und der Hauptspree umschlossen wird und unter alten Bäumen entlang künstlich angelegter Teiche zum Spazieren einlädt. Das Areal diente schon als Drehort für den jährlich aus-

### INFO DIE SPREEWALDGURKE

Der Name ist ein geschützter Begriff und die sauer eingelegten Gurken sind eine begehrte Spezialität, für deren Herstellung ausschließlich einheimische Produkte verwendet werden. Als im 16. Jahrhundert ein holländischer Tuchfabrikant Gurkensamen nach Brandenburg brachte, begann der Siegeszug des grünen Gemüses. Heute werden die Köstlichkeiten überall im Spreewald in Hofläden, Werksverkäufen oder an Verkaufsständen zum Probieren angeboten. Ein kleines Gurkenmuseum befindet sich in Lehde, das über Gurkenanbau und -verarbeitung informiert. Jedes Jahr im Juni wird hier die Gurkenkönigin gekrönt. Im Übrigen sind es nicht nur die Gurken, die den Gemüseanbau im Spreewald ausmachen. Neben diesen werden saisonal bedingt auch frische Erdbeeren, Spargel oder Tomaten aus der Region angeboten.

gestrahlten Spreewaldkrimi und beherbergt neben dem großen Schloss auch eine Orangerie und andere ältere Gebäude. Etwa eine Viertelstunde muss man laufen, dann kommt man zum **Spreewalddorf Lehde,** das erst seit 1929 auf dem Landweg erreichbar ist. Trotzdem ist der Kahn immer noch das Transportmittel Nummer eins, einige Gehöfte sind nur auf dem Wasserweg zu erreichen. Hier befin-

### 192 Spreewald Caravan- und Wohnmobilpark Dammstraße Lübbenau

GPS 51.86257, 13.97070

Etwa 10 Min. entfernt vom Hafenviertel der Lübbenauer Altstadt, wo die beliebten Kahn- und Bootstouren in den Spreewald beginnen. Restaurants und Sehenswürdigkeiten Lübbenaus sind fußläufig zu erreichen, Minishop und eine Gurkenverkaufsstelle. **Lage/Anfahrt:** zentrumsnah, aber am Rande der Stadt im Grünen; bis zur Altstadt Lübbenaus, dann Ausschilderung folgen, von der Bahnhofstraße abbiegen in die Dammstraße, Zufahrtsweg zum Wohnmobil- und Campingplatz an der Kreuzung Dammstraße/Max-Plessner-Straße, direkt gegenüber dem Hotel Spreewaldeck.; **Platzanzahl:** 30, **Untergrund:** Wiese; fest; **Service:** Strom, Trinkwasser, Abwasser, Chemie-WC, WLAN; **Preiskat.:** €€–€€€; **Geöffnet:** Ostern bis Mitte Okt.; **Kontakt:** Dammstraße 62 d, 03222 Lübbenau/Spreewald, Tel. 03542 2921, www.spreewald.xyz

### 193 Spreewald-Natur-Camping Am Schlosspark

GPS 51.86937, 13.98028

Direkt an der Hauptspree gelegener idyllischer Platz nahe beim Schloss inmitten von Natur. Der Platz besticht durch seine zentrale Lage, in nur 5 Minuten ist man im Zentrum Lübbenaus, 10 Minuten braucht man zu Fuß bis zum Spreewalddorf Lehde. Direkt vom Campingplatz aus kann man vom eigenen Anlegeplatz zu einer Paddeltour starten. **Lage/Anfahrt:** an der kleinen Verbindungsstraße zwischen Lübbenau und Lehde; von der Altstadt von Lübbenau der Campingplatz-Ausschilderung folgen; **Untergrund:** Rasengitter, Wiese; **Service:** Strom, Trinkwasser, Abwasser, Chemie-WC, WLAN; **Preiskat.:** €€€; **Geöffnet:** ganzjährig; **Kontakt:** Schlossbezirk 20, 03222 Lübbenau/Spreewald, Tel. 03542 3533, www.spreewaldcamping-schloss.de

det sich das **Freilandmuseum Lehde** (An der Giglitza 1a), in dem es heißt: Willkommen im 19. Jahrhundert! Denn in diese Zeit fühlt man sich zurückversetzt, wenn man durch die alten Bauernhöfe bummelt und den Spreewälder Handwerkern über die Schulter blickt. Eine Kahnanlegestelle befindet sich unmittelbar vor dem Eingang. Das Fahrrad muss man für einen Besuch stehen lassen, nur über eine schmale Holzbrücke erreicht man das Freilandmuseum, wo verschiedene Veranstaltungen – abhängig von der Jahreszeit – das Erlebnis Spreewald perfekt machen.

## Schlepzig (Slopišća)

Schlepzig ist eines der ältesten Spreewalddörfer. Die Spree umfließt den Ort und dichte Erlenwälder reichen bis an ihn heran. Das heißt, man befindet sich hier inmitten von Natur am Rande des unteren Spreewalds, einer weitgehend naturbelassenen Wald- und Wasserlandschaft. Wandern, Radeln und Paddeln – das sind die hiesigen Unternehmungen. Im **Bauernmuseum** (Dorfstraße 26, www.bauernmuseum-schlepzig.de) erhält man Einblicke in das dörfliche Leben und Arbeiten früherer Zeiten. Die Tourist-Info ist ebenfalls hier angesiedelt und wartet mit verschiedenen Broschüren, z. B. die lokalen Rundwanderwege betreffend, auf. Für Genießer lohnt ein Besuch in der **Spreewald-Destillerie** (Dorfstr. 56, https://spreewood-distillers.com), der ersten Roggen-Whiskey-Destillerie Deutschlands, in der man verschiedene Destillate verkosten und auch erwerben sowie im Café die Seele baumeln lassen kann. Anschließend sollte man keineswegs versäumen, in der **Alten Mühle** (Dorfstraße 52), einem Besucherzentrum des Biosphärenreservats, sozusagen unter Wasser abzutauchen. Mithilfe von teilweise über-

*Frauen in typischer Spreewaldtracht kann man auch heute noch überall begegnen*

*Ein ganzes Dorf ist ein Museum und technisches Denkmal: Glashütte*

lebensgroßen Nachbildungen einzelner Tiere und einigen Aquarien erfährt man Wissenswertes über das Leben im und auf dem Wasser. Scheinbar fährt außerdem über dem Besucher ein Spreewaldkahn entlang und ringsherum schwimmen die verschiedensten Lebewesen der Spreewaldfließe – vom Wasserfloh bis zum Wels.

In Schlepzig erzählt man seit über tausend Jahren die Sage vom Wendenfürsten Wussilo und seiner Frau Gisela. Auf einer kommentierten Kahnfahrt können Besucher einiges über diese Sagengestalten und ihre Geschichte erfahren. Deren Burg soll auf dem Platz des heutigen **Hotels Seinerzeit** gelegen haben, zu dem die **Spreewaldbrauerei 1788** (Dorfstraße 53, www.seinerzeit.de) gehört. Hier wird Spreewälder Pils, Spreewälder Dunkel, Zwickel und Hefeweizen handgebraut. Im Brauhaus kann man gut essen, während der Blick immer wieder über den Sudkessel schweift. Auch Brauereiführungen inklusive Verkostung werden angeboten.

**Tourist-Info Schlepzig,** Dorfstr. 26, www.schlepzig.de/service/#tourist information

## TIPP MUSEUMSDORF GLASHÜTTE

Ein ganzes Dorf als Museum und technisches Denkmal! Am Ort wurde von 1716 bis 1980 eine Glashütte betrieben. Liebevoll saniert erlebt man heute in den Gebäuden Kunsthandwerk (z. B. Seifenherstellung, Leinenweberei, Töpferei und natürlich Glasbläserei) oder man schlendert durch den Ort und taucht in der Neuen Hütte in die Welt der Glasherstellung ein. Herzstück der Ausstellung ist die Ofenhalle. Dort befindet sich der bis zur Schließung des Betriebs genutzte Wannenofen mit dem im Innern erstarrten Glasblock. Die Geschichte der Glashütte präsentiert eine Ausstellung im Obergeschoss, in der über das Leben der Glasarbeiterfamilien sowie zur Chemie und Physik des Glases informiert wird. Dem Erfinder der Thermoskanne Reinhold Burger wurde eine Sonderausstellung gewidmet, da dieser 1866 in Glashütte geboren wurde. Zu unterschiedlichen Zeiten im Jahreslauf finden im Ort Märkte, z. B. Trödel- und Weihnachtsmärkte, sowie Veranstaltungen, wie diverse Konzerte und Kreativangebote, statt. (15837 Baruth/Mark OT Glashütte, https://museumsdorf-glashuette.de).

*Überragend im wörtlichen Sinne: Tropical Islands*

**TIPP TROPICAL ISLANDS RESORT**

Europas größte tropische Urlaubswelt entstand 2004 in der ehemaligen Cargolifter-Werfthalle (der größten freitragenden Halle weltweit) und erstreckt sich über eine Fläche von acht Fußballfeldern. Sie bietet den Besuchern verschiedene Erholungs- und Badebereiche, Veranstaltungen, Gastronomie sowie Spielplätze und Erlebniseinrichtungen. Man kann in einer Südseelandschaft unter Palmen bei 28 °C am Sandstrand entspannen, mit einem Ballon unter dem Dach schweben oder von Deutschlands höchstem Wasserrutschenturm herabsausen. Ganzjährig ist Amazonia, der Außenbereich mit Poollandschaft, Wildwasserkanal und einem Surfsimulator, geöffnet. Für das leibliche Wohl sorgen in der Halle 5 Restaurants sowie verschiedene Cafés und Bars (Tropical-Islands-Allee 1, 15910 Krausnick, www.tropical-islands.de). Am Rande des Parkplatzes in unmittelbarer Nähe der Wasserwelt befinden sich einfache **Womo-Stellplätze** (GPS 52.03628, 13.74474) mit direktem Blick auf die große Halle. Sie sind eine günstige Alternative zum Campingplatz und eignen sich für eine einmalige Übernachtung.

### 194 Tropical Islands Campingplatz

GPS 52.03205, 13.73228

Campingplatz angrenzend an die Erlebniswelt Tropical Islands. Mindestmietdauer 2 Übernachtungen. Der Platz ist hochpreisig, dafür ist der Eintritt ins Resort inklusive. **Lage/Anfahrt:** von der A13 kommend Ausfahrt Staakow nehmen und noch 3 km der Ausschilderung folgen; **Platzanzahl:** 92; **Untergrund:** Wiese; **Service:** Strom, Trinkwasser, Abwasser, Chemie-WC; **Preiskat.:** €€€€; **Geöffnet:** ganzjährig; **Kontakt:** Tropical-Islands-Allee 1, 15910 Krausnick; Tel. 03547 7605050, www.tropical-islands.de/uebernachten/campingplatz/stellplaetze

# Lübben (Lubin)

In der Stadt Lübben hat der Spreewald topografisch seine schlanke Mitte. Der Ort ist ein idealer Ausgangspunkt für das Radfahren auf dem Gurkenradweg in nördliche sowie südliche Richtung sowie für Kanutouren in den Unterspreewald nach Schlepzig. Im Zentrum der Stadt liegt die **Schlossinsel,** ein beliebtes Ausflugsziel für Groß und Klein, die zum Spazieren und Picknicken einlädt. Ein Labyrinth, Klanggarten und Spielplatz erwarten hier die Besucher. Das **Schloss** selbst beherbergt ein Museum und ein Restaurant. Über eine lange Holzbrücke gelangt man zu Fuß oder per Rad von der Schlossinsel zum Wasserwanderrastplatz **SpreeLagune** mit einer Naturbadestelle. Von mehreren Häfen aus starten Kahnfahrten, von denen besonders die zweistündige Schleusenfahrt sehr beliebt ist, da diese gleichzeitig eine Stadtrundtour darstellt, auf der man an der Stadtmauer und am Schloss vorbeifährt. Das Stadtbild wird geprägt von der **Paul-Gerhardt-Kirche** direkt am Markt. 115 Stufen muss man auf den Turm der Kirche hinaufsteigen, bevor man in 22 m Höhe mit der Aussicht über Lübben belohnt wird.

**TIPP BOOTS- & ZWEIRADVERLEIH GEBAUER**

Im zentral gelegenen Bootshaus kann man sich für ein Spanne von wenigen Stunden bis zu einigen Tagen ein Kajak oder Kanadier ausleihen und damit selbstständig den Spreewald erkunden. Neben dem Bootsverleih besteht auch die Möglichkeit, ein Fahrrad bzw. E-Bike zu mieten (Lindenstraße 18, www.spreewald-bootsverleih.de).

*Der Hafen von Lübben bietet sich als Rastplatz auf der Kanutour an*

Spreewald-Service Lübben, Ernst-von-Houwald-Damm 15, www.spreewald-info.de/service/tourist-informationen/touristinfo-luebben

Das **Restaurant Bubak** ist ein durch und durch gemütliches Restaurant, das typische Spreewaldgerichte im Angebot hat. Hier kann man Quark mit Leinöl und Grützwurst essen und zum Nachtisch Plinse mit Apfelmus. Seinen Namen verdankt die Gaststätte dem bösen Mann Bubak, der angeblich in der Dämmerung im Spreewald unterwegs war, um unartige Kinder zu fangen (Ernst-von-Houwald-Damm 9, https://bubak-luebben.de).

## 195 Spreewaldcamping Lübben

GPS 51.93684, 13.89463

Kurze Wege zeichnen den Platz aus. Man ist schnell im Zentrum Lübbens und auch auf dem Wasser, da ein eigener Anlegeplatz vorhanden ist. Die idyllische Landschaft ist ideal geeignet, Radtouren oder Wanderungen direkt vom Campingplatz aus zu starten. **Lage/Anfahrt:** am Ortsrand von Lübben; **Platzanzahl:** 140; **Untergrund:** Wiese; fest; **Service:** Strom, Trinkwasser, Abwasser, Chemie-WC; **Preiskat.:** €€€; **Geöffnet:** Mitte März–Okt.; **Kontakt:** Am Burglehn 10, 15907 Lübben (Spreewald), Tel. 03546 7053, www.spreewald-camping-luebben.de

### TOUR GURKENRADWEG

Unter dem Symbol der radelnden Gurke kann man ca. 260 km auf einer Rundtour durchs flache Land fahren und unterwegs viele Sehenswürdigkeiten und Orte des Spreewalds besuchen, der untrennbar mit der nach ihm benannten Gurke verbunden ist. Bei einer Radtour auf dem Gurkenradweg findet man auch Antworten auf alle Fragen zur Gurkenherstellung. Startet man von Lübben nach Norden, erreicht man u. a. Schlepzig und Golßen. In Golßen findet am zweiten Augustwochenende der Spreewälder Gurkentag statt, bei dem – natürlich – die Spreewaldgurke im Mittelpunkt steht. In südlicher Richtung kommt man von Lübben aus nach Lübbenau und kann u. a. an der Slawenburg Raddusch vorbei bis Cottbus weiterradeln. Natürlich kann der Weg auch abschnittsweise befahren werden. Kartenmaterial dazu gibt es in jeder Tourist-Info der Region, Infos auch unter www.spreewald.de/urlaub-im-spreewald/radfahren-im-spreewald/radtouren-im-spreewald/gurkenradweg.

Sylke Liehr, Achim Rümmler

# Die Sächsische Schweiz

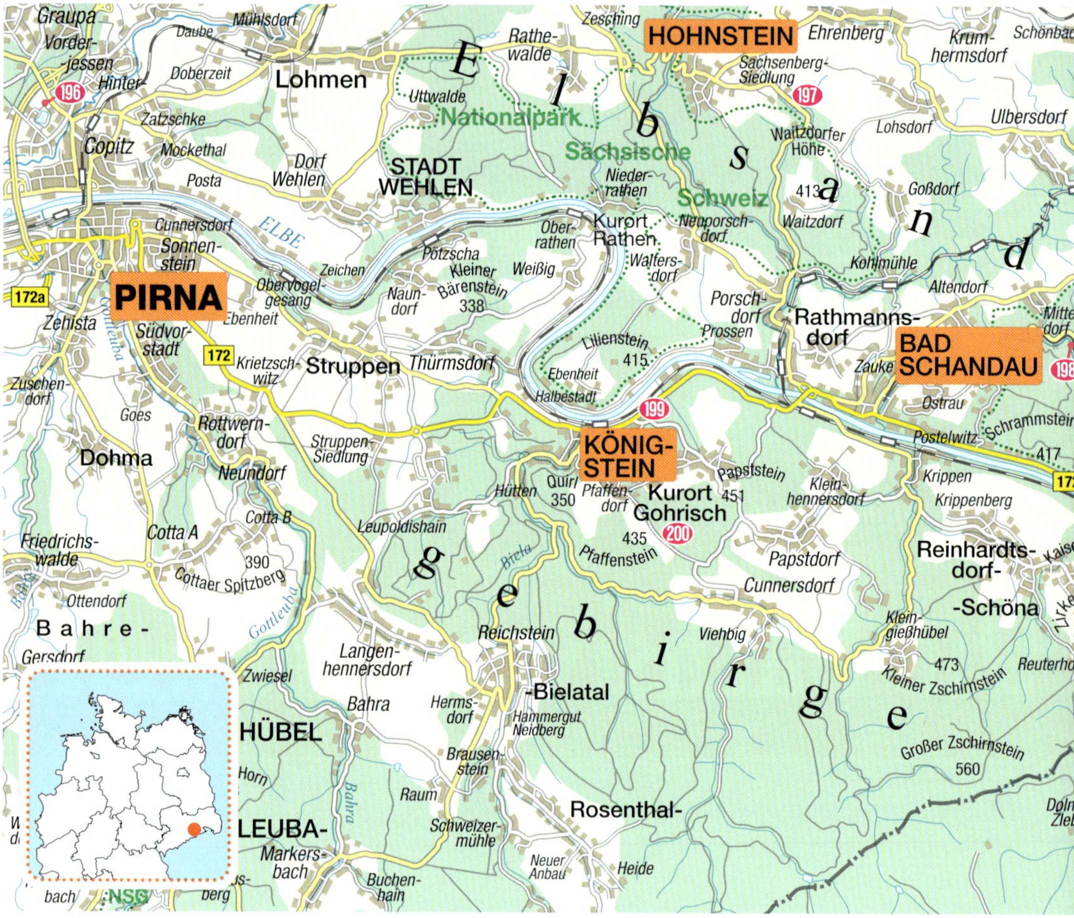


Als im 18. Jahrhundert die Schweizer Maler Adrian Zigg und Anton Graff ihre Blicke über das Elbsandsteingebirge schweifen ließen, fühlten sie sich ob der Naturschönheiten stark an ihre Heimat erinnert und nannten die Landschaft kurzerhand Sächsische Schweiz. Tafelberge und Ebenen, bizarre Felsformationen und wilde Täler, geheimnisvolle Wälder und rauschende Bäche – all dies inspirierte schon die Maler und Komponisten der Romantik und lässt, seitdem im 19. Jahrhundert die touristische Erschließung begann, auch heute noch den Besucher staunen. Man erlebt immer wieder neue Ausblicke in die Natur. Aber nicht nur wegen der lohnt sich eine Reise in den südöstlichen Zipfel Sachsens. Gemütliche Städtchen laden zum Bummeln ein, Burgen wollen erklommen und besondere Museen besucht werden. Zu jeder Jahreszeit kann man hier aktiv werden. Sommers empfiehlt sich ein Paddelausflug oder eine Dampferfahrt auf der Elbe, an deren Ufer auch der Elberadweg verläuft. Das Elbsandsteingebirge ist sowohl Kletter- als auch Wanderparadies. Dabei fällt die Wahl schwer zwischen entspanntem Geradeauslaufen, Gipfel stürmen oder Stiegen erklimmen. Wer einmal in der Sächsischen Schweiz war, kommt wieder – garantiert.

Da es sich bei der Sächsischen Schweiz um ein relativ kleines Gebiet handelt, kann als

Der markante Tafelberg Lilienstein ist weithin sichtbar

### TOUREN-ÜBERBLICK

**Routenempfehlung:** Pirna – Hohnstein – Sebnitz – Bad Schandau – Königstein
**Länge gesamt:** ca. 55 km
**Dauer:** ca. 4–7 Tage
**Reisezeit:** ganzjährig. Romantische Landschaften, hübsche Orte und viele ganzjährig geöffnete Sehenswürdigkeiten ermöglichen zu jeder Jahreszeit einen erlebnisreichen Aufenthalt.

Ausgangspunkt für alle Unternehmungen ein einzelner Campingplatz ausreichen. Dann würde man allerdings Zeit auf der Straße verlieren, die besser für Aktivitäten und Erholung genutzt werden könnte. Die in der Tour vorgestellten Campingplätze bieten die Möglichkeit, ganz ohne eigenes Auto die umliegenden Sehenswürdigkeiten zu erreichen. Fahrradfahren ist aufgrund der topografischen Ansprüche der Sächsischen Schweiz nur eingeschränkt möglich: Die Gipfel der Tafelberge sind allesamt nur über Treppen, Leitern und Stiegen zu erreichen, innerhalb der Kernzone des Nationalparks ist Radfahren nur auf ausgewiesenen Wegen erlaubt und abseits des Elbtals sind dazu oft kernige Anstiege zu bewältigen. Radfahren bietet sich aber besonders entlang des wunderschönen Elberadweges, im Kirnitzschtal und in den Städten Pirna und Bad Schandau an. Eine S-Bahn mit Fahrradabteil fährt entlang der Elbe zwischen Dresden und Bad Schandau und kann auch als Beginn oder Ende eines Fahrradausflugs entlang des parallel verlaufenden Elberadweges genutzt werden.

www.saechsische-schweiz.de, www.nationalpark-saechsische-schweiz.de

Das Schloss Pirna auf dem Sonnenstein überragt die Stadt

## Pirna

„Der lange Barbier schoss mit dem Schuh nach dem Schmied.“ – Folgt man zu Fuß dieser Weisheit Einheimischer, passiert man von der Elbe kommend die Gassen der mittelalterlichen Stadt: die Lange Straße, die Barbiergasse, die Schössergasse, die Schuhgasse und die Schmiedestraße. In jeder dieser Straßen laden kleine Geschäfte zum Bummeln ein. Unter anderem werden in einigen von ihnen **Pirnaer Unikate** (http://pirna-unikat.de) angeboten, die die Einmaligkeit der Pirnaer Altstadthändler widerspiegeln und derzeit von ca. dreißig Handwerkern und Künstlern gefertigt werden. Im Zentrum liegt der Marktplatz, der schon von Canaletto gemalt wurde. Das Rathaus prägt sein Aussehen, aber auch an seinen Rändern stechen liebevoll restaurierte Häuser ins Auge. Eines davon ist das Peter-Ulrich-Haus, das heute als **Tom-Pauls-Theater** (Am Markt 3, www.tom-pauls-theater-pirna.de) zu Veranstaltungen einlädt, aber auch **Ilses Kaffeestube** beherbergt, wo man u. a. die legendäre Eierschecke verkosten kann. Viele andere Gaststätten säumen den Marktplatz und die anschließenden Gassen. Will man tiefer in die Historie der Stadt eintauchen, sollte man dem **Stadtmuseum** (Klosterhof 2, www.pirna.de) einen Besuch abzustatten. Oder man schließt sich einer der verschiedenen Stadtführungen an, die vom **TouristService Pirna** angeboten werden. Neuere Geschichte erlebt man im **DDR-Museum** (Rottwerndorfer Str. 45m, ddr-museum-pirna.de). Und wenn einmal das Wetter nicht mitspielt, gibt es die Möglichkeit, im **Geibeltbad** (Rottwerndorfer Str. 56c, www.geibeltbad-pirna.de) zu baden oder zu saunieren. Bei Sonnenschein begibt man sich am besten auf einen der Dampfer der **Weißen Flotte** (Servicestation Brückenstraße 1, saechsische-dampfschifffahrt.de), die ins Herz der Sächsischen Schweiz oder auch elbabwärts über Pillnitz und Dresden bis nach Meißen fahren. Die Rückfahrt kann jeweils mit der S-Bahn bestritten werden.

**TouristService Pirna,** Am Markt 7, https://pirna.de/pirna-erleben/tourismus/pirna

In dem auf der Copitzer Stadtseite gelegenen **Brauhaus Zum Gießer** mit selbst gebrautem Bier (drei Sorten gibt es immer, manchmal noch Sondereditionen) und bodenständiger Küche kann man durch eine Scheibe den Köchen über die Schulter schauen (Basteistraße 60, direkt neben dem Edelstahlwerk Schmees, www.brauhaus-pirna.de).

### 196 Camping Pirna

GPS 50.98233, 13.92482

Ruhiger, moderner Platz direkt an einem Badesee, in dem man bei schönem Wetter nach einem Ausflug Abkühlung findet. Die ca. 3 km entfernte Altstadt von Pirna lässt sich gut mit dem Bus oder dem Fahrrad erreichen. Eine Bushaltestelle ist nur 200 m entfernt. In den Sommermonaten bietet der Platz Kinderanimation, Spielplätze stehen immer zur Verfügung. **Lage/Anfahrt:** Der Platz liegt auf der östlichen Elbseite der Stadt Pirna zwischen Elbe und der Straße nach Dresden; **Platzanzahl:** 250; **Untergrund:** Schotter, Schotterrasen, Rasengitter, Pflaster, Wiese; **Service:** Strom, Trinkwasser, Abwasser, Chemie-WC, WLAN; **Preiskat.:** €€; **Geöffnet:** April bis Okt.; **Kontakt:** Äußere Pillnitzer Str. 19, 01796 Pirna, Tel. 03501 523773, https://camping-pirna.de

### TOUR ELBERADWEG

Insgesamt fast 1300 km lang – von der Elbequelle im tschechischen Riesengebirge kommend – verläuft der Elberadweg auch vom Elbsandsteingebirge ab Schmilka bis Pirna (ca. 30 km) immer am Fluss entlang. Dies ist einer seiner schönsten Abschnitte, der elbauf- oder elbabwärts befahren werden kann. Steigungen sind beim Befahren keine zu überwinden, dafür wird der Radler mit erstaunlichen Ausblicken auf die Felsenlandschaft der Sächsischen Schweiz, z. B. die Bastei oder die Festung Königstein, belohnt und kann jederzeit eine der vielen Einkehrmöglichkeiten direkt am Radweg ansteuern. Sollten die Kräfte nachlassen oder das Wetter nicht mehr mitspielen, kann man unterwegs in jedem Ort an der Elbe in die S-Bahn steigen und bequem zum Ausgangspunkt zurückkehren (www.elberadweg.de).

**TIPP BASTEI**

Der Besuchermagnet in der Sächsischen Schweiz! Mit ihrer über 76 m langen Basteibrücke und dem Felsmassiv Basteiaussicht, das spektakuläre Ausblicke bietet, ist sie die berühmteste Felsformation der Gegend. Mit dem Wohnmobil fährt man bis zum Parkplatz am Anfang der Basteistraße, von dem ein Shuttleservice angeboten wird. Man kann natürlich ebenso die Bastei erwandern, indem man z. B. vom Kurort Rathen aus am Amselfall entlang durch die Schwedenlöcher auf das Basteiplateau kommt. Dabei passiert man die Felsenburg Neurathen, die ebenfalls besichtigt werden kann. Der Rückweg führt am Steinernen Tisch entlang nach Stadt Wehlen, wo man mit der S-Bahn zum Ausgangsort zurückkommt (www.saechsische-schweiz.de/region/highlights/bastei.html).

## Hohnstein

Wie keine andere Siedlung in der Sächsischen Schweiz bringt Hohnstein dem Besucher den **historischen und mystischen Reiz der Region** schon auf den ersten Blick nahe.

Malerisch gelegen auf einem Felssporn über dem tiefen Polenztal, umgeben von dichtem Wald und bizarren Felsformationen, wird die heute immer noch eng und mittelalterlich wirkende kleine Stadt von der erstmalig im Jahr 1353 urkundlich erwähnten Burg Hohnstein dominiert. Zahlreiche Fachwerkhäuser aus dem 18. Jahrhundert schmiegen sich auf dem stark zerklüfteten Gebiet der Stadt mit beträchtlichem Höhenunterschied eng an die Burg. Das historische **Rathaus** ist das älteste Gebäude der Stadt. Auch die barocke **Stadtkirche** ist fast 300 Jahre alt. Nach einem Brand wurde sie 1724 vom berühmten Baumeister

*Das Basteimassiv ist der Besuchermagnet in der Sächsischen Schweiz*

Ganz Hohnstein liegt auf einem Felssporn und wird dominiert von der gleichnamigen Burg

George Bähr, der auch Dresden mit seiner Frauenkirche prägte, aufwendig neu errichtet. Die **Burg Hohnstein** (Markt 1, www.burg-hohnstein.info) war in wechselvoller Geschichte jahrhundertelang Sitz sächsischer und böhmischer Adliger und diente im Zusammenspiel mit der beeindruckenden Natur der Umgebung und dem reichen Wildbestand oft der Jagd. Bereits im 15. Jahrhundert ist hier ein „Tyrrgartten" erwähnt und 1609 wurde im Auftrag des sächsischen Kurfürsten ein Bärengarten mit **Bärenfang** in steilem Gelände unterhalb der Burg eingerichtet, von dem bis heute einige Reste gut erhalten sind. In späteren Jahren suchte man für die Burg wiederholt nach einer Nutzung. Sie war u. a. Amtssitz, aber auch Gefängnis sowie Konzentrations- und Kriegsgefangenenlager. Heute ist sie der touristische Mittelpunkt Hohnsteins und wird als Veranstaltungsort und Museum genutzt. Die mittelalterliche Burganlage beherbergt ein Museum zur Geschichte der Burg und der Stadt, eine Naturkundeausstellung zum Leben von Fledermäusen und Lachsen und einen Aussichtsturm mit weitem Blick über Sandsteinfelsen. Im Städtchen finden sich verschiedene gastronomische Angebote und der naturnahe Campingplatz Entenfarm.

Hohnstein ist Ausgangs- und Höhepunkt zahlreicher Wanderungen und Mittelpunkt des Klettersports. Besonders empfehlenswert sind die Wanderwege entlang des Polenztales über die Gautschgrotte bis zur **Brandbaude**

### TOUR HOHNSTEINER KASPERPFAD

Der Rundgang erinnert an die große Tradition der Kasperpuppen, deren Schöpfer Max Jacob ab 1928 hier eine Puppenbühne betrieb und die von Hohnstein aus ihren Siegeszug in die Welt antraten. Er beginnt am Parkplatz „Eiche", wo Faltblätter bereitliegen. Dem roten Punkt folgend gelangt man an acht Kasperstationen, an denen vor allem Kinder aktiv werden können. Informativ ist die Runde durchs Städtchen (ca. 1½ Std.) für alle.

**TOUR MALERWEG**
112 km führt der Wanderweg links und rechts der Elbe durch die Sächsische Schweiz. Er kann auf einzelnen Etappen bewandert werden, man muss nur dem geschwungenen „M“ folgen und entdeckt immer wieder romantische Aussichten, die schon die Maler des 18. Jahrhunderts zu ihren Werken inspirierten. Kostenlose Prospekte auf www.saechsische-schweiz.de/malerweg.html

### 197 Touristencamp Entenfarm Hohnstein

GPS 50.975492, 14.137976

Familienfreundlicher Campingplatz in unmittelbarer Nähe zum Kerngebiet des Nationalparks Sächsische Schweiz. In wenigen Gehminuten hat man das Zentrum Hohnsteins sowie des Nationalparks erreicht und kann die Burg besuchen bzw. zum Wandern starten. Ein Spielplatz mit großer Spielwiese ist vorhanden. **Lage/Anfahrt:** am Ortsrand und der Verbindungsstraße nach Bad Schandau; die S156 bis zur Kreuzung Hohnstein/Sebnitz, dort nach rechts auf die S165, ca. 1 km, dann zweimal links Richtung Bad Schandau, Hinweisschilder Campingplatz.; **Platzanzahl:** ca. 80; **Untergrund:** Wiese; **Service:** Strom, Trinkwasser, Abwasser, Chemie-WC, WLAN; **Preiskat.:** €€; **Geöffnet:** Mai–Dez.; **Kontakt:** Schandauer Straße 11, 01848 Hohnstein, Tel. 035975 84455, www.camping-entenfarm.de

mit der berühmten Brandaussicht, dem „Balkon der Sächsischen Schweiz“, 170 m über dem Polenztal. Verschiedene Abschnitte der Wanderwege rund um Hohnstein sind als Teil des **Malerwegs**, eines der bekanntesten Wanderwege Deutschlands, ausgewiesen. Auch die weltberühmte **Basteiaussicht** lässt sich ab Hohnstein zu Fuß erwandern.

**Tourist-Info Hohnstein,** Rathausstraße 9, www.hohnstein.de/de/tourismus/kontakt-service/touristinformation

Die rustikale Bergwirtschaft **Brandbaude** mit Aussichtsterrasse und leckerem Essen sowie einer Informationsstelle der Verwaltung des Nationalparks ist nach ca. 3 km ab Parkplatz „Eiche“ in Hohnstein zu Fuß auf ausgebauten Wegen zu erreichen. Ausschilderung ist vorhanden (Brandstraße 27, https://brand-baude.de).

## Sebnitz

Die Stadt ist etwa 800 Jahre alt, sie war jahrhundertelang ein typisches Handwerkerstädtchen und ein kleines Verwaltungszentrum. Durch die Nähe zum Nationalpark Sächsische Schweiz hat sich der Ort heute besonders dem Tourismus verschrieben. Verschiedene Ortsteile liegen schon innerhalb des Nationalparks und der Ortsteil Hinterhermsdorf wurde die erste Nationalparkgemeinde nach Gründung des Nationalparks. Ab dem 19. Jahrhundert erlangte die Stadt durch die Fertigung von Christbaumschmuck und Kunstblumen Berühmtheit. In der Blütezeit dieser Handwerkskunst gab es mehr als 200 Betriebe, die ihre Erzeugnisse in viele Länder exportierten. Der Weltmarktanteil der Sebnitzer Fertigung von Kunstblumen und Kunstseidenblumen betrug bis zu 75 %!

Heute sind davon nur noch wenige erhalten, in der **Schaumanufaktur Deutsche Kunstblume** (Neustädter Weg 10, www.deutsche-kunstblume-sebnitz.de) ist dieses anspruchsvolle Handwerk aber bis heute zu besichtigen. Man kann nicht nur den Mitarbeiterinnen beim „Blümeln" – so heißt die Herstellung der Blüten – zusehen, sondern auch beim „Selberblümeln" die eigene Fingerfertigkeit testen. In Sebnitz lädt neben der Schaumanufaktur das **Afrikahaus** (Hertigswalder Str. 12–14, www.staedtische-sammlungen-sebnitz.de) oder – für Kinder besonders interessant – der **Urzeitpark** (Forstweg 14, www.sauriergarten.com, Menüpunkt: Urzeitpark) zum Besuch ein. Im Ortsteil Hinterhermsdorf empfiehlt sich eine **Bootsfahrt** in der romantischen **Kirnitzschklamm,** auf der bis 1964 noch Holz geflößt wurde. Wie in allen Teilen der Sächsischen Schweiz sind rund um Sebnitz zahlreiche **Wanderwege** ausgewiesen, viele Wander- und Kletterziele lassen sich von hier gut erreichen. 2016 fand der deutsche Wandertag in Sebnitz statt. Von Sebnitz kommend gelangt man schnell zum östlichen Eingang des bekannten Kirnitzschtals über die Sebnitzer Ortsteile Saupsdorf oder Ottendorf.

*Wildromantisch präsentiert sich die Kirnitzschklamm bei einer Bootsfahrt*

**Tourist-Info Sebnitz,** Neustädter Weg 10, https://tourismus.sebnitz.de

*Als Teil des öffentlichen Nahverkehrs transportiert die historische Kirnitzschtalbahn täglich zahlreiche Passagiere*

## Kurort Bad Schandau

Schon seit etwa 1800 ist die kleine Stadt direkt an der Elbe und unter den Berggipfeln der Sächsischen Schweiz ein bekanntes Ausflugs-, Kur- und Urlaubsziel. Bad Schandau liegt an der Mündung der Kirnitzsch in die Elbe, mitten in der Sächsischen Schweiz, dessen **NationalparkZentrum** (Dresdner Str. 2b, www.nationalpark-saechsische-schweiz.de/besucherinformation/das-nationalparkzentrum-in-bad-schandau) ebenfalls hier angesiedelt ist. Eine interaktive Ausstellung zur Pflanzen- und Tierwelt der Region, Geschichte oder Geologie des Elbsandsteingebirges wartet hier auf Erwachsene sowie Kinder.

Heimatkunde vermittelt das **Museum der Stadt** (Badallee 11, https://bad-schandau.de/museum-bad-schandau). Hier werden u. a. Exponate, die Bad Schandaus Ehrenbürger Erich Wustmann auf seinen Forschungsreisen nach Skandinavien und Südamerika zusammentrug, ausgestellt, die ein Eintauchen in die Welt der Rentierzüchter oder Ureinwohner des Regenwalds erlauben. Mit der mehr als hundertjährigen **Kirnitzschtalbahn** (www.ovps.de/Verkehrsmittel/Kirnitzschtalbahn/443), einer historischen Straßenbahn, kommt man auf sehr bequeme Art und Weise in das Kirnitzschtal und kann vielleicht anschließend die Reize der umliegenden Felslandschaft erwandern. In Bad Schandau finden sich zahlreiche Angebote für die vielen Gäste. Eine Dampferfahrt mit den **historischen Raddampfern** (www.saechsische-dampfschifffahrt.de) ist genauso unterhaltsam und erholend wie ein Besuch in der großen **Toskana-Therme** (www.toskanaworld.net/de/11/therme-bad-schandau/therme) oder ein Spaziergang im 1873 geschaffenen **Kurpark.** Nicht verpassen sollte man eine

**TIPP BIO- UND NATIONALPARK-REFUGIUM SCHMILKA**

In einem Ortsteil Bad Schandaus und an der Grenze zu Tschechien befindet sich das Bio-Dorf Schmilka mit Brauerei, Bio-Bäckerei sowie einer noch mahlenden Mühle aus dem Jahr 1665. Ganzjährig werden hier Veranstaltungen durchgeführt. In der kalten Jahreszeit wird der ganze Ort zum „Winterdorf" (www.schmilka.de).

Fahrt mit dem **historischen Personenaufzug** auf das oberhalb der Stadt gelegene Hochplateau, wo neben einem hervorragenden Blick auf die Stadt und das Elbtal auch verschiedene Wandermöglichkeiten bestehen. Das mondäne 5-Sterne-Hotel Elbresidenz ist als beliebte Unterkunft zahlreicher Prominenter bis hin zu Hollywoods Schauspielstars bekannt.

**Touristservice im Haus des Gastes,** Markt 12, https://bad-schandau.de/serviceleistungen/service

### 198 Campingplatz Ostrauer Mühle

GPS 50.92942, 14.19251

Einer der ältesten deutschen Campingplätze im romantischen Kirnitzschtal gelegen, ideal für Natur- und Wanderfreunde. Da der Platz an der Kirnitzsch und mitten im Nationalpark liegt, kann man direkt ab hier loswandern. Bis zum Stadtzentrum Bad Schandaus sind es etwa 4 km, die man zum großen Teil sehr bequem fahrend in der Kirnitzschtalbahn zurücklegen kann. **Lage/Anfahrt:** in Bad Schandau den Markt überqueren und nach links in das Kirnitzschtal abbiegen. Der Platz ist ausgeschildert; **Platzanzahl:** 100; **Untergrund:** Wiese; **Service:** Strom, Trinkwasser, Abwasser, Chemie-WC; **Preiskat.:** €€€; **Geöffnet:** ganzjährig; **Kontakt:** Kirnitzschtal, 01814 Bad Schandau, Tel. 035022 42742, www.ostrauer-muehle.de

## Königstein

„Sachsens Unbezwingbare“ wird die mächtige **Festung Königstein** genannt, die nicht nur die etwa 240 Höhenmeter unter ihr gelegene Stadt Königstein dominiert, sondern das gesamte Gebiet zwischen Dresden und der Grenze zur Tschechischen Republik. Niemals konnte sie in ihrer jahrhundertelangen Geschichte von feindlichen Mächten erobert werden. Bei schönem Wetter ist die Festung schon von der Sächsischen Landeshauptstadt zu sehen und sie zieht 500.000 Besucher im Jahr an. Ihre zahlreichen Angebote und Sehenswürdigkeiten lassen sich in einem eigenen Buch beschreiben. Die Stadt Königstein wirkt gegen sie auf den ersten Blick klein und unscheinbar. Sie ist aber ein wichtiges Zentrum des regionalen Tourismus und bietet zahlreiche gastronomische Angebote und mehrere Campingplätze. Kein anderer Ort in der Sächsischen Schweiz liegt so zentral und nahe den vier mächtigsten Tafelbergen der Sächsischen Schweiz, den beiden alles überragenden Tafelbergen **Königstein** und **Lilienstein,** dem **Quirl** und dem **Pfaffenstein** mit dem Wahrzeichen der Sächsischen Schweiz, der berühmten **Barbarine.** Wegen der notwendigen Elbquerung per Fähre kann der direkt auf der anderen Elbseite gelegene Lilienstein nur zu Fuß oder per Rad ab Königstein angesteuert werden, die nächsten Straßenbrücken befinden sich in Pirna oder Bad Schandau. Die drei anderen Tafelberge lassen sich ab Königstein auch problemlos in wenigen Minuten mit dem eigenen Fahrzeug, aber auch mit öffentlichen Verkehrsmitteln sowie zu Fuß oder per Rad erreichen.

ⓘ **Tourist-Info Königstein,** Pirnaer Straße 2, www.koenigstein-sachsen.de

*Die Festung Königstein ragt 240 m über der gleichnamigen Stadt empor*

Ein Wahrzeichen der Sächsischen Schweiz ist die Felsnadel „Barbarine" am Pfaffenstein

## 199 Camping Königstein

GPS 50.922687, 14.089019

Direkt an der Elbe gelegener Campingplatz mit Panoramablick auf die Festung Königstein und den Tafelberg des Liliensteins. Schnell kommt man vom Platz in das Städtchen und von da auf die berühmte Festung Königstein. Direkt neben dem Campingplatz verläuft der Elberadweg und man kann hier sein Boot zu Wasser lassen. **Lage/Anfahrt:** an der B 172, von Bad Schandau kommend auf der rechten Seite nach dem Ortseingangsschild; **Platzanzahl:** 120; **Untergrund:** Wiese; **Service:** Strom, Trinkwasser, Abwasser, Chemie-WC, WLAN; **Preiskat.:** €€€; **Geöffnet:** ganzjährig; **Kontakt:** Am Alten Sägewerk 1, 01824 Königstein, Tel. 035021 68224, www.camping-koenigstein.de

**TOUR KANU AKTIV TOURS GMBH**
Sportlicher Betätigung steht hier nichts im Wege, denn es werden Schlauchboote zur Fahrt auf der Elbe sowie Fahrräder verliehen. Verschiedene Paddelstrecken bzw. kombinierte Rundkurse aus Rad- und Bootsfahrt stehen auf dem Programm. Ein Indoor-Hochseilgarten ermöglicht Klettern auch bei schlechtem Wetter (Schandauer Straße 17–19, www.kanu-aktiv-tours.de).

## 200 Caravan Camping Sächsische Schweiz Gohrisch

GPS 50.91459, 14.10695

Auf einem Hochplateau am Waldrand gelegener, familiär geführter Platz mit weitem Blick zu den Felsen des Elbsandsteingebirges. Von hier aus kann man unmittelbar zum Wandern aufbrechen oder an heißen Tagen am Pool entspannen. Volleyball-, Spiel- und Bolzplatz sind vorhanden, ebenso die Möglichkeit, E-Bikes auszuleihen. Angeboten werden von den Betreibern Besichtigungen der Firma Capron, die Wohnmobile baut, sowie Golf-Schnupperkurse in Janow. **Lage/Anfahrt:** am Ortsrand von Gohrisch, Abzweig Gohrisch auf B 172 zwischen Königstein und Bad Schandau bis Gohrisch, im Ort der Ausschilderung folgen; **Platzanzahl:** 70; **Untergrund:** Rasengitter, Wiese; **Service:** Strom, Trinkwasser, Abwasser, Chemie-WC, WLAN; **Preiskat.:** €€€; **Geöffnet:** ganzjährig; **Kontakt:** Dorfplatz 181d, 01824 Gohrisch, Tel. 035021 59107, www.caravan-camping-saechsischeschweiz.de

### TIPP FESTUNG KÖNIGSTEIN

Ein Erlebnis für die ganze Familie: Auf der als uneinnehmbar geltenden Festung können in den einzelnen Gebäuden verschiedene Ausstellungen besucht und z. B. ein Blick auf das riesige Weinfass und in den tiefsten sächsischen Brunnen geworfen werden. Sehr lohnenswert ist der Rundgang über das Plateau und von dort aus der grandiose Ausblick über das Elbsandsteingebirge. Veranstaltungen wie der alljährliche Weihnachtsmarkt oder der Kommandantenbrunch finden hier regelmäßig statt. Ab Königstein fährt der Festungsexpress, der Besucher bis zum Eingang bringt (www.festung-koenigstein.de).

### LITERATURTIPP

Ausführliche Informationen zur Region findet man im umfassenden Reiseführer „Sächsische Schweiz" aus dem Reise Know-How Verlag.

# Anhang

# Register

Das ist
noch nicht alles!
Mehr Reise Know-How gibt es hier:
www.reise-know-how.de
Reiseführer | CityTrip | InselTrip | Wohnmobil-Tourguide | Kauderwelsch

Zugspitze, Foto: Aneta Niemitz

# Bildnachweis

**Umschlag:** ©Simon Dannhauer (AS): oben links; ©Gaby Gölz: oben rechts; ©Ralf Schultheiss (AS): Mitte links, ©Hartmut Engel: unten links; ©Henry Czauderna (AS): unten Mitte; ©Marcus Hofmann (AS): unten rechts

**Vorspann:** ©Hartmut Engel: S. 1 oben; ©Klaus-Peter Kappest, Schmallenberger Sauerland Tourismus GmbH: S. 1 unten

**Touren 1–4:** Alle Bilder ©Hartmut Engel

**Tour 5:** Alle Bilder ©Sylke Liehr, Achim Rümmler

**Tour 6:** ©aldorado (AS): S. 86 oben; ©Camping in Neuhaus: S. 81 oben, 86 unten; ©Regenbogen AG – fabianfruehling.com: S. 92; ©Regenbogen AG: S. 91; ©Rico Ködder (AS): S. 84, 87 oben; ©Sylke Liehr, Achim Rümmler: S. 81 unten, 87 unten, 88, 89, 90, 93

**Tour 7:** ©Axel Burchardt (AS): S. 110; ©BeckArt (AS): S. 99; ©Chemnitz von oben (AS): S. 95 unten; ©Clarini (AS): S. 95 oben; ©Jan Christopher Becke (AS): S. 103; ©Kurverwaltung Mönchgut – Lars Wehrmann S. 108; ©Regenbogen AG – fabianfruehling.com S. 109; ©Stephan Hockenmaier (AS): S. 107; ©Sylke Liehr, Achim Rümmler S. 98, 100, 101, 104, 105, 106, 111, 112

**Tour 8:** ©André Rau www.rundumusedom.de (AS): S. 122; ©DR pics (AS): S. 123; ©fotograupner (AS): S. 113 oben; ©Halbinselbetriebsgesellschaft mbH: S. 118; ©motivthueringen8 (AS): S. 116; ©RicoK (AS): S. 120, 127; ©Stefan Kretzschmar (AS): S. 113 unten; ©Sylke Liehr, Achim Rümmler: S. 117, 119, 121, 124, 125, 126

**Tour 9:** ©Kay (AS): S. 133; ©Marco2811 (AS): S. 142; ©mrvisual (AS): S. 135; ©Sina Ettmer (AS): S. 141; ©Sylke Liehr, Achim Rümmler: S. 129, 132, 134, 137, 138, 139, 140

**Tour 10:** ©Camping am See Alt Schwerin: S. 155 oben; ©Camping Zuruf: S. 143 oben, 158; ©helmut Schmidt (AS): S. 156; ©Sylke Liehr, Achim Rümmler: S. 143 unten, 146, 147, 149, 150, 151, 152, 153, 154, 155 unten; ©Thomas Riebesehl (AS): S. 157 oben; ©travelpeter (AS): S. 157 unten

**Tour 11:** ©Campingplatz Hexenwäldchen: S. 169 oben; ©Campingplatz Ihr Familienpark (Kleiner Labussee): S. 159 oben, 166; ©Sina Ettmer (AS): S. 165; ©Sylke Liehr, Achim Rümmler: S. 159 unten, 161, 162, 163, 164, 167, 169 unten, 170, 171, 172; ©Thomas Riebesehl (AS): S. 168

**Tour 12:** ©Gaby Gölz: S. 173 oben, 175, 176, 177, 179 unten, 180 unten, 181, 183, 185, 186; ©Regenbogen AG – fabianfruehling.com: S. 178; ©Sandra Nichelmann: S. 179 oben, 180 oben; ©travelpeter (AS): S. 182, 184; ©TZ SPO: S. 173 unten

**Tour 13:** ©Gaby Gölz: S. 187, 190, 191, 192 oben, 193, 194, 195, 196, 198, 199, 200, 201, 202; ©Otterndorf Marketing, Hero Lang: S. 197; ©Sandra Nichelmann: S. 192 unten

**Tour 14:** ©Esens-Bensersiel-Tourismus: S. 203 oben; ©Gaby Gölz: S. 203 unten, 206, 207, 208, 209, 210, 211, 212, 215, 216, 217, 218; ©Kurverein Neuharlingersiel e.V./Falconcrest: S. 213

**Tour 15:** Alle Bilder ©Hartmut Engel

**Tour 16:** © Daniel Fort: S. 237; ©BirgitMundt-Osterw. (AS): S. 250; ©Daniel Kühne (AS): S. 249; ©dieter76 (AS): S. 245 oben; ©ferkelraggae (AS): S. 235 unten, 251; ©Hents Stellplatz: S. 235 oben, 246; ©Imaginis (AS): S. 242; ©Karin Jähne (AS): S. 239; ©Klaus Werner: S. 245 unten, 248; ©Kur & Tourismus GmbH Bad Frankenhausen – Michael Peter: S. 240; ©Marcus Hofmann (AS): S. 247; ©Maximilian (AS): S. 238; ©Oliver Henze (AS): S. 244; ©Stefan (AS): S. 243; ©TONO BALAGUER (AS): S. 241

**Tour 17:** ©alexbuess (AS): S. 269 oben; ©Daniel Fort: S. 253 unten, 257, 258, 259 unten, 262; ©DEWI-Stockphotos (AS): S. 265 oben; ©Felix Pergande (AS): S. 260; ©formplus (AS): S. 267 oben; ©Gemeindeverwaltung-Floh-Seligenthal, Thomas Holland-Nell: S. 265 unten; ©Henry Czauderna (AS): S. 264, 268, 269 unten; ©Marco Rudolf (AS): S. 259 oben; ©motivthueringen8 (AS): S. 267 unten; ©Peter Heft, Rennsteig Caravaning: S. 253 oben, 266; ©Sina Ettmer (AS): S. 256, 261

**Tour 18:** ©Daniel Fort: S. 271 unten, 274, 275, 276, 278, 283, 284; ©KNAUS-Campingpark-Eschwege,

Dieter Drescher: S. 271 oben, 282; ©mojolo (AS): S. 277; ©Sina Ettmer (AS): S. 279, 280, 281

**Tour 19:** ©Daniel Fort: S. 287 unten, 289, 291 oben 293, 294, 296, 297, 298, 299, 300, 301, 302, 303, 304; ©Iurii (AS): S. 295; ©maylat (AS): S. 290; ©ROLF FISCHER (AS): S. 291 unten; ©Samtgemeinde Bodenwerder-Polle: S. 287 oben, 292

**Tour 20:** ©Blickfang (AS): S. 309; ©egon bolze/EyeEm (AS): S. 318; ©EKH-Pictures (AS): S. 305 unten; ©Emil Lazar (AS): S. 311; ©Mirco Guy/Bildarchiv Stadt Verden(Aller): S. 319; ©Mittelweser Touristik GmbH: S. 315, 317; ©nikitamaykov (AS): S. 320; ©pixelschoen (AS): S. 321 oben rechts; ©R.-Andreas Klein (AS): S. 308, 313, 314; ©saiko3p (AS): S. 321 unten; ©Steinhuder-air-copter.de: S. 312; ©Stellplatz „Am Kuhhirten“ S. 305 oben, 322; ©TimosBlickfang (AS): S. 307; ©wikipedia - Syker Fotograf: S. 316; ©Wolfgang Knoll (AS): S. 310

**Tour 21:** Alle Bilder ©Gaby Gölz

**Tour 22:** ©balipadma (AS): S. 343; ©EKH-Pictures (AS): S. 354, 355; ©freimensch87 (AS): S. 342; ©HB WEBDESIGN (AS): S. 353 oben; ©Joppi (AS): S. 348; ©Klaus-Peter Kappest - Freizeitwelt Schmallenberg: S. 350; ©Klaus-Peter Kappest - Schmallenberger Sauerland Tourismus GmbH: S. 339 oben, 351, 352, 353 unten; ©Marc Jedamus (AS): S. 347; ©Thomas (AS): S. 345; ©Tobias Arhelger (AS): S. 339 unten; ©Wohnmobilpark Willingen: S. 344; ©www.ChristianSchwier.de (AS): S. 349

**Tour 23:** ©Adrian72 (AS): S. 364; ©Barbara und Hans Otzen: S. 357 oben, 359, 361, 363 unten, 365, 366, 369, 370; ©gonniwell (AS): S. 362; ©Juergen Schonnop (AS): S. 363 oben; ©Markus Volk (AS): S. 368; ©Pecold (AS): S. 360; ©Ralfen-Stein alias Ralf Schultheiss (AS): S. 357 unten; ©SanGero (AS): S. 367

**Tour 24:** ©jesshe (AS): S. 378; ©LianeM (AS): S. 371 unten, 374; ©Sylke Liehr, Achim Rümmler: S. 371 oben, 375, 379, 380, 381, 382, 383, 384; ©weixx (AS): S. 376

**Tour 25:** ©Janita Webeler (AS): S. 393; ©LianeM (AS): S. 388; ©Sylke Liehr, Achim Rümmler: S. 385, 387, 389, 390, 391, 392, 394, 395, 396, 397, 398

**Anhang:** ©Daniel Fort: S. 399 oben; ©ThomBal (AS): S. 399 unten

Bei allen Fotografen mit dem Zusatz (AS) stammen die Bilder von stock.adobe.com.

## IMPRESSUM

**Womo & weg: Deutschland – Die schönsten Touren zwischen Meer und Mittelgebirge**

erschienen im
Reise Know-How Verlag Peter Rump GmbH,
Osnabrücker Str. 79, 33649 Bielefeld



**1. Auflage 2021**
**ISBN 978-3-8317-3472-6**


Druck und Bindung:
mediaprint solutions GmbH, Paderborn

Herausgeber: Klaus Werner
Autoren: Hartmut Engel, Daniel Fort, Gaby Gölz, Barbara und Hans Otzen, Sylke Liehr, Achim Rümmler
Layout: amundo media GmbH (Inhalt), Reise Know-How Verlag (Umschlag)
Lektorat: amundo media GmbH
Karten: Ingenieurbüro B. Spachmüller, amundo media GmbH

## Unsere Autoren

Der Meeresbiologe **Hartmut Engel** ist seit vielen Jahren als Reise- und Sachbuchautor tätig. In dieser Zeit hat er über 30 Bücher verfasst. Neben Reisen in ferne Länder zieht es den Hamburger besonders gern in seine norddeutsche Heimat. Vom Mittelgebirge über die Tiefebene bis zu den Küsten an Nord- und Ostsee erkundet er immer wieder die vielfältige Natur und Landschaft Norddeutschlands, in der er zu Fuß, mit dem Rad und dem Wohnmobil unterwegs ist. In zahlreichen Veröffentlichungen hat er die Region vielen Lesern zugänglich gemacht. Über seine Veröffentlichungen kann man sich unter www.hp-engel.de informieren.

**Daniel Fort** studierte Fotografie und Medien in Bielefeld und Finnland. Mit tschechischen Wurzeln in Deutschland geboren und aufgewachsen, kam er bereits früh mit kultureller Vielfalt in Berührung. Seither führten ihn zahlreiche Reisen auf sechs Kontinente der Erde. Seit dem Studium widmet er sich intensiv dem Reisejournalismus. Inzwischen sind von ihm zahlreiche Publikationen rund um das Reisen erschienen. Mit dem Bulli, Wohnmobil, Fahrrad oder zu Fuß entdeckt der Outdoor-Enthusiast, neben seiner Heimat Deutschland, immer wieder gerne den hohen Norden Skandinaviens (www.danielfort.com).

Für **Gaby Gölz** ist Reisen Beruf und Berufung. Sie bereiste Indien, China, Südamerika, Afrika und den Inselstaat Sao Tomé e Principe. Doch nicht nur in die Ferne zieht es sie, auch in ganz Europa war sie mit dem Wohnmobil unterwegs. Aus dieser langjährigen Erfahrung entstanden inzwischen zehn Wohnmobil-Tourguides im Reise Know-How Verlag über die Nordseeküste, den Süden Baden-Württembergs, die Niederlande, die Normandie, die Toskana, Umbrien/Marken und Sizilien. Mit ihrem Ehemann Hans ist sie ca. acht Monate im Jahr unterwegs, um immer wieder neue Regionen, z. B. das Baltikum und Russland, mit dem Wohnmobil zu entdecken.

Das Leben von **Barbara und Hans Otzen** ist durch und durch von Reiselust geprägt. Diese hat sie bis an den Amazonas, in die Anden und nach Ostafrika gebracht. Aus all diesen Reisen sind Reiseführer entstanden, die in renommierten Verlagen erschienen. Inzwischen konzentrieren sich beider Interessen auf europäische Länder und Kulturen. Im Reise Know-How Verlag erschienen u. a. Reiseführer über die Normandie, Südtirol und die Niederlande. Mit der Eifel fühlen sich die Autoren ganz besonders verbunden, was zu einer Reihe von Publikationen führte.

**Sylke Liehr und Achim Rümmler** leben und arbeiten in der sächsischen Landeshauptstadt Dresden. Sie sind seit vielen Jahren mit Wohnmobilen unterschiedlicher Typen unterwegs, um interessante Landstriche und deren Bewohner kennenzulernen. In den letzten Jahren führten sie ihre Reisen von der französischen Atlantikküste bis an das russische Eismeer. Besonders am Herzen liegt ihnen dabei ein ursprüngliches Naturerlebnis und die Geschichte, Kunst und Kultur der besuchten Gebiete. Wenn die Zeit für einen längeren Urlaub nicht reicht, nutzen die Autoren kürzere Ausflüge zur Erkundung innerdeutscher Regionen.